59/89

YMDDIRIEDOLAETH CERFLUNIAU CYMRU

CERFLUNIAU MEWN PARC GWLEDIG

Arddangosfa awyr-agored ym mharc Margam.

WELSH SCULPTURE TRUST

SCULPTURE IN A COUNTRY PARK

An outdoor exhibition in the grounds of Margam.

Clawr blaen: Shout, Glynn Williams.
Clawr ôl: Squaring the Circle (Almost), Jake Kempsell.

Dylunio'r argraffwaith: Matrix Communications.
Cysodi: PhotoGeneration Limited.
Argraffu: A McLay & Company.
Cyfieithad Cymraeg: Siân Edwards.
Ffotograffiaeth: Colin Molyneux; Jon Wyand; Trevor Wood.
(Portread o Michael Ayrton: Thurston Hopkins.
Portread o John Maine: Asadour Guzelian).

Cyhoeddwyd gan Ymddiriedolaeth Cerfluniau Cymru ar y cyd â Chyngor Sir Gorllewin Morgannwg, â chefnogaeth ariannol Banc Barclays CCC, Ymddiriedolwyr Sefydliad Mathew Prichard, Tom Bendhem, Bwrdd Croeso Cymru a gyda chymorth a chefnogaeth ariannol Cyngor Celfyddydau Cymru.

ISBN 0-9508201-0-5

Argraffwyd yng Nghymru.

Front cover: Shout, Glynn Williams.
Back cover: Squaring the Circle (Almost), Jake Kempsell.

Print Design: Matrix Communications.
Typesetting: PhotoGeneration Limited.
Printing: A McLay & Company.
Welsh Translation: Siân Edwards.
Photography: Colin Molyneux; Jon Wyand; Trevor Wood.
(Michael Ayrton portrait: Thurston Hopkins.
John Maine portrait: Asadour Guzelian).

Published by the Welsh Sculpture Trust in collaboration with West Glamorgan County Council, with the financial support of Barclays Bank PLC, the Trustees of The Mathew Prichard Settlement, Tom Bendhem, Wales Tourist Board and with the assistance and financial support of the Welsh Arts Council.

ISBN 0-9508201-0-5

Printed in Wales.

Cynnwys

Rhagair gan Syr Huw Wheldon	5
Rhagymadrodd gan Alex Gordon	7
Diolchiadau	9
Nodiadau ar yr Arddangosfa gan Gordon Young	11
Margam, Cerfluniau - Atgof a'r Presennol gan Moelwyn Merchant	13
Golwg o'r Is-Almaen ar Gerfluniaeth Brydeinig gan Rudolf W D Oxenaar	17
Henry Moore	20
Barbara Hepworth	24
F E McWilliam	28
Austin Wright	32
Moelwyn Merchant	36
Ivor Roberts-Jones	40
Kenneth Armitage	44
Jonah Jones	48
Michael Ayrton	52
Anthony Caro	56
Robert Thomas	60
Roy Kitchin	64
Elisabeth Frink	68
Phillip King	72
Peter Nicholas	76
John Gingell	80
Avtarjeet Dhanjal	84
William Pye	88
Glynn Williams	92
Jake Kempsell	96
John Maine	100
Robert Scriven	104
Michael Lyons	108
David Petersen	112
David Kemp	116
David Nash	120
John Cobb	124
Harvey Hood	128
Paul Cooper	132
Richard Deacon	136
Lee Grandjean	140
Brian Fell	144
Christine Angus	148
Andrew Frost	152
Rhestr Benthycwyr	156

Contents

Foreword by Sir Huw Wheldon	5
Preface by Alex Gordon	7
Acknowledgements	9
Notes on the Exhibition by Gordon Young	11
Margam, Sculpture - Memories and the Present by Moelwyn Merchant	13
A Dutch View of British Sculpture by Rudolf W D Oxenaar	17
Henry Moore	20
Barbara Hepworth	24
F E McWilliam	28
Austin Wright	32
Moelwyn Merchant	36
Ivor Roberts-Jones	40
Kenneth Armitage	44
Jonah Jones	48
Michael Ayrton	52
Anthony Caro	56
Robert Thomas	60
Roy Kitchin	64
Elisabeth Frink	68
Phillip King	72
Peter Nicholas	76
John Gingell	80
Avtarjeet Dhanjal	84
William Pye	88
Glynn Williams	92
Jake Kempsell	96
John Maine	100
Robert Scriven	104
Michael Lyons	108
David Petersen	112
David Kemp	116
David Nash	120
John Cobb	124
Harvey Hood	128
Paul Cooper	132
Richard Deacon	136
Lee Grandjean	140
Brian Fell	144
Christine Angus	148
Andrew Frost	152
List of Lenders	156

Rhagair

Y mae sefydlu Parc Cerfluniau parhaol ym Margam yn fater o'r pwys blaenaf.

Mewn canrifoedd a fu, cynigiai eglwysi a phrifeglwysi, tai mawr a phalasau a pharciau preifat yr ysbrydoliaeth, y lle a'r amgylchiadau y gallai cerflunio ffynnu ynddynt. Ceir rhai digwyddiadau o hyd y mae gofyn eu dathlu mewn marmor ac ithfaen mewn mannau cyhoeddus, ond y ffaith amdani yn y byd modern yw bod cerflunio'n cael ei wthio fwyfwy i mewn i'r amgueddfeydd lle na all anadlu. Dim ond yn ystod y ddau neu dri degawd diwethaf y dechreuwyd sefydlu Parciau Cerfluniau i unioni'r sefyllfa hon. Daw Parc Cerfluniau Swydd Efrog i gof ar unwaith, â'i awyrgylch o heddwch dysgedig. Sefydlwyd Amgueddfa Celfyddyd Fodern Louisiana ym 1958, nid, fel yr awgryma'r enw, yn nhaleithiau deheuol America, ond yn Nemarc ac y mae wedi datblygu'n gyson er hynny. Y mae Parc Cerflunio'r Amgueddfa, sydd wedi ei gynllunio'n wych, yn edrych allan dros y môr tuag at Wlad Llychlyn. Mae'n debyg mai'r enw mwyaf trawiadol o blith y Parciau Ewropeaidd yw'r Kröller-Müller ger Arnhem yn yr Iseldiroedd, sefydliad y bu ei Gyfarwyddwr, Dr Rudi Oxenaar mor barod ei gymwynas gyda'r fenter hon ym Margam. Dyna'r enwau mawr, mor adnabyddus ag yw La Scala, Covent Garden a Vienna o blith y tai opera; y pwynt hollbwysig ynglŷn â Margam yw ei bod eisoes yn glir fod y parc yn gweithredu, ym mhob agwedd, ar y lefel hon ymhlith parciau cerfluniau rhyngwladol. Y mae ei agoriad yn ddigwyddiad o bwys rhyngwladol gwirioneddol.

Dau beth sydd yn gosod Margam ar y lefel hon: y Parc ei hun, a'r cerfluniau. Y mae'n barc anhygoel o amrywiol: rhosdir a lawntiau, gerddi tawel a llethrau serth y bryniau; amrywiaeth hanesyddol yn ogystal â thirweddol gyda'i blasdy o'r bedwaredd ganrif ar bymtheg, y Castell, ynghyd ag adleisiau hynafol yr Abaty Sistersaidd a'r hen Gaer ar y bryn, yn ogystal â'r Orenfa ddihafal, sy'n dyddio o'r ddeunawfed ganrif. Fel lle, neu luosogrwydd o lefydd y gellir arddangos cerfluniau ynddynt, o safbwynt graddfa, gofod a hanes, rhaid bod Margam yn ymylu ar fod yn ddelfrydol.

Yr ail elfen sydd yn gwneud yr achlysur agoriadol hwn yn un awdurdodol ac arwyddocaol yw ansawdd ymdrech Ymddiriedolaeth Cerfluniau Cymru, a'r ffordd ardderchog yr aeth Cyngor Sir Gorllewin Morgannwg ati i gefnogi syniadau newydd yn y lleoliad godidog hwn. Rhyngddynt hwy ill dau, gyda chymorth Cyngor Celfyddydau Cymru a chyrff swyddogol ac answyddogol eraill ac unigolion, y maent wedi llwyddo i drefnu arddangosfa sydd yn wir fynegiant o fywiogrwydd cerflunio cyfoes gwledydd Prydain, ac o'r statws sydd eisoes yn perthyn i'r Parc. Y mae'n werth nodi hefyd sut y mae cerflunwyr o Gymry yn cyfrannu fwyfwy at gerflunio gwledydd Prydain yn gyffredinol. Yr oedd sefydlu Ymddiriedolaeth Cerfluniau Cymru ynddo'i hun yn ddigwyddiad hynod bwysig.

Y mae'r arddangosfa hon sydd yn arolwg o gerflunio gwledydd Prydain er y rhyfel, cyfnod bywiog dros ben, yn agoriad teilwng i'r prosiect teimladwy a mawreddog hwn.

Syr Huw Wheldon

Foreword

The establishment of a permanent Sculpture Park at Margam is a matter of first rate importance.

In earlier centuries, churches and cathedrals and great houses and palaces and private parks provided the inspiration and the space and the surroundings in which sculpture could flourish. There are still events calling for celebration in marble and granite in public places; but the fact is that sculpture in the modern world has been forced more and more into museums where it cannot breathe. It is only during the last two or three decades that Sculpture Parks have come into being to put this to rights. The Yorkshire Sculpture Park in Bretton Hall comes immediately to mind, with its tranquil Palladian atmosphere. The Louisiana Museum of Modern Art was established in 1958. It is not, as its name suggests, in the southern states of America, but in Denmark; and its Sculpture Park, brilliantly laid out, with a view across the Sound to Sweden, has been developed since then. The most resounding name among the European Parks is probably the Kröller-Müller near Arnhem, in Holland, whose Director, Dr. Rudi Oxenaar has been so helpful in connection with this venture at Margam.These are the great names, the equivalent of La Scala and Covent Garden and Vienna among opera houses; and the crucial point about Margam is that it is already clear, on all counts that it is operating on this level among sculpture parks. Its inauguration is an event of genuine international significance.

What puts Margam on to this level are two things: the Park itself and the Sculpture. The Park is characterised by an astounding diversity: heathland and lawns, quiet gardens and high hillsides; a diversity not only in space, but in time, with its nineteenth century mansion, the Castle, as well as the ancient echoes of the Cistercian Abbey; with its old Hill Fort as well as the much more recent and incomparable eighteenth century orangery. As an actual place, or multitude of possible places in which to exhibit sculpture, it must, in terms of scale, space and history be very close to ideal.

The second factor which lends authority and significance to this inauguratory event is the quality and thrust of the Welsh Sculpture Trust, and the exemplary way in which the West Glamorgan County Council has set about encouraging appropriate initiatives in the magnificent locale. Between them, and with the help of the Welsh Arts Council and of other official and unofficial bodies and persons, they have been able to mount an exhibition which gives a real indication of the vitality of contemporary British Sculpture, and the standing which this Park already enjoys. It is worth while noting, incidentally, how Welsh sculptors are contributing more and more to British Sculpture as a whole.The formation of the Welsh Sculpture Trust, simply in itself, is a most important event.

All in all the Exhibition, a conspectus of British Sculpture since the war, a very invigorating period, provides a fitting inauguration to this touching and majestic project.

Sir Huw Wheldon

Ymddiriedolaeth Cerfluniau Cymru,
6, Cathedral Road, Caerdydd, CF1 9XW.

Welsh Sculpture Trust,
6, Cathedral Road, Cardiff, CF1 9XW.

Rhagymadrodd

Nod Ymddiriedolaeth Cerfluniau Cymru yw dysgu i bobl Cymru werthfawrogi a deall cerfluniaeth fodern yn well drwy hybu datblygiad parciau cerfluniau, a thrwy ysgogi a chefnogi comisiynu ac arddangos cerfluniau mewn adeiladau ac mewn mannau yn yr awyr-agored. Ym 1982, fel rhagarweiniad i'r arddangosfa hon, ein harddangosfa fawr gyntaf o gerfluniau yn yr awyr-agored, cynhaliodd yr Ymddiriedolaeth arddangosfa o fodelau ar gyfer cerfluniau cyhoeddus, yn yr Orenfa ym Margam. Yr oedd yr arddangosfa honno'n archwilio'r ystod o gerfluniau a gomisiynwyd dros y blynyddoedd diwethaf a'r prosesau a ddaeth â hwy i fodolaeth. Gobeithiem y byddai hynny'n magu archwaeth mewn ymwelwyr ar gyfer yr arddangosfa hon, ac y byddai'n rhagarweiniad i'r amrywiaeth helaeth o ddiddordebau a fynegir mewn cerfluniaeth gyfoes.

Y mae Cerfluniau mewn Parc Gwledig yn dwyn ynghyd am y tro cyntaf yng Nghymru weithiau rhai o gerflunwyr blaenllaw gwledydd Prydain yn ogystal ag eiddo artistiaid iau, llai adnabyddus, ac y mae'n gyfle unigryw i'r cyhoedd i brofi'r fath waith mewn cefndir trawiadol.

Yr oedd y prosiect yn dibynnu ar gefnogaeth a chydweithrediad yr unigolion a gydnabyddir yn y cyhoeddiad hwn, a charwn hefyd fynegi fy ngwerthfawrogiad o awgrymiadau gwreiddiol a chefnogaeth y Barnwr Bruce Griffiths, Cadeirydd yr Ymddiriedolwyr, er gwaethaf ei anhwylder diweddar, ac ychwanegu fy niolchiadau arbennig i'r Is-Gadeirydd, Peter Griffiths, yr Ysgrifennydd Mygedol, Shelagh Hourahane, a Chadeiryddion ac aelodau'r gwahanol bwyllgorau sydd wedi gwneud cymaint i wneud yr arddangosfa hon yn bosibl, ac, wrth gwrs, carwn ddiolch i'n Cyfarwyddwr, Gordon Young, sydd wedi gweithio'n ymroddedig a diflino i beri i'r syniad hwn ddwyn ffrwyth.

Alex Gordon
Cadeirydd y Cyngor Gwaith

Preface

The aim of the Welsh Sculpture Trust is to bring to the people of Wales a greater appreciation and understanding of modern sculpture by promoting the development of sculpture parks and by stimulating and encouraging the commissioning and display of sculpture in buildings and in open spaces. In 1982, as a preliminary to this, our first major open air exhibition of sculpture, the Trust mounted an exhibition of maquettes for public sculpture in the Orangery at Margam. The exhibition explored the range of works which had been commissioned over the last few years and processes through which they were realised. We hoped that it would whet the appetite of visitors for this exhibition and would serve to provide an introduction to the wide spectrum of concerns expressed in contemporary sculpture.

Sculpture in a Country Park brings together for the first time in Wales the work of some of Britain's leading sculptors as well as that of younger, less established artists, and provides a unique opportunity for the public in Wales to experience such work in a remarkable setting.

The project has relied upon the support and co-operation of the individuals acknowledged in this publication, and I would like also to express my appreciation of the initiative and encouragement of Judge Bruce Griffiths, the Chairman of the Trustees, in spite of his recent indispostion and to add particular thanks to my Vice Chairman, Peter Griffiths, the Honorary Secretary, Shelagh Hourahane, the Chairmen and members of the various committees who have done so much to make the exhibition possible and, of course, to our Director, Gordon Young, who has striven with unfailing stamina and commitment to bring it to fruition.

Alex Gordon
Chairman of the Executive Council

Diolchiadau

Canlyniad ymrwymiad, brwdfrydedd a gwaith caled nifer fawr o bobl yw Cerfluniau mewn Parc Gwledig, yr arddangosfa a'r cyhoeddiad hwn. Y mae Ymddiriedolaeth Cerfluniau Cymru yn neilltuol o ddiolchgar am gefnogaeth a chydweithrediad Cyngor Sir Gorllewin Morgannwg, yr ymgymerwyd y prosiect hwn ar y cyd ag ef, ac i Fanc Barclay am fod mor hael â noddi'r cyhoeddiad hwn, y bwriedir iddo gofnodi agweddau ar fywyd gweithiol y cerflunwyr sydd wedi cyfrannu i'r arddangosfa. Derbyniwyd cefnogaeth ariannol sylweddol hefyd gan Tom Bendhem ac Ymddiriedolaeth Sefydliad Mathew Prichard a oedd ill dau yn neilltuol o gydymdeimladwy, gan ddeall y gost ariannol i'r cerflunwyr wrth iddynt baratoi gweithiau i'w harddangos yn yr awyr agored.

Mawr yw ein dyled i'r cerflunwyr a fu cystal â chytuno i gymryd rhan; heb eu cymorth hwy, ni fuasai'r arddangosfa wedi bod yn bosibl. Carem fynegi mor ddiolchgar yr ydym i berchenogion preifat a chyhoeddus y cerfluniau am eu benthyciadau hael.

Yr oedd y Cyfarwyddwr, Terry Stevens, a staff Parc Gwledig Margam bob amser yn hael eu cymwynas a chawsom ymateb adeiladol i bob cais; gwerthfawrogwn hefyd gymorth y tîm a ddarparwyd o dan y Cynllun Profiad Gwaith ym Margam gan y Comisiwn Gwasanaethau Llafur.

Ymchwiliwyd ac ysgrifennwyd y testunau ar bob artist a gynrychiolir yn yr arddangosfa gan Shelagh Hourahane y mae ei brwdfrydedd personol wedi chwarae rhan mor bwysig yn sefydlu a datblygu'r Ymddiriedolaeth, ac yr ydym yn ddiolchgar hefyd i Syr Huw Wheldon, Dr Rudolf Oxenaar a'r Athro Moelwyn Merchant am eu cyfraniadau gwerthfawr i'r cyhoeddiad hwn.

Y mae cludo unrhyw arddangosfa o gerfluniau a'i gosod yn ei lle yn yr awyr agored yn orchwyl neilltuol o galed sy'n gofyn sensitifrwydd i anghenion yr artistiaid, cryn fedr, a'r gallu i ddioddef gweithio yn yr awyr agored, boed law neu hindda. Buom yn neilltuol o ffodus i sicrhau gwasanaeth arbenigol a gwerthfawr Paul McHugh, a charem ddiolch i Peter Bugler, Joe Carson, Hugh Chilcott a Ken Flay o Gyngor Celfyddydau Cymru am eu hymdrech a'u hystyriaeth wrth gludo llawer o'r gweithiau i'r safle.

Cymerodd pedwar myfyriwr B.A. ail-flwyddyn, Christopher Butler, Paul Dalton, Ian Etheridge a Michael Searle, yn Adrannau Cerflunio Athrofa Addysg Uwch De Morgannwg, Politechnig Lanchester ac Ysgol Gelf Wimbledon, ran mewn prosiect addysgiadol "yn y maes" ym Margam, a gwnaethant hefyd gyfraniad adeiladol dros ben tuag at wireddu'r fenter hon. Gwych o beth oedd gweledigaeth a chydweithrediad aelodau staff eu gwahanol golegau. Rhaid diolch hefyd i Rhian James a Margaret Lamprey a ymgymerodd â llawer o weinyddiaeth feunyddiol yr arddangosfa.

Y mae'r Ymddiriedolaeth yn ddiolchgar hefyd i Gyngor Celfyddydau Cymru am ei gefnogaeth ariannol i'n gwaith gweinyddol ac i'r arddangosfa hon ac am y cymorth a roddwyd gan staff yr adran gelfyddyd weledol, yn enwedig Joy Goodfellow, Isabel Hitchman, Andrew Knight a Valmai Ward.

Gordon Young
Cyfarwyddwr
Ymddiriedolaeth Cerfluniau Cymru

Acknowledgements

Sculpture in a Country Park, the exhibition and accompanying publication, has been brought about through the commitment, enthusiasm and hard work of many people. The Welsh Sculpture Trust is particularly grateful for the support and co-operation of West Glamorgan County Council, with whom this project has been jointly undertaken, and to Barclays Bank for their generous sponsorship of this publication which has been devised to record aspects of the working lives of contributing sculptors. The exhibition has also received considerable financial support from Tom Bendhem and the Mathew Prichard Settlement Trust, both particularly sensitive and sympathetic to the costs incurred by the sculptors in preparing their work for an outdoor presentation.

We are especially indebted to the sculptors who have kindly participated and without whose help the exhibition would not have been possible. We would like to express our gratitude to private and public owners of sculptures for their generous loans.

The Director, Terry Stevens, and staff at Margam Country Park have always been accommodating and have responded positively to our needs, and we have appreciated the help of the team supplied under the Work Experience Scheme at Margam by the Manpower Services Commission.

The text on each artist represented in the exhibition was researched and written by Shelagh Hourahane, whose personal drive has played a significant role in the establishment and development of the Trust. We are also grateful to Sir Huw Wheldon, Dr Rudolph Oxenaar and Professor Moelwyn Merchant for their valuable contributions towards the publication.

The transport and installation of any exhibition of sculpture in the open air is particularly demanding, requiring sensitivity to the artists' needs, skill, and ability to tolerate working outside no matter what prevailing weather conditions are. We have been particularly fortunate to have had the expert and invaluable services of Paul McHugh, and we would like to thank Peter Bugler, Joe Carson, Hugh Chilcott and Ken Flay of the Welsh Arts Council for their efforts and consideration whilst transporting many of the works.

Four second year B.A. students, Christopher Butler, Paul Dalton, Ian Etheridge and Michael Searle, in the Sculpture Departments at South Glamorgan Institute of Higher Education, Lanchester Polytechnic and Wimbledon School of Art, have not only participated in an education project 'in the field', but have also made considerable contributions to the realisation of this venture. The foresight of the staff at their respective colleges and their co-operation has been most welcome. Our thanks must also go to Rhian James, Margaret Lamprey and Katherine Jones who undertook much of the day to day administration of the exhibition.

The Trust is also grateful to the Welsh Arts Council for the financial support which it has received towards its administration and this exhibition and for the assistance which has been given by the staff of the Art Department, in particular Joy Goodfellow, Isabel Hitchman, Andrew Knight and Valmai Ward.

Gordon Young
Director
Welsh Sculpture Trust.

Nodiadau ar yr Arddangosfa

Er ei sefydlu ym 1981 gan grŵp bychan o bobl, y mae Ymddiriedolaeth Cerfluniau Cymru wedi datblygu ar garlam, gan fynd ar drywydd gwahanol ddoniau a medrau arbenigol a'u dwyn ynghyd. Ar ôl arddangsofa dan-do o fodelau ar gyfer cerfluniau cyhoeddus llynedd, y mae'r Ymddiriedolaeth bellach mewn sefyllfa i lwyfannu'r arddangosfa awyr-agored fawr hon, sydd yn canolbwyntio ei sylw ar bedwar ar ddeg ar hugain o gerflunwyr ac amrywiaeth da o gerfluniaeth gwledydd Prydain wedi'r rhyfel.

Un o brif amcanion Ymddiriedolaeth Cerfluniau Cymru yw chwilio am ffyrdd o ddod â nifer fawr o bobl wyneb yn wyneb â cherfluniau diweddar. Rhaid gwneud cerflunio'n gelfyddyd gyhoeddus a dod â hi o fewn cyrraedd pobl cyn iddi allu magu hygrededd, heb son am fod ym berthnasol ac arwyddocaol. Y mae Parc Gwledig Margam, eiddo Cyngor Sir Gorllewin Morgannwg, ardurdod lleol sy'n meddu ar gryn weledigaeth, yn lleoliad gwych ar gyfer arddangos gweithiau modern; perthyn iddo draddodiad cerfluniadol maith a real dros ben.

Y mae hygyrchedd yn golygu mwy na safle wych ger llaw cyffordd traffordd ac ardaloedd trefol poblog; y mae hefyd yn golygu darparu deunydd cefndir a hysbysrwydd perthnasol. Ceisiasom ddangos yn y cyhoeddiad hwn rywfaint o'r cefndir yma nas gwelir fel arfer, er enghraifft, y gwahanol fannau gwaith a rhai o'r prosesau sydd ynghlwm wrth gynhyrchu cerfluniau. Cymorth arall yw mewnweledïad Shelagh Hourahane i fywydau a diddordebau'r rheini sy'n cymryd rhan. Bydd unrhyw arwyddocad a welir yn y gwaith yn dibynnu, i'm tyb i, nid yn unig ar weld y cerfluniau a'u mwynhau, ond ar eu deall hefyd.

Hwyrach yr ymddengys hyn yn amlwg, ond nid o ganlyniad i unrhyw broses naturiol y cynhwyswyd yr artistiaid a'r ystod neilltuol o waith a ddangosir yn yr arddangosfa hon; canlyniad dewis, dethol a chwaeth yw'r arddangosfa, sy'n greadigaeth ag iddi ei hanes byr ei hun. Ymgynghorodd yr Ymddiriedolaeth â nifer o bobl brofiadol: y Fones Elisabeth Frink, y cerflunydd; Clive Adams, Cyfarwyddwr Oriel Gelf Mostyn; Julian Andrews o'r Cyngor Prydeinig a Peter Murray, Cyfarwyddwr Parc Cerfluniau Swydd Efrog. Buont hwy o gymorth mawr drwy iddynt grybwyll llu o gerflunwyr dawnus tra amrywiol eu hagweddau a'u cefndir. Sail y sioe yn y pen draw oedd eu hawgrymiadau cynhwysfawr hwy, ynghyd ag elfen o ddewis a rhagfarn bersonol (er enghraifft, elfen o wahaniaethu o blaid cerflunwyr sy'n byw y tu allan i Lundain).

Y mae unrhyw ymgais i greu arddangosfa gwbl gytbwys o gerflunio cyfoes yng ngwledydd Prydain yn amhosibl. Ni fu'n bosibl cynnwys nifer o artistiaid y carwn fod wedi gweld eu gwaith ym Margam; nid oedd modd benthyca gwaith rhai oherwydd ymrwymiadau eraill, anghytunai rhai â'r syniad o osod cerfluniau mewn parc, a bu'n amhosibl dod i gysylltiad ag eraill o gwbl. Ni chynrychiolir cerflunwyr megis Catherine Gili, Nicholas Munro, Barry Flanagan, John Warren-Davies, Eduardo Paolozzi, i enwi ond ychydig, a theimlaf fod hyn yn tanlinellu ansawdd mynydd-ia y profiad o weld unrhyw arddangosfa gymysg o waith cerflunwyr gwledydd Prydain; erys llawer heb ei weld bob tro.

Wrth leoli'r gweithiau, y mae ehangder y Parc yn broblem bleserus ynddo'i hun. Pe na wnaed dim byd mwy na gwasgaru'r gweithiau'n ddidrefn mewn gofod agored, canlyniad hynny fyddai poets o arddulliau, meintiau a defnyddiau; y mae pob darn yn gofyn ystyriaeth fanwl a gwahanol. Bydd angen arwynebeddau mawr o ofod o gwmpas rhai gweithiau, bydd eraill yn ffynnu yn agosatrwydd safleoedd amgaeëdig. Rhaid cadw llygad ar y goleuni a newidiadau tymhorol, er enghraifft, y newidiadau yn lliw ac uchder y rhedyn. Bydd nifer o ffactorau eraill yn dylanwadu ar leoliad terfynol cerflun, gan gynnwys effaith cerfluniau neilltuol ar ddarnau cyfagos, ac ystyriaethau diogelwch. Ym Margam, yr ateb cyffredinol oedd, ar y naill law, defnyddio'r lleiniau mwyaf pellennig sy'n caniatau heddwch a sefydlogrwydd, a chyfle i'r gwyliwr i ymbellhau

Notes on the Exhibition

Since being set up in 1981 by a small group of people the Welsh Sculpture Trust has developed quickly, differing talents and expertise being sought and pooled. After last year's indoor presentation of maquettes for public sculpture the Trust is now capable of mounting this large outdoor exhibition, focusing upon some thirty-four sculptors and a good range of post-war British sculpture.

The central aim of the Welsh Sculpture Trust is to seek ways and means whereby many people can come into contact with recent sculpture. Sculpture must be made public and accessible if it is to achieve any real credibility, not to mention relevance and significance. Margam Country Park owned by the West Glamorgan County Council, a local authority with some vision, offers a superb location with a very real and long tradition of sculpture, in which to view modern works.

Accessibility means more than a fine site near a motorway junction and dense conurbation, it also means the provision of background material and relevant information. We have attempted in this publication to show some of this normally unseen background, for example, the very different work places and some of the processes involved in the sculptures' production. Another aid is Shelagh Hourahane's insight into the lives and concerns of the participants. Any significance of the work will, I believe, depend not simply on the sculpture being seen and enjoyed, but also on understanding.

It may seem obvious but the artists included in this exhibition and the particular range of work shown is not the result of any natural process, it is the result of preference, selection and taste, the show is an artifact with a short history of its own. Experienced people were consulted by the Trust as advisors; Dame Elisabeth Frink, the sculptor, Clive Adams, the Director of Mostyn Art Gallery, Julian Andrews of the British Council and Peter Murray, Director of the Yorkshire Sculpture Park. They helpfully pointed to a large number of talented sculptors with diverse attitudes and backgrounds. It was basically from their comprehensive suggestions augmented by some personal inclusions and prejudices (for example, an element of discrimination towards sculptors based outside of London) around which the show has finally been structured.

Any attempt at a survey exhibition of contemporary sculpture in Britain is an impossible balancing act. It was not possible to include a number of artists whose work I would like to have seen in Margam; their work was unavailable for loan because of other commitments, some disagreed with the idea of putting sculptures in parkland, others were simply impossible to contact. Artists such as Catherine Gili, Nicholas Munro, Barry Flanagan, John Warren-Davis, Eduardo Paolozzi, to name but a few, are not represented and I feel this underlines the real iceberg quality felt when viewing any mixed show of British Sculpture, that there is always more below the surface.

When siting works the vastness of the Park presents an enviable problem in itself. To simply scatter the work haphazardly into open spaces would result in a hotchpotch of styles, sizes and materials, every piece of sculpture requires careful and different consideration. Some works require large areas of space around them, others favour enclosed intimate settings. The light has to be watched and seasonal changes allowed for, for example, the way that the colour and height of bracken alters. Many other factors have an influence on where a work is eventually sited, including the effect of particular sculptures on neighbouring pieces, security and safety. At Margam the general solution has been, on the one hand, to use the more remote areas which allow a slight distancing, peace and stability in which to view pieces and, on the other hand, to use areas very much nearer to the active hub of the Park's life.

To the lay person some of the works, and indeed their settings will be

oddi wrth y cerflun ac, ar y llall, lleiniau sy'n llawer iawn agosach at ganolbwynt bywiog bywyd y Parc.

I'r person lleyg, bydd rhai o'r gweithiau, ac yn wir, eu lleoliad hefyd, yn hawdd eu deall tra bydd yn anodd iawn mynd i'r afael ag eraill. Yn sicr, ymdrinir ag arddulliau, dulliau adeiladu, defnyddiau a syniadau amrywiol dros ben. Yn wahanol i hysbysebion teledu, ni fynn rhai o'r cerfluniau ddatgelu eu hystyr ar unwaith, neu'n rhy hawdd; maent yn gofyn ymdrech ar ein rhan ni. Credaf mai'r ffordd orau i berson gynyddu ei wybodaeth am gerflun, neu ei fewnwelediad iddo, yw drwy ymgyfarwyddo ag ef, gan ymweld â'r cerflun fwy nag unwaith lle bo hynny'n bosibl.
Yn ddiamau, mae llawer o'r gofod a'r safleoedd ym Margam yn eithriadol o addas ar gyfer cerfluniau. Gobeithio y bydd y gweithiau a gynulliwyd i'w harddangos yn y fath le yn dangos i lawer o bobl bethau sydd, er nad ydynt ond yn rhan fechan iawn o fywyd, yn dweud rhywbeth a all wneud gwahaniaeth i'n bywydau.

Gordon Young

easy to understand and others very difficult to make sense of. There are certainly very different styles, building methods, materials and ideas being dealt with. Unlike television advertisements, some of the sculptures will not yield what they are about instantly or that easily ;effort is required on our part. I believe the soundest knowledge and insight is probably accumulated from familiarity and, when possible, return visits. Many of the spaces and locations within Margam are, without doubt, outstanding for sculpture. I hope the works gathered together and presented in such a place show to many people things which although only a tiny part of life, do say something which can make a difference to our lives.

Gordon Young

Margam, Cerfluniau – Atgof a'r Presennol

Glaw mân a niwl oedd y llwybr i mi a choffa da am y grug bras yn chwipio'r coesau bach noeth yn greulon. O ganlyniad, ar ysgwyddau 'nhad y tramwywn y rhan fwyaf o'r ffordd i fyny Mynydd Margam tuag at Y Twmpath Diwlith. Yna, ar ôl y dringo a ymddangosai'n ddiddiwedd, dyna weld gwrthrych yr holl daith, "Dyna hi; dyna Garreg Bodvoc!"

Dyna fy nghysylltiad cyntaf â cherfluniaeth, cerfluniaeth fel ymgorfforiad o hanes; canys naddwyd i'r garreg hon a safai ychydig yn gam a chryn dipyn yn uwch na'm pen dengmlwydd, ddirgelwch marwolaeth a chof dynol:

BODVOCI HIC IACIT FILIUS CATOGIRNI
PRONEPUS ETERNALIS VEDOMAVI

(Dyma Garreg Bodvoc. Yma y gorwedd mab
Catogirnus a gorwyr Eternalis Vedomavus.)

Cefais ar ddeall flynyddoedd yn ddiweddarach mai carreg o'r chweched ganrif oedd hi yn ôl pob tebyg a'r groes a'r llythrennu ar ei thop yn ddiweddarach hyd yn oed. Mwy rhyfedd na hynny oedd deall gan ysgolheigion mai enw Brythoneg oedd Bodvoc o'r ganrif cyn Crist ac y deuwn o hyd i'r enw Eternalis gryn dipyn yn ddiweddarach ar ddogfennau Cristnogol. Un garreg anghelfydd yn dyst i wyth ganrif o hanes: dyma'n wir gelfyddyd wrth ei gwaith.

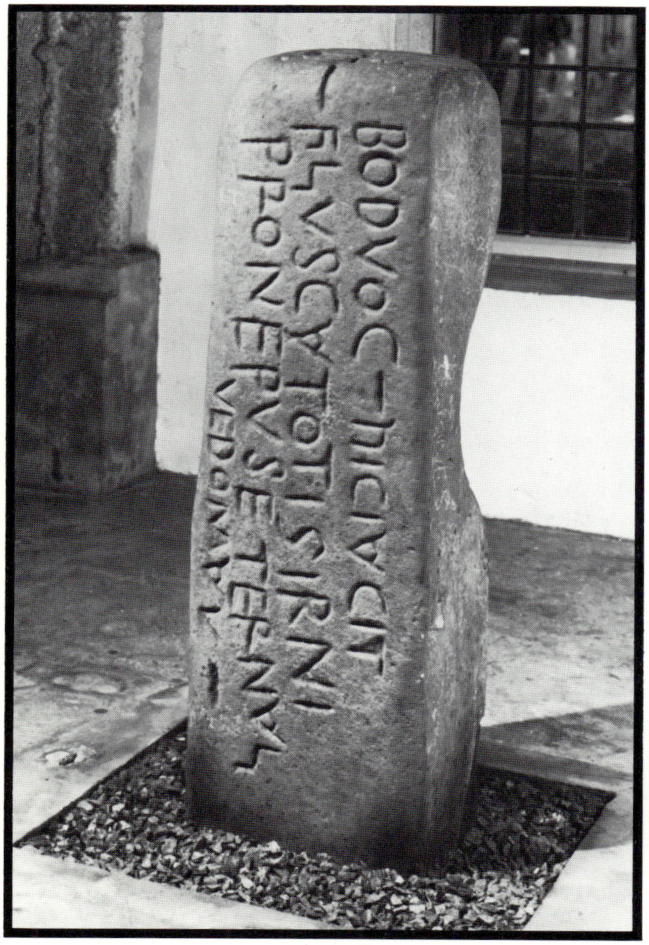

Margam, Sculpture – Memories and the Present

There seemed always to be fine rain or mist and accurate direction was difficult, while the coarse heather whipped cruelly at bare young legs. So, much of the climb up Mynydd Margam to 'The Dewless Mound' (Y Twmpath Diwlith) was on my father's shoulders. Then, after a seemingly endless climb, came the object, "There it is; there's the Bodvoc stone!"

It was my first vivid encounter with sculpture; and it was with sculpture as the enshrining of history; for this stone, standing a little crookedly but of greater than human height for my less than ten years, was incised with the mystery of death and memory:

BODVOCI HIC IACIT FILIUS CATOGIRNI
PRONEPUS ETERNALIS VEDOMAVI

(The Stone of Bodvoc. Here he lies the son
of Catogirnus and great-grandson of Eternalis Vedomavus.)

I learned later that the stone was probably of the sixth century and that the cross incised on the top was probably even later. Scholars then told me, more mysteriously, that Bodvoc was a Brythonic name of the century before Christ and that Eternalis was a name found, much later, on Christian documents; here were eight centuries of history enshrined in one rough-hewn stone, sculpture in potent action.

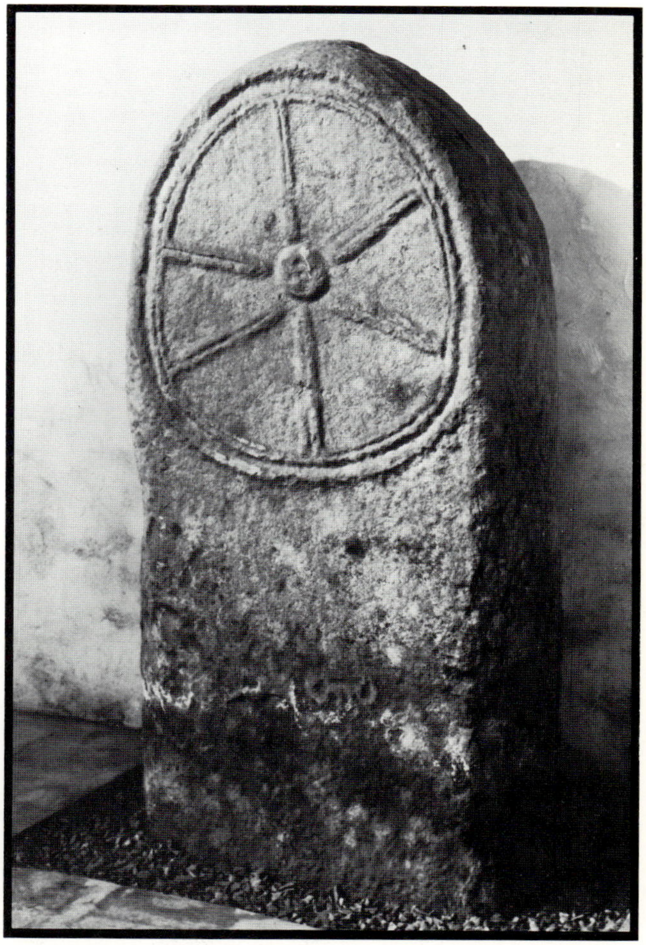

Daeth imi brofiadau eraill o gerflunwaith cynnar: carreg 'PVMPEIVS CARANTORIVS' i lawr Heol y Dŵr, heibio Fferm Eglwys Nunydd ac i lawr tuag at Gynffig, y ddinas dan y dŵr. Bu'r garreg hon yn bwydo fy nychymyg â sain a lluniau (yn gamarweiniol fel y deuthum i ddeall) a chlywn atsain sŵn traed y Catrodau'n gorymdeithio i lawr ffordd yr arfordir, Via Maritima; ond carreg o'r chweched ganrif oedd hon hefyd gyda'i rhyfeddod ychwanegol o lythrennu Ogam. Yn goron ar brofiadau plentyndod o gerflunio, dyna Groes Cynfelyn yn nhir cysegredig yr Abaty ym Mharc Margam. Dyma ddirgelion a phrydferthwch yn un: carreg dywodfaen tros saith droedfedd o uchdwr ac wedi ei cherfio'n gymhlethdod cywrain o blethi a chlymau Celtaidd ac arni uniad rhyfedd o'r sanctaidd a'r bydol: croeshoeliad symbolaidd ar wyneb y garreg a golygfa hela nwyfus ar ei chefn.

Roedd Margam eisoes felly yn drysorfa o gerfluniau i fachgen bach a'r Parc yn un o'r cyfrin leoedd i'w archwilio mor aml ag yr oedd modd. Serch hynny awn i mewn â pharch gan ddal fy anadl; roedd cenedlaethau lawer wedi gadael eu hôl yma: canwriaid, mynachod, tirfeddianwyr o Oes y Tuduriaid a'u hwyrion. Roeddynt i gyd wedi gadael eu hôl mewn carreg.

Cyn i neb feddwl am Ymddiriedolaeth Cerfluniau Cymru, bu Margam am ganrifoedd yn barc o gerflunwaith yr enaid Cymreig. Dyna ichwi symylrwydd uniongyrchol 'Carreg Rufeinig' yn nodi ffordd neu gladdedigaeth a'r Lladin wedi ei gymhlethu mor ddirgel â'r Ogam; gwaith naddu astrus Carreg Geltaidd; ysbryd asgetaidd y bwa Normanaidd; ysblander dadfeiliedig Cabidyldy'r Sistersiaid; beddrodau alabastr teulu Mansel o Oes y Tuduriaid a'u hurddas dwys yn parhau hyd heddiw; gwychder cytbwys yr Orenfa, y mwyaf a'r gwychaf ym Mhrydain a adeiladwyd nid i dyfu orennau yn unig ond i gartrefu'r llyfrau a cherfluniau a gasglodd Thomas Mansel Talbot ar y Grand Tour; hynodrwydd hynafiaethol castell Christopher Rice Mansel Talbot (adeiladwyd rhwng 1830 ag 1835) bellach wedi llosgi'n ulw ac yn gragen wag yng nghanol y stâd. Roedd casgliad canrifoedd o gerfluniau byw fel pe baent yn disgwyl cam ymlaen i ganol cymhlethdod yr oes ddiwydiannol.

Nid yn ofer y bu'r disgwyl. Nid yw hi bob amser yn hawdd adnabod a chydnabod 'cerfluniau' ein hamgylchfyd diwydiannol ond mae Porth Talbot a'r trefi a'r pentrefi o gwmpas yn meddu ar stôr ohonynt. Olwynion y pyllau glo yn gysgod du yn erbyn y gorwel bryniog; casgliad o dyrau-oeri urddasol mewn gorsaf-bŵer; rhai o'r pontydd concrid ar y draffordd; y peilonau eiddil yn camu fel catrodau modern ar draws cymoedd; dysgasom yn ystod yr ugain mlynedd neu'r deng mlynedd ar hugain diwethaf i edrych ar y gwrthrychau hyn o oes y peiriannau drwy lygaid newydd a'u gweld nid fel creithiau neu sbwriel a wasgarwyd ar dirlun rhamant gan ei ddifrodi ond eu gweld yn hytrach yn llawn grym, nerthoedd a chydbwysedd, yn berchen ar harddwch eu hunaniaeth nodweddiadol. Ac yng nghysgod y gwrthrychau hyn, daeth yr holl gerflunwyr o Gonzalez a Picasso i Reg Butler, Anthony Caro, Philip King a'u dilynwyr sydd wedi bwrw, llunio, rhwygo, rhybedu ac asio haearn, dur ac alwminiwm yn ei hymgais i ddarganfod ffurfiau newydd. Maent wedi cyfoethogi ein synhwyrau â'u gweithiau newydd ac yn bwysicach wedi ymestyn ein gallu i weld fel y medrwn dderbyn a mabwysiadu ffurfiau nad oeddem wedi meddwl amdanynt fel rhai ar gyfer cerflunwaith, a gweld mewn gwrthrychau diwydiannol a defnyddiol bosibilrwydd gweithiau celf.

Y mae Ymddiriedolaeth Cerfluniau Cymru yn chwarae ei rhan arwyddocaol nawr yn yr hanes hir a chymhleth hwn. Pan brynodd Cyngor Sir Gorllewin Morgannwg stâd Margam - a dyna weithred lawn dychymyg oedd honno - fe gafodd i boblogaeth fawr y cylch ddarn o dir yn amrywio o'r gwyllt i'r diwylliedig ac yn addas ar gyfer amrywiaeth o weithgareddau. Ac yna llynedd, dyna fabwysiadu Ymddiriedolaeth Cerfluniau Cymru yn gydweithredwyr yn y fenter ac agor y drws i osod

There were to be other experiences of early sculpture: the stone 'PVMPEIVS CARANTORIVS' down Water Street past Eglwys Nunydd farm and on towards the drowned city of Kenfig; this somewhat falsely stimulated both sight and sound, as it echoed (in my imagination) to the feet of the Legions marching the coastal road, Via Maritima; but this was also of the sixth century and carried the added mystery of Ogam script. And there was the crowning glory of my young knowledge of sculpture, the Cross of Conbelin within the abbey precincts in Margam Park. Here was both mystery and beauty, a work over seven feet high in the local pennant sandstone, intricately carved in Celtic strapwork and knots and so strangely uniting the sacred and secular: a symbolic crucifixion on the front and a spirited hunting scene on the back.

Margam, then, had become a sculpture shrine for the small boy for whom the Park was a place of enchantment to be explored as often as possible – but entered with awe and rather breathlessly, for many men had made their mark here, legionaries, monks, Tudor landowners and their heirs. They had made their mark in stone.

For before the Welsh Sculpture Trust was even a tentative thought, Margam had been for centuries a sculpture park of the Welsh spirit. The direct simplicity of a 'Roman Stone', marking a route or a burial, the Latin so mysteriously complicated with Ogam; the intricate low-relief of a Celtic Cross; the austere moulding of a Norman arch; the decayed glory of the Cistercian Chapter House; the alabaster tombs of the Tudor Mansels, still grave and stately; the balanced splendour of the Orangery, the largest and finest in Britain, built not solely to grow orange trees but to contain Thomas Mansel Talbot's library and the collection of sculptures he had bought on his Grand Tour; the nostalgic antiquarianism of Christopher Rice Mansel Talbot's castle (built between 1830 and 1835) now the burnt-out shell at the heart of the estate. All this centuries-long accumulation of living stone seemed poised, waiting for a new step forward into the confusions of the industrial age.

And of course it was not denied. It isn't always easy to recognise and acknowledge the 'sculptural' objects in our industrial environment but Port Talbot,with its neighbouring towns and villages, has them in plenty. Pit-head winding-gear silhouetted above the hilly skyline; the grouping of elegant cooling-towers at a power-station; some of the concrete motorway bridges; the delicate pylons striding like modern legionnaries across the valleys, we have learned in the past twenty or thirty years to look at these structures of the machine age with new eyes, to see them not as scars and debris scattered over a romantic landscape to its grave loss, but rather as having power, stress and balance, their own valid integrity and beauty. And in the shadow of these structures, all those sculptors from Gonzalez and Picasso to Reg Butler, Antony Caro, Phillip King and their many followers, who have cast, moulded, torn, rivetted and welded iron, steel, aluminium, in their search for new sculptural forms, they have not simply enriched our sensibility with new artefacts; they have extended our vision to accept and adopt forms which we never recognised as sculptural, to see objects of industry and utility as potentially objects of art.

In this long and complex history the Welsh Sculpture Trust now plays a significant part. When the West Glamorgan County Council so imaginatively bought the Margam Estate, it provided its large populace with a varied terrain, both sophisticated and wild, for countless individual and social activites. When, last year, they adopted the Welsh Sculpture Trust as collaborators in this venture, the way was open for showing sculpture in a greater variety of settings than anywhere else in Great Britain. The Margam Country Park itself brings the former private estate once more into active relationship with the town, the docks, the industries, which the Mansels, the Talbots and the Fletchers had done so much to bring into being. Now, with the essential support of industry, commerce and of the Welsh Arts Council, sculpture is brought to the

cerfluniau mewn mwy o amrywiaeth cefndir nag yn unlle arall yng ngwledydd Prydain. Y mae Parc Gwledig Margam ei hunan yn gwneud cymaint i greu perthynas fyw rhwng yr hen stâd breifat a'r trefi a'r dociau a'r diwydiannau y bu teuluoedd Mansel, Talbot a Fletcher mor brysur yn eu sefydlu. Erbyn hyn, gyda nawdd angenrheidiol diwydiant, masnach a Chyngor Celfyddydau Cymru, dyma ddwyn cerfluniau i sylw y rhai a ddaw i'r parc i segura ac i fwynhau; yn wir dyma ddwyn cerfluniau o flaen eu llygaid ac o flaen eu traed. Ac yn ddolen gyswllt ceir cymdeithas gref y Groes a Margam gyda'i heglwys hynafol a'r 'Capel Crwn', yn uno'r gweithgaredd â Phorth Talbot yn y cyfnod sobr hwn o drasiedi diwydiannol. Dyma gymdeithas ag arni wir angen segura, hamddena, creu, cyfle i dynnu anadl a myfyrio ar yfory. Y mae'r disgrifiad moel 'dirwasgiad economaidd' yn cuddio trasiedi dynol ac fel arfer mewn cyfnod felly gwthir y celfyddydau o'r neilltu fel pethau di-alw-amdanynt. Y mae'r Parc, mi obeithiwn, yn ddatganiad gwylaidd ond datganiad cryf fod gan y celfyddydau neges i'w hadrodd, awyrgylch i'w chreu lle gall yr ysbryd dynol ddal i gredu mewn adnewyddiad ym mhob ystyr.

Daeth yr Ymddiriedolaeth i fod ar gyfnod o wewyr creadigol afieithus ym myd cerflunio a thystiwyd i'w nwyf ifanc gan yr Arddangosfa Maquette a ddangoswyd yn yr Orenfa y llynedd ac yna yn Theatr Clwyd yn yr Wyddgrug. Y mae Canolfan Kröller-Müller yn Otterlo yn yr Iseldiroedd wedi dangos am genhedlaeth gyfan pa mor addas yw'r briodas rhwng cerflunwaith ac amgylchfyd naturiol drwy ddangos gweithiau mewn gerddi soffistigedig ac ar dir agored; gyda chefndir fel hwn y gwelwyd rhagoriaeth gwaith y genhedlaeth flaengar o gerflunwyr dychmygus gwledydd Prydain, yn arbennig felly waith Henry Moore a Barbara Hepworth. Erbyn 1977, roedd Ymddiriedolaeth Cerfluniau Efrog wedi elwa ar dirwedd naturiol tebyg ac wedi ffurfio perthynas arall rhwng cerflunwaith ac amgylchfyd addysgol bywiog Bretton Hall. O fewn blwyddyn, roedd Ymddiredolaeth Cerfluniau'r Alban wedi sefydlu 'Llwybr Cerfluniau' yn Carrbridge yn swydd Inverness, mewn cydweithrediad â Chanolfan Ymwelwyr Landmark a Chyngor Celfyddydau'r Alban. 'Darganfyddir' gweithiau ar lwybr tra thebyg i Lwybr Natur drwy iddynt ddod i'r golwg rhwng y llwyni, rhai yn edrych yn gwbl gartrefol yno ac eraill yn gwrthdaro yn fwriadol egr. Y mae'r cyfan, y rhai sy'n ymdoddi a'r rhai a erys yn ddieithriaid, yn cyfiawnhau haeriad Timothy Neat yn ei ragarweiniad i The Landmark Sculpture Park fod 'y rhan fwyaf o gerfluniau i'w gweld ar eu gorau y tu allan dan olau amrywiol natur'. Gyda mwy o arabedd dychmygus nag yn Landmark hyd yn oed, mae Ymddiriedolaeth Cerfluniau'r Alban wedi gosod nifer o weithiau (Kempsell, Laing, Mylius, Pye a Robertson) yn Glenshee, y ganolfan sgio ger Braemar a hynny mewn modd sy'n fwriadol glochdar eu hunaniaeth ddynol ddieithr yn y cefndir naturiol - gan gynnwys dau o hen bobl mewn gwydr ffibr "yn eistedd a mwynhau'r olygfa fel ymwelwyr diflino".Rhoddir sail gadarn i'r holl waith gan weithgarwch yr Oriel Genedlaethol o Gelfyddyd Modern sydd wedi gosod gwaith Epstein, Moore a Hepworth yn ei gerddi i edrych allan tros drumwel Caeredin.

Gwelwn felly fod llawer o'r problemau ymarferol eisoes wedi eu hwynebu a'u meistroli. Yn ei ragarweiniad i lawlyfr Parc Cerfluniau Efrog, tanlinella Peter Murray y broblem fwyaf:

> "Os yw cerflunwaith am gystadlu â golygfeydd dramatig y tirlun, yna mae'n rhaid iddo fod yn rymus. Nid mater o faint yw hyn ond grym mewnol y cerflun, gallu'r cerflun i fod yn 'hunan-ddigonol' yn gelfyddydol."

Croesawyd yr her gan William Pye yn Glenshee: "Y mae llefydd cyhoeddus yn ddelfrydol ac yn ymestyn y dychymyg. Gerddi, dyweder, a mynyddoedd hefyd." Ar ôl blynyddoedd o brofiad meistr yn lleoli cerfluniau tu mewn ac allan, mewn dinasoedd, parciau neu ar eangderau stâd Sir William Keswick yn Glenkiln yn swydd Dumfries, ysgrifenna Henry Moore am osod cerfluniau fel pe bae wedi rhagweld flynyddoedd yn ôl yr amrywiaeth gyfoethog a fyddai ym Margam:

notice, indeed before the very feet and eyes of those who have come to the Park for their leisure and entertainment. A living community at Groes and Margam, with its ancient church and 'Round Chapel', links these activities to Port Talbot at this critical time of industrial tragedy; it is a community in dire need of leisure, recreation, creativity, a breathing-space in which to consider its future. The dry, unemotional phrase, 'economic recession', masks a pattern of human tragedy in which the creative arts tend to be shoved aside as irrelevant. A Welsh Sculpture Park is a modest but, we hope, a potent declaration that the arts have a statement to make, an atmosphere to assert, in which re-creation in the fullest sense can be maintained with assurance.

The Sculpture Trust comes into being at a time of some exciting ferment in the world of sculpture and its debut, with the Maquettes Exhibition in the Orangery last year and then at Theatr Clwyd at Mold, revealed its early vitality. The Kröller-Müller complex at Otterlo in the Netherlands has, for a generation, declared the relevant union of sculpture and the natural environment, with sophisticated parkland and more open countryside; in this admirable setting our pioneer generation of innovative sculptors in Britain and in particular Henry Moore and Barbara Hepworth came richly into their own. In 1977 the Yorkshire Sculpture Park , with similar natural surroundings, brought sculpture into another relationship, with the lively educational context of Bretton Hall. Within a year the Scottish Sculpture Trust had established an exciting 'sculpture trail' at Carrbridge in Invernesshire, in collaboration with the Landmark Tourist Centre and the Scottish Arts Council.Here one 'discovers' successive works on something analogous to a Nature Trail and they appear to emerge out of the thickets, sometimes seeming to be completely at home there, others asserting a sharp 'manufactured' contrast. All of them, 'natives' and 'intruders' do much to justify Timothy Neat's claim in the introduction to The Landmark Sculpture Park that "most sculpture looks at its best out-of-doors, amidst the changing light of nature". Even more wittily than at Landmark, the Scottish Sculpture Trust set up in Glenshee, the skiing centre near Braemar, a number of works (Kempsell, Laing, Mylius, Pye and Robertson) which calculatedly asserted their intrusive human quality in the natural landscape - including two old persons in fibreglass "who sit and tirelessly enjoy the landscape, like tourists in a lay-by". And all this enterprise is underpinned by the National Gallery of Modern Art, in the gardens of which Epstein, Moore, and Hepworth, look out over the Edinburgh skyline.

Already, then many of the practical issues had been faced and the initial problems mastered. Peter Murray, in the foreword to the handbook of the Yorkshire Sculpture Park pinpoints the major problem:

> "For sculpture to cope with the dramatic vistas which landscape can provide, it must be powerful. This is not to do with size, but with the internalised character and strong 'sculptural sufficiency' of the work."

William Pye, at Glenshee, had welcomed this challenge: "Public places are ideal; they extend the imagination. Gardens, too, and mountains"; and Henry Moore, from magisterial experience in siting sculpture indoors and out, in cities and parks or on the wide expanses of Sir William Keswick's estate at Glenkiln in Dumfriesshire, writes of the placing of sculpture as though,many years ago, he had been anticipating the rich diversity of Margam Park:

> "Some sculpture finds its best setting on a stretch of lawn or beside a pool. Others might be more effective, more poignant, set against the rhythm and raggedness of trees. Some of these might look best against oaks and others against elms. Yet others need the secret glade, a patch of grass enclosed by high bushes to give a sense of privacy."

Much of this variety in setting and in the sculptures themselves the visitor will find in this current exhibition. In it, too, he will find a great variety of aim and purpose; some works represent Barbara Hepworth's

"Canfyddir y lleoliad gorau i rai cerfluniau ar lawnt neu gerllaw llyn bas mewn gardd. Gwelir rhagoriaeth rhai eraill, ing rhai ohonynt, drwy eu gosod yn erbyn cefndir o goed a rythmau canghennau anystywallt. Bydd rhai o'r rhain eto yn fwy cartrefol ger derwen, eraill ger coed llwyfen. Y mae ar eraill angen mannau dirgel, darn o laswellt wedi ei amgylchynnu â llwyni uchel i roi preifatrwydd ."

Gwelir llawer o'r amrywiaeth lleoliad ac amrywiaeth cerflunwaith yn yr arddangosfa hon. Gwêl yr ymwelydd amrywiaeth amcanion hefyd: bydd rhai gweithiau yn cynrychioli gofal Barbara Hepworth am "ddyn yn ei amgylchfyd naturiol", a gofal a fynegwyd yn wych mewn cerflun o'r blynyddoedd olaf, "Teulu Dyn" (a welir nawr yn camu ar fryniau Bretton Hall); mae eraill mewn cydymdeimlad â haniaethau a thensiynau mathemategol oes wyddonol; gwelir technegau a defnyddiau crai yn amrywio o bethau traddodiadol fel pren, carreg, efydd i fwy o ymlyniad wrth haearn, dur a mater synthetig o bob math. Serch hynny, mae'r cyfan yn datgan didwylledd ymchwiliad yr artist i ffenomenau, tensiynau, datguddiadau ac ing ein hoes bresennol. Nid yw artistiaid fel rheol yn hunan-bwysig ac mae gan gerflunwyr ddogn helaeth o asbri ymlaciedig; mae'r naill fel y llall o ddifrif yn eu gwaith. Wrth archwilio dyled artistiaid yr ugeinfed ganrif i gerflunwaith primitif ac ecsotig, ceisiodd Herbert Read ddiffinio ymchwil cerflunwyr o ddyddiau creadigaethau cynnar Brancusi a Picasso:

"Mae'r dyn modern wedi chwilio am iaith newydd, ffurf a fyddai'n bodloni dyheadau a gobeithion newydd - dyhead am dangnefedd, gobaith am uniad, cytgord, tawelwch gogoneddus a therfyn i'w alltudiaeth oddi wrth natur."

Y mae rhain yn ymdrechion gwiw; gwelir y gwir angen amdanynt drwy gymharu dau ddyfyniad. Yn ddiarwybod iddo, cynigiodd Anthony Caro ateb i un o hunllefau parhaol ein hoes - a gwneud hynny gydag uniongyrchedd di-wastraff yr artist o argyhoeddiad. Ar ddiwedd y flwyddyn ddiwethaf roedd sylwebydd radio yn siarad am beryglon y fasnach arfau gynyddol rhwng y gwledydd gan lunio'r frawddeg frawychus, "Y mae costau lladd wedi codi'n gyflymach na chostau byw". Anthony Caro a roddodd wir ymateb yr artist rai blynyddoedd yn ôl:

"Y mae celf, cerdd, barddoniaeth yn dweud wrthym sut beth yw bod yn fyw . . . Y mae gwerth darn o gelfyddyd yn dibynnu ar ba mor ddwfn fu'r meddylu ac ar ba ddyfnder sydd i'r cynnwys emosiynol."

Uchelgais nid bychan i'r artist yw datgan gwerthoedd bywyd mewn byd o galedi.

Moelwyn Merchant

Cyfieithad gan Elan Closs Stephens

concern for "man in his landscape", a preoccupation splendidly realised in her late work, 'The Family of Man' (now striding up the hillside at Bretton Hall); others react most sympathetically to the abstractions, the mathematical tensions of a scientific age; techniques and materials range from the traditional wood, stone, bronze to a greater attachment to iron, steel and synthetics of all kinds; yet all maintain the integrity of the artists' exploration into the phenomena, the tensions, the revelations, and the agonies of our day. Artists tend not to be over portentous and sculptors have mankind's full quota of relaxed gaiety - but there is an equal gravity in their endeavours. Herbert Read, examining twentieth-century artists' debt to primitive and exotic sculpture, attempted to define the explorations with which sculptors have been engaged since the creation of the early work of Brancusi and Picasso:

"Modern man has been in search of a new language of form to satisfy new longings and aspirations — longings for mental appeasement, aspirations to unity, harmony, serenity — an end to his alienation from nature."

These are high endeavours and their urgency may be judged by contrasting two attitudes, in two quotations. Anthony Caro has succintly and with the direct simplicity of an artist's conviction, given, if unconsciously, an answer to one of the abiding nightmares of our time. A radio commentator, at the end of last year, speaking of the dangers in the increasing international traffic in arms, said chillingly: "The Cost of Killing has risen faster than the Cost of Living". Anthony Caro some years ago gave the artist's true response:

"Art, music and poetry are about what it is like to be alive . . . The value of an art work lies in its depth of introspection and emotional content."

That is no mean aspiration for the artist, to assert the values of life in a bleak world.

Moelwyn Merchant.

Golwg o'r Is-Almaen ar Gerfluniaeth Brydeinig

Yn ei ddarlithiau ar gerflunio a draddododd ym Mhrifysgol Caergrawnt ym 1970-71 y mae Rudolf Wittkower yn cloi ei ddarlith olaf, y ddeuddegfed, ar yr ugeinfed ganrif â geiriau David Smith: 'Nid ydwyf heddiw yn cydnabod y ffiniau a bennir rhwng peintio a cherflunio yn esthetig . . . Ni chyfyngir y cerflunydd bellach i farmor, y cysyniad monolithig, a drylliau clasurol. Y mae ei gysyniadau mor rhydd ag eiddo'r peintiwr . . . Nid oes gwahaniaeth cysyniadol rhwng peintio a cherflunio.'

Bu farw David Smith ym 1965. Blodeuodd y rhyddid newydd a awgrymir ganddo mewn cerflunio tua 1960, ac yr oedd ef ei hun yn allweddol yn y broses. Nid oedd ei ddarnau diweddarach mewn dur byth yn gaeth i'r pedestal: amneidient yn feiddgar yn y gofod, weithiau'n ansicr eu cydbwysedd, yn fynych yn arwyddion graffig llachar eu lliw a noeth eu hamlinellaid; fe'u harddangosai yn yr awyr agored bob amser. Safent y tu allan i'w stiwdio yn Bolton Landing mewn rhengoedd hir, fel milwyr, yn wirioneddol y tu allan, yn yr awyr iach yn hytrach na'n rhan o natur. Y mae a wnelo ei waith â gofod, yn hytrach nag ymateb rhamantaidd i hyfrydwch damweiniol tirlun.

Ysgogodd ei ddyfeisgarwch ddatblygiadau mewn cyfeiriadau gwahanol newydd a gwireddwyd amryfal amcanion mewn toreth o ymholi celfyddydol na welwyd ei fath erioed o'r blaen. Yr oedd y chwedegau a'r saithdegau'n gyfnod pwysig i gerflunio, ac yn fynych, ymddangosai cerflunio'n bwysicach na pheintio o safbwynt datgan beth oedd amcanion sylfaenol celfyddyd yn y cyfnod hwn. Ac yn awr, ar ôl dau ddegawd, wynebwn unwaith eto ffinau a bennir rhwng peintio a cherflunio. Bu teithio Ewrop yn yr wythdegau cynnar i weld celfyddyd gyfoes yn brofiad diflas i garwr cerflunio. Westkunst yn Cologne, Biennale Venice, Ffeiriau Celfyddyd (Basel ac ati), '60-'80 yn Amsterdam, Documenta 7 yn Kassel, y Biennale des Jeunes ym Mharis, Seitgeist yn Berlin, ble bynnag yr âi dyn cyflwynai 'agweddau, cysyniadau a delweddau' eu hunain, yn fynych mewn ffurf adnabyddus, pur anaml yn ddim byd rhyfeddol o newydd, weithiau'n gynnyrch eildwym y pumdegau neu hyd yn oed y dauddegau, yn fynych yn ailadroddol, ond bob amser yn fwrlwm o fywyd, ac yn ymwneud bron yn ddieithriad â pheintio, nemor fyth â cherflunio.

Dewiswyd hynny o gerfluniau a welai dyn am resymau pur angherfluniadol gan mwyaf. Y dewis oedd cerfluniau gan beintwyr, a rhywiogaeth newydd o gelfyddyd y gwrthrych a dueddai, yn rhy aml, i fod yn rhy straegar. Dim rhyfedd felly i'r cerfluniau yn y sioeau hyn gael eu cyflwyno at ei gilydd yn y dull traddodiadol cyfarwydd, fel rhywbeth i lenwi bwlch gweledol, megis byrddau bychain rhwng y peintiadau. Yr ydym fel pe baem wedi dod yn ôl at Smith o'r cyfeiriad arall; nid yw'r peintiwr yn gaeth mwyach i baent, i gyfyngiadau creu rhith tri-dimensiynol ar gynfas. Y mae ei gysyniadau mor rhydd ag eiddo'r cerflunydd. Nid yw canlyniadau'r rhyddid hwnnw heb eu hatyniad llithiol, ond nid ydynt yn ychwanegu at statws ffurfiol cerflunio. Fodd bynnag, ni chredaf mai gwir dweud fod cerflunio wedi mynd ar gyfeiliorn yn yr wythedegau. Fe â lleurith peintio heibio. Y mae cerflunio'n fusnes araf, y mae'n symud yn bwyllog ond yn ddiatal. Ac wrth fynd o gwmpas yr holl arddangosfeydd arolygol mawr hyn, pleser oedd nodi'r modd y cynrychiolid hanfod cerflunio dro ar ôl tro gan nifer bychain o artistiaid o wledydd Prydain. Mae'n siwr mai 1982 oedd y flwyddyn orau a gafodd Barry Flanagan â'i waith erioed. Gorchfygodd ei sgwarnogod y byd. Gallodd Tony Cragg, Bill Woodrow, Jean Luc Vilmouth ac Amish Kapoor ymateb i her yr Eidalwyr a Gwylltwyr Newydd yr Almaen o safbwynt y sylw rhyngwladol a gawsant a'r ystyrlonwydd newydd y gallasant ei chyflwyno. Bron ar eu pen eu hun, safasant dros gerflunio yng nghanal dilyw o beintio. Rhywfodd, yr oedd y sefyllfa'n dwyn i gof y blynyddoedd o gwmpas 1950 pan oedd yr Ecole du Paris yn ei hanterth, a phan fagodd cerflunio Seisnig arwyddocad rhyngwladol pendant am y tro cyntaf.

Y mae deng mlynedd ar hugain o gerflunio yng ngwledydd Prydain wedi mwy na chadarnhau geiriau Hammacher ym 1967 yn ei gyfrol *Modern*

A Dutch view of British Sculpture

In his lectures on sculpture delivered in 1970-71 at the University of Cambridge, Rudolf Wittkower ends his twelfth and last lecture given on the twentieth century with an observation by David Smith: "I do not today recognise the lines drawn between painting and sculpture aesthetically . . . The sculptor is no longer limited to marble, the monolithic concept, and classical fragments. His conception is as free as that of the painter . . . There is no conceptual difference between painting and sculpture."

David Smith died in 1965. The new freedom of sculpture he suggests originated around 1960 and he was himself instrumental in bringing it about. His later pieces in steel were never restricted to pedestals, they daringly gestured in space, sometimes precarious in balance, often gaily coloured starkly outlined graphic signals and always shown in the open air. Outside his studio in Bolton Landing they stood in long soldierly rows, outside indeed, in the open air more than in nature. His work relates to space, rather than in a romantic way to the chance niceties of a landscape.

New directions started from his stimulating initiative and manifold intentions were realised in an abundance of art issues as almost never before. The sixties and seventies were important for sculpture, and sculpture often seemed more important than painting in terms of basically stating what art was about in this period. And now after two decades we are again confronted with lines drawn between painting and sculpture - going around Europe in the early eighties to see contemporary art has been frustrating for the sculpture lover. Westkunst in Cologne, the Venice Biennale, Art Fairs (Basel etc.), '60-'80 in Amsterdam, Documenta 7 in Kassel,the Biennale des Jeunes in Paris, Zeitgeist in Berlin, wherever one has gone "attitudes, concepts and images" presented themselves often well known, seldom surprisingly new, sometimes a rehash of the fifties or even the twenties, often repetitive but always wildly alive, however, and everywhere involved with painting in the first place and rarely with sculpture.

And the sculpture one saw was mostly chosen for rather non-sculptural reasons. The option was for sculpture by painters and a species of new object art that too often tended to be too anecdotal. It is not amazing then that sculpture in these shows was mostly presented in the well known traditional manner as a visual stopgap, as a gueridon hemmed in between paintings. We seem to be back to Smith in a reversed way; the painter is no longer limited to paint, to the restrictions of a three dimensional illusion on a canvas. His conception is as free as that of the sculptor. The results of that freedom are not without a certain seductive charm, but they do not add to the formal status of sculpture. However, I do not think it is true at all that sculpture has lost its bearings in the eighties. The mirage of painting will pass. Sculpture always takes time, it moves slowly but uncheckable. And in going around all those large scale survey exhibitions it was a pleasure to note that the essence of sculpture was represented time and again by a few British artists. I take it that 1982 was the best year Barry Flanagan ever experienced for his work. His hares conquered the world. Tony Cragg, Bill Woodrow, Jean Luc Vilmouth and Amish Kapoor were up to the challenge of the Italians and the German New Wilds in extent of international exposure and the fresh meaningfulness they were able to present. Almost singlehanded they stood for sculpture in a deluge of painting. Somehow that situation seems reminiscent of the years around 1950 at the heyday of the Ecole de Paris when English sculpture for the first time became of decisive international importance.

Thirty years of British sculpture have more than confirmed what Hammacher has already stated in 1967 in his book Modern English Sculpture: "It is an amazing phenomenon that in Britain a sculpture came into being which not only held its own beside continental European Sculpture, but which even determined to an important extent the aspect

English Sculpture: 'Ffenomenon anhygoel yw'r ffaith i wledydd Prydain esgor ar gerflunio nad oedd yn unig yn dal ei dir ochr yn ochr â cherflunio cyfandirol ond a bennodd, i raddau pwysig, ymagwedd cerflunio'r ugeinfed ganrif'. Y mae cerflunio gwledydd Prydain yn y 1980au i'w weld, o'r cyfandir, yn fyw ac yn ddilys dros ben. Erbyn hyn gwelsom olyniaeth drawiadol o genedlaethau newydd: Moore a Hepworth, Chadwick ac Armitage, Caro a Paolozzi, King a Tucker, Long a Flanagan, Pope a Nash, Cragg a Woodrow, a llu o gyfoedion.

Ym mhob un bron o wledydd Ewrop, ceir un neu ddau o gerflunwyr pwysig; yng ngwledydd Prydain ceir llawer ohonynt, ac y mae'r nifer ar gynnydd. At hynny, y mae'r hyn a arferai ddigwydd yn Llundain yn unig fel pe bai wedi ymestyn i bob cwr a chornel, ac y mae bron unrhyw gysyniad yn bosibl ym mhreswylfa ryfeddol Cerflunio, lle daeth atebion tri-dimensiwn i broblemau yn un o brif nodweddion celfyddyd yr ugeinfed ganrif.

Dylid dwyn mewn cof hefyd i'r duedd fyd-eang tuag at arddangos cerfluniau yn yr awyr agored ddeillio o Loegr. Gellir olrhain yr hanes hwnnw o Barc Holland a Pharc Battersea yn y pedwardegau diweddar i Middelheim yn Antwerp, Sonsbeck yn Arnhem, Kröller-Müller yn Otterlo, Louisiana ger Copenhagen, y Fondation Maeght yn St Paul de Vence, Caersalem, Hakone yn Siapan, Milderna yn Awstralia, Storm King yn UDA ac yn ôl i wledydd Prydain, i Swydd Efrog yn Lloegr, i'r Alban, i Ogledd a De Cymru.

Y mae cerflunio gwledydd Prydain bellach yn datblygu'n annibynnol, gan ddilyn ei llwybr ei hun ar wahân i Ewrop ac America, tra'n dal cysylltiad â datblygiadau yno. Nid hawdd mynegi mewn unrhyw ffordd systematig beth yn union sy'n ei wneud yn nodweddiadol o'r ynysoedd hyn, a felly o bwys cyffredinol. Y mae a wnelo â rhyddid meddwl, â bod yn feirniadol, â'r gallu i fod yn eironig, yn realistig ynglŷn â pherfformaid personol mewn cymdeithas agored lle caiff y cerflunydd nid yn unig ei oddef ond ei edmygu am ei ddelfrydiaeth. Yng ngwledydd Prydain, gall cerflunydd fod yn Ian Hamilton Finlay neu'n John Davies, i enwi dau ffigur o bwys sy'n dilyn eu llwybr unig eu hunain.

Y mae yng ngwledydd Prydain draddodiad mawr sydd a wnelo â pherthynas dyn a natur. Cysylltir celfyddyd, pensaerniaeth a'r tirlun yn feddyliol ac yn ymarferol. Y mae'r hardd a'r aruchel yn dal yn fyw ac iach. Ar y cyfandir, aeth cerflunio o dan do, naill ai am ei fod yn rhy fregus i fod y tu allan, neu oherwydd mai'r bwriad oedd creu perthynas uniongyrchol â phensaerniaeth neu, yn hytrach, â gofod cyfyng fwy neu lai haniaethol. Dichon mai cyflwyniad Documenta 7 oedd yr enghraifft fwyaf amlwg o'r duedd hon. Prin y defnyddiwyd y gofod anferth y tu allan, ond y tu fewn i'r adeilad ceid artistiaid yn brwydro â'i gilydd am le digonol i ddangos eu gwaith.

Ymddengys cerflunio Prydain fel pe bai'n cadw cydbwysedd tosturiol rhwng celfyddyd a natur, rhwng y ffigurol a'r haniaethol, yr organig a'r cyfundrefnol, modelu ac adeiladu, lliwiau llachar a deunydd noeth, cysyniad a gwrthrych. Dro ar ôl tro, dengys doreth amheuthun a chraff o ffurfiau ystyrlon.

Rudolf W.D. Oxenaar.
Cyfarwyddwr Amgueddfa Genedlaethol Kröller-Müller, yr Iseldiroedd.

of twentieth century sculpture". Around 1980 British sculpture as seen from the continent looks very much alive and valid. By now we have seen an impressive sequence of new generations: Moore and Hepworth, Chadwick and Armitage, Caro and Paolozzi, King and Tucker, Long and Flanagan, Pope and Nash, Cragg and Woodrow, and their many contemporaries.

In almost all European countries one finds a few important sculptors, in Great Britain there are always many and increasingly more. Also what used to happen in London only, now seems to have spread out all over the country and almost any conception is feasible in that amazing abode for sculpture where three dimensional solutions became a major characteristic of twentieth century art.

It should be kept in mind also that the worldwide trend to show sculpture in the open air originated in England. One can trace that history from Holland Park and Battersea Park in the late forties to Middleheim in Antwerp,Sonsbeck in Arnhem, Kröller-Müller in Otterlo, Louisiana near Copenhagen, the Fondation Maeght in St Paul de Vence, Jerusalem, Hakone in Japan, Milderna in Australia, Storm King in the USA and back to Great Britain, to London, to Yorkshire, to Scotland, to North and to South Wales.

British sculpture nowadays develops independently, it follows its own track separate from but related to both the European and the American scene. It is not easy to express in any systematic way what exactly makes it typically British and thus of general importance. It has to do with freedom of mind, with being critical, with the ability to be ironic, relativistic about the significance of the personal performance, in an open society where one is not only tolerated but even admired as quixotic. In Great Britain one can be Ian Hamilton Finlay or John Davies, to mention two important lone wolves.

The country has a great tradition concerning the relationship between man and nature. Art, architecture and landscape are associated in thought and practice. The beautiful and the sublime are still alive and around. On the continent sculpture went inside, either simply being too fragile to be outside or because it intended a direct relationship with architecture or rather with a confined more or less abstract space. The Documenta 7 presentation was perhaps the most flagrant example of this trend. The immense space outside stayed practically unused, while inside artists were cramped to fighting for an adequate area to show their work.

British sculpture seems to maintain a humane balance between art and nature, between figurative and abstract, organic and systematic, modelling and construction, bright colour and stark material, concept and object. British sculpture time and again shows a delectable and penetrating plethora of forms that make sense.

Rudolf W.D. Oxenaar
Director of the Kröller-Müller National Museum, Holland.

The Artists

Henry Moore
Barbara Hepworth
F E McWilliam
Austin Wright
Moelwyn Merchant
Ivor Roberts-Jones
Kenneth Armitage
Jonah Jones
Michael Ayrton
Anthony Caro
Robert Thomas
Roy Kitchin
Elisabeth Frink
Phillip King
Peter Nicholas
John Gingell
Avtarjeet Dhanjal
William Pye
Glynn Williams
Jake Kempsell
John Maine
Robert Scriven
Michael Lyons
David Petersen
David Kemp
David Nash
John Cobb
Harvey Hood
Paul Cooper
Richard Deacon
Lee Grandjean
Brian Fell
Christine Angus
Andrew Frost

HENRY MOORE

Ni fyddai'r un arddangosfa fawr o gerflunio cyfoes yn gyflawn heb gyfraniad gan Henry Moore. Er a fu'n bennaf gyfrifol am ailsefydlu swyddogaeth oesol cerfluniau fel gwrthrychau i'w gosod mewn tirlun a mynegi cysylltiad bodau dynol â Natur. Fel artistiaid Ewropeaidd eraill ei genhedlaeth, darganfu'r posibilrwydd hwn yn y lle cyntaf drwy archwilio ansoddau a dibenion cerfluniau cyntefig a rhai o gyfandiroedd eraill, a thrwy ddefnyddio natur gynhenid ei ddefnyddiau, sef pren a charreg, mewn modd a olygai fod perthynas organig yn y cerflun terfynol rhwng ffurf a deunydd. Wrth i'w waith ddatblygu yn y 1930au a wedi hynny, ceid 'dyneiddiaeth' hanfodol yn cydbwyso ac yn fynych yn gorchfygu'r tueddiadau haniaethol a oedd yn amlwg yn ei gerfluniau. Yn y cyd-destun hwn, ailddarganfu hefyd un o agweddau deallusol ac esthetig cryfaf y traddodiad Ewropeaidd, a'i mawrygu. Am y rheswm hwn, y mae gwaith Henry Moore wedi bod yn ddealladwy i gyhoedd hynod amrywiol, ac yn llwyddiannus o'r herwydd, ond y mae hefyd wedi bod yn ffynhonnell gyfeiriadol ac yn ysbrydoliaeth i artistiaid iau a geisiai ddod o hyd i ffordd o ailfywiogi cerflunio ffiguriadol.

Y mae'r ffigur benywaidd yn lledorwedd yn fotiff a gysylltir yn glos iawn â'i waith. Er mai dim ond un maes yr ymddiddorodd ynddo yw hwn mewn gwirionedd, y mae o bwys iddo, yn rhannol oherwydd ei natur draddodiadol, ond yn fwy efallai oherwydd ei fod yn rhoi iddo gryn dipyn o ryddid i ddatblygu fframwaith ffurfiol a dychmygol ei waith. Dywedodd unwaith bod " . . . gan artist weithiau thema neilltuol y bydd yn ymdrin â

No major exhibition of contemporary sculpture would be complete without a contribution from Henry Moore. He has been mainly responsible for re-establishing the ancient role of sculpture to be sited in landscape and to indicate the association of man with Nature. Like other European artists of his generation he initially discovered this possibility through exploring the qualities and purposes of primitive and non-European sculpture and by exploiting the intrinsic character of his materials, wood and stone, so that the resulting sculpture had an organic relationship of form and material. As his work developed during the 1930s and later, an essential 'humanism' balanced and often overcame the abstract tendencies that were apparent in his sculpture. In this context he also re-discovered and asserted one of the strongest intellectual and aesthetic aspects of the European tradition. For this reason Henry Moore's work has not only been intelligible and successful among a widely varied public but has also provided a source of reference and encouragement for younger artists trying to find a way of revitalising figurative sculpture.

The reclining female figure is a motif closely associated with his work. Although this has actually only been a single area of interest, it is important to him, partly because of its traditional character, but perhaps more because it gives him a great deal of freedom to develop the imaginative and formal framework of his practice. He has said that " . . . sometimes an artist has a set theme that he takes over again and

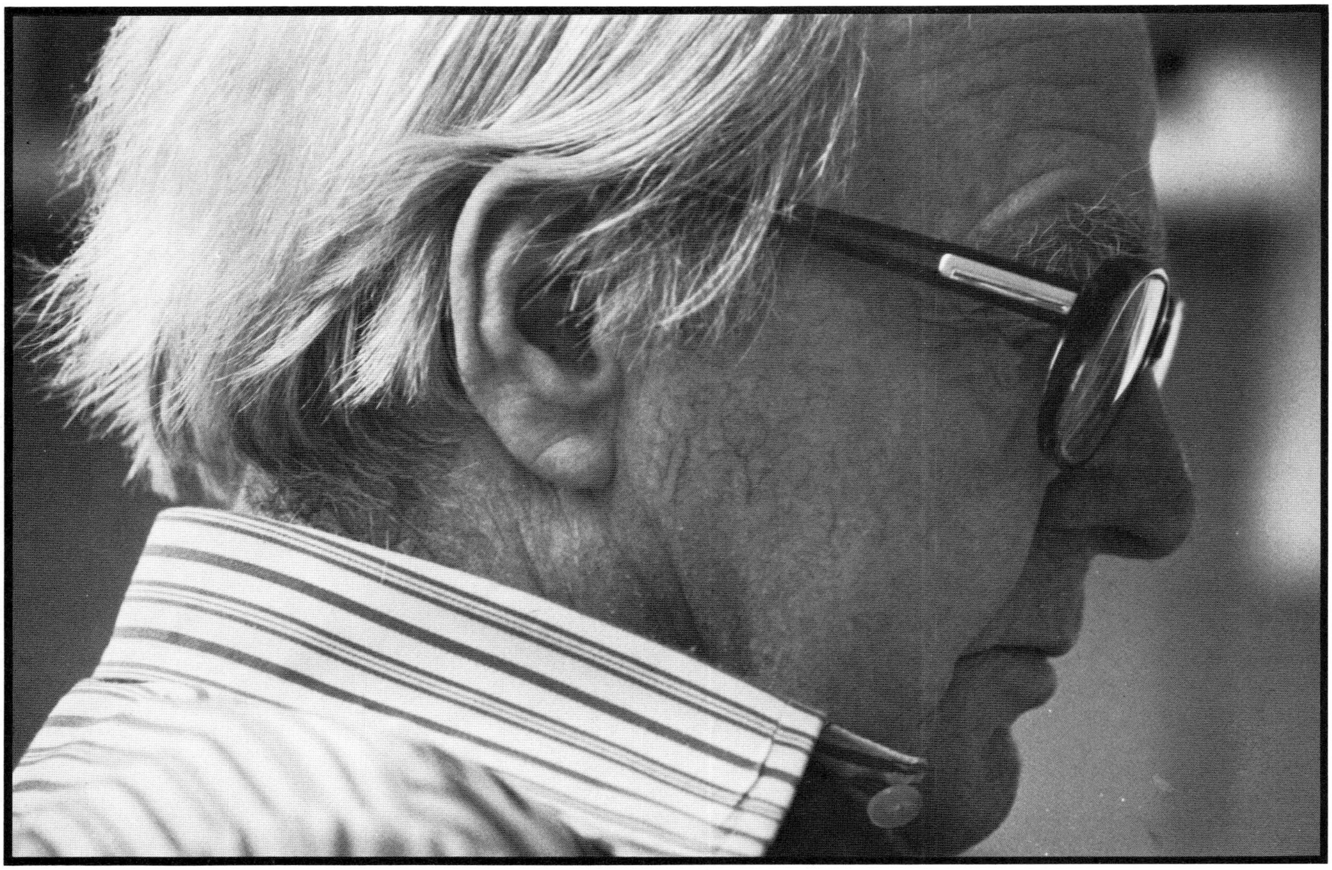

hi drosodd a throsodd - y mae Cezanne a'i nofwyr yn enghraifft amlwg - ac y mae'r thema'n ei ryddhau i arbrofi â phob math o bethau nas gŵyr yn iawn neu nad yw'n gwbl sicr ohonynt. I mi, y mae'r ffigur yn lledorwedd yn cynnig y math hwnnw o gyfle. Mae'r testun wedi ei bennu, mae dyn yn gyfarwydd ag ef ac yn hoff ohono, a felly mae'n rhydd i greu syniad-ffurf newydd o fewn y testun hwnnw a all fod yn gwbl wahanol i unryw syniad arall a gafodd dyn erioed. Y mae'r deunydd-testun yn rhyddhau dyn ac eto, rhydd barhad a chysondeb i'r hyn y mae'n ei wneud . . ."

Bydd cerfluniau Henry Moore bron yn ddieithriad yn tarddu o rywbeth a welodd, ac o'r ymdeimlad cryf sydd ganddo tuag at ffurf neilltuol. Caiff fod siapiau cerrig mân ar y traeth a cherrig treuliedig yn ei ysbrydoli i archwilio ffurfiau organig a rhai a dyllwyd. Disgrifia sut yr astudiodd y modd y gall gorchudd o ddillad " . . . bwysleisio'r tyndra mewn ffigur . . .", ond y gall yr un ddelwedd awgrymu syniad cwbl wahanol nes " . . .cysylltu'r cyferbyniad rhwng maint y plygiadau - sydd yma'n fân, yn goeth a chynnil, acw'n fawr ac yn drwm - â ffurf mynyddoedd, sef croen crychlyd y ddaear . . ." Seilir ei gyfres 'Sheep Pieces' a wnaethpwyd yn y 1970au cynnar ar weld defaid yn y caeau ger ei gartref yn Swydd Hertford ond y mae'r cerfluniau efydd anferth yn trawsffurfio'r ddelwedd fugeiliol yn un sy'n ein hatgoffa o esgyrn anghenfilod sydd wedi marw o'r tir, neu fwaon organig eu ffurfiant.

Y cerflun comisiwn cyhoeddus cyntaf a ddaeth â chlod cyffredinol i waith

again - Cezanne and his bathers are a case in point - and the theme frees him to try out all sorts of things that he doesn't quite know or isn't quite sure of. With me, the reclining figure offers that kind of chance. The subject is settled for one, one knows it and likes it, and therefore one's free to make a new form-idea within that subject that may be completely different from any other idea that one's ever had. The subject-matter frees one, and yet it gives what one does a continuity . . .".

Henry Moore's sculptures almost always originate with something that he has seen and with the strong feeling that he has for a particular form. He finds that the shapes of beach pebbles and of eroded stones are a source of inspiration for his exploration of organic and pierced forms. He describes how he has studied the way that drapery " . . .can emphasise the tension in a figure . . ." but that the same image can suggest a completely different idea, so that he is able " . . .to connect the contrast of sizes of folds, here small, fine and delicate, in other places big and heavy, with the form of mountains, which are the crinkled skin of the earth . . ." His series of 'Sheep Pieces' made during the early 1970s are based upon the sight of sheep in the fields near his Hertfordshire home, but the massive bronze sculptures transform the pastoral image into one reminiscent of the bones of extinct monsters or of organically formed archways.

The first publicly commissioned sculpture, which brought general

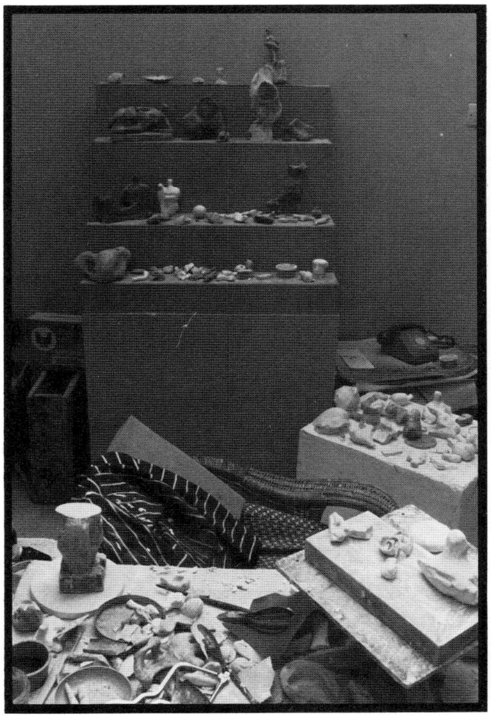

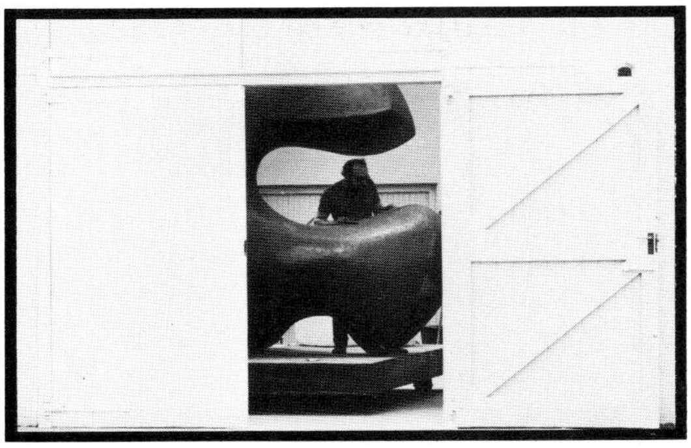

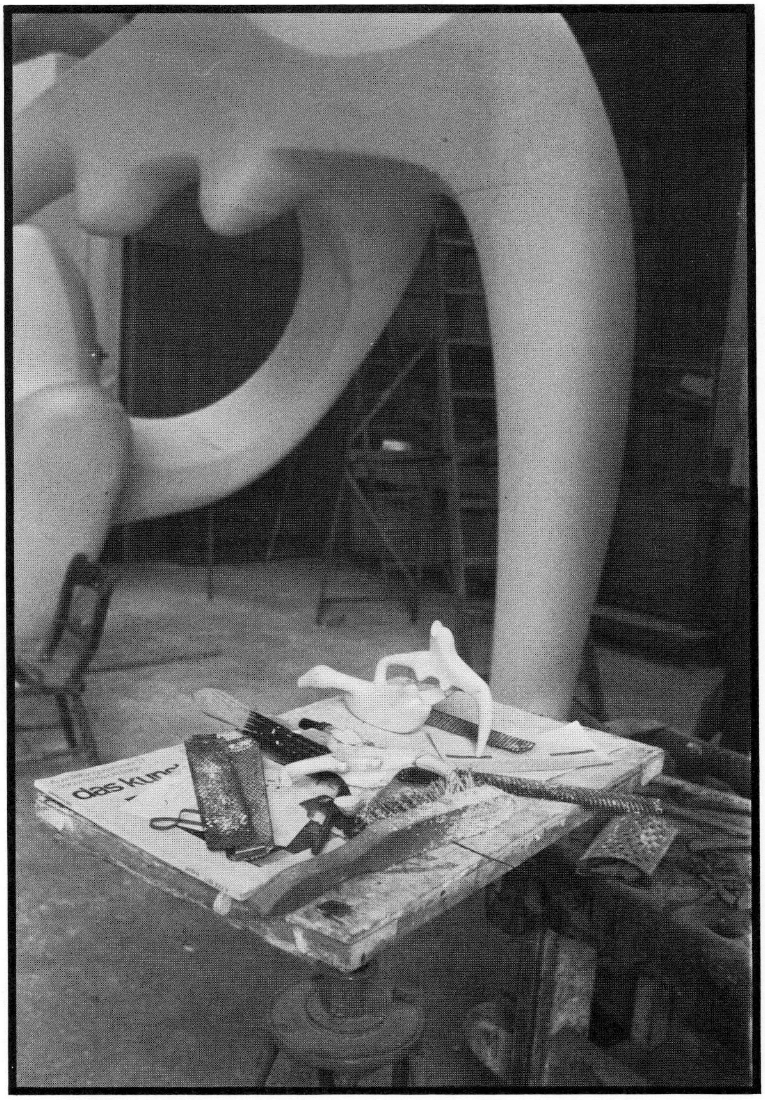

Moore oedd y cerflun carreg 'Madonna and Child' a wnaethpwyd ym 1943/4 ar gyfer Eglwys St Matthew, Northampton. Er hynny, y mae wedi cynhyrchu gweithiau eraill ar themâu symbolaidd o arwyddocad cofadeiliol. Y mae'r ddau ffigur yn eu heistedd, 'King and Queen' 1952/53, a leolir yn edrych allan dros wlad wyllt Shawhead yn yr Alban, yn adnabyddus fel enghraifft o'r math hwn o waith. Gan y gwneir ei brif gerfluniau mewn argraffiadau o nifer cyfyngedig fel arfer, gellir gweld darnau cyffelyb ar safleoedd eraill mewn gwahanol rannau o'r byd. Safleoedd yn y tirlun yw'r rhain, bron yn ddieithriad, gerddi preifat neu gyhoeddus a pharciau cerfluniau. Gwrthbwysir ei gydymdeimlad â lleoli cerfluniau mewn tirlun gan y ffaith fod yn gas ganddo leoliadau pensaernïol. Dywed, "Bu pob cerflun a wneuthum a oedd yn ymwneud â phensaernïaeth yn broblem. Onid oes yno gymaint o adeiladau eisoes fel nad yw o bwys - does dim byd y gellir ei wneud . . . Ni pherthyn dim o'r anfanteision hyn i Natur, ar y llaw arall. Mae Natur yn anghymesur ac ar raddfa ddynol, hyd yn oed pan fydd yna fynyddoedd. Ond gall pensaernïaeth fod mor fwystfilaidd o fawr nes bod yr elfen ddynol yn diflannu." Cerflun mewn dwy ran ar wahân yw 'Reclining Figure: Arch Deg' 1969/70, sy'n cyfuno'n ddelfrydol gariad Henry Moore at y ffigur dynol ac at ffurfiau organig haniaethol bron. Gellir ei weld mewn safle ar lan llyn yn East Hampton, Conneticut, U.D.A., ac mewn cefndir o fynyddoedd coediog ym Mharc Cerfluniau Hakone, Siapan. Y mae'n enghraifft dda o'r berthynas gynnil ac amrywiol sydd rhwng ei gerfluniau â natur, o'u gweld mewn sefyllfaoedd cwbl wahanol.

acclaim for Moore's work, was the stone carved 'Madonna and Child' made in 1943/44 for St. Matthew's Church, Northampton. Since then he has produced other works which have symbolic themes and are of monumental significance. The two seated figures, 'King and Queen' of 1952/53, which are sited overlooking the wild countryside of Shawhead in Scotland, are well known among this type of work. As his major sculptures are usually made in editions of a limited number, a similar piece may be seen on sites in different parts of the world. These are nearly always landscape sites, private or public gardens and sculpture parks. His understanding of siting sculpture in landscape is offset by his dislike of architectural settings. He says, "All the sculptures I've done that had to do with architecture have been a problem. Unless there are so many buildings there already that it doesn't matter - nothing can be done about it . . . Whereas Nature has none of these disadvantages. Nature is assymetrical and its scale is a human one, even when there are mountains. But architecture can be so brutally big that the humanity drops out of it." 'Reclining Figure: Arch Leg' 1969/70 is a sculpture in two separate parts, in which Henry Moore's love of the human figure and of near abstract organic form are ideally combined. It is to be seen sited by water in East Hampton, Connecticut, U.S.A. and against a background of wooded mountains at the Hakone Sculpture Park, Japan. It provides a good example of the subtle and varying relationship to Nature that his sculptures have when seen in quite different situations.

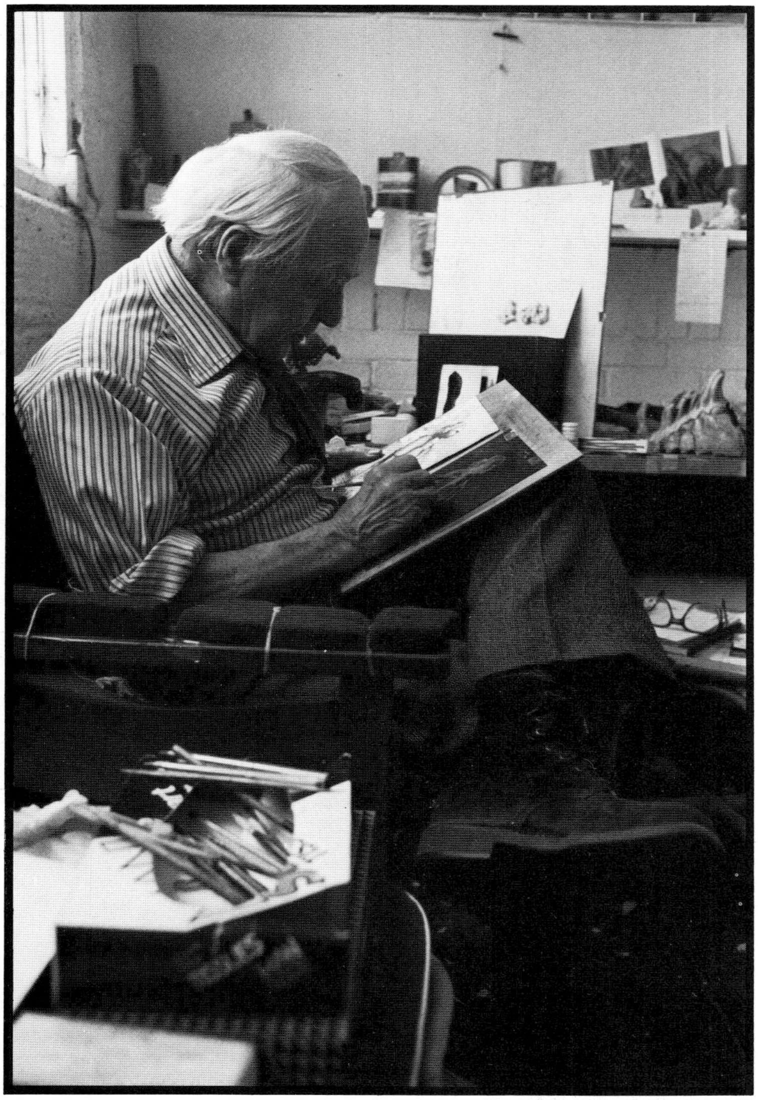

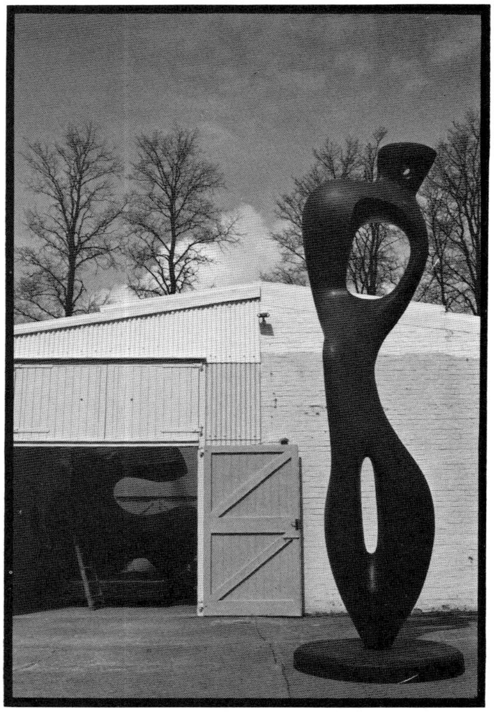

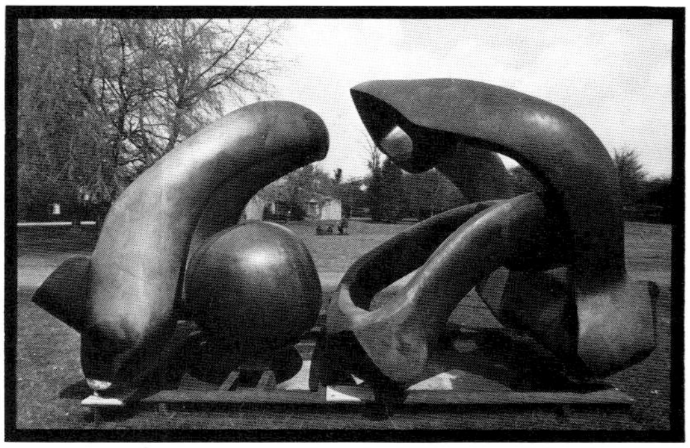

Ganed Henry Moore yn Swydd Efrog ym 1898. Ef yw cerflunydd cyfoes enwocaf y byd. Gwasanaethodd yn y fyddin o 1917 i 1919 a wedi'r rhyfel, astudiodd gerflunio yn Ysgol Gelfyddyd Leeds a'r Coleg Celf Brenhinol. Bu'n Arlunydd Rhyfel swyddogol o 1940 i 1942. Cydnabuwyd pwysigrwydd ei waith fel cerflunydd yng ngwledydd Prydain ym 1941 pan benodwyd ef yn un o Ymddiriedolwyr Oriel Tate. Oddi ar hynny y mae wedi derbyn anrhydeddau lu, yn rhai academaidd a chyhoeddus, gan sefydliadau a gwledydd ledled y byd. Y mae'r rhain yn cynnwys ei wneud yn Gymrawd Anrhydeddus ym 1955, ac yn aelod o'r Urdd Teilyngdod (yr Ymerodraeth Brydeinig) ym 1963. Ym 1977 crewyd Sefydliad Henry Moore i weinyddu ei gerfluniau. Y mae wedi arddangos yn gyson o'r 1920au diweddar tan heddiw. Cynhaliwyd arddangosfeydd un-person mawr yn ystod y pum degawd diwethaf yn Llundain a phob canolfan gelfyddyd ryngwladol o bwys. Enillodd ei gerfluniau lu o wobrau rhyngwladol, gan gynnwys y wobr gyntaf yn Biennale Venice (1948) ac yn Biennale Sao Paulo (1953). Y mae gweithiau o'i eiddo ym mhob casgliad o bwys yn y byd, a gosodwyd ei gerfluniau mewn mannau cyhoeddus yn y rhan fwyaf o wledydd.

Henry Moore was born in Yorkshire in 1898. He is the most celebrated living sculptor in the world. He served in the Army from 1917 to 1919 and after the War studied sculpture at Leeds School of Art and at the Royal College of Art. He worked as an official War artist from 1940 to 1942. The importance of his work as a sculptor was recognised in Britain by 1941 when he was appointed a Trustee of the Tate Gallery. Since then he has received numerous honours, both academic and public, from institutions and countries all over the world. These include the Companion of Honour awarded in 1955 and the Order of Merit (of the British Empire) in 1963. In 1977 the Henry Moore Foundation was founded to administer his sculpture. He has exhibited consistently from the later 1920s until the present. Major one-man exhibitions have been held during the last five decades in London and all important international art centres. He has won many international prizes for his sculpture, including the first prizes at the Venice Biennale (1948) and at the São Paolo Biennale (1953). His work is in every major collection in the world and has been sited in public places in most countries.

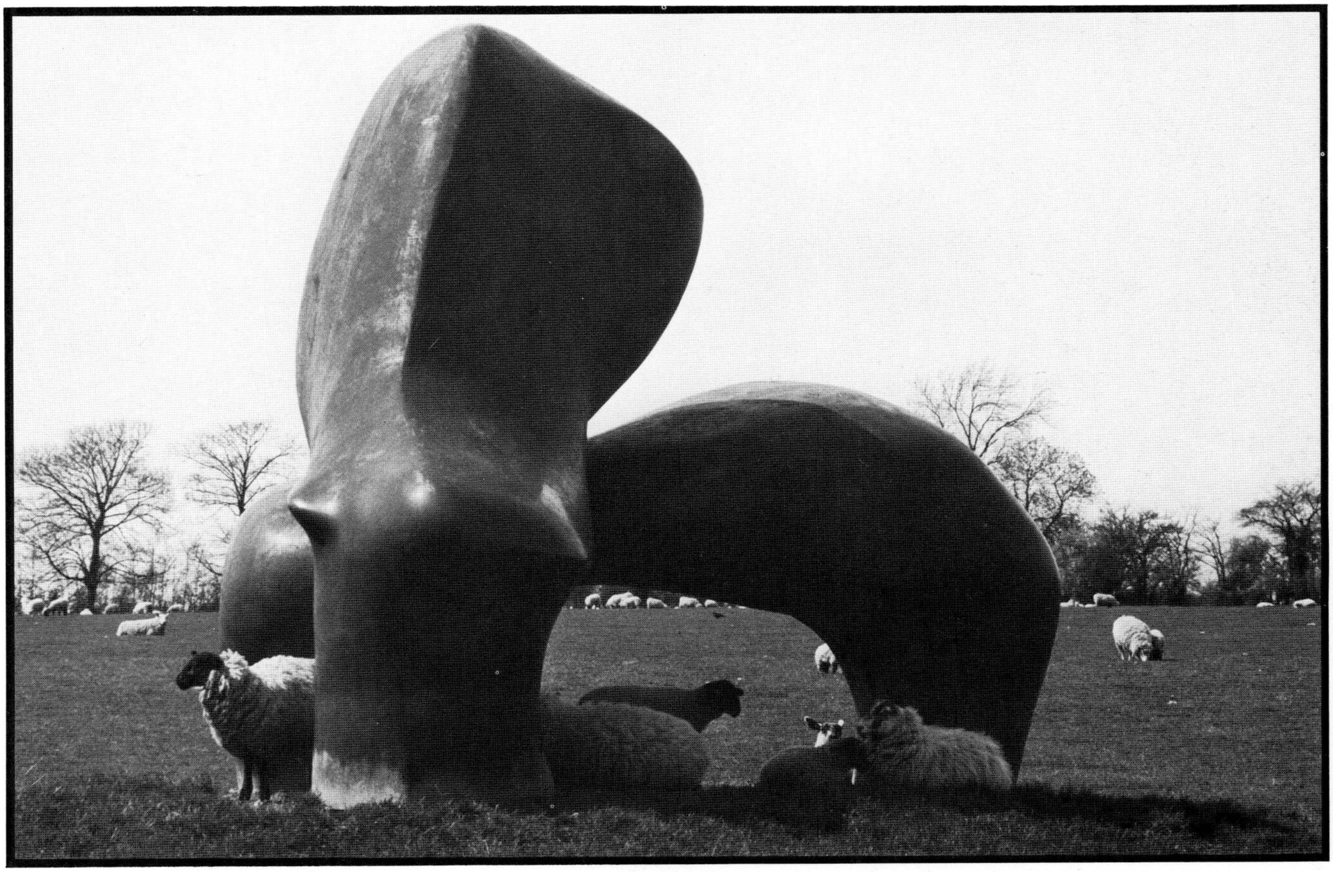

Y FONESIG / DAME

BARBARA HEPWORTH

Dichon y cofir Barbara Hepworth yn bennaf am ei chyfraniad mawr i'r ymgais i ailorseddu'r dechneg o gerfio'n uniongyrchol mewn carreg a phren mewn cerflunio modern, ac am ei hymrwmiad i ffurf haniaethol. Yr oedd Hepworth, fel Henry Moore, yn un o genhedlaeth a ddarganfu'r modd y gall defnyddiau eu hunain lefaru, o'u cymell i droi'n ffurfiau ystyrlon, tra'n cadw eu gwead, eu harwyneb a'u sylwedd hanfodol. Nid oedd natur ddynwaredol cerfluniau wedi eu modelu yn gyfrwng mynegiant boddhaol i Barbara Hepworth.

Yn ystod y 1930au, yr oedd Barbara Hepworth yn un o'r artistiaid Seisnig hynny a ymdrechodd i sefydlu'r syniad o gelfyddyd anffigurol. Y mae rhai o'i cherfluniau megis 'Square Forms with Circle' 1953 yn awgrymu sail geometrig y math o haniaeth a gysylltir â'r 1930au. Perthyn i'w gweithiau bron yn ddieithriad eglurdeb a chywirdeb ffurf sydd yn rheoli toriadau tra phersonol y cerfiadau ac arwynebau rhagffuriedig y cerfluniau efydd wedi eu bwrw o fodeli plastr. Pwyslais organig, fodd bynnag, a welir yn bennaf yn y siapiau a ddewisir ganddi. Y mae'r cerfluniau dwy a thair uned yn fynych yn awgrymu naws ddynol drwy berthynas ac agos-atrwydd eu cyd-drefniad. Y mae ei phrif waith, 'The Family of Man', 1970, yn nhraddodiad ffurfiau ffigurol cofadeiliol anferth ar y naill law, a meini hirion hudolus ar y llall.

Yn eu hanfod, y mae a wnelo cerfluniau Barbara Hepworth â'i hymateb i dirlun a dywedodd unwaith, "O safbwynt y cerflunydd, gall naill ai fod yr

Barbara Hepworth is perhaps best remembered for the quality of her contribution in reinstating to modern sculpture the technique of direct carving in stone and wood and for her commitment to abstract form. Hepworth was one of a generation who, like Henry Moore, discovered the expressive qualities of the materials they used, through persuading them to take on meaningful form and yet to retain their essential texture, surface and substance. The imitative character of modelled sculpture was not a satisfactory means of expression for Barbara Hepworth.

During the 1930s Barbara Hepworth was one of the English artists who strove to establish the idea of non-figurative art. Some of her sculptures, such as 'Square Forms with Circle' 1963, suggest the geometric basis of the type of abstraction associated with the 1930s. Her works nearly always have a clarity and precision of form, which dominates the personalised cuts of the carvings and the previously worked surfaces of the bronzes cast from her plaster models. However, there is also a predominantly organic emphasis in her choice of shapes. The two and three unit sculptures often suggest a human quality through the relationships and intimacy of their grouping. Her major work, 'The Family of Man' of 1970, is in the traditions both of huge monumental figurative forms and of magical standing stones.

Barbara Hepworth's sculptures are in essence about her response to landscape and she once said, "From the sculptor's point of view one can

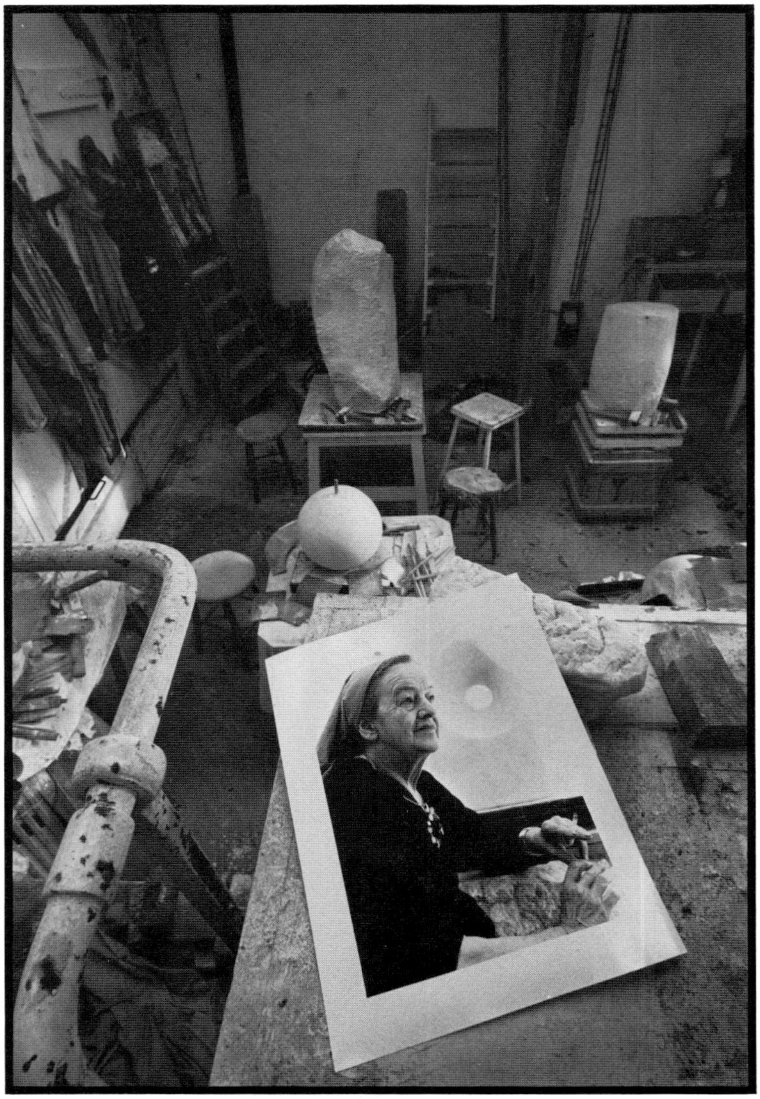

un sy'n edrych ar y gwrthrych, neu'r gwrthrych ei hun. Am rai blynyddoedd, fi oedd y gwrthrych. Fi oedd y ffigur yn y tirlun ac yr oedd pob cerflun yn cynnwys . . . ffurfiau ac amlinellau bythol-newidiol a ymgorfforai fy ymateb fy hun i safle penodol yn y tirlun hwnnw."

Ganed Barbara Hepworth, a fu farw yn St Ives, Cernyw ym 1975, yn Swydd Efrog ym 1903. Daeth yn un o gerflunwyr cyfoes enwocaf y byd. O'r 1950au ymlaen cynhaliwyd llu o arddangosfeydd adolygol mawr yng ngwledydd Prydain a thros y môr, a saif nifer o'i cherfluniau bellach mewn mannau cyhoeddus. Ym 1965, fe'i gwnaethpwyd yn Fonesig ac yn un o Ymddiriedolwyr Oriel Tate.

either be the spectator of the object or the object itself. For a few years I became the object. I was the figure in the landscape and every sculpture contained . . . the ever-changing forms and contours embodying my own response to a given position in that landscape."

Barbara Hepworth, who died at St. Ives, Cornwall in 1975, was born in 1903 in Yorkshire. She became one of the best known contemporary international sculptors. Her career from the early 1950s was frequently punctuated by major retrospective exhibitions in Britain and abroad and many of her sculptures are now sited in public places. In 1965 she became a Dame Commander of the Order of the British Empire and a Trustee of the Tate Gallery.

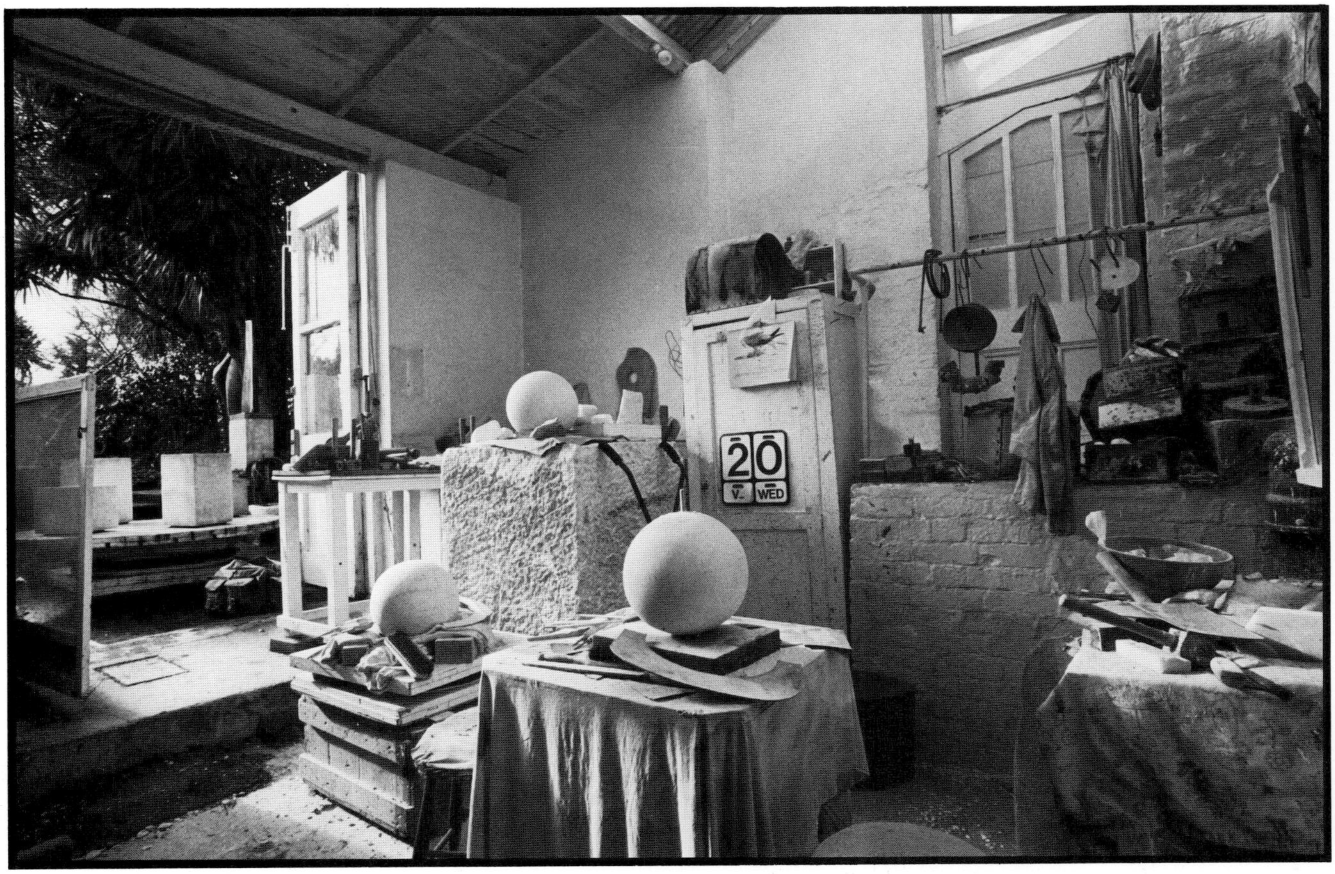

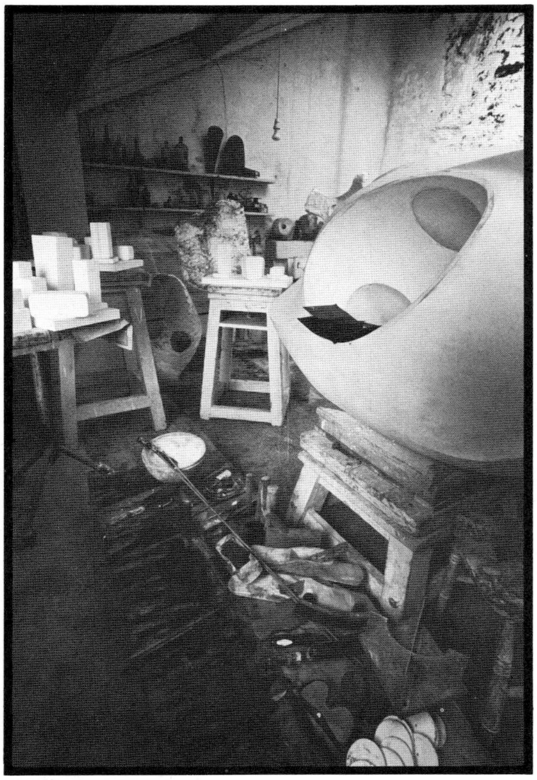

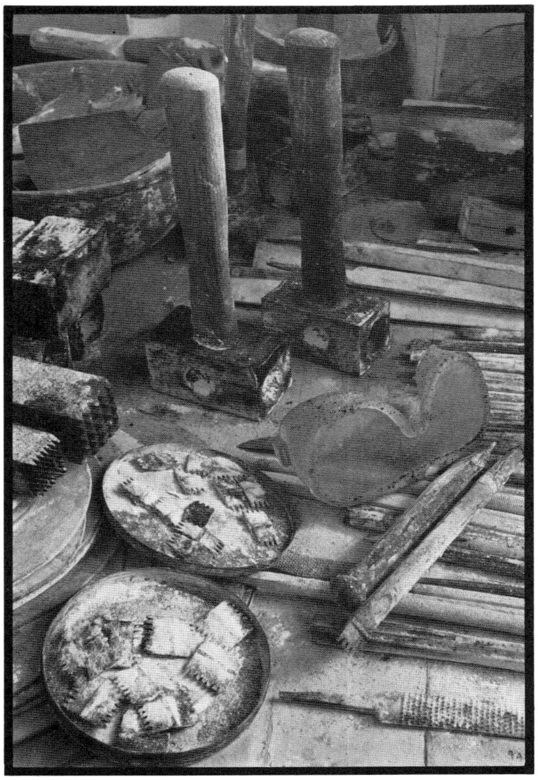

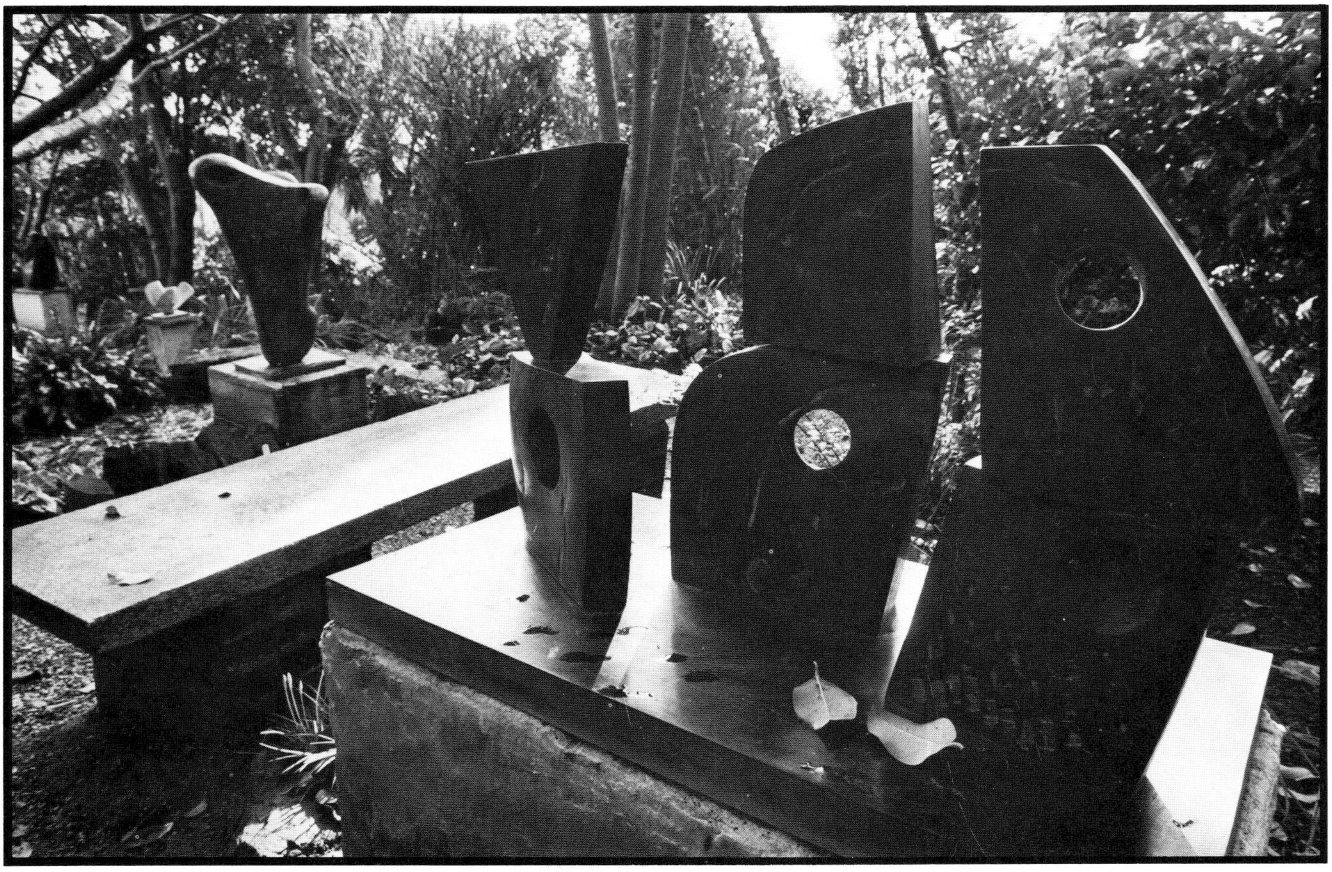

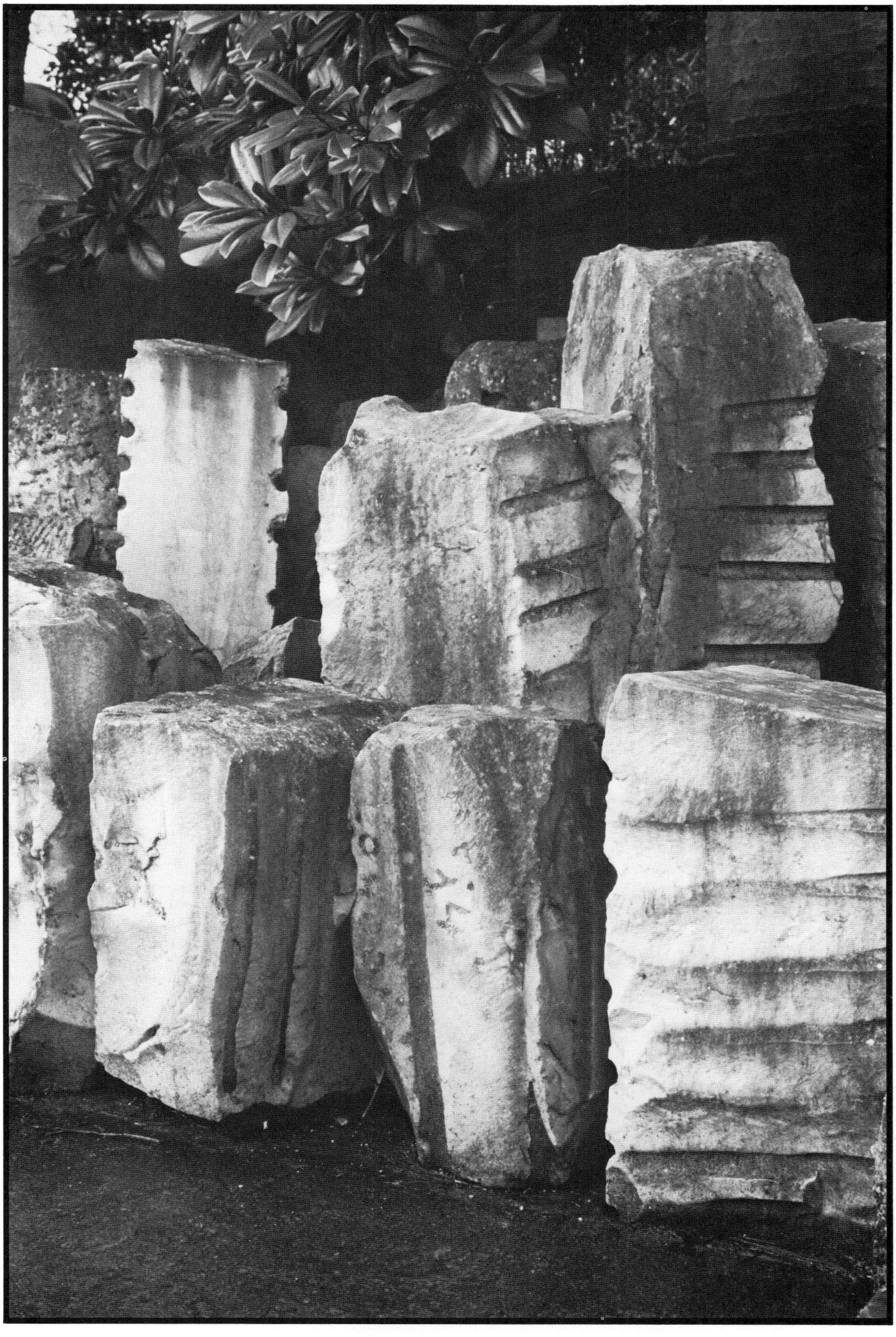

F E McWILLIAM

Y mae F. E. McWilliam wedi credu erioed yn y syniad o ddirgelwch mewn celfyddyd, a dywed, "Yr hyn a wna yw rhoi i chi'r mymryn bach hwnnw o newid o realiaeth feunyddiol . . . Crëwyr ffuglen ydym, ond gwneir hyn nid drwy symud oddi wrth y byd hwn ond drwy greu rhywbeth dipyn bach yn wahanol." Datblygodd ei ddiddordeb mewn cerflunio tra'r oedd yn fyfyriwr yn Ysgol Gelfyddyd Slade yn y 1920au diweddar. Diolch i'w hyfforddiant mewn lluniadu ffigurau, dechreuodd sylweddoli y gall dryll neu ddarn o gorff 'lefaru' ar ran y cyfanwaith, ac y gall fod hyd yn oed yn fwy awgrymog. Daeth ei arhosiad ym Mharis ym 1931 ag ef i gysylliad â chelfyddyd Ewropeaidd gyfoes, yn enwedig Swrealaeth. Fe'i denwyd gan y ffurf 'fiomorffig' o Swrealaeth, lle'r ymddengys ffurfiau yn gyfuniad o'r organig, yr haniaethol a'r dynol. Y diddordeb arall a ddatblygodd McWilliam yn y cynfod hwn oedd mewn math o gofadeiliaeth symleiddiedig wedi ei chyfuno ag elfennau o glasuriaeth. Ysgogwyd y diddordeb hwn gan ei wybodaeth o waith cyfredol Picasso, arlunydd y byddai'n parhau i'w edmygu.

Ar ôl iddo wasanaethu yn yr Awyrlu yn ystod y Rhyfel, dechreuwyd cydnabod F. E. McWilliam fel cerflunydd o bwys yng ngwledydd Prydain. Parhaodd ei ymlyniad wrth Iwerddon, fodd bynnag. Ym 1949 cerfiodd 'Irish Head' mewn carreg Horton, cerflun deuddarn sy'n dangos fod McWilliam yn ymwybodol o arferion yr artist Celtaidd Cristnogol Cynnar o symleiddio rhannau o'r corff a gorbwysleisio'r llygaid hirgrwn. Ym 1957 fe'i comisiynwyd i wneud cerflun mawr ar gyfer Ysbyty Altnagelvin

F. E. McWilliam has always believed in the idea of mystery in art and says, "What it does is to give you just that difference from everyday reality . . . We're fiction makers; but the trick is not to go away from this world but to make something just a little bit different." He developed his interest in sculpture while studying at the Slade School of Art in the later 1920s. From his training in figure drawing he began to realise that a fragment or part of a body can 'speak' for the whole and may even be more suggestive. His stay in Paris in 1931 brought him in contact with contemporary European art and especially with Surrealism. He was attracted to the 'biomorphic' form of surrealism, in which forms appear to be a combination of organic, abstract and human. The other interest which McWilliam developed at this time was in a simplified monumentalism, combined with elements of classicism. His knowledge of Picasso's current work stimulated this interest and his admiration for him was to continue.

After serving in the Royal Air Force during the War, F. E. McWilliam began to be recognised as a significant British sculptor. However, his affinity with Ireland remained. In 1949 he carved 'Irish Head' in Hornton Stone, which is a two piece sculpture and demonstrates McWilliam's awareness of the Early Christian Celtic artist's habits of simplifying parts of the body and exaggerating the ovoid shaped eyes. In 1957 he was commissioned to make a major sculpture for the Altnagelvin Hospital in Derry. This hieratic figure of 'Princess Macha' is characterised by the angular,

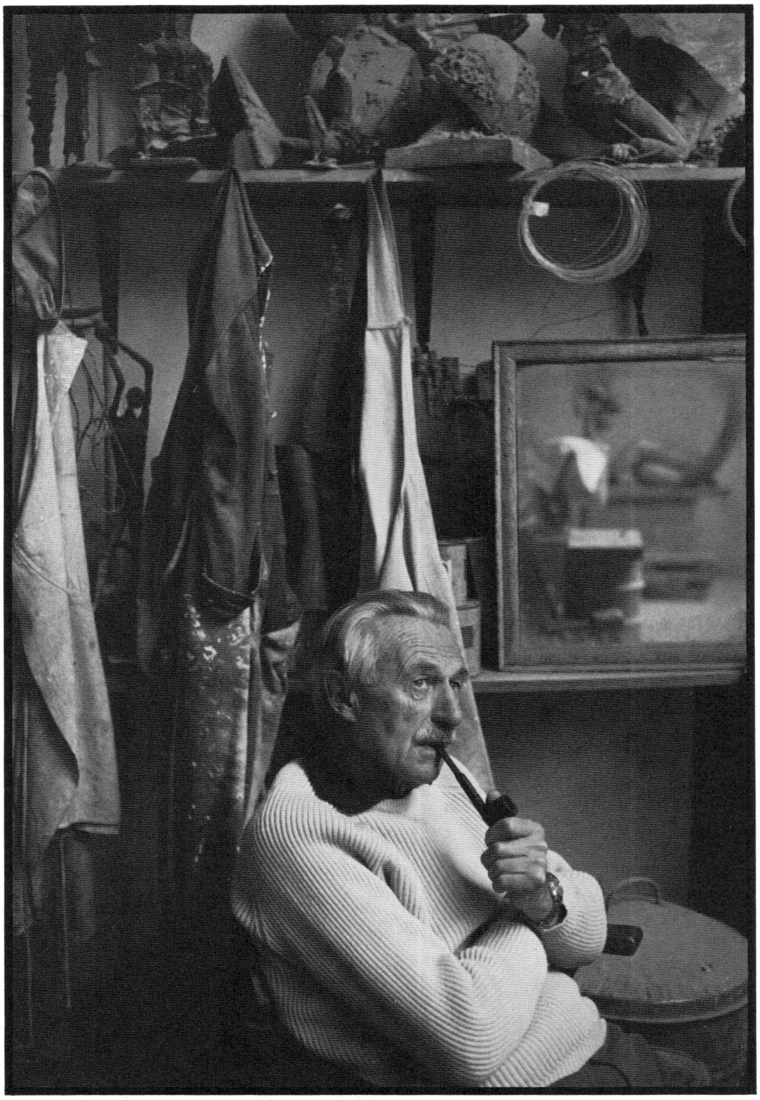

yn Derry. Nodweddion amlycaf y ffigur offeiriadol hwn o 'Princess Macha' yw'r ffurf onglog, estynedig a'r arwynebau garw-ddanheddog, crawennog sy'n nodweddiadol o'i gerfluniau yn y 1950au a'r 1960au.

Yn ystod y 1970au ymddangosodd coesau benywaidd fel motiffau yn ei waith, wedi eu croesi'n wylaidd neu'n herfeiddiol, a choesau mwy egnïol dawnswyr ac acrobatiaid. Ni pherthyn i'r cerfluniau hyn, fodd bynnag, yr un bywyd a'r un 'realiaeth' ag a geir yn y gyfres 'Women of Belfast' yr oedd yn gweithio arni ar yr un pryd. Wrth i McWilliam arswydo wrth yr erchyllterau a ddioddefwyd gan bobl gyffredin Belfast, galluogodd hynny ef i greu cyfres o gerfluniau lle disodlir atyniadau benywaidd gan ymateb yr artist i ddioddefaint menywod. Ceir cyrff rhwygedig, anffurfiedig, creithiog yn taflu eu breichiau i fyny ac yn disgyn blith drafflith i'r llawr. Yn anffodus, nid yw'r gweithiau hyn, sydd yn ddatganiad dynol pwysig gan y cerflunydd hwn, ar raddfa sy'n caniatáu eu lleoli'n barhaol yn yr awyr agored.

Ganed F.E. McWilliam ym 1909 yn Co. Down, Iwerddon ac astudiodd yng Ngholeg Celf Belfast. Gwasanaethodd yn yr Awyrlu o 1940 i 1945. Bu'n ddarlithydd yn Ysgol Gelfyddyd Slade o 1947 i 1968 ac y mae wedi arddangos yn gyson ers deng mlynedd ar hugain. Y mae'r arddangosfeydd yn cynnwys y 'Festival of Britain South Bank Exhibition' ym 1951, arddangosfeydd awyr-agored ym Mharc Battersea, Park Holland, Sonsbeck, Yr Iseldiroedd, Parc Middelheim, Antwerp a llu o

elongated form and the harshly serrated and encrusted surfaces typical of his sculpture made in the 1950s and 1960s.

During the 1970s female legs appeared as motifs in his work, demurely or provocatively crossed and the more active ones of dancers and acrobats. However, these sculptures do not have the same kind of vitality and 'realism' as do the 'Women of Belfast' series that he was making at the same time. McWilliam's aghast response to the outrages on civilians in Belfast enabled him to make a series of sculptures in which female allure is put aside in response to female suffering. Torn, twisted, scarred bodies fling up arms and crumple in disarrayed poses. Unfortunately, these works which are an important human statement by this sculptor, are not on a scale suited to permanent out-door siting.

F. E. McWilliam was born in 1909 in Co. Down, Ireland. He studied at Belfast College of Art. From 1940 to 1945 he served in the Royal Air Force. He taught at the Slade School of Art from 1947 to 1968 and has exhibited consistently during the last 3 decades. These exhibitions included the 'Festival of Britain South Bank Exhibition' in 1951, open-air exhibitions at Battersea Park, Holland Park, Sonsbeck, Holland, Middelheim Park, Antwerp and numerous touring exhibitions of British sculpture. He has held one-man exhibitions in London and elsewhere. In 1981 a major retrospective show of his work was shown in Ireland. He has carried out a number of commissions for publicly sited sculpture, such as the 'Man and

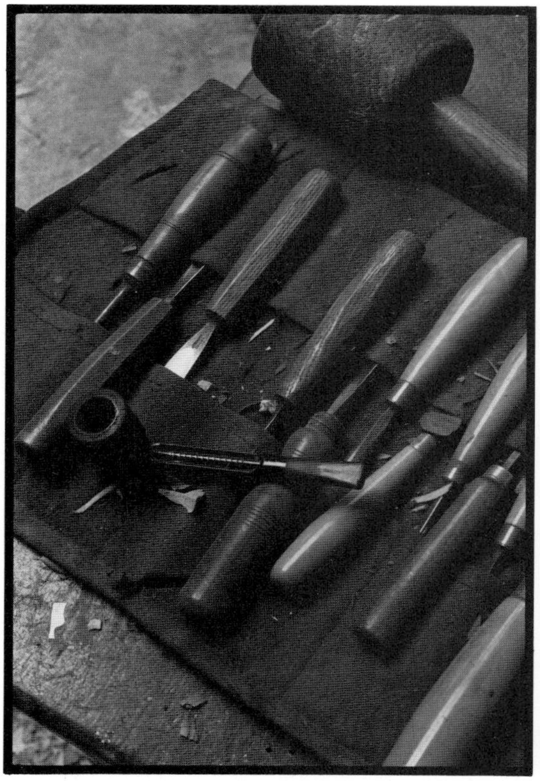

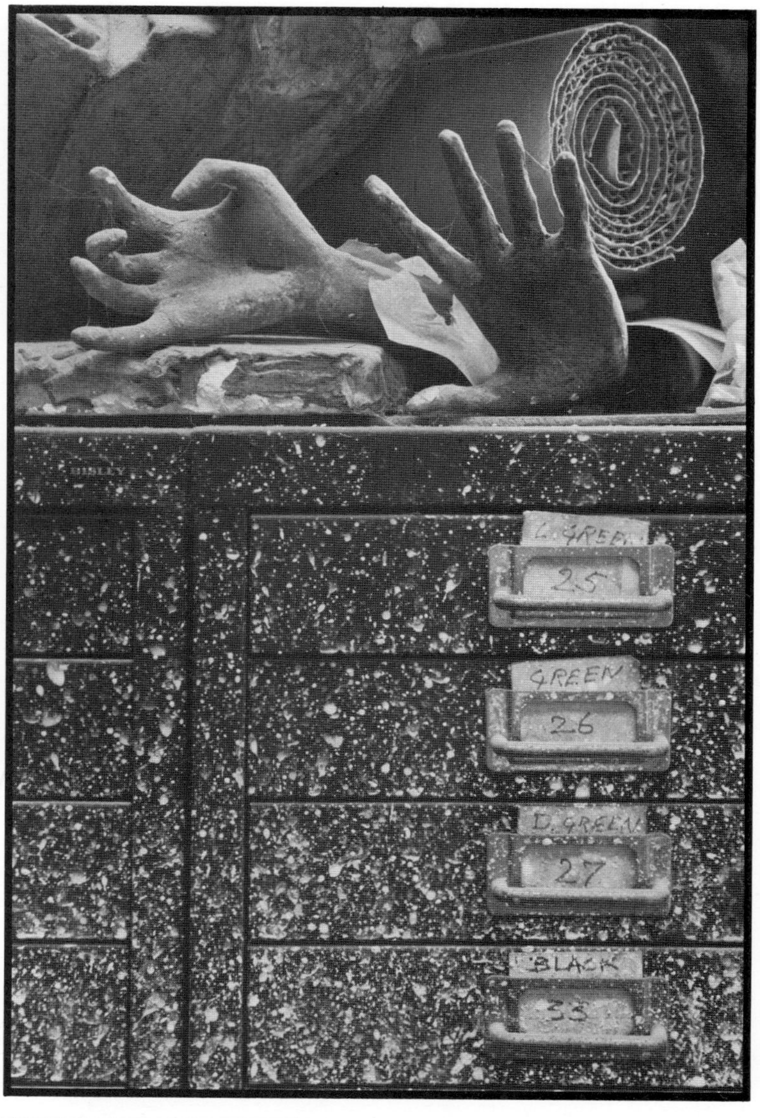

arddangosfeydd teithiol gan gerflunwyr gwledydd Prydain. Ym 1981, cyhaliwyd arddangosfa adolygol fawr o'i waith yn Iwerddon. Y mae wedi cwblhau nifer o gomisiynau ar gyfer cerfluniau mewn safleoedd cyhoeddus, megis 'Man and Bird' yn Basildon Newtown 1958, 'Hampstead Figure' Llundain, 1964 a 'The Judo Players', Derry, 1980. Y mae ei bortreadau comisiwn yn cynnwys pennau y Fonesig Ninette de Valois, y Dywysoges Frenhinol, a'r Arglwydd Drogheda. Ym 1966 fe'i gwnaethpwyd yn CBE ac ym 1971, dyfarnwyd iddo Fedal Aur yr Oireachtas gan Goleg y Drindod, Dulyn.

Bird' at Basildon Newtown 1958, 'Hampstead Figure' London, 1964 and 'The Judo Players', Londonderry, 1980. His portrait commissions include heads of Dame Ninette de Valois, The Princess Royal and Lord Drogheda. In 1966 he was created a C.B.E. and in 1971 was awarded the Oireachtas Gold Medal, of Trinity College Dublin.

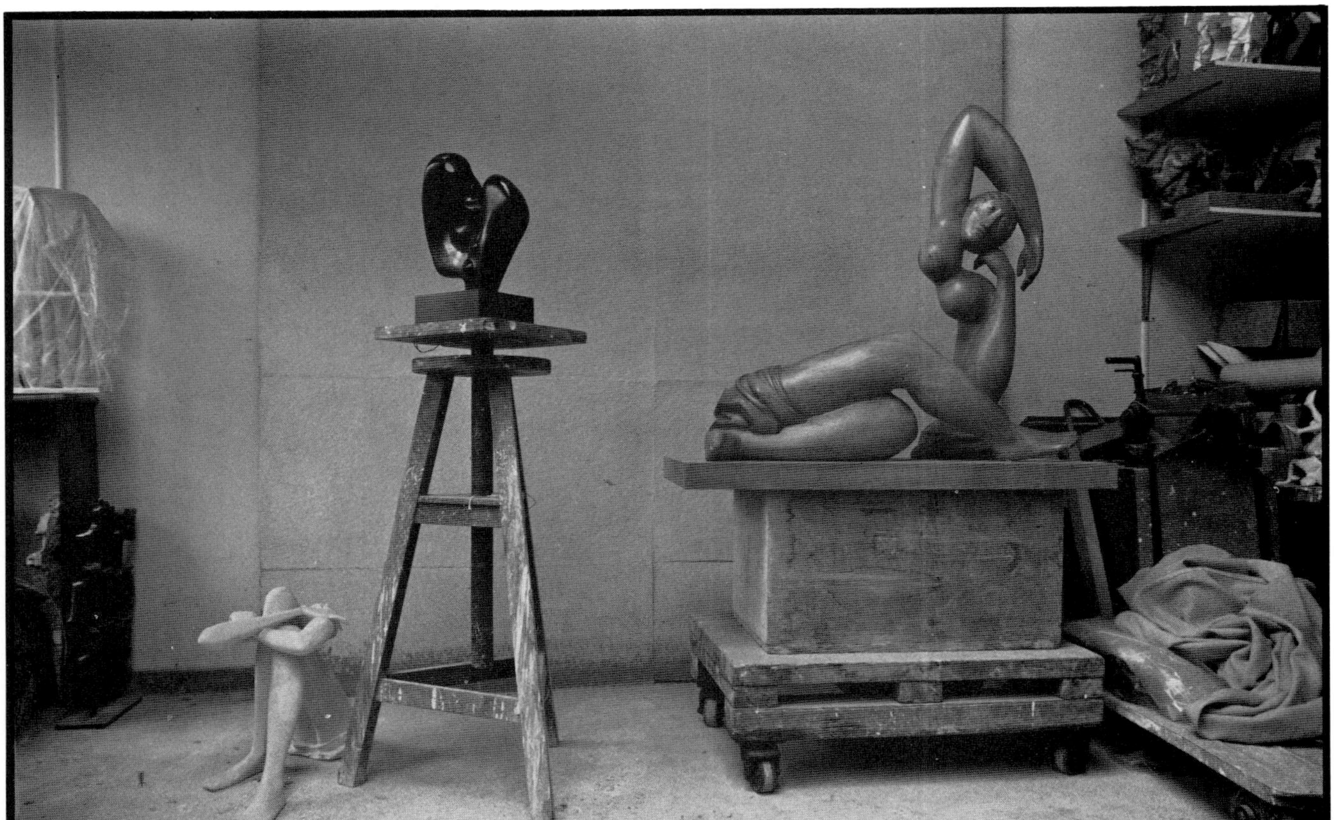

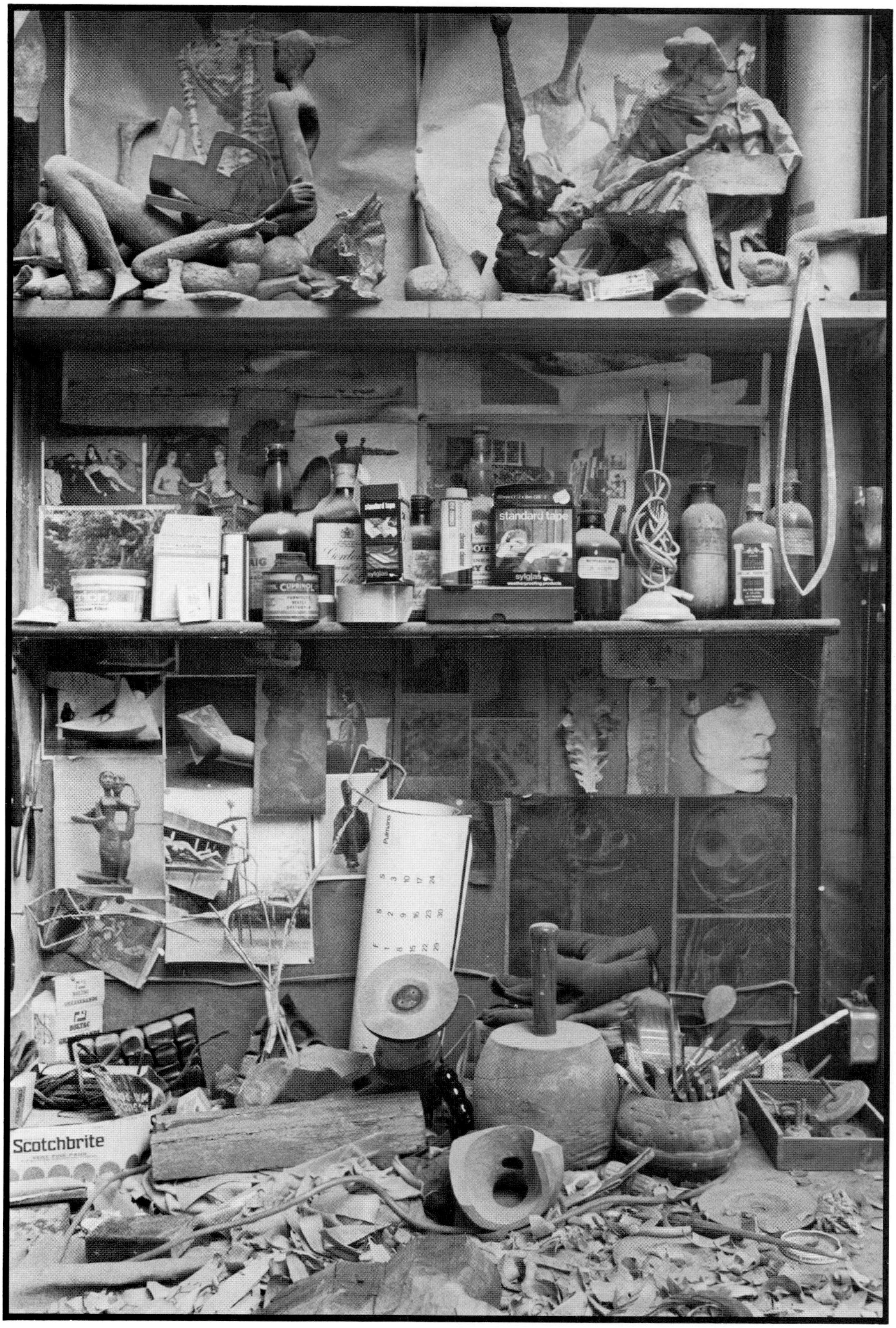
standard tape
sylglas
Scotchbrite

AUSTIN WRIGHT

Dechreuodd gyrfa Austin Wright fel cerflunydd yn y 1940au, heb iddo dderbyn unrhyw hyfforddiant ffurfiol. Enillodd radd mewn ieithoedd modern a chymhwysterau athro cyn dod yn gyfarwydd â datblygiadau cyfoes mewn celfyddyd, â pheintiadau Cezanne a cherfluniau Henry Moore yn enwedig. Cadarnhawyd ei dueddfryd naturiol i wneud cerfiadau, a dechreuodd arbrofi yn y cyfeiriad hwn.

Er iddo wneud cerfiadau pren a bwrw cerfluniau mewn plwm yn ystod y 1940au a'r 1950au a seiliwyd yn eglur ar y ffigur dynol, nid yw'r rhan fwyaf o'i waith yn uniongyrchol gynrychioladol. Mewn rhai cerfluniau a wnaethpwyd yn y 1960au, dechreuodd ddadansoddi strwythur y corff dynol yn ddwy neu dair adran. Darlunir y rhain fel elfennau cylchol, agored yn cynrychioli'r pelfis, ac elfennau gwastad, slabaidd yn cynrychioli'r cyff a'r aelodau. Ymddengys ffurfiau cyferbyniol a chysylltiol cyffelyb yn gyson yng ngherfluniau Austin Wright. Gellir edrych ar rai gweithiau diweddar megis 'Checkmate' 1980/81 fel ffigurau cain eu mynegiant a hefyd fel ffurfiau naturiol sy'n tyfu.

Y mae planhigion a'r syniad o dwf organig yn ffynhonnell bwysig arall o safbwynt ffurf a gwead ei gerfluniau. Ysgogwyd y sylw a roddir ganddo i ffurf planhigion, y modd y tyfant, cydberthynas eu rhannau a'r modd y gallant fywiogi'r gofod o'u cwmpas, gan ei ddiddordeb mewn garddio. Y

Austin Wright's career as a sculptor started in the 1940s, without any conventional training. He read for a degree in Modern Languages and then trained as a teacher before he became familiar with contemporary developments in art, especially with Cezanne's painting and Henry Moore's sculpture. His natural inclination to make carvings was confirmed and he began to experiment in this direction.

Although during the 1940s and 1950s he made wood carvings and cast lead sculptures which were clearly based upon the human figure, the main body of his work is not directly representational. In some sculptures made in the 1960s he began to analyse the structure of the human body into two or three sections. These are depicted as open circular elements representing the pelvis and as flat slab-like elements representing the torso and limbs. Similar contrasting and linking forms regularly appear in Austin Wright's sculptures. Some recent works such as 'Checkmate' 1980/81, can be read as both elegantly articulated figures and as growing natural forms.

Plant life and the idea of organic growth is another important source of form and texture for his sculpture. His attention to the form of plants, the way they grow, the inter-relationship of their parts and the manner in which they can vitalise the spaces around them, has been stimulated by

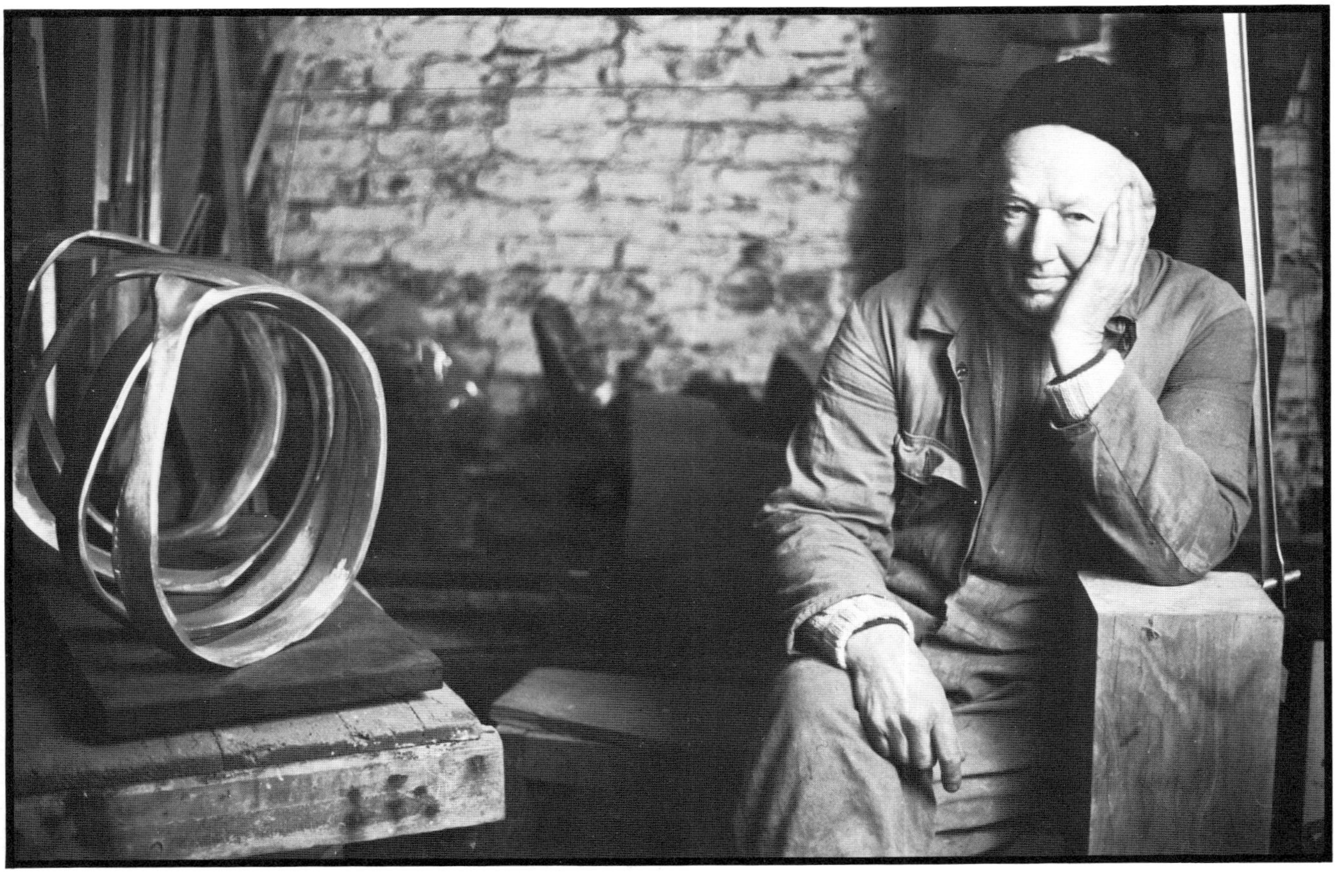

mae'r modd yr ymdrinir â gwead mewn cerflun megis 'Leaves' 1962 yn awgrymu pwysigrwydd arwyneb deilen i'w swyddogaeth fiolegol. Dynodir eu strwythur bregus ond estynadwy gan y modd y llama'r naill ddeilen i fyny, yn llawn bywyd, a'r modd y plyga'r llall a phwyso i lawr wrth farw. Y mae a wnelo diddordeb arall sy'n deillio o ddyluniad gerddi â rhaniad gofod a pherthynas elfennau pensaenrniol â hynny. Y mae 'Japanese Garden' 1981 yn nodweddiadol o'r diddordeb hwn. Fodd bynnag, y mae llawer o gerfluniau Austin Wright yn cynnwys motiffau agored cylchol, sydd yn fwriadol yn gwahodd y gwyliwr drwodd ac i mewn i'r gofod tu draw, rywbeth yn debyg i'r agoriadau 'drws lleuad' Tsineaidd traddodiadol mewn wal ardd. Y mae ei gerflun alwminiwm mawr, a osodwyd i sefyll ar Rosydd Gogledd Efrog ym 1975, yn nodweddu'r syniad hwn.

Ganed Austin Wright ym 1911 yng Nghaer, ond fe'i magwyd yng Nghaerdydd. Bu'n byw yn Swydd Efrog er 1937 ac fe'i uniaethir bellach â'r cwr hwnnw o wledydd Prydain. Rhwng 1950 a 1983, bu'n arddangos ei waith yn gyson ledled gwledydd Prydain. Ym 1956/57, yr oedd yn un o'r 'Deg Cerflunydd Ifanc Prydeinig' yr aethpwyd â'u gwaith ar daith i Wlad Llychlyn gan y Cyngor Prydeinig, ac ym 1957/58 gwelwyd ei waith yn y Biennale yn Sao Paolo ac ar daith yn Ne America. Ym 1959, cymerodd ran yn y Pumed Biennale Cerflunio Rhyngwladol ym Mharc Middelheim, Antwerp ac ym 1965, yn 'British Sculpture in the Sixties' yn Oriel Tate. Ym

his interest in gardening. The treatment of texture in a sculpture such as 'Leaves' 1962 suggests the importance of the surface of a leaf to its biological function. Its fragile, but tensile structure is indicated by the way in which one leaf springs up, full of life and the other twists over and down as it dies. Another concern which derives from garden design is with the division of space and the relationship of architectural elements to it. 'Japanese Garden' 1981 typifies this interest. However, many of Austin Wright's sculptures involve open circular motives, which deliberately invite the viewer through into the space beyond, rather like the Chinese traditional 'moon door' openings in a garden wall. His large aluminium sculpture sited on the North York Moors in 1975 typifies this idea.

Austin Wright was born in Chester in 1911, but was brought up in Cardiff. He has lived in Yorkshire since 1937 and has become identified with that part of Britain. Between 1950 and 1983 he has exhibited continuously all over Britain. In 1956/57 he was one of 'Ten Young British Sculptors' toured by the British Council to Sweden and in 1957/58 his work was seen at the São Paolo Biennale and on a tour of South America. In 1959 he took part in the Fifth Biennale of International Sculpture at Middelheim Park, Antwerp and in 1965 in 'British Sculpture in the Sixties' at the Tate Gallery. In 1981 a major retrospective exhibition was held at the Yorkshire Sculpture Park. From 1961 to 1964 he was the Gregory

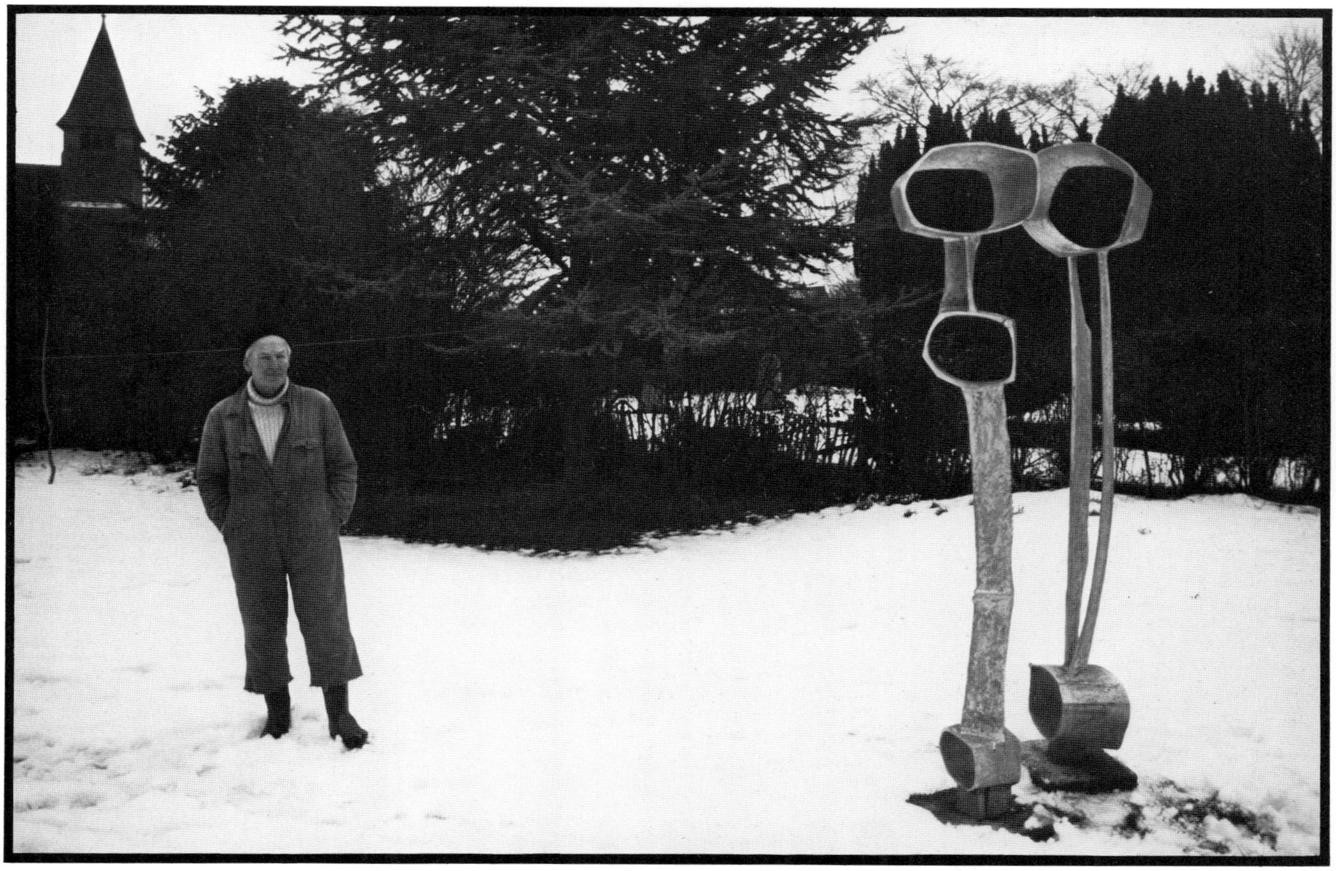

1981 cynhaliwyd arddangosfa adolygol fawr ym Mharc Cerfluniau Swydd Efrog. O 1961 i 1964, ef oedd Cymrodor Gregory mewn Cerflunio ym Mhrifysgol Leeds, ac ym 1977 derbyniodd ddoethuriaeth anrhydeddus gan Brifysgol Efrog. Y mae'r rhan fwyaf o weithiau comisiwn cyhoeddus Austin Wright yn Swydd Efrog, ond mae cerfluniau o'i eiddo mewn casgliadau ym mhedwar ban y byd.

Fellow in Sculpture at Leeds University and in 1977 was awarded an Honorary Doctorate at York University. Most of Austin Wright's publicly commissioned works are in Yorkshire, but his sculpture is in collections all over the world.

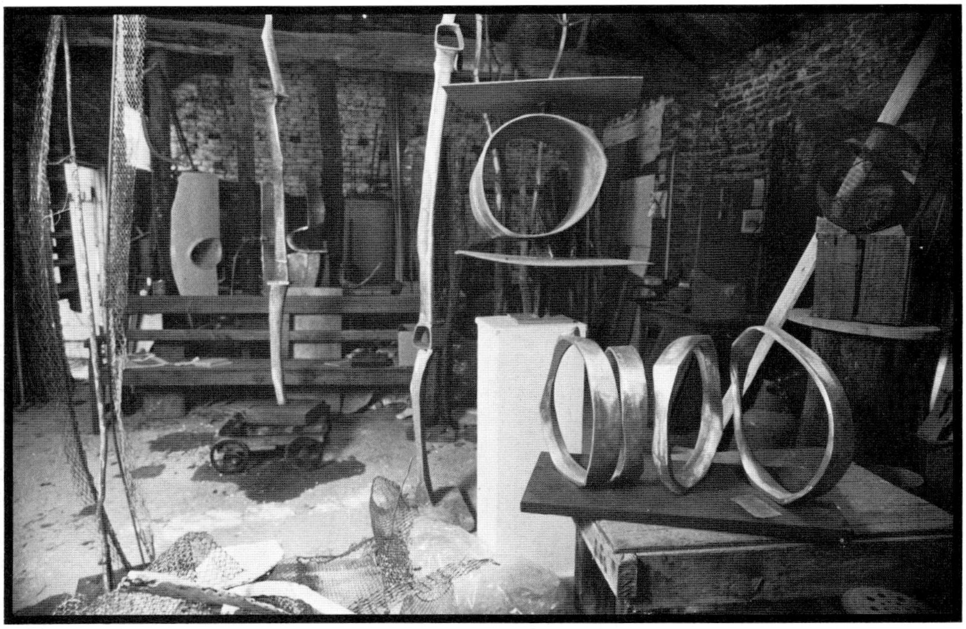

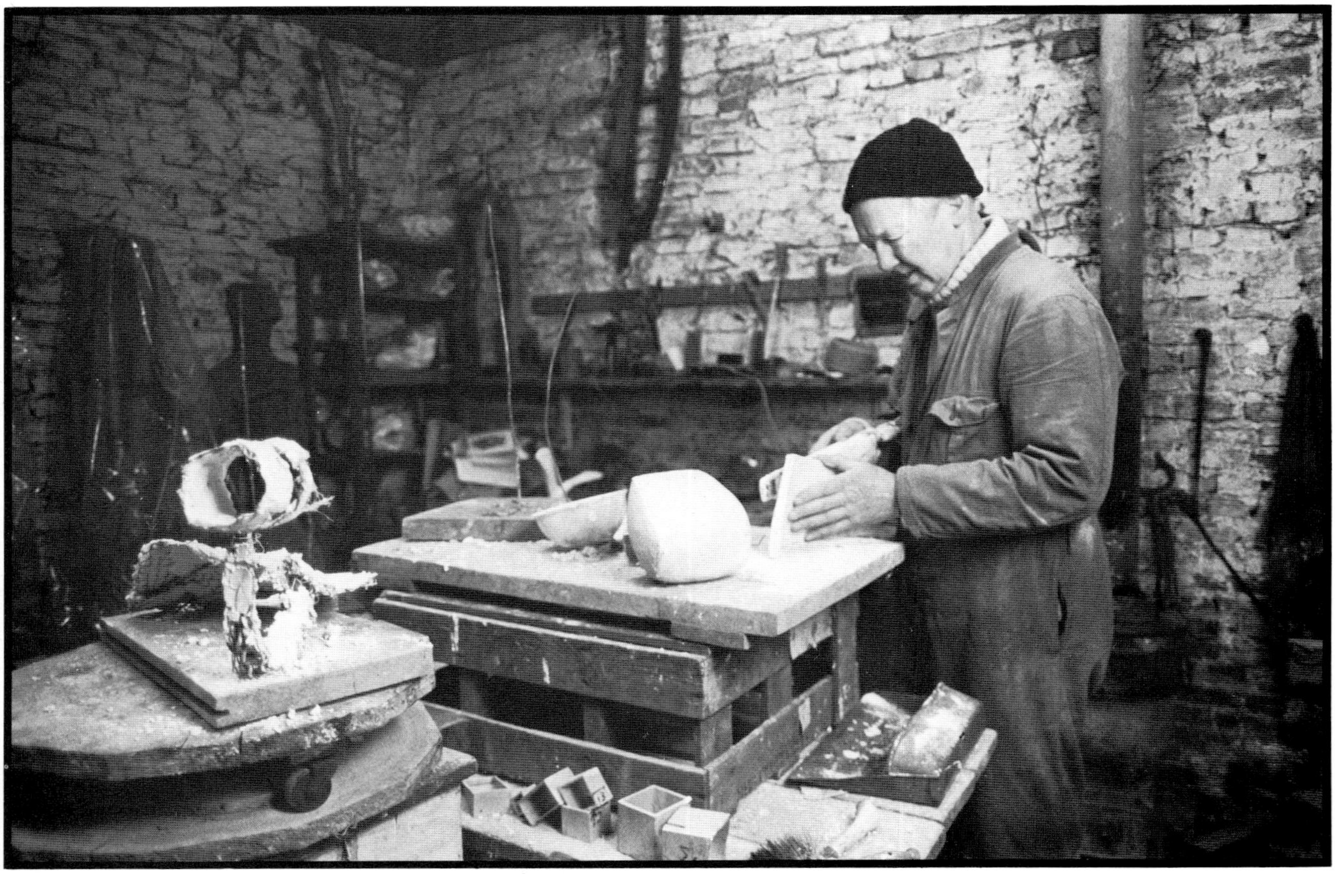

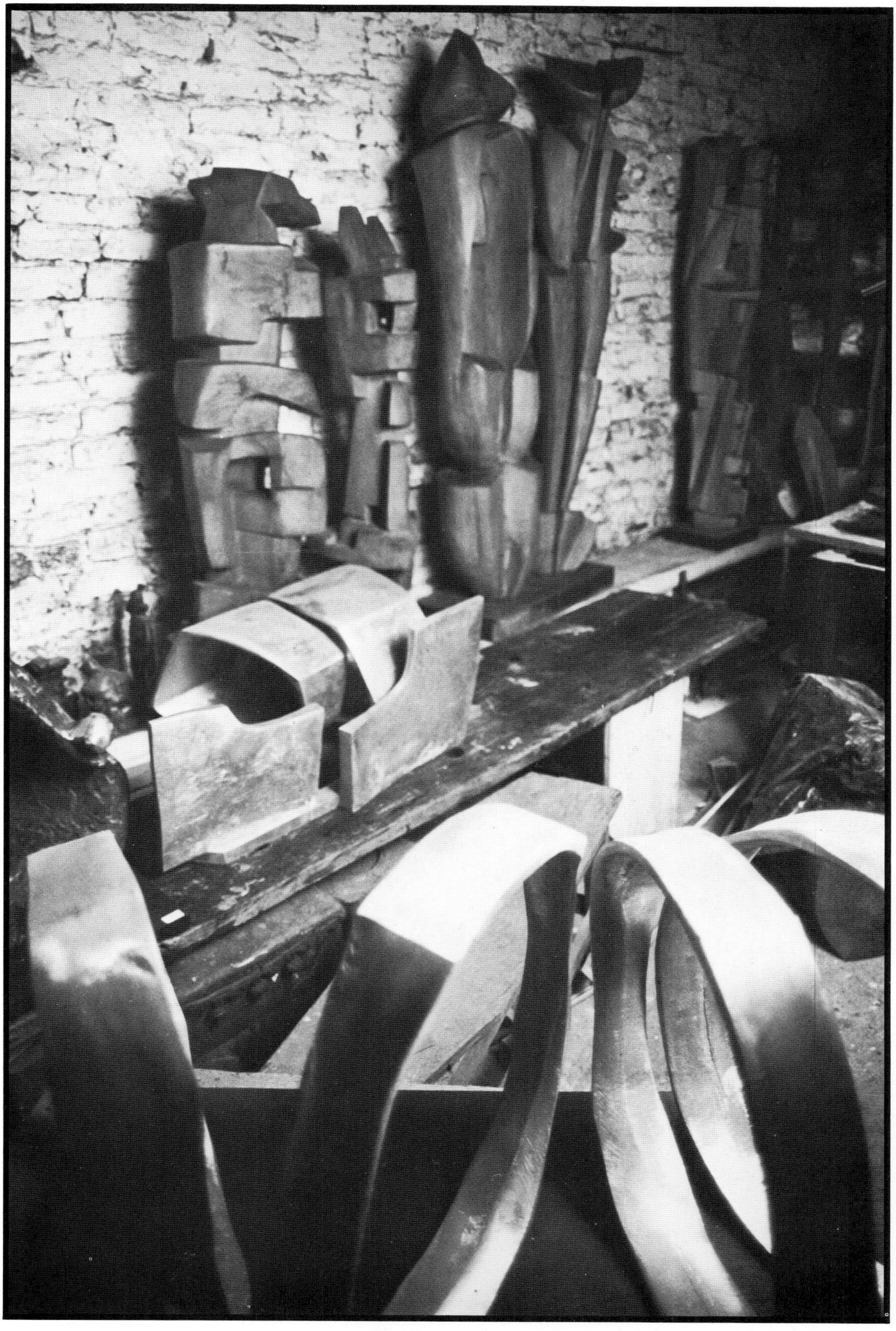

MOELWYN MERCHANT

Ganed Moelwyn Merchant ym Mhorth Talbot. Ar un ystyr felly, y mae Parc Margam yn rhan o'i 'filltir sgwâr'. Gweithiai ei dad yn y Parc, a chofia yntau ymweld â'r cyffiniau yn fachgen a phrofi cysylltiadau hanesyddol hudolus wrth ddod ar draws carreg yn nodi bedd milwr Rhufeinig neu hen groes Gymreig ar y llethrau.

Dechreuodd ei yrfa fel cerflunydd ym 1964 o dan ddylanwad Barbara Hepworth. Drwy ei gysylltiad â hi, daeth i ddeall ei chyfuniad sensitif o ystyr a ffurf haniaethol. Er bod tebygrwydd rhwng rhai o gerfluniau Moelwyn Merchant ag eiddo Hepworth, y maent ar y cyfan yn llawer mwy llac eu ffurf, yn manteisio ar ymdonni rithmig siâp ac arwynebau. Y mae ei gerfluniau bron yn ddieithriad yn eu sefyll, ac y mae'r testunau'n amrywio o gyfeiriadau at ffurfiau naturiol a delweddau symbolaidd, i'r dynol ar ffurf pennau a chyrff.

Bu Moelwyn Merchant yn eiddgar erioed i arbrofi ag amrywiaeth o gyfryngau; yn fynych, bydd yn trosi ffurf gyffelyb yn wahanol ddefnyddiau, megis llechi, gwydr ac alwminiwm yn ogystal â'r efydd mwy traddodiadol. Dywed, "Aeth medr crefftwyr sy'n ymdrin â charreg, efydd a gwydr â'm holl fryd, ac y mae hynny wedi fy ysgogi i archwilio'r modd y trawsffurfir ffurfiau sylfaenol gan strwythur gwahanol ddefnyddiau a'r technegau a ddefnyddir i'w gweithio." (1981).

Ganed Moelwyn Merchant ym 1913. Cafodd yrfa academaidd ddisglair,

Moelwyn Merchant was born in Port Talbot. Margam Park is therefore in a sense, his home territory. His father worked at the Park and he remembers visiting the grounds as a boy and experiencing the magical historical connections when encountering the burial marker of a Roman soldier or an ancient Welsh cross on the hillside.

His career as a sculptor began in 1964, under the influence of Barbara Hepworth. His connection with Barbara Hepworth allowed him to understand her sensitive combination of meaning and abstracted form. Although some of Moelwyn Merchant's sculptures have a similarity to Hepworth's they are generally much looser in form and exploit rhythmic undulation of shape and surfaces. His sculptures nearly always stand erect and their subjects range from reference to natural forms and symbolic images to the human, in his heads and torsos.

Moelwyn Merchant has always wanted to experiment with a variety of media often translating a similar form into different materials, such as slate, glass and aluminium, as well as the more traditional bronze. He says, "I have been engrossed by the skills of craftsmen in stone, bronze and glass and this has stimulated my explorations of basic forms as they are transformed by the structure of materials and the techniques necessary in working them" (1981).

Moelwyn Merchant was born in 1913. He became an academic and

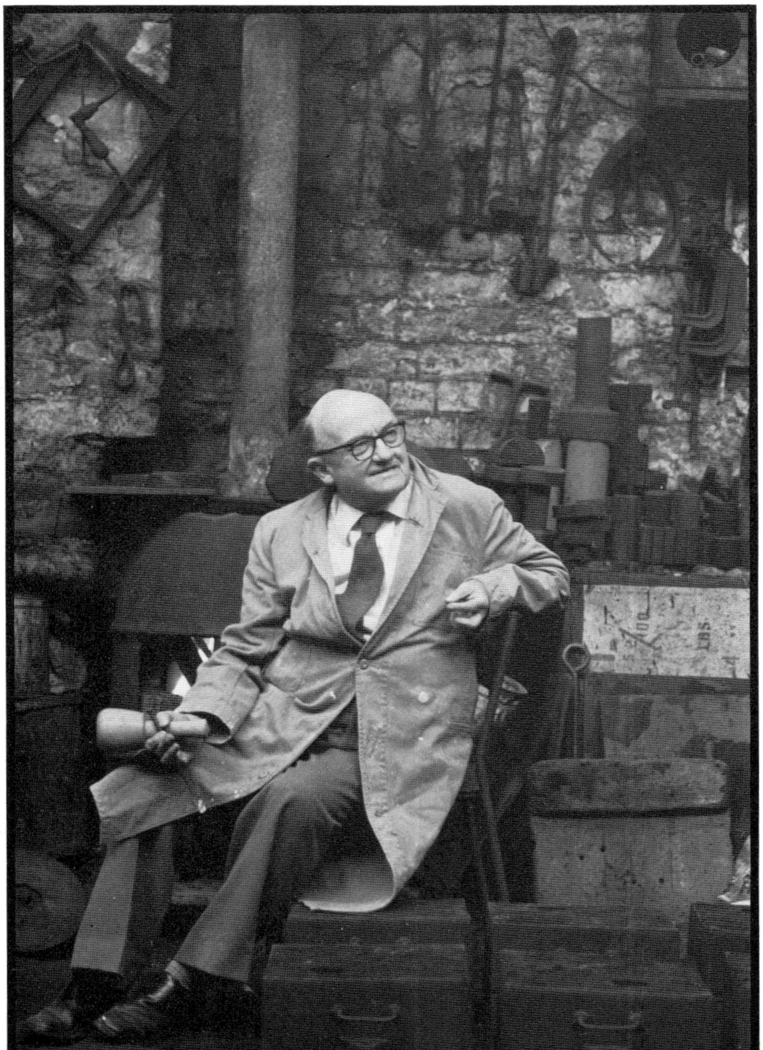

gan ddarlithio ar lenyddiaeth Saesneg yng Ngholeg y Brifysgol, Caerdydd cyn mynd yn Athro yng Nghaerwysg a Chicago. Rhoddodd wasanaeth o bwys i'r Eglwys hefyd: bu'n Ganon a Changhellor Eglwys Gadeiriol Salisbury o 1967 i 1971 ac yn Ficer Llanddewi-brefi yn Nyfed.

Y mae wedi arddangos yn eang ac y mae ei weithiau mewn casgliadau cyhoeddus a phreifat yng ngwledydd Prydain ac yn U.D.A. Y mae wedi cwblhau cerfluniau ar gyfer safleoedd cyhoeddus, megis yr un diweddar ar gyfer Burton-upon-Trent yng Nghanolbarth Lloegr. Cyhoeddodd gyfrolau o gerddi hefyd, ac y mae wedi cydweithio ag artistiaid eraill, megis John Piper, yr arlunydd, a cherddorion, megis Alun Hoddinott.

pursued a distinguished career, lecturing in English literature in University College, Cardiff and as Professor in Exeter and Chicago. His career as a cleric has also been significant and has included service as Canon and Chancellor of Salisbury Cathedral fron 1967 to 1971 and Vicar of Llanddewi-Brefi in Dyfed.

He has exhibited widely and his works are in public and private collections in Britain and the U.S.A. He has completed sculptures for public sites, such as the recent one for Burton-upon-Trent in the Midlands. He has also published volumes of poetry and has worked in collaboration with other artists, such as John Piper, the painter, and with musicians, such as Alun Hoddinott.

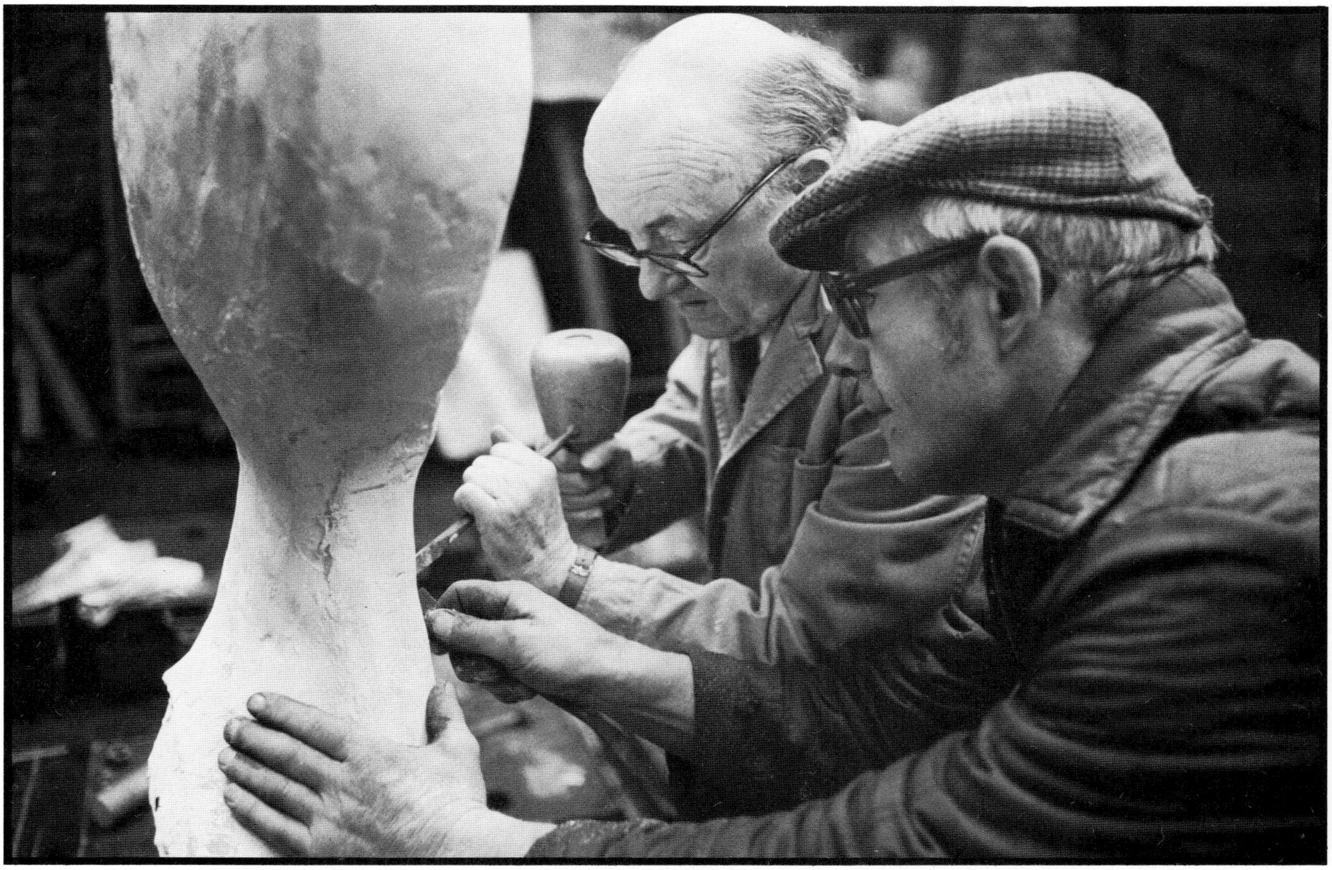

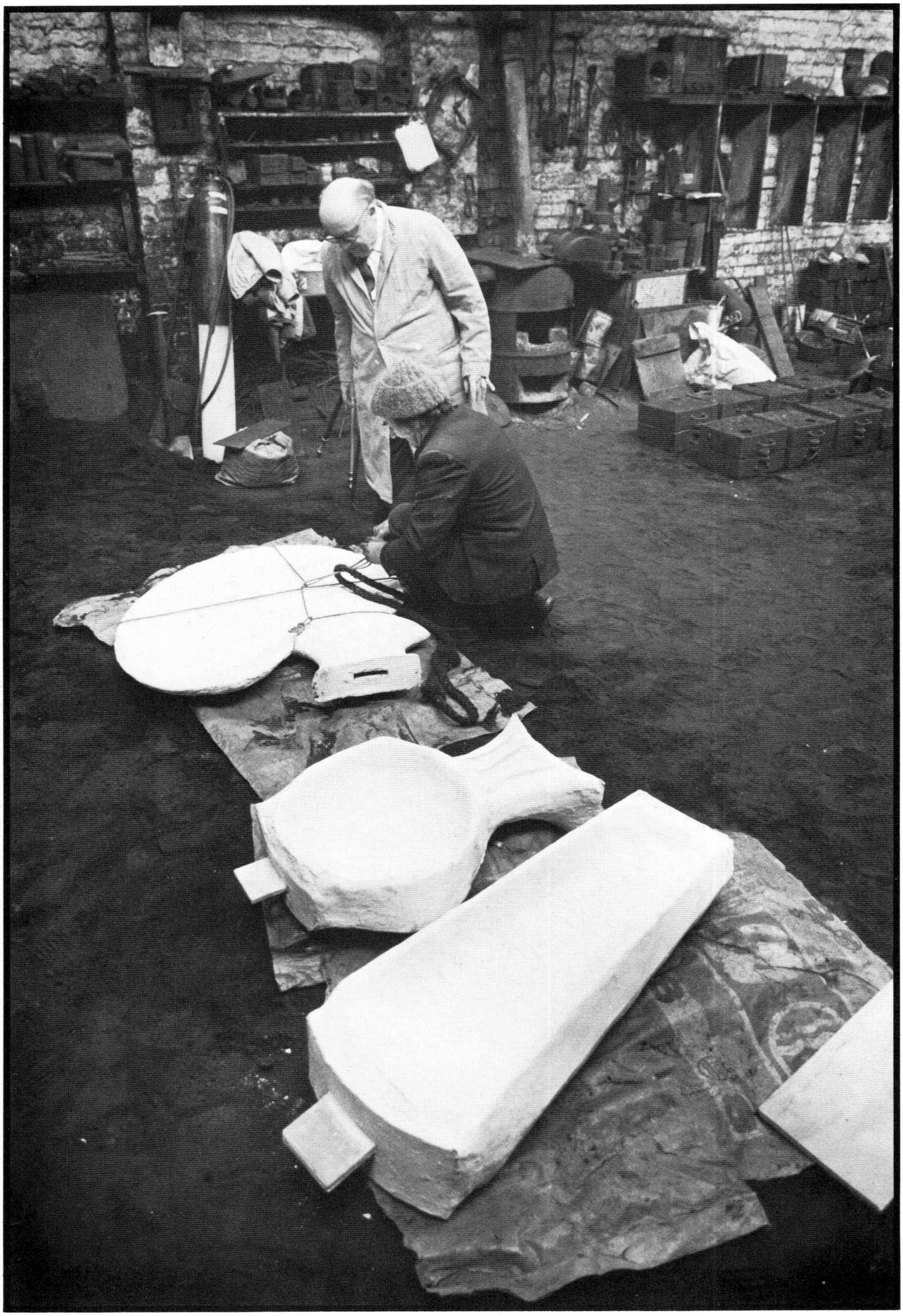

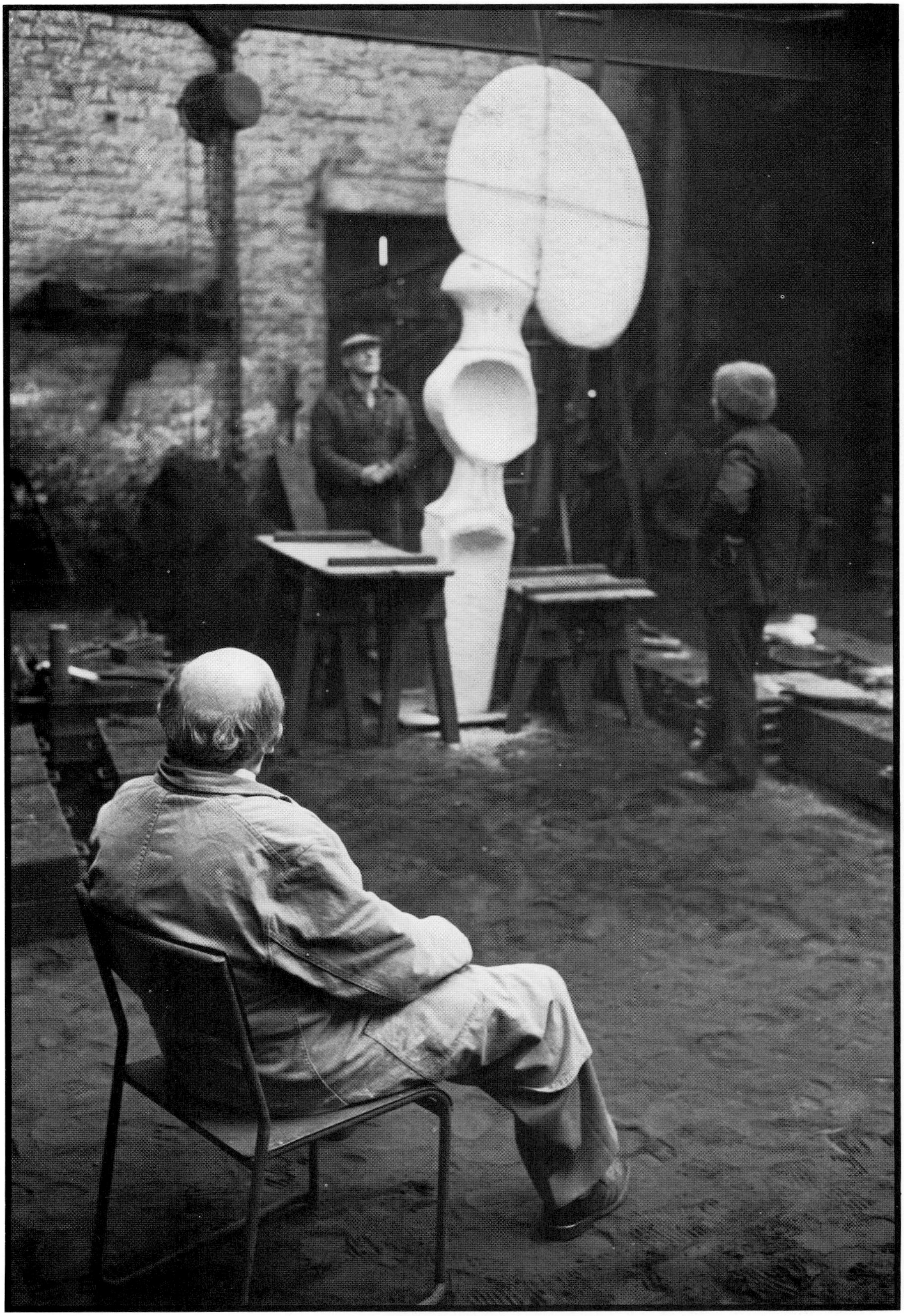

IVOR ROBERTS-JONES

Daeth Ivor Roberts-Jones i amlygrwydd yn bennaf oherwydd ei bortreadau comisiwn o bobl enwog. Y mwyaf adnabyddus o'rhain yw ei 'Winston Churchill Memorial' yn Sgwâr y Senedd, Llundain, a wnaethpwyd ym 1973. Y mae'r enwogion eraill a gerfiwyd ganddo yn cynnwys Clement Atlee, Dug Caeredin, Arglwydd Dinefwr, Augustus John, Somerset Maugham, Yehudi Menuhin, Kyffin Williams ac Ardalydd Môn. Dywed, "Y mae portreadau wedi fy niddori erioed. I mi, mae'r portread ar ffurf cerflun yn beth cymhleth a chyffrous. Dim ond un peth yw creu tebygrwydd, y mae cerflunio'n beth arall".

Nid bwriad Ivor Roberts-Jones felly yw gwneud tebygrwydd manwl o'r person o dan sylw; yn hytrach, ceisia ffurf sydd yn ailgreu teimladau neilltuol a'u mynegi. Wrth bortreadu, ac yn ei gerfluniau ffigurol 'dychmygol', gwna hynny'n rhannol drwy symleiddio'r ffurf, gan or-amlygu agweddau neilltuol o bryd a gwedd neu'r corff. Bydd yn dewis gogwydd y pen ac ystum y corff yn ofalus i gyfleu hwyliau neilltuol, golwg nodweddiadol neu ymdriniaeth farddonol o arwyneb y cerflun. Modelir y gweithiau yn y lle cyntaf mewn plastr, lle diffinir y prif amlinellau yn arw a bras. Crêir gwead yr arwyneb wedyn drwy wthio, byseddu a chrafu'r plastr. Y mae'r arwyneb a greir drwy hynny, naill ai ar y cerflun plastr neu ar ôl ei fwrw mewn efydd, yn ddiddorol dros ben, yn ein hatgoffa weithiau o arwynebau hynafol ag ôl y tywydd arnynt.

Agwedd arall o'i waith yw bywyd llonydd, thema anarferol i gerflun.

Ivor Roberts-Jones has mainly achieved distinction through his commissioned portraits of famous people. The best known of these is his 'Winston Churchill' Memorial' in Parliament Square, London, made in 1973. Other well-known people he has depicted are Clement Atlee, the Duke of Edinburgh, Lord Dynevor, Augustus John, Somerset Maugham, Yehudi Menuhin, Kyffin Williams and the Earl of Angelsey. He says, "Portraits have always interested me. I think the portrait in sculpture is both complex and exciting. Likeness is only one thing, sculpture is another".

Ivor Roberts-Jones does not therefore intend to make a close likeness of his sitter, but tries to create an evocative and expressive form. In portraiture and in his 'invented' figurative sculpture, he partly does this through simplification of the form, so that certain aspects of the features or body are exaggerated. He carefully chooses the angle of the head and the pose of the body to convey a mood, a characteristic expression or a poetic handling of the sculpture's surface. The works are initially modelled in plaster, in which the main shapes are broadly and roughly defined. The surface texture is then created by pushing, figuring and scraping the plaster. The resulting surface, either in the plaster state or after casting in bronze, is intriguing and sometimes reminiscent of weathered, ancient surfaces

Another aspect of his work is still life, an unusual theme for sculpture.

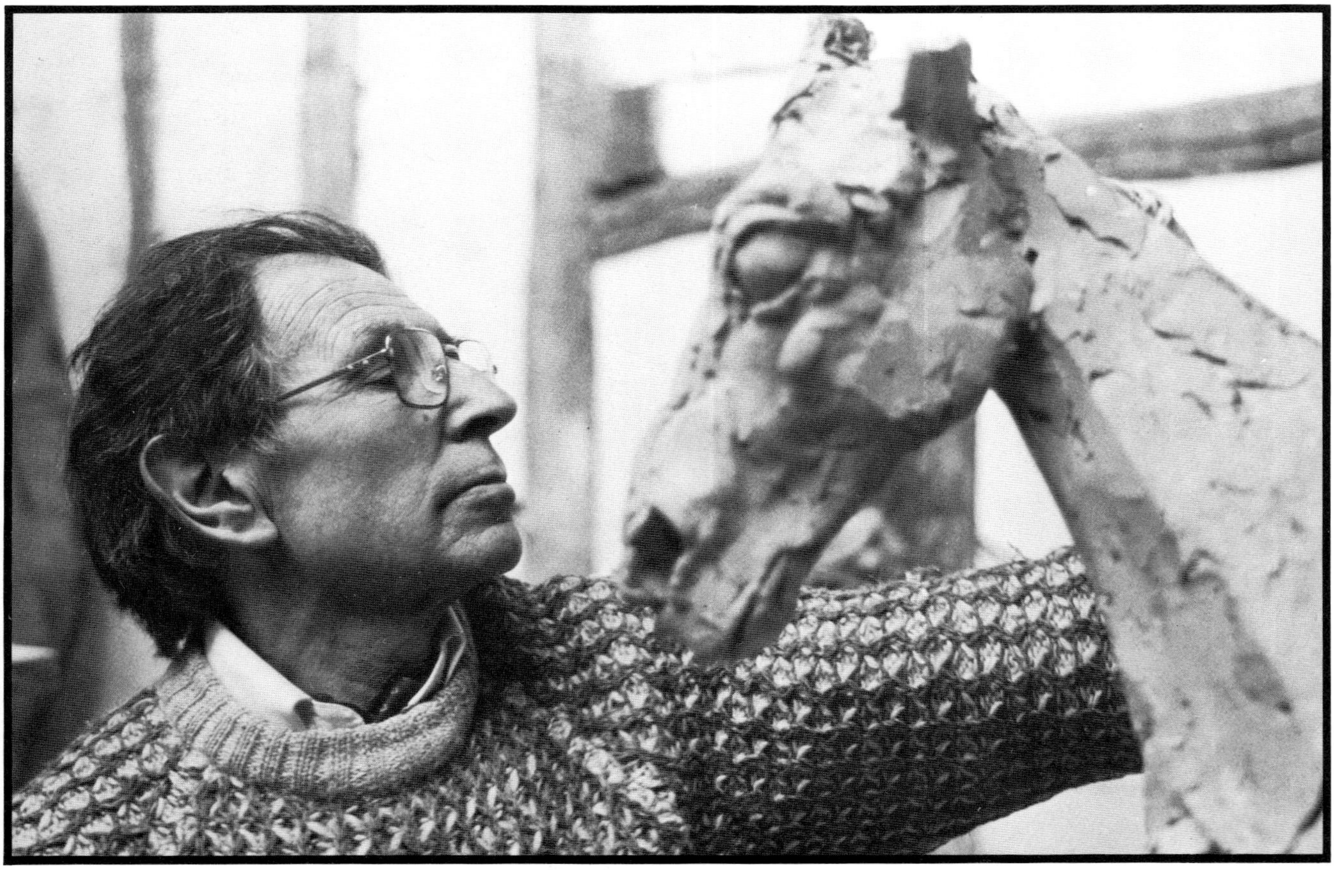

Perthyn i'r cerfluniau hyn ddieithrwch yr ychwanegir ato drwy gynnwys pennau cerfiedig ynddynt. Diddordeb diweddarach y bu'n ymhel ag ef yw tirlun gerddi, yn enwedig y modd y diffinir y gofod ynddynt gan berthi a ffurfiau eraill. Bwriedir i'r gweithiau a ddeilliodd o'r diddordeb hwn, megis 'Lazarus Gardens', awgrymu cerfluniau sy'n tyfu allan o'r ddaear, yn groes i'w swyddogaeth arferol o fod yn rhywbeth a osodir i sefyll arno.

Ganed Ivor Roberts-Jones ym 1913 yng Nghroesoswallt. Fe'i hyfforddwyd yng Ngholeg Goldsmith, Llundain ac yn Ysgolion yr Academi Frenhinol yn ystod y 1930au cynnar. Yn ystod y rhyfel, gwasanaethodd gyda'r Magnelwyr Brenhinol yn Burma. O 1946 i 1978 bu'n darlithio ar gerflunio yng Ngholeg Goldsmith. Ym 1973 fe'i gwnaethpwyd yn Gymrodor yr Academi Frenhinol ac yn 1974, dyfarnwyd iddo Fedal Aur Cymdeithas Frenhinol Cerflunwyr Gwledydd Prydain. Y mae wedi cymryd rhan mewn nifer o arddangosfeydd grŵp yng ngwledydd Prydain, yn cynnwys Arddangosfa'r Jiwbilî ym Mharc Battersea ym 1977. Un o'i gerfluniau pwysicaf yw'r cerflun anferth o farchog a gwblhaodd ym 1983 ar gyfer Coleg Harlech. Y mae hwn yn dathlu cysylltiad Harlech â chwedl Bendigeidfran, o'r Mabinogi.

Their effect is one of strangeness, which is amplified by the inclusion of sculptured heads. A more recent concern which he has been exploring is that of garden landscapes and especially the ways in which their spaces are defined by hedges and other forms. The works which have resulted from this interest, such as the 'Lazarus Gardens', are intended to suggest sculpture which grows out of the ground and the landscape, as opposed to its usual role of being placed in it.

Ivor Roberts-Jones was born in 1913 in Oswestry. He was trained at Goldsmiths College, London and at the Royal Academy Schools during the early 1930s. During the War he served in the Royal Artillery in Burma. From 1946 to 1978 he taught sculpture at Goldsmith's College. In 1973 he became a Fellow of the Royal Academy and in 1974 was awarded the Gold Medal by the Royal Society of British Sculptors. He has taken part in a number of group exhibitions in Britain, including the 1977 Battersea Park Jubilee Exhibition. One of his most important sculptures is the monumental equestrian sculpture completed in 1983 for Harlech Castle. This celebrates the connection of the legend of Bendigeidfran, one of the stories in the Mabinogion, with Harlech.

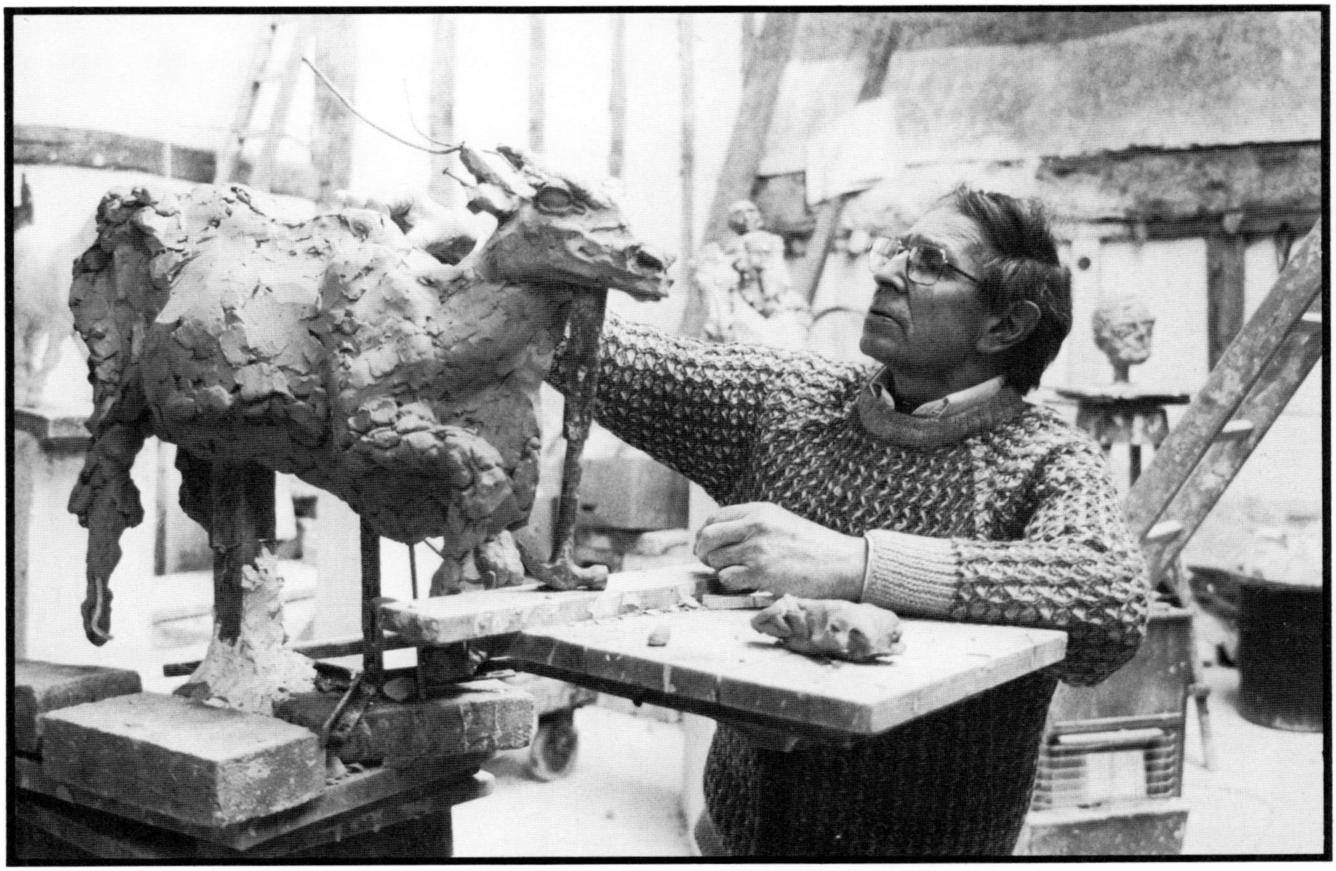

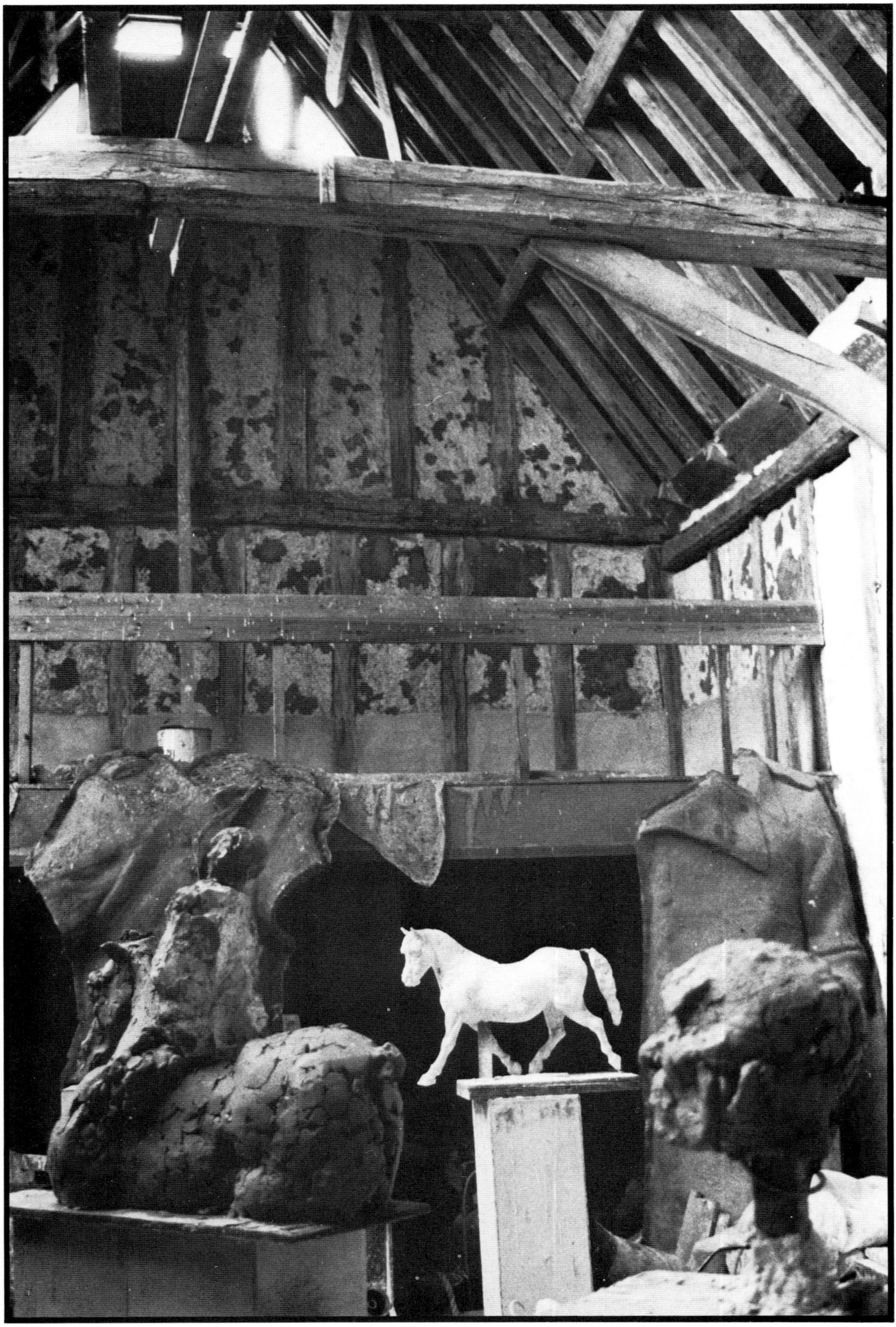

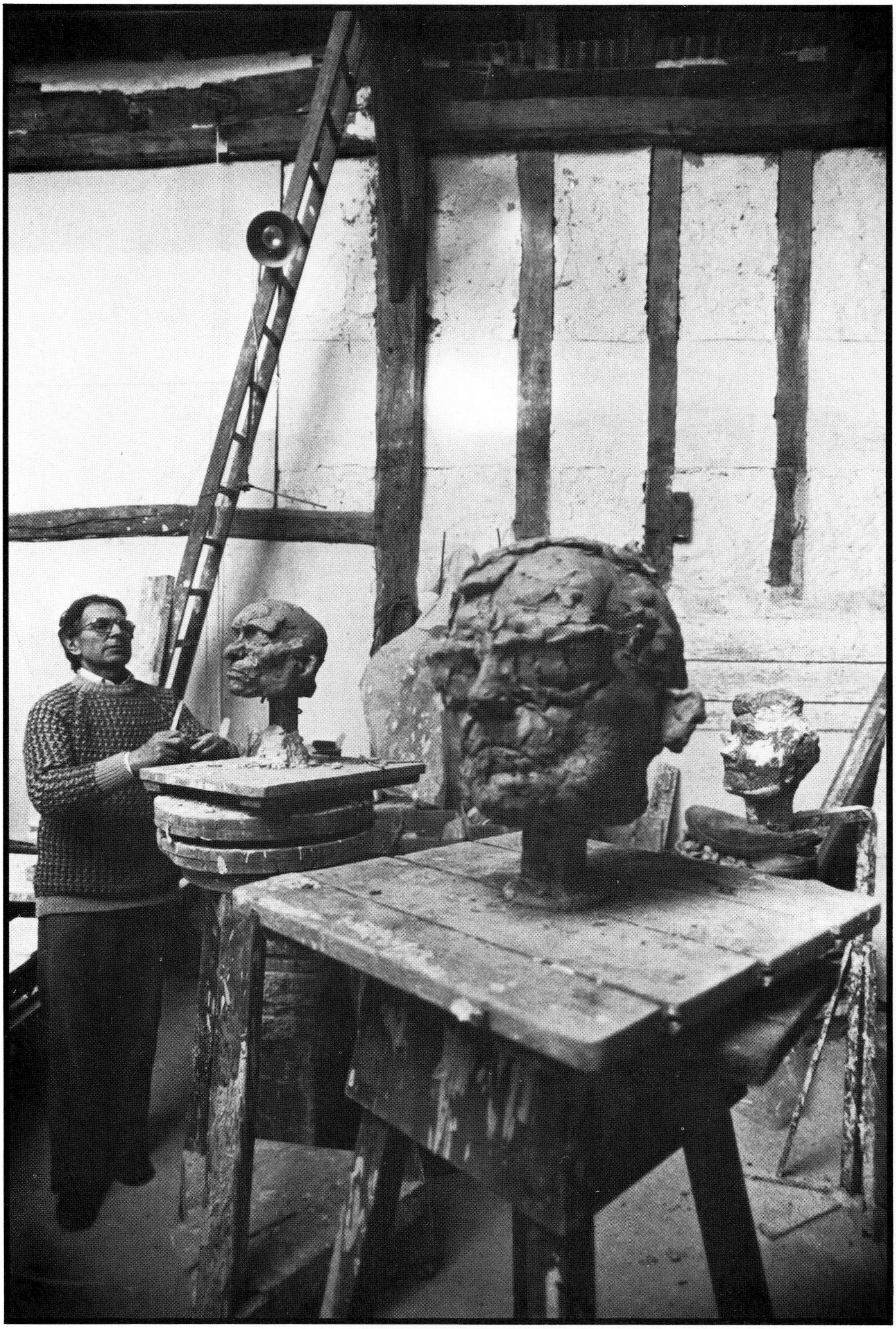

KENNETH ARMITAGE

Y ffigur oedd prif ysgogiad gwaith Kenneth Armitage bron yn ddieithriad. Yng ngherfluniau'r 1950au ceid y ffigurau yn fynych wedi eu trefnu mewn grwpiau, ag arwyneb gweol parhaol yn eu cyd-gysylltu. Dengys y delweddau hyn ddiddordeb y cerflunydd yng nghlosrwydd ymwneud bodau dynol â'r gilydd ym mhob agwedd ar fywyd. Arweiniodd y rhain at gerfluniau mawr megis y 'Triarchy' mawreddog a wnaethpwyd ym 1958/59, lle'r ymddengys tri ffigur anferthol yn eu heistedd fel pe baent wedi cyd-doddi'n ffurf tebyg i fur. Gwnaethpwyd y cerfluniau hyn drwy adeiladu mewn plastr neu glai ar armatwr neu fframwaith fetel, ac yna eu bwrw mewn efydd.

Y mae wedi parhau i ddefnyddio ffurfiau wal a sgrîn fel cefndir, o'r lle ymwthia darnau o'r corff dynol yn llawn ystyr dramatig a theimladwy. Y mae'r cerfluniau 'Pandarus' a'r rheini sy'n darlunio'r chwedl werin Slafaidd drasig, y 'Ledgend of Skadar', 1965, yn enghreifftiau o'r math hwn o waith. Menyw oedd Skadar a garcharwyd y tu fewn i fur wrth iddo gael ei adeiladu, fel aberth i dawelu ysbrydion drwg. Y mae cerfluniau Armitage, lle ceir ffurfiau tebyg i fronnau yn ymwthio o wyneb y mur, yn adrodd stori erchyll y fam yn bwydo'i phlentyn fel hyn tra'r oedd yn dal yn fyw. Yn ddiweddar, y mae Kenneth Armitage hefyd wedi defnyddio'r sgrîn neu'r mur fel arwyneb lle symuda ffigurau mewn gorymdaith, gan ddefnyddio cymysgedd o dechnegau dau a thri-dimensiwn drwy fowntio delweddau sgrîn-sidan a bromid ar ffurfiau wedi eu torri allan.

Kenneth Armitage's work has nearly always been preoccupied with the figure. In sculpture made during the 1950s the figures were often in groups, linked together by a continuous textured surface. These images show the sculptor's interest in the closeness of human association in all aspects of life. They culminated in large sculptures, such as the majestic 'Triarchy' made in 1958/59, in which three seated monumental figures appear to have been congealed into a wall-like form. These sculptures were made by building in plaster or clay on a metal armature or framework, and were then cast in bronze.

He has continued to use wall and screen forms as a background from which fragments of the human body project with dramatic and expressive meaning. The 'Pandarus' sculptures and those illustrating the tragic Slav folk story of the 'Legend of Skadar', 1965, are examples of this kind of work. Skadar was a woman who was imprisoned inside a wall as it was being built, so that she could act as a sacrifice to appease bad spirits. Armitage's sculptures in which breast-like forms protude from the wall surface, relate the macabre story of the mother feeding her baby in this way while she remained alive. Kenneth Armitage has also recently used the screen or wall as a surface on which figures move in procession, making use of a mixture of two and three dimensional techniques, by mounting silk-screened and bromide images onto cut-out-shapes.

Towards the end of the 1970s Kenneth Armitage began to introduce a

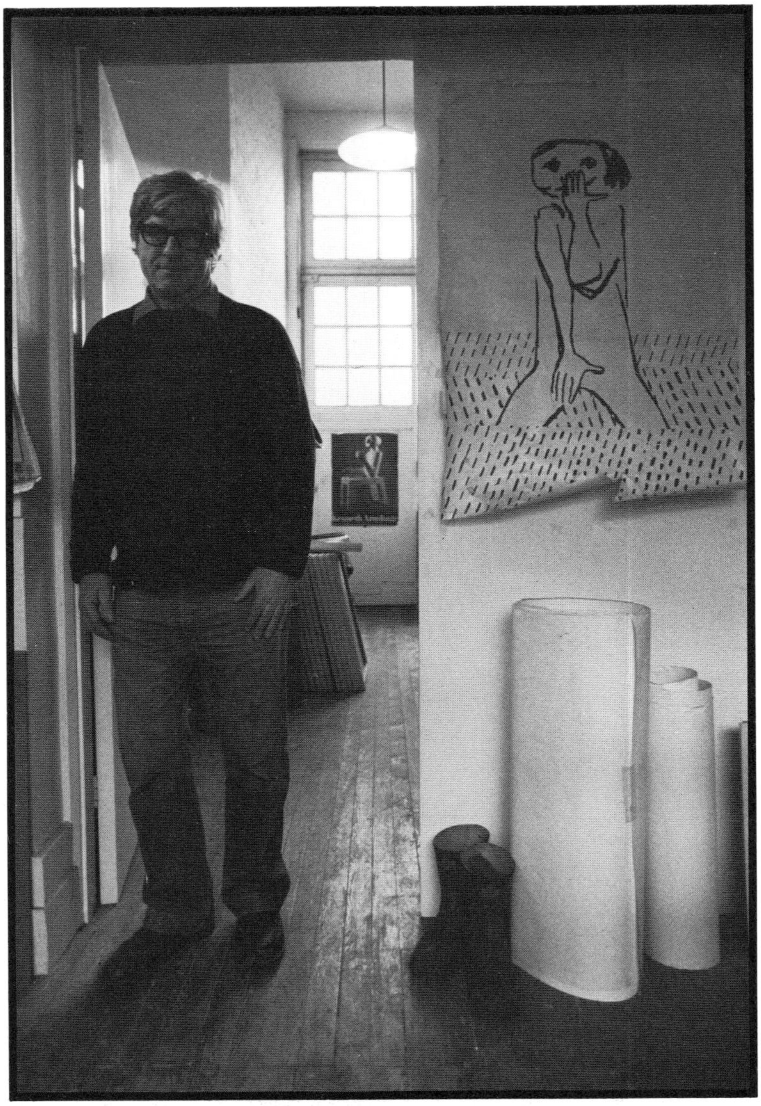

Tua diwedd y 1970au dechreuodd Kenneth Armitage ddefnyddio thema newydd yn ei gerfluniau, yn tarddu o'r deri ym Mharc Richmond. Yn rhai o'r rhain daw'r cyff a'r canghennau'n fyw, fel pe baent yn ffigurau'n amneidio. Mewn eraill, trosir y dail sy'n ymledu yn duswon o efydd o wahanol liwiau. Creir y lliwiau hyn drwy ymateb cemegol y metel i wahanol fathau o asid.

Ganed Kenneth Armitage ym 1916 yn Swydd Efrog ac astudiodd gerflunio yn y 1930au diweddar yn Leeds a Llundain. Ar ôl gwasanaethu yn y fyddin yn ystod yr Ail Ryfel Byd, cynhaliodd ei arddangosfa un-person gyntaf ym 1952. Ym 1958, dyfarnwyd gwobr iddo yn Biennale Venice. Rhwng 1964 a 1965 bu'n ddarlithydd yn Academi Gelfyddyd Caerfaddon ac o 1953 i 1955 ef oedd Cymrodor Gregory mewn Cerflunio ym Mhrifysgol Leeds. Ym 1963-64 treuliodd gyfnod yn artist gwadd yn Caracas, Venezuela lle gweithiodd ar y gyfres 'Pandarus' ac ym 1967/69 bu'n artist gwadd yn Berlin. Ym 1969 fe'i gwnaethpwyd yn CBE. Y mae wedi arddangos yn haeleth yng ngwledydd Prydain, Siapan, Ewrop ac America, a chynhaliodd sawl arddangosfa adolygol fawr. Y mae wedi cyflawni comisiynau cyhoeddus, gan gynnwys y rhai diweddar yn Venezuela a Siapan, ac y mae gweithiau o'i eiddo mewn casgliadau cyhoeddus ledled y byd.

new theme into his sculpture, derived from the oak trees in Richmond Park. In some of these, the trunk and branches come alive, as if gesticulating figures. In others, the spreading foliage is translated into tufts of various coloured bronze. These colours are obtained through the chemical reaction of the metal to acids.

Kenneth Armitage was born in Yorkshire in 1916 and studied sculpture in the later 1930s at Leeds and in London. Having served in the Army during the Second World War, he held his first one-man exhibition in 1952. In 1958 he was awarded a prize at the Venice Biennale. Between 1946 and 1956 he taught at Bath Academy of Art, Corsham and from 1953 to 1955 was Gregory Fellow in Sculpture at the University of Leeds. In 1963-64 he was guest artist in Caracas, Venezuela, where he worked on the 'Pandarus' series and 1967/69 he was guest artist in Berlin. In 1969 he was created a C.B.E. He has exhibited widely in Britain, Japan, Europe and America and has held several major retrospective shows. He has carried out public commissions, including recent ones in Venezuela and Japan, and has work in public collections all over the world.

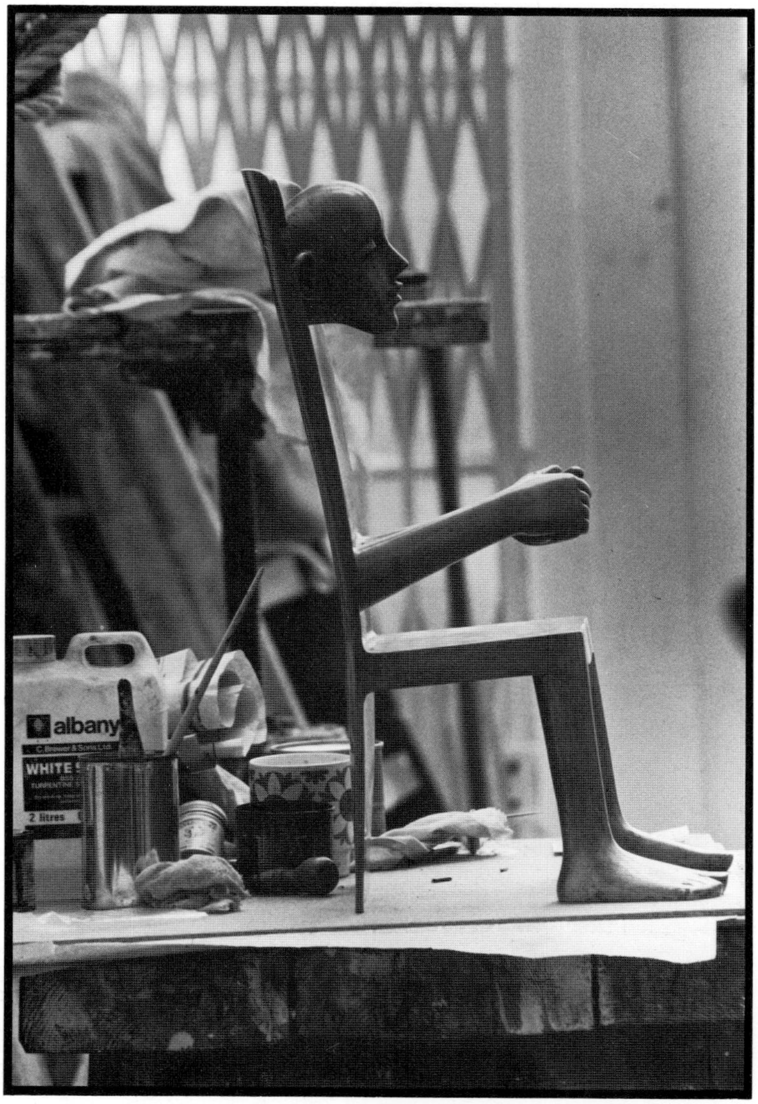

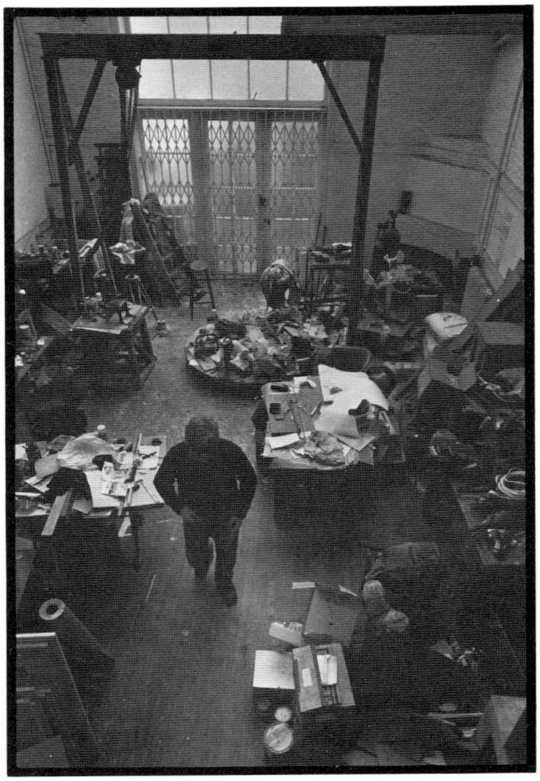

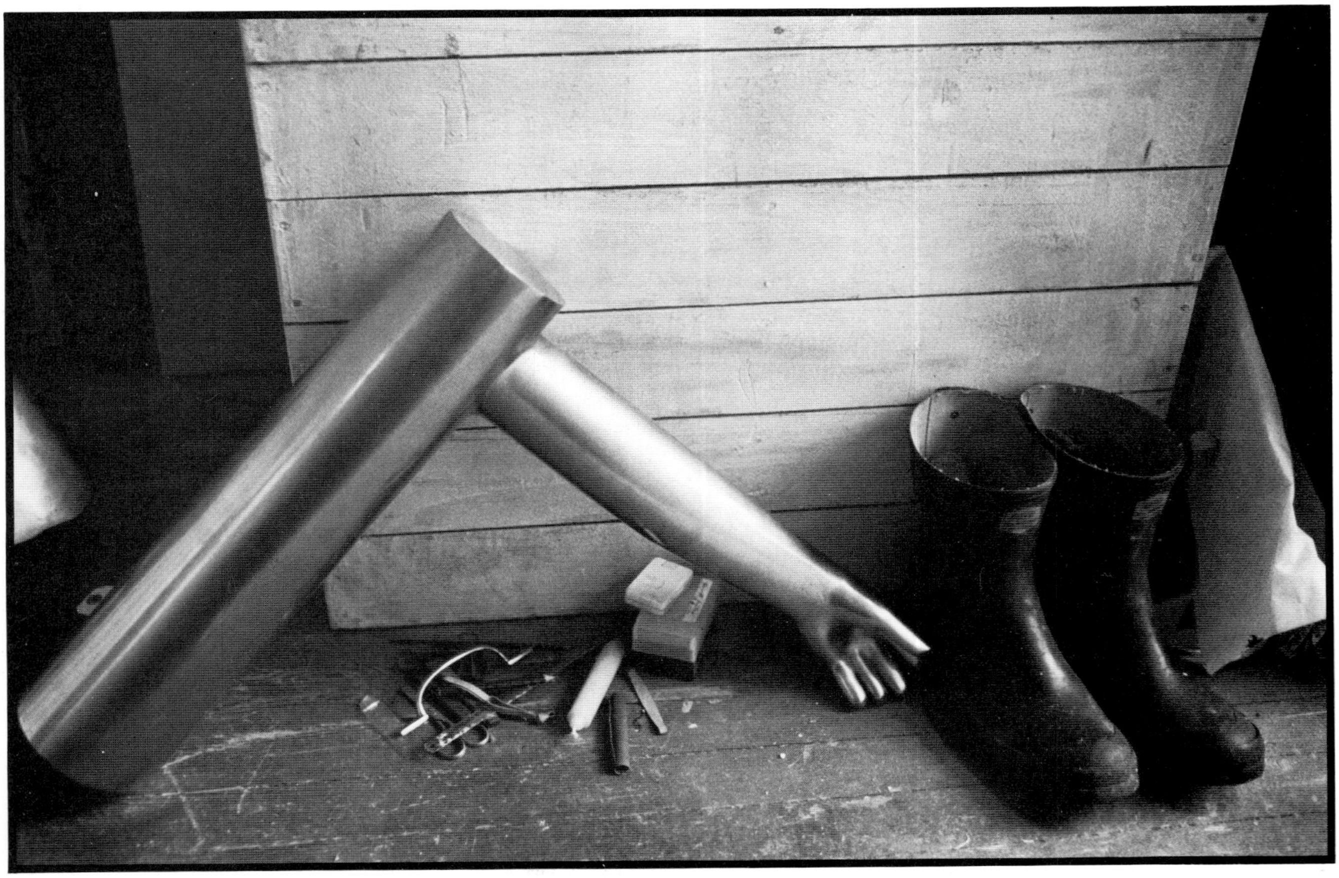

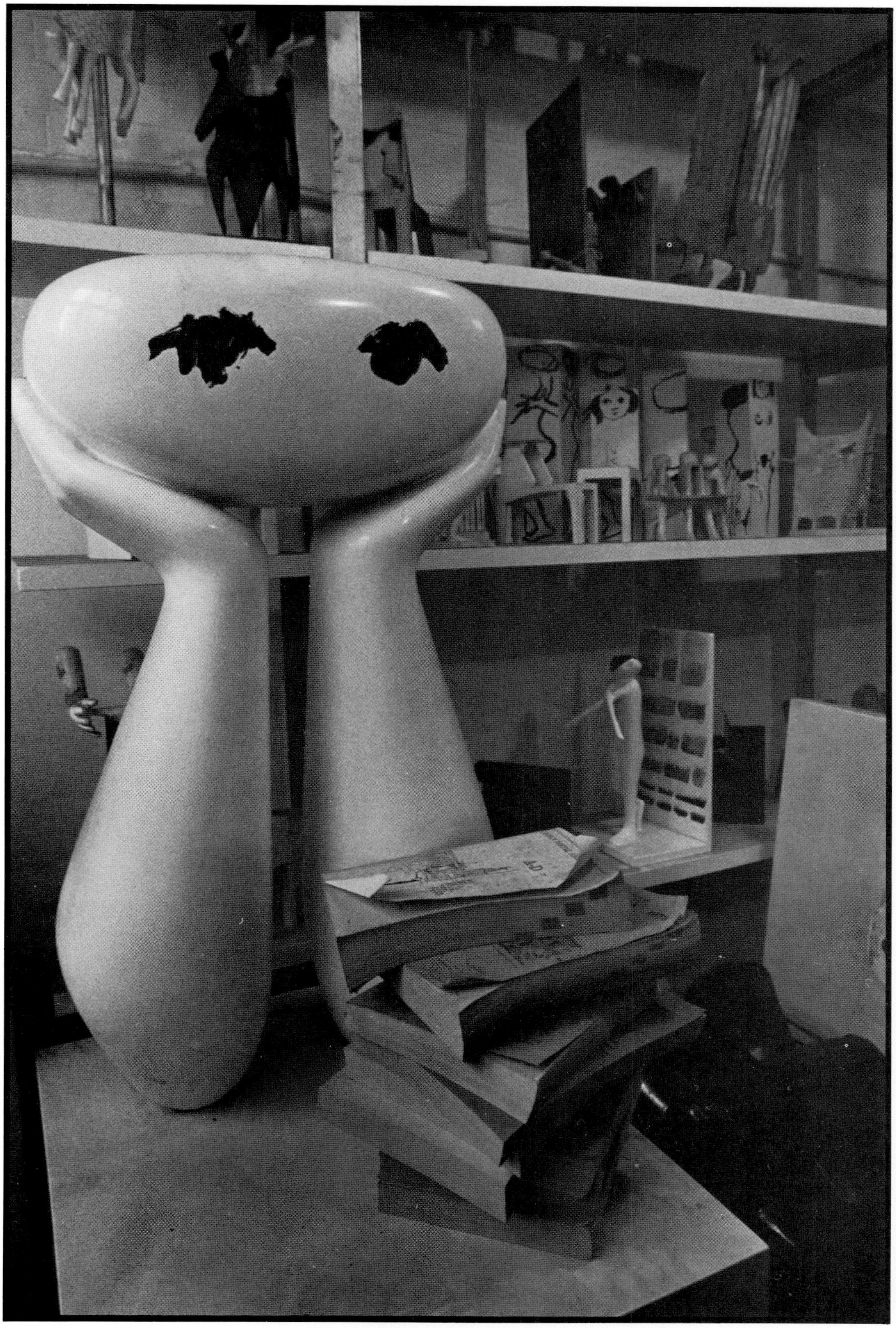

JONAH JONES

Pwysleisia Jonah Jones seiliau crefft ei waith a'i swyddogaeth fel artist yn y gymuned. Gwynedd yw'r gymuned y gweithia ef ynddi. Ac eithrio'r pedair blynedd a dreuliodd yn Gyfarwyddwr y Coleg Celf a Dylunio Cenedlaethol yn Nulyn, a dwy flynedd yn gymrodor prifysgol, y mae wedi treulio'r rhan fwyaf o'i fywyd mewn oed yn byw a gweithio yn y rhan hon o Gymru. Fe'i hyfforddwyd yn grefftwr ac yn artist cain yng ngweithdai Eric Gill ac y mae wedi ymarfer crefft y torrwr llythrennau yn gyson yn ogystal â cherflunio. Pur anaml y bydd yn arddangos ei waith ond y mae i'w weld mewn mannau cyhoeddus ledled Cymru. Mewn ysgrif a gyhoeddwyd ddeng mlynedd yn ôl, disgrifia ei ymrwymiad i safle'r artist-grefftwr. "Credaf ei bod yn bosibl ymarfer y Celfyddydau Cain o safbwynt crefft ymhlith y bobl. Ni charwn wahanu'r naill oddi wrth y llall, Y maent yn cydweithio yn fy meddwl i. Fy nghrefft neilltuol i yw torri llythrennau, ar lechen Gymreig fel arfer, deunydd delfrydol at y gwaith. Mewn geiriau syml, y mae cerfio llythrennau ar lechen gan ofalu am eu ffurf a'u dosbarthiad yn golygu gwneud marc. Cam bychan yw ehangu allan o'r marc hwnnw, a gwneud marciau heb ddiben neilltuol. I mi, gwaith o'r math hwn, heb ei gymhwyso at yr un diben, dylofi deunydd hoff â chrefft sylfaenol a chwilfrydedd meddwl, yw hanfod Celfyddyd Gain. Ni welaf ffin bendant rhwng y gwahanol weithgareddau. Ni allaf ychwaith sefyll ar wahân i'r lle y gweithiaf ynddo ac edrych arno'n ddiduedd. Y mae hwnnw hefyd yn rhan o'r cyfan, ac yn amhosib ei dynnu oddi yno."

Jonah Jones emphasises the craft basis of his work and his role as an artist within the community. The community in which he works is that of Gwynedd, the north-west part of Wales. Except for four years spent as Director of the National College of Art and Design in Dublin and two years in university fellowships he has lived and worked in this part of Wales for most of his adult life. He was trained as a craftsman and fine artist in Eric Gill's workshops and has regularly practised the craft of carving inscriptions as well as that of a sculptor. He rarely exhibits his work, but it is to be seen in public places all over North Wales and frequently elsewhere. In an essay written ten years ago he described his commitment to the position of artist-craftsman. "I believe it is possible to practise the Fine Arts from a basis of a craft among the people. I would not wish to separate the one from the other. They work together in my mind. The craft in my case happens to be carved lettering, mainly in Welsh slate, an ideal material. To put it in the simplest terms, to carve letters in slate with a care for their forms and disposition is to make a mark. To extend outwards from that mark, to make disinterested marks is a small step. Disinterested, unapplied work of this sort, manipulation of a beloved material with a basic craft and a searching mind is, for me, what Fine Art is about. I see no precise definition between the respective areas of activity. Nor can I see the place where I work in detachment. It too is part of the whole and inextricable."

Slate is an ideal material for inscriptions, it is also a natural material for a

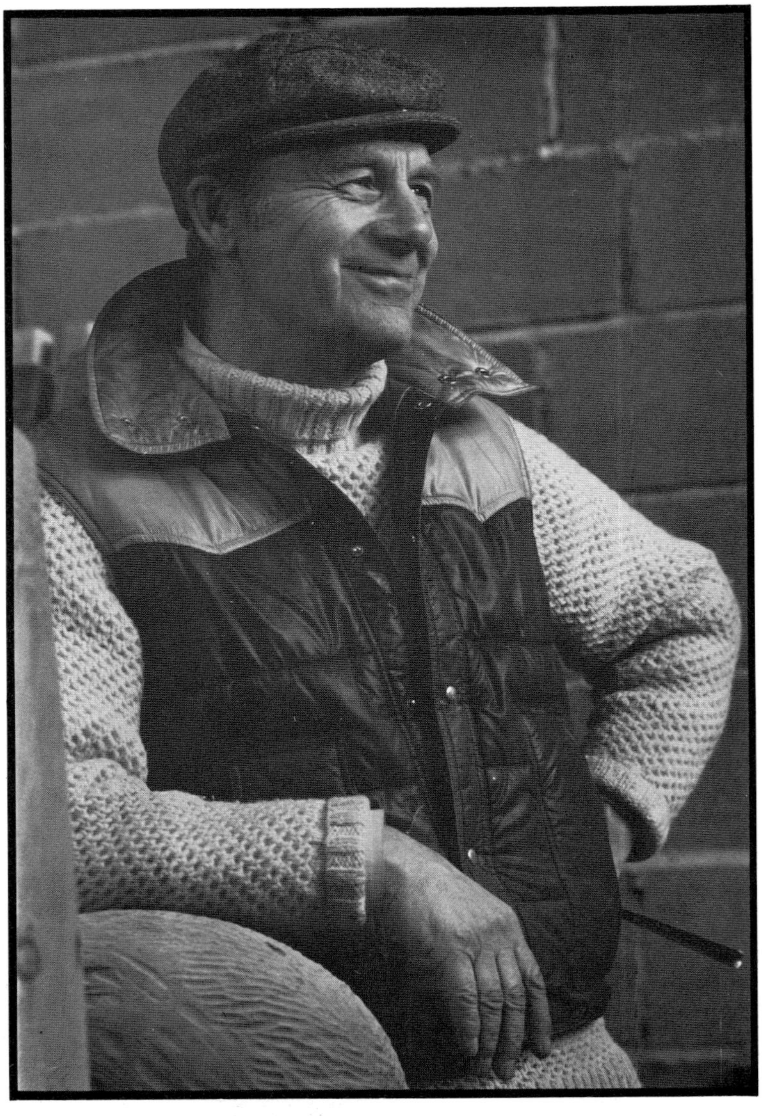

Y mae llechen yn ddeunydd delfrydol ar gyfer arysgrifau ac yn gyfrwng naturiol i gerflunydd o Gymro. Dyma brif gyfrwng cerflunio Jonah Jones, ond yn fynych mewn cyfuniad â cherrig eraill. Pwsleisia allu'r llechen i '. . . dderbyn marciau'n dda . . .' a'r modd y bydd 'ei chryfder estynadwy yn cynnig posibiliadau wrth adeiladu'. Cerflun o lechen a charreg Portland yw 'Y Tywysogion' a wnaethpwyd ym 1968 yn ystod y prosiect 'Artist Wrth ei Waith' yn Aberffraw, Ynys Môn. Mae'r modd y torrwyd y dyluniadau endoredig sy'n rhan o'r cerflun hwn yn ein hatgoffa am batrymau Celtaidd cymhleth. Y mae gweithiau eraill yn cyfuno geiriau a ffurfiau tri-dimensiwn. Am fod ei waith yn fynych yn golygu defnyddio geiriau mewn datganiad sydd, fel arall, yn un gweledol, y mae wedi dod i ystyried bod y ddau gyfrwng yn gyflenwol - ac, yn wir, yn anghenrheidiol - i'w gilydd. Treulia gymaint o amser yn ysgrifennu ag y gwna yn gweithio yn ei stiwdio. Cyhoeddwyd nofel o'i eiddo, 'A Tree May Fall' ym 1980 a chyfrol, 'The Lakes of North Wales' ym 1983. Y mae hefyd yn awdur sgriptiau nifer o ffilmiau teledu.

Er y bydd yn fynych yn defnyddio themâu sydd yn neilltuol o berthnasol i Gymru y mae hefyd wedi cyfeirio droeon at ddelweddaeth glasurol. Mewn gweithiau comisiwn rhoddodd ffurf symbolaidd i gysyniadau haniaethol, megis yn y modd y darluniodd 'Drugaredd' a 'Heddwch' yn y murluniau llechi a marmor y tu allan i'r Llysoedd Barn yn yr Wyddgrug. Cerflun bychan ar thema Heddwch yw 'A Oes Heddwch' a wnaethpwyd ym 1970 ar gyfer Ysgol Emrys ap Iwan yn Abergele. Yn ystod y 1950au

Welsh sculptor. Jonah Jones uses slate as the principal medium of his sculpture, but often in combination with other stone. He stresses the ability of slate to " . . . take marks well . . ." and the way " . . . its tensile strength offers possibilities in construction". 'Y Twysogion' (The Princes) made in 1968 during the 'Artist at Work' project at Aberffraw in Angelsey, is made of slate and Portland stone. This sculpture incorporates incised designs which are reminiscent of Celtic interlace. Other works combine text with three dimensional forms. Because his work often involves the use of text in an otherwise visual statement he has come to regard the two media as complementary and even necessary to each other. He now spends as much time writing as working in his studio. A novel 'A Tree May Fall' was published in 1980 and a book on 'The Lakes of North Wales' in 1983. He has also scripted several television films.

Although he often draws on themes of special relevance to Wales, he has also made repeated reference to classical imagery. In commissioned works he has given symbolic form to abstract concepts, such as the depiction of 'Mercy' and 'Justice' in the slate and marble murals at the Law Courts in Mold. 'A Oes Heddwch' is a small sculpture on the theme of Peace, made in 1970 for the Emrys ap Iwan School at Abergele. During the 1950s his sculpture often depicted the human figure and a work such as the 'Diceplayers', a limestone carving made in 1955, indicates his affinity with a tradition of simplifying the figure in order to express a clear idea of its form and to stress the solidity of the material. More recent

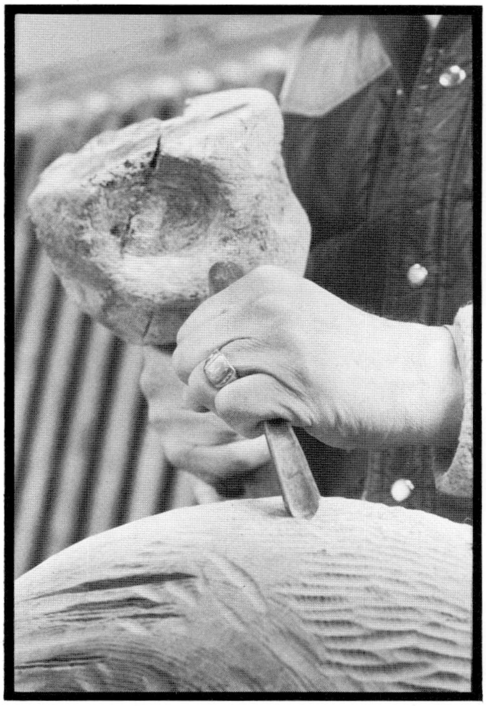

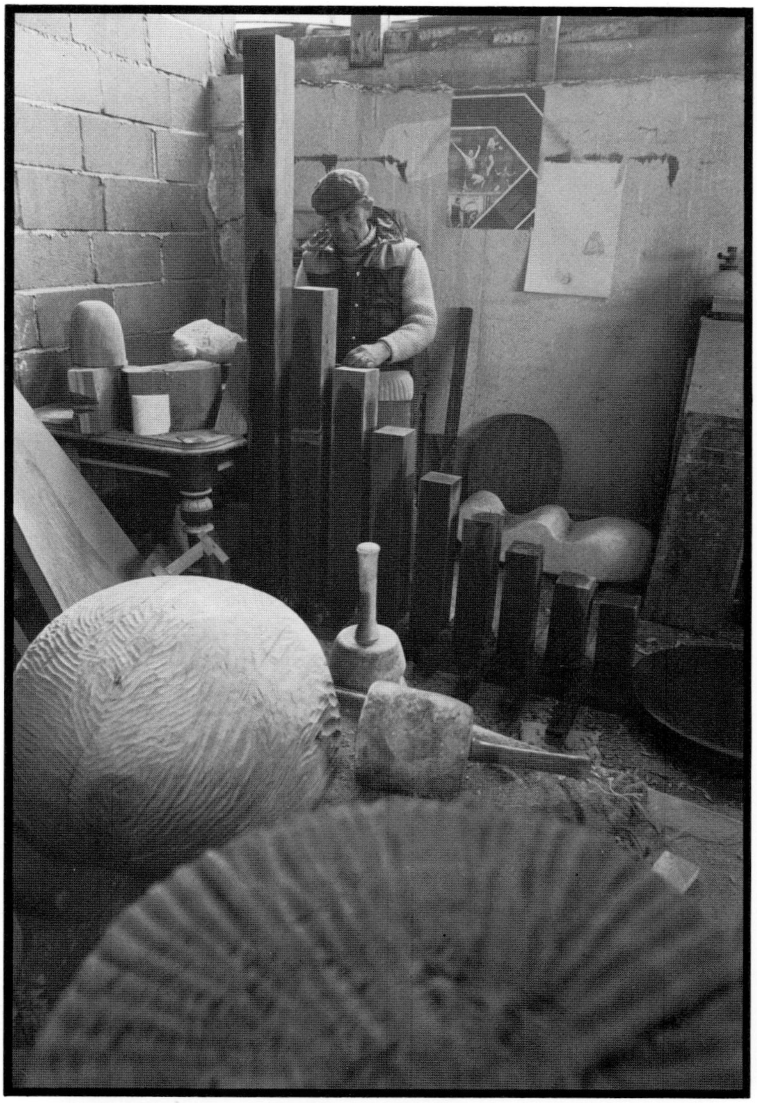

byddai ei gerfluniau yn fynych yn darlunio'r ffigur dynol ac y mae gwaith megis y 'Diceplayers', cerflun calchfaen a wnaethpwyd ym 1955, yn dynodi ei ymlyniad wrth draddodiad o symleiddio'r ffigur er mwyn mynegi syniad clir o'r ffurf a phwysleisio soledrwydd y deunydd. Y mae cerfluniau diweddarach yn arddangos diddordeb mewn siapiau sy'n tarddu o bensaerniaeth, a chariad at gyferbyniad a chydbwysedd yn y modd y'u trefnir. Y mae'r cerflun dŵr a wnaethpwyd ym 1973 ar gyfer maes parcio Pensarn, ger Abergele, a'r gwaith a ddeilliodd o'i gyfnod preswyl fel 'Artist mewn Ysgol' yn Ysgol y Gader, Dolgellau yn 1974 yn enghreifftiau o'r cyfeiriad hwn yn ei waith.

Ganed Jonah Jones yn Durham ym 1919 er bod teulu ei dad o dras Gymreig. Cafodd ei hyfforddiant ffurfiol fel artist gan Eric Gill yn bennaf, ac y mae wedi bod yn gerflunydd hunan-gyflogedig erioed, ac eithrio cyfnod o wasanaeth adeg rhyfel, a chyfnod byr o ddysgu. Heb law am lu o gomisiynau ar gyfer cerfluniau a murluniau, y mae wedi cynhyrchu penddelwau portread o lawer o bobl enwog, yn cynnwys Syr O. M. Edwards, Syr Ifan ab Owen Edwards, Syr Clough Williams-Ellis, John Cowper Powys, Bertrand Russel a Syr Huw Wheldon. Ymlith ei arysgrifau pwysicaf ceir y rheini i David Lloyd George a Dylan Thomas yn Abaty Westminster, a rhai ym Mhrifysgol Ibadan a Choleg William a Mary, Virginia. Y mae wedi cyfrannu'n egniol i gelfyddyd yng Nghymru drwy selfydlu'r cynlluniau 'Artistiaid wrth eu Gwaith' ac 'Artistiaid mewn Ysgolion' a thrwy fod yn aelod o wahanol bwyllgorau, gan gynnwys eiddo Cyngor Celfyddydau Cymru.

sculptures demonstrate a concern with architecturally derived shapes and a love of contrast and balance in their arrangement. The water sculpture made in 1973 for the car park at Pensarn, near Abergele and the work resulting from his 'Artist in School' residency at Ysgol y Cader, Dolgellau in 1974 both illustrate this direction in his work.

Jonah Jones was born in 1919 in Durham, although his father's family were Welsh. His formal training as an artist was mainly with Eric Gill and except for his War service and a brief period of teaching, he has always been a self-employed sculptor. Besides numerous commissions for sculptures and murals, he has produced portrait busts of many famous people. These include Sir O.M. Edwards, Sir Ifan ab Owen Edwards, Sir Clough Williams-Ellis, John Cowper Powys, Bertrand Russell and Sir Huw Wheldon. Among his major inscriptions are those to David Lloyd George and Dylan Thomas in Westminster Abbey and ones at Ibadan University and the College of William and Mary, Virginia. He has taken an active part in Art in Wales through his initiation of the 'Artist at Work' and 'Artist in Schools' schemes and his membership on committees, including those of the Welsh Arts Council.

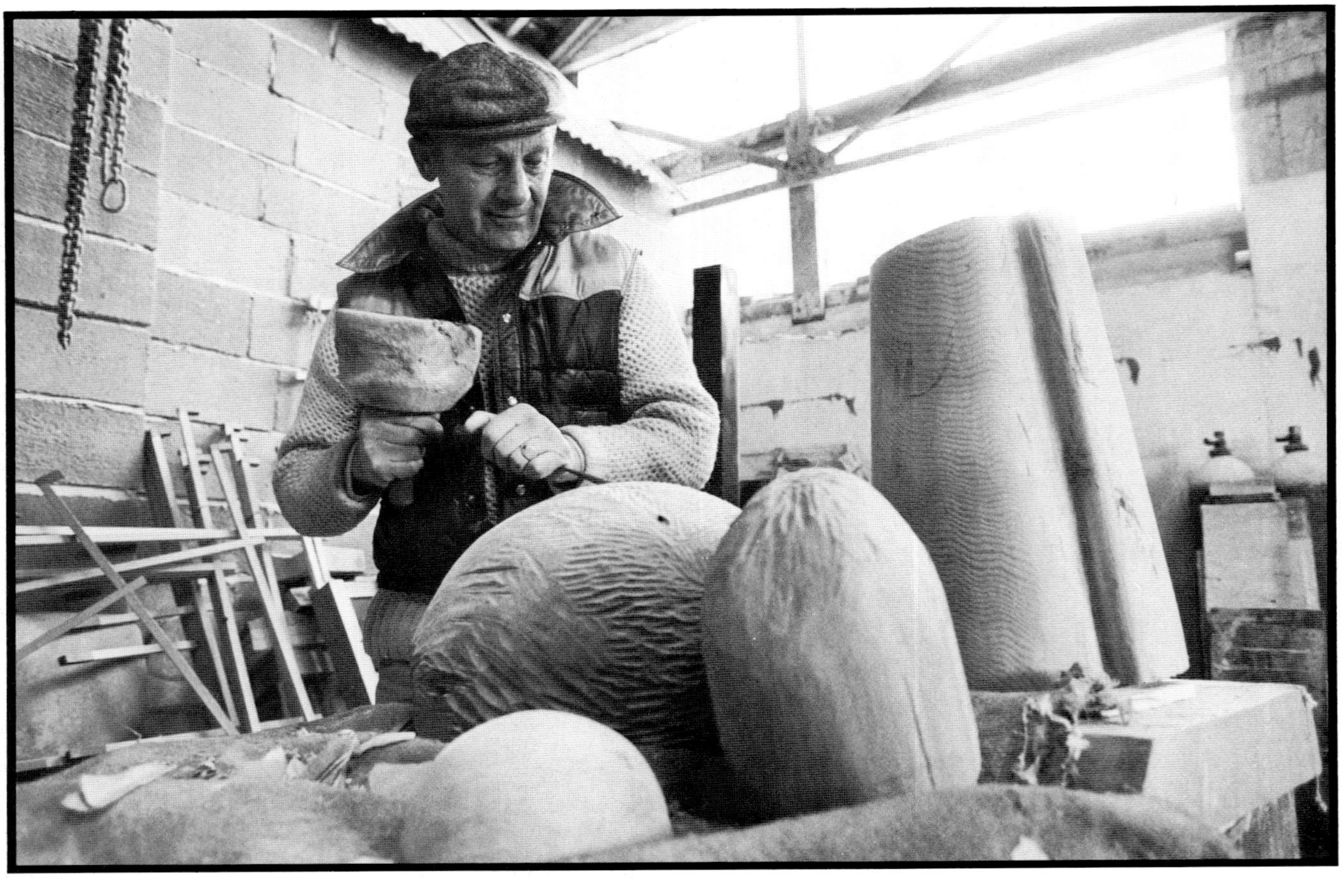

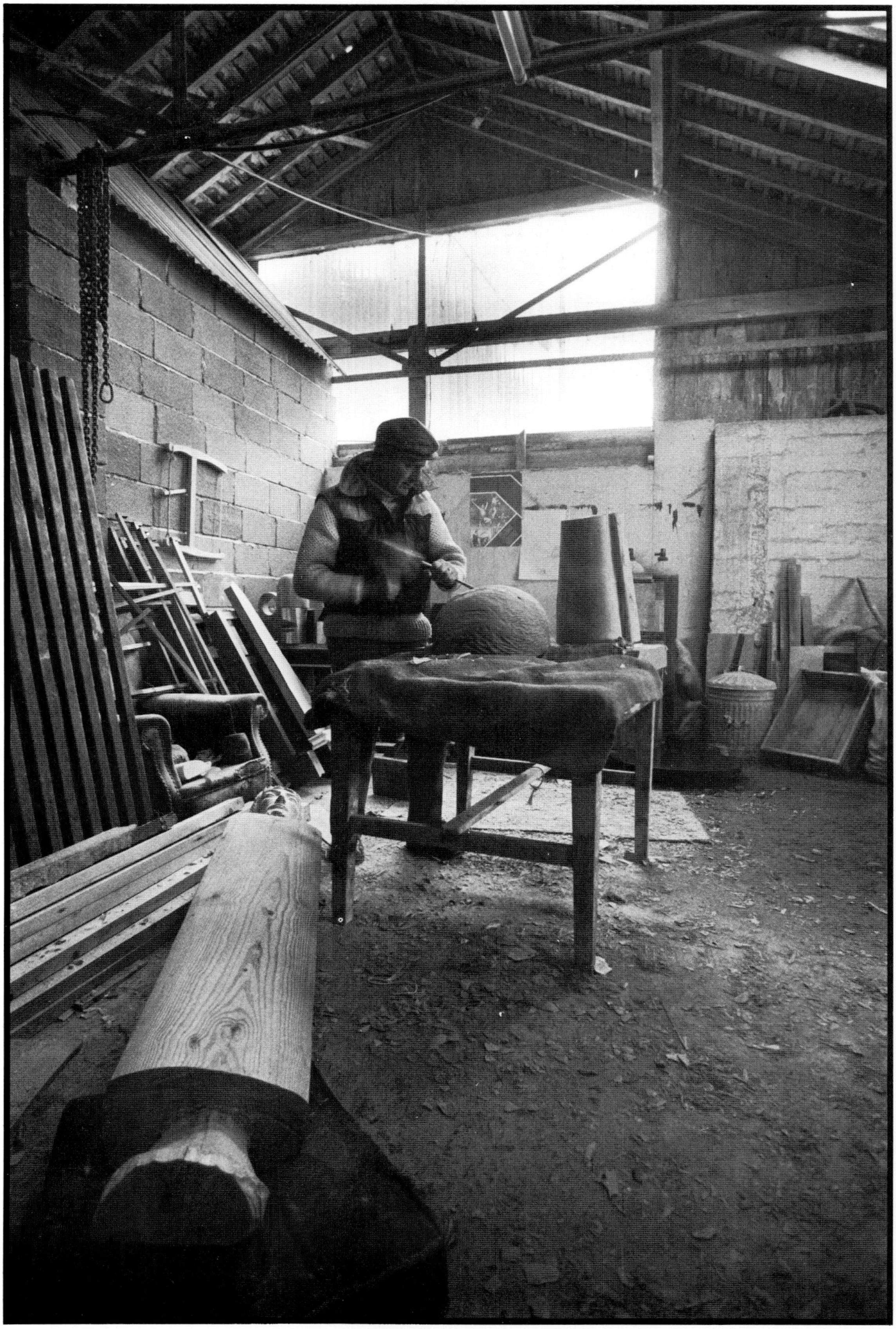

MICHAEL AYRTON

Bu Michael Ayrton yn weithgar mewn llawer maes yn ystod ei fywyd, ond canolbwynt ei holl weithgareddau oedd peintio a cherflunio. Pwysleisia pawb a'i hadwaenai ei ddeallusrwydd a'i wybodaeth helaeth o fytholeg clasurol a chyfnodau eraill yn hanes celfyddyd Ewrop. Yr oedd yn awdur nofelau, yn hanesydd a beirniad celfyddyd, a bu'n ddylunydd theatr ac yn ddarlledwr. Yr oedd ei ymrwymiad gwleidyddol yn hysbys i bawb, ac yntau'n un o genhedlaeth y 1930au diweddar a'r 1940au pan oedd bod yn sosialydd yn safiad arwrol.

Yr oedd Ayrton wedi ennill ei blwyf fel arlunydd cyn troi at gerflunio ar ddechrau'r 1950au. Yr oedd ei beintiadau'n rhagddarlunio'r cerflunio yn y modd yr archwilient themâu neo-ramantaidd, yn deillio o weledigaeth bersonol, y tirlun ac, yn gynyddol, o fytholeg. Aeth y peintiadau'n raddol i awgrymu dulliau cerflunio drwy ddefnyddio ffurfiau hynod dri-dimensiynol, a awgrymai eu bod eisoes wedi eu modelu a'u llunio gan fysedd cerflunydd. Arweiniodd Henry Moore ef at gerflunio ar lefel ymarferol drwy ddysgu iddo sut i fodelu mewn plastr ar armatwr neu fframwaith haearn.

'Falcon Watcher' 1954 oedd ffigur efydd maint-llawn cyntaf Ayrton. Gwelir ôl ei astudiaeth o gerfluniau clasurol a gwaith Donatello, Degas a Rodin arno, ond eiddo'r cerflunydd ei hun hefyd yw'r modd yr ymdrinir â ffurfiau. Hoff ganddo wrymiau eofn, crwm sy'n diffinio symudiadau'r corff ac sy'n rheoli'r modd y syrth goleuni ar y cerflun.

Michael Ayrton's life was spent in a wide range of activities, to which being a painter and a sculptor were central. All those who knew him emphasise his intellectual power and his extensive knowledge of classical mythology and of other periods in European cultural history. He wrote novels, art history and criticism and worked as a theatre designer and a broadcaster. He was a man known for his political commitment, one of a generation during the later 1930s and 1940s for whom to be a socialist was a heroic stand.

Ayrton was established as a painter before he turned to sculpture at the beginning of the 1950s. His paintings pre-figured the sculpture in their exploration of neo-romantic themes, taken from personal vision, landscape and increasingly, from mythology. The paintings also progressively suggested sculptural practice, by exploiting strongly three-dimensional forms, which implied that they had already been modelled and worked by a sculptor's fingers. Henry Moore led him into a practical approach to sculpture by teaching him how to model in plaster on an iron armature or framework.

'Falcon Watcher' 1954 is Ayrton's first life size bronze figure. His studies of classical sculpture and of Donatello, Degas and Rodin had contributed to it, but the handling of forms is also distinctly his own. There is a preference for bold curving ridges which define the movements in the body and govern the way that light falls on the sculpture.

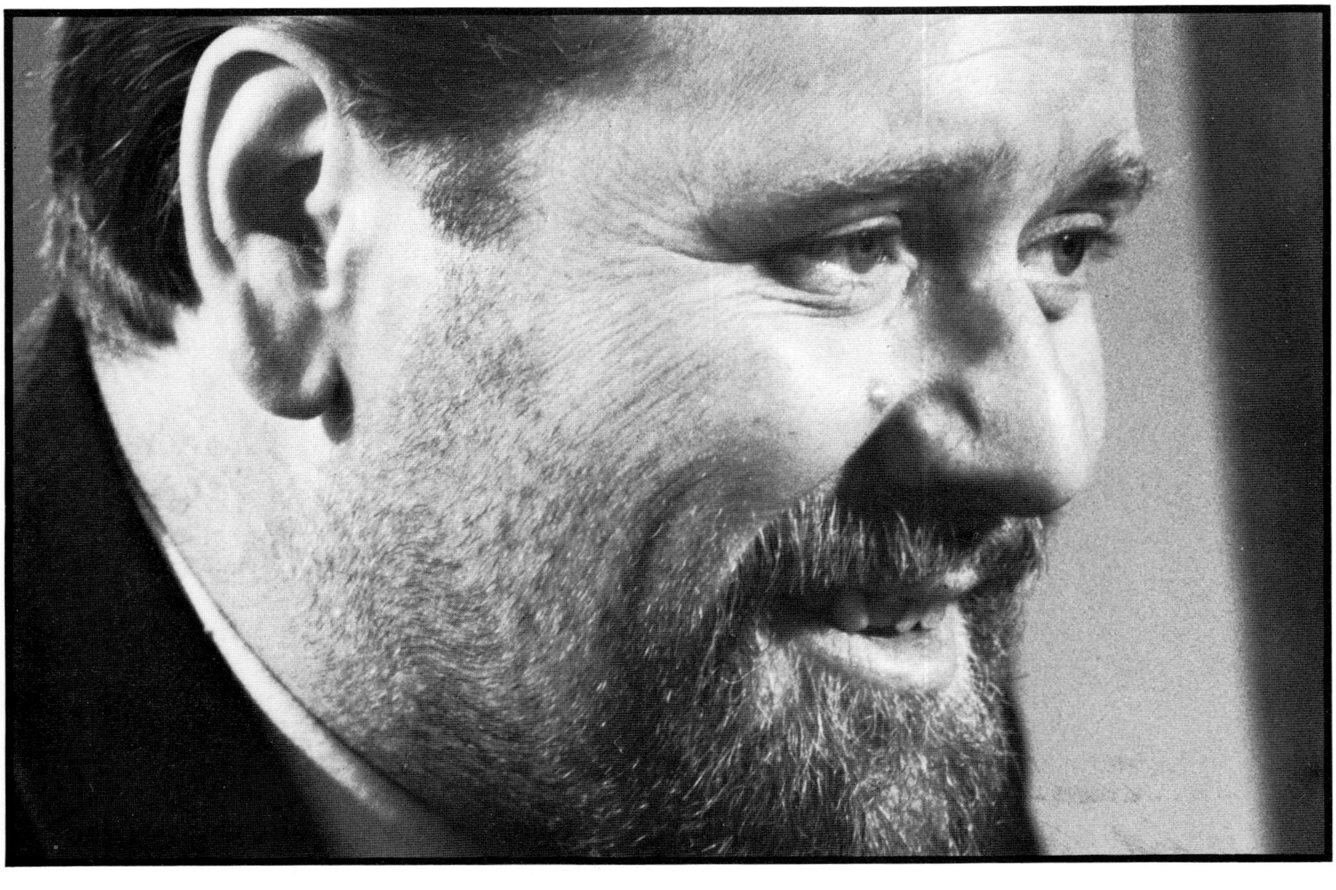

O'r adeg honno, datblygodd ei gerflunio mewn perthynas glos â'i beintiadau o safbwynt deunydd testunol ac arddull, er mai cerflunio oedd ei brif weithgaredd erbyn diwedd ei fywyd. Hynod nodi mor debyg yw'r cerfluniau gorffenedig i luniadau a wnaethpwyd mewn perthynas â hwy. Y mae'n gwthio lluniadu i fod yn gyfrwng cerfluniadol.

Prif ddiddordeb pymtheg mlynedd olaf bywyd Ayrton oedd themâu mytholegol; Daedalus ac Icarus, yn dyheu ill dau am fedru hedfan; Orpheus, a swynai â'i gerddoriaeth; a'r Minotaur, yn hanner dyn, hanner tarw. Eglurodd y themâu hyn yn ei lenydda yn y cyfnod hwn, megis y nofel 'Testament of Daedalus' 1962. Yn 'The Maze Maker' 1967, rhydd ei ddehongliad ef o'r Minotaur:

"Ni all y Minotaur feddwl yn glir. Ni wŷr ym mha le y mae na phaham . . . yn hanner dyn, hanner tarw, yr hanner duw hwn a darddodd o had Poseidon . . . y mae'n rhannol ddynol, ond yn darw o'i lwynau, a charia grwmp o ewynnau ar ei ysgwyddau sydd yn cynnal y benglog gorniog anferth a masg bwystfil-gwartheg ei ben. Y mae ei reddfau'n ddeublyg ac mewn gwrthdaro beunydd. Ni fedd ar ddeallusrwydd dyn, ac eto mae'n llai syml na'i natur anifeilaidd, felly nid yw ei atgyrchion mor sicr ag eiddo tarw. Yr oedd yr un lliw â hen efydd . . . ac fe'i gwelwn yn hardd yn ei ddylni mawreddog. Fe'i gwelwn yn anorchfygol ac yn chwerthinllyd yn holl fawredd a holl freuder nerth corfforol diwerth . . ."

From this time his sculpture developed closely with his paintings in both subject matter and manner, although by the end of his life sculpture had become the more dominant practice. It is remarkable how nearly the finished sculptures resemble drawings made in relation to them. He pushes drawing into being a 'sculpturesque' medium.

The major preoccupation of the last fifteen years of Ayrton's life was with mythological themes: of Daedalus and Icarus, who both aspired to fly; of Orpheus, who charmed through his music; and of the Minotaur, half man and half bull. These themes were explained in his writing of the period, such as the novel 'Testament of Daedalus' 1962. In 'The Maze Maker' 1967 he gives his interpretation of the Minotaur.

"The Minotaur cannot think clearly. He does not know where he is, or why . . . half man, half bull, this demi-god sprung from the seed of Poseidon in bull form . . . is part human yet he begins as bull at the loins and he bears the hump of sinews upon his shoulders which carry the great horned skull and the cattle-brute mask of his head. His instincts are double and in perpetual conflict. He is not humanly intelligent, but he is less simple than his animal nature, so that his reflexes are not so certain as a bull's. He was the colour of weathered bronze . . . and I saw him as beautiful in his majestic absurdity. I saw him indominitable and ridiculous in all the grandeur and all the fragility of useless physical strength . . ."

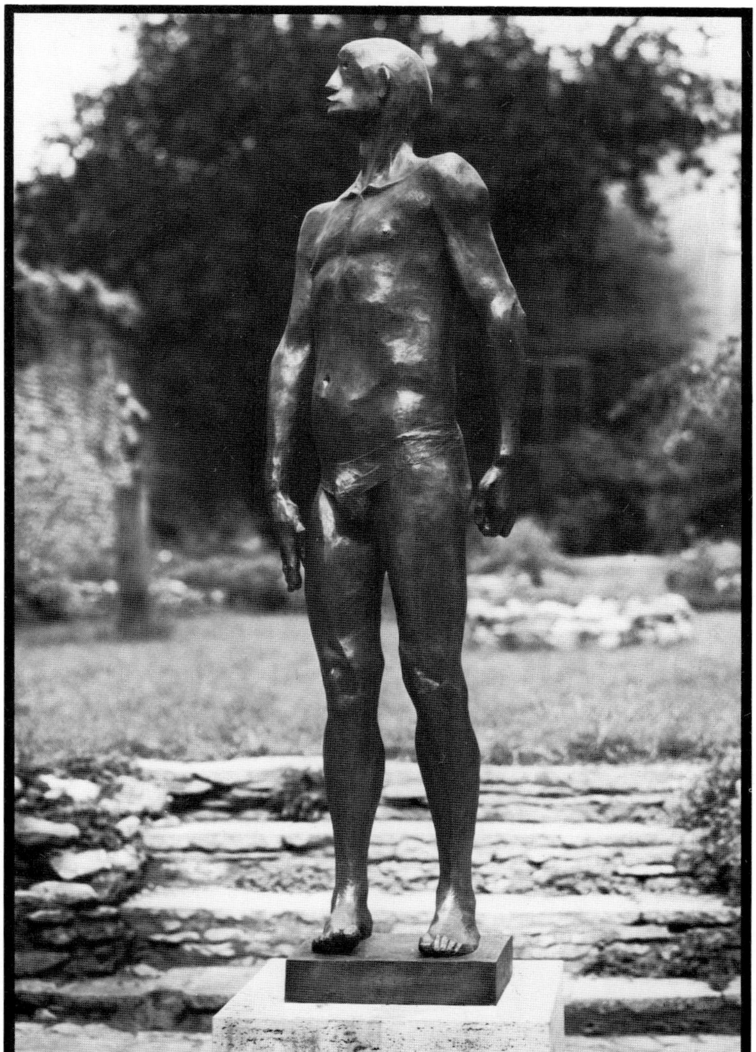

Yn gysylltiedig â thema'r Minotaur, ceir thema'r ddyrysfa a adeiladwyd, yn ôl y chwedl, gan Daedalus i garcharu'r Minotaur. Gwelai Ayrton yn y ddyrysfa fel symbol o garcharu dyn o fewn elfennau amwys ei fodolaeth a'i angen i ddatrys hyn a dod yn rhydd. Aeth y syniad o adlewyrchiad mewn drych yn gysylltiedig â syniad y ddyrysfa i ymestyn y syniad o amwysedd gofodol fel trosiad ffigurol am ansicrwydd gwybodaeth dyn amdano'i hun. Y mae'r cerfluniau 'Mirror Maze' 1966, 'Reflective Heads' 1971/ 2 a'r 'Arkville Maze' 1968/69 yn darlunio'r diddordebau hyn. Dyrysfa anferth o waliau brics yw'r olaf o'r rhain, â cherflun o'r Minotaur ac un arall yn darlunio thema Daedalus/Icarus yn ei ganol.

Ganed Michael Ayrton yn Llundain ym 1921 a bu farw ym 1975. Astudiodd beintio mewn gwahanol ysgolion celf yng ngwledydd Prydain a hefyd yn Fienna. Bu'n gweithio ym Mharis lle rhannodd stiwdio gyda John Minton rhwng 1938 a 1939. Gwasanaethodd yn yr Awyrlu o 1939 i 1942, a wedi hynny cychwynnodd ar ei yrfa yn arlunydd, dylunydd llwyfan, awdur a beirniad. Darlithiodd am gyfnod byr yn Ysgol Gelf Camberwell, 1942-44, ac yn ystod y 1960au bu'n Athro ar ymweliad ym Mhrifysgol California a Phrifysgol Talaith Pennsylvania. Arddangosodd ei waith yn helaeth tra bu byw, a chynhaliwyd nifer o arddangosfeydd adolygol mawr wedi ei farwolaeth.

Connected to the theme of the Minotaur is that of the maze, which according to legend had been built by Daedalus to confine the Minotaur. Ayrton saw the maze as a symbol of man's confinement within the ambiguities of his existence and of his need to resolve this and to become free. The idea of a mirror image became linked with that of the maze to extend the notion of spatial ambiguity as a metaphor for the uncertainties of man's knowledge of himself. The sculptures 'Mirror Maze' 1966, 'Reflective Heads' 1971/72 and the 'Arkville Maze' 1968/69 illustrate these interests. The latter work, is a hugh labyrinth made of brick walls, which has at its centre a sculpture of the Minotaur and one depicting the Daedalus/Icarus theme.

Michael Ayrton was born in London in 1921 and died in 1975. He studied painting in various art schools in Britain and also in Vienna. He worked in Paris where he shared a studio with John Minton between 1938 and 1939. He served in the R.A.F. from 1939 to 1942 after which he began his career as an artist, stage designer, writer and critic. He taught briefly at Camberwell School of Art 1942-44 and during the 1960s was visiting Professor at the University of California and at Pennsylvania State University. He exhibited widely during his lifetime and there have been several large retrospective exhibitions since his death.

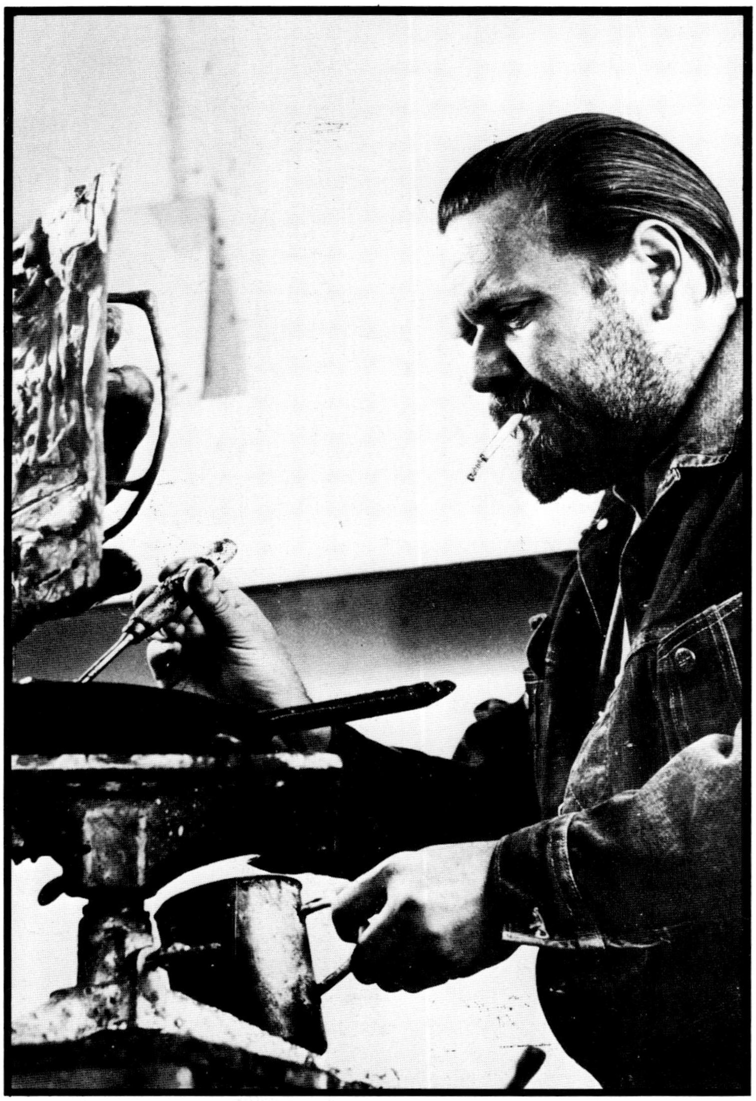

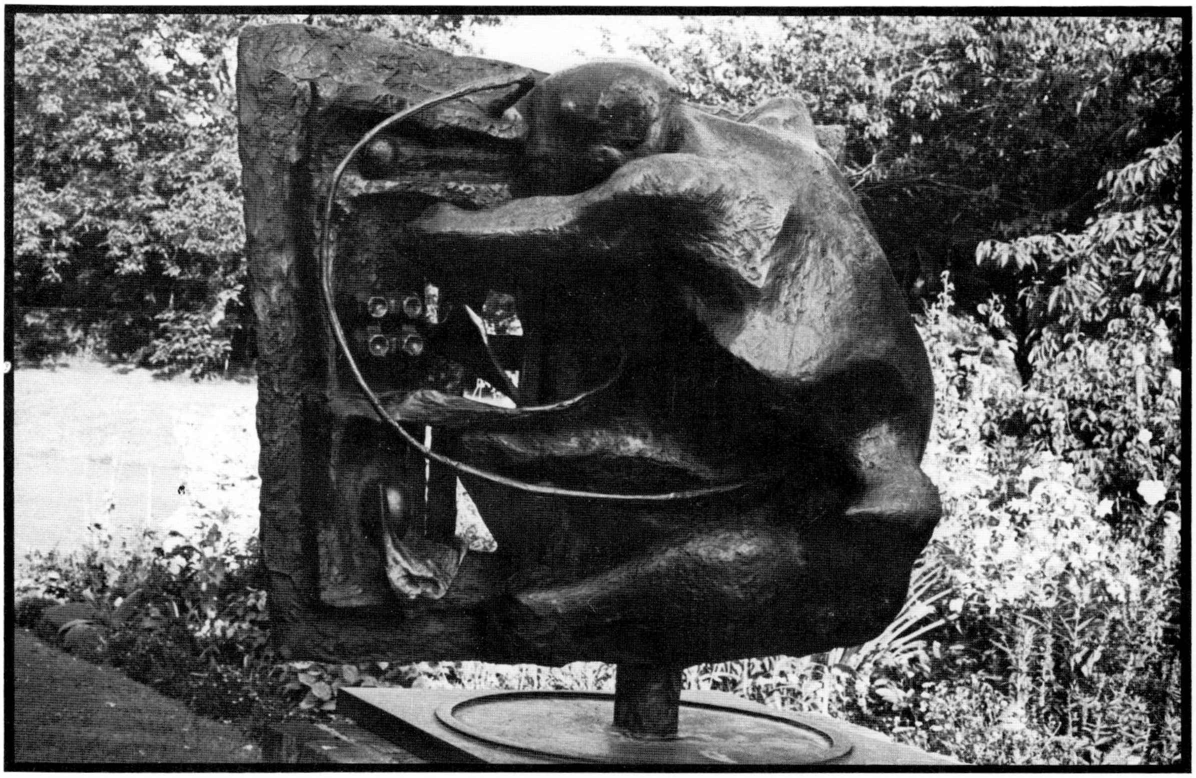

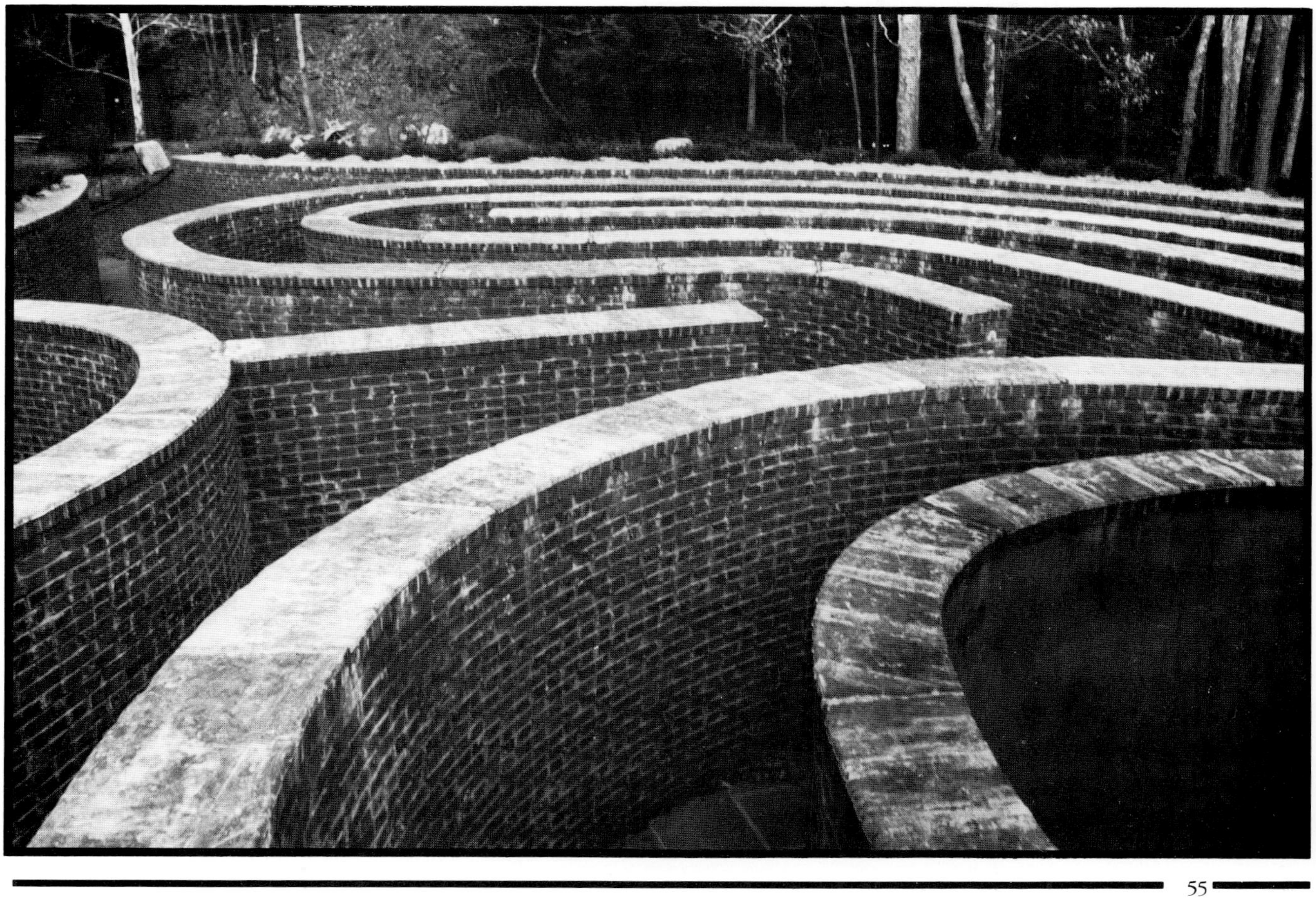

ANTHONY CARO

Mae Anthony Caro yn rheng flaenaf traddodiad o wneuthur cerfluniau metel haniaethol sydd wedi bod yn rhan bwysig o gelfyddyd gwledydd Prydain yn ystod yr ugain mlynedd diwethaf. Yn ystod y 1950au bu'n gwneud cerfluniau ffigurol, ond newidiodd gyfeiriad pan ymwelodd â'r Unol Daleithau ym 1959. Daeth yn gyfarwydd â gwaith nifer o beintwyr Americanaidd haniaethol a ddefnyddiai arwynebeddau gwastad o liw yn eu peintiadau i awgrymu teimladau gofodol neilltuol. Cyfarfu hefyd â'r beirniad, Clement Greenberg, a gefnogai bwyslais ar agweddau ffurfiol a materol cerflun. Ychydig yn ddiweddarach, bu'n cerflunydd Americanaidd hŷn, David Smith yn ddylanwad ar ei waith hefyd.

Gwnaethpwyd y cyntaf o'r cerfluniau metel wedi eu peintio a'u hasio yn y 1960au cynnar. Nid oedd y cerfluniau hyn yn rhai traddodiadol gan eu bod yn sefyll yn uniongyrchol ar y ddaear ac yn llorweddol eu fformat. Pwysleisiai Caro bwysigrwydd gwneud y gwylwyr yn ymwybodol o'u bodolaeth gorfforol eu hunain ac o sut y gallai ffurf y cerflun effeithio ar y gofod y symudent hwythau ynddo. Ffactor bwysig oedd y ffaith fod y cerfluniau wedi eu gwneud o ddarnau o hen ddeunydd diwydiannol y byddai Caro'n ei gasglu o iardiau sgrap. Ni fyddai'n rhag-ddylunio ffurf terfynol cerflun; yn hytrach, tyfai'r gwaith wrth iddo yntau adeiladu drwy drefnu ac ychwanegu'r elfennau hyn cyn eu hasio ynghyd yn derfynol. Ychwanegid y lliw yn ddiweddarach, fel ffordd o ddiffinio'r ffurf ac o reoli effeithiau goleuni a gofod ar y strwythur.

Anthony Caro is in the forefront of a tradition of making abstract metal sculpture, which has played an important part in British art during the last twenty years. During the 1950s he made figurative sculpture, but a visit to the United States in 1959 was decisive in re-directing his interests. He became familiar with the work of a number of American abstract painters, who made use of flat areas of colour in their paintings, in order to suggest particular spatial sensations. He also met the critic, Clement Greenberg, who encouraged an emphasis on the formal and material facts of a sculpture. Slightly later, the example of the older American sculptor, David Smith, also made an impact on his work.

The first painted, welded steel sculptures were made in the early 1960s. These sculptures were un-traditional, as they stood directly on the ground and had a horizontal format. Caro stressed the importance of making the viewers aware of their own physical existence and of how the space in which they moved could be affected by the form of the sculpture. It was important that these sculptures were made from pieces of used industrial material, which Caro collected from scrapyards. The final shape of a sculpture was not pre-designed, but grew as he built or constructed, by arranging, adding and finally welding these elements together. The colour was added later, as a way of defining the form and of controlling the effects of light and space on the sculpture.

By the later 1960s Caro's position as a teacher at St. Martin's School of Art

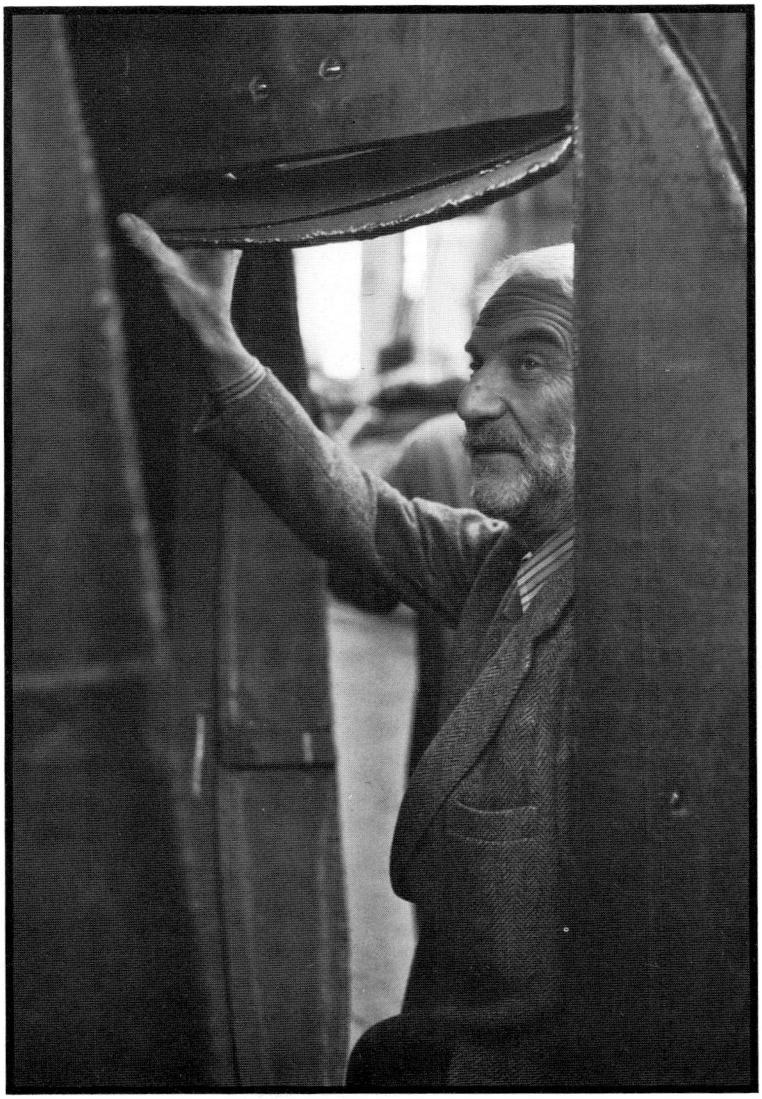

Erbyn y 1960au diweddar, yn rhinwedd ei safle fel darlithydd yn Ysgol Gelf St Martin yn Llundain, yr oedd Caro wedi dylanwadu ar nifer sylweddol o gerflunwyr iau. Cydnabyddid hefyd ei fod yn llwyddo i gynhyrchu cerfluniau a ymddangosai'n berthnasol i'r cyfnod hwnnw, a dechreuodd ennill bri rhyngwladol bryd hynny. Y mae cerflunio Anthony Caro wedi newid oddi ar hynny, ond yr un yw egwyddorion sylfaenol ei ddiddordebau artistig a'i ddulliau gwaith. Mewn cyfweliad a roddodd ym 1978, fe'u crynhodd fel hyn: "Y mae celfyddyd, cerddoriaeth a barddoniaeth ynglŷn â sut beth yw bod yn fyw. Prin bod angen dweud hynny; dyfnder ei chynnwys dynol yw'r hyn sy'n dyrchafu celfyddyd i'w lefel fwyaf angerddol. Ond y mae'r cynnwys hwnnw yn bod, ac yn cael mynegiant, o fewn iaith y cyfrwng. Rhaid i'r artist ddefnyddio iaith y testun; nid iaith bywyd beunyddiol mo hynny. Yr iaith a ddefnyddiwn ni wrth gerflunio yw iaith cerflunio: y mae a wnelo â defnyddiau, siapiau, cyfyngau ac ati . . . Cerflunydd ydwyf: ceisiaf ffurfio ystyr o ddarnau o ddur."

Wedi iddo ddarganfod clytiau o ddur heb ei wasgu mewn iard sgrap yn yr Eidal ym 1972, gwnaeth Caro gerfluniau o'r darnau bras eu toriad, garw, rhydlyd hyn. I'w cymharu â gweithiau cynharach yr oedd y rhain yn ddwysach eu ffurf ac yn fwy cofadeiliol eu graddfa. Y mae 'Straight Run' 1972 yn enghraifft o'r datblygiad hwn. Y mae 'Foil' 1978, a saif ym Mharc Cerfluniau Landmark yn yr Alban, yn gerflun a beiriannwyd yn drawiadol, yn cynnwys sitenni plyg anferth o ddur ysgafn. Y mae ynddo ryw

in London caused him to influence a considerable number of younger sculptors. His success in producing sculpture which seemed relevant to that period was also recognised and his international reputation began at that time. Anthony Caro's sculpture has changed since then, but the basic principles of his artistic concerns and his working methods are the same. In an interview given in 1978 he summarized these, "Art, music and poetry are about what it is like to be alive. That almost goes without saying; depth of human content is what raises art to its most profound level. But that human content resides and finds expression within the language of the medium. The language artists use has to be the language of the subject: that is not the language of everyday life. The language we use in sculpture is the language of sculpture: that has to do with materials, shapes, intervals and so on.... I am a sculptor: I try to form meaning out of bits of steel."

Following the discovery of some unpressed steel ends in an Italian scrapyard in 1972, Caro made sculptures built from these roughly cut, heavily textured, rusted pieces of steel. By comparison with earlier work they were more dense in form and more monumental in scale. 'Straight Run' 1972 is an example of this development. 'Foil' 1978 sited at Landmark Sculpture Park in Scotland, is an impressively engineered sculpture, involving huge folded sheets of mild steel. It bears some resemblance to the pre-historic cromlechs found in parts of Wales. These massive stone 'table-like' structures were the supports for earthen burial

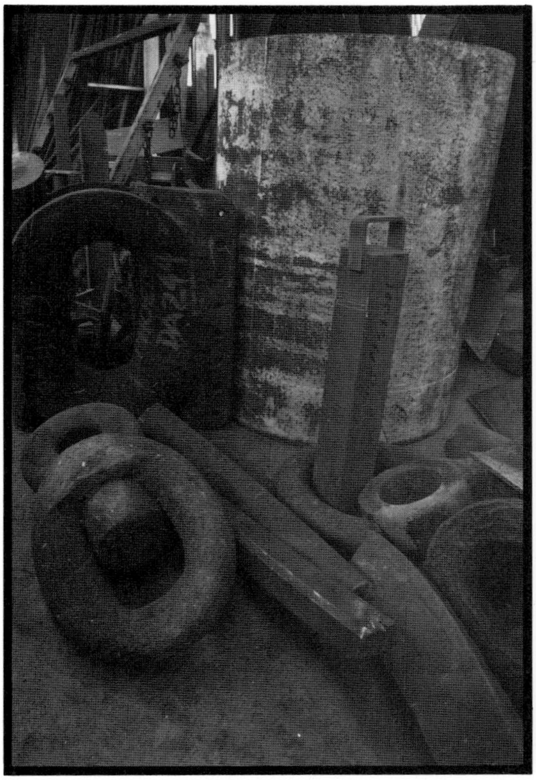

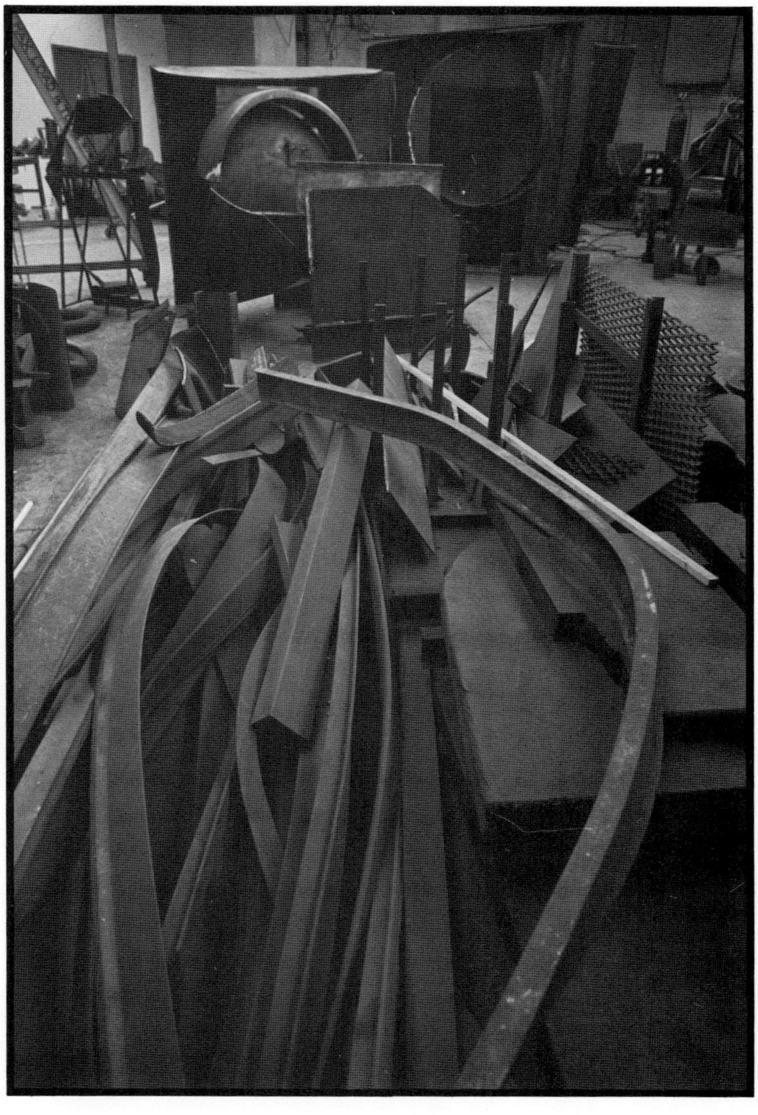

debygrwydd i'r cromlechi cynhanesyddol a geir mewn rhai rhannau o Gymru. Ategion ar gyfer claddgelloedd pridd oedd y strwythurau carreg, byrddog, anferth hyn ond bellach y mae eu perthynas â'r tirlun y safant ynddo rywbeth yn debyg i eiddo cerfluniau Caro: yn ddramatig ac yn gyffrous ynddynt eu hunain, ac yn symbolaidd o orfodi gorchestwaith technoleg dyn ar natur.

Y mae'r cerfluniau mawr dur diweddar yn parhau i bwysleisio dimensiwn arwrol gwaith Caro a'i fedr wrth drin dur. Yn ystod y saith mlynedd diwethaf, fodd bynnag, bu wrthi'n gwneud darnau efydd hefyd. Bwrir yr efydd a'i asio, ac y mae dull y cyfansoddi mewn cadw â'i weithiau eraill. Y gwahaniaeth yw eu naws ysgafnach, gyda rhai'n cynnwys ffurfiau a gymerwyd o bethau yn y cartref ac eraill yn cynnwys elfennau crwm, organig.

Ganed Anthony Caro yn Llundain ym 1924. Astudiodd yng Ngholeg Crist, Caergrawnt cyn dechrau cerflunio. O 1947 i 1952 astudiodd yn Ysgolion yr Academi Frenhinol. Aeth yn gynorthwydd i Henry Moore o 1951 i 1953. O 1953 i 1973 bu'n ddarlithydd rhan-amser yn Ysgol Gelf St Martin, gan ddysgu yn U.D.A. hefyd. Ym 1967, cynhaliodd arddangosfa adolygol ym Mharc Kröller- Müller yn yr Iseldiroedd ac ym 1969, cafodd arddangosfa un-person yn Oriel Hayward, Llundain, ac ennill gwobr gerflunio Biennale Sao Paulo. Fe'i gwnaed yn CBE ym 1971.

chambers, but their relationship now to the landscape in which they stand is rather like that of Caro's sculpture; physically dramatic and exciting and symbolic of the imposition of human technical achievement on nature.

Recent large steel sculptures continue to emphasize the heroic dimensions of Caro's work and his expertise in handling steel. However, during the last seven years he has also been making bronze pieces. The bronze is cast and welded and the method of composition is consistent with that of his other works. They differ in having a more light-hearted character, some including shapes taken from domestic utensils and others, curving, organic elements.

Anthony Caro was born in 1924 in London. He studied at Christ College, Cambridge before beginning to make sculpture. From 1947-1952 he studied at the Royal Academy Schools. He became an assistant to Henry Moore between 1951 to 1953. From 1953-1973 he taught part-time at St. Martin's School of Art and he has also taught in the U.S.A. In 1967 he held a retrospective exhibition at the Kröller-Müller Park in Holland and in 1969 had a one-man exhibition at the Hayward Gallery, London and won the São Paolo Biennale sculpture prize. In 1971 he was created C.B.E.

Caro has exhibited frequently in Britain, Europe, U.S.A. and Japan, many

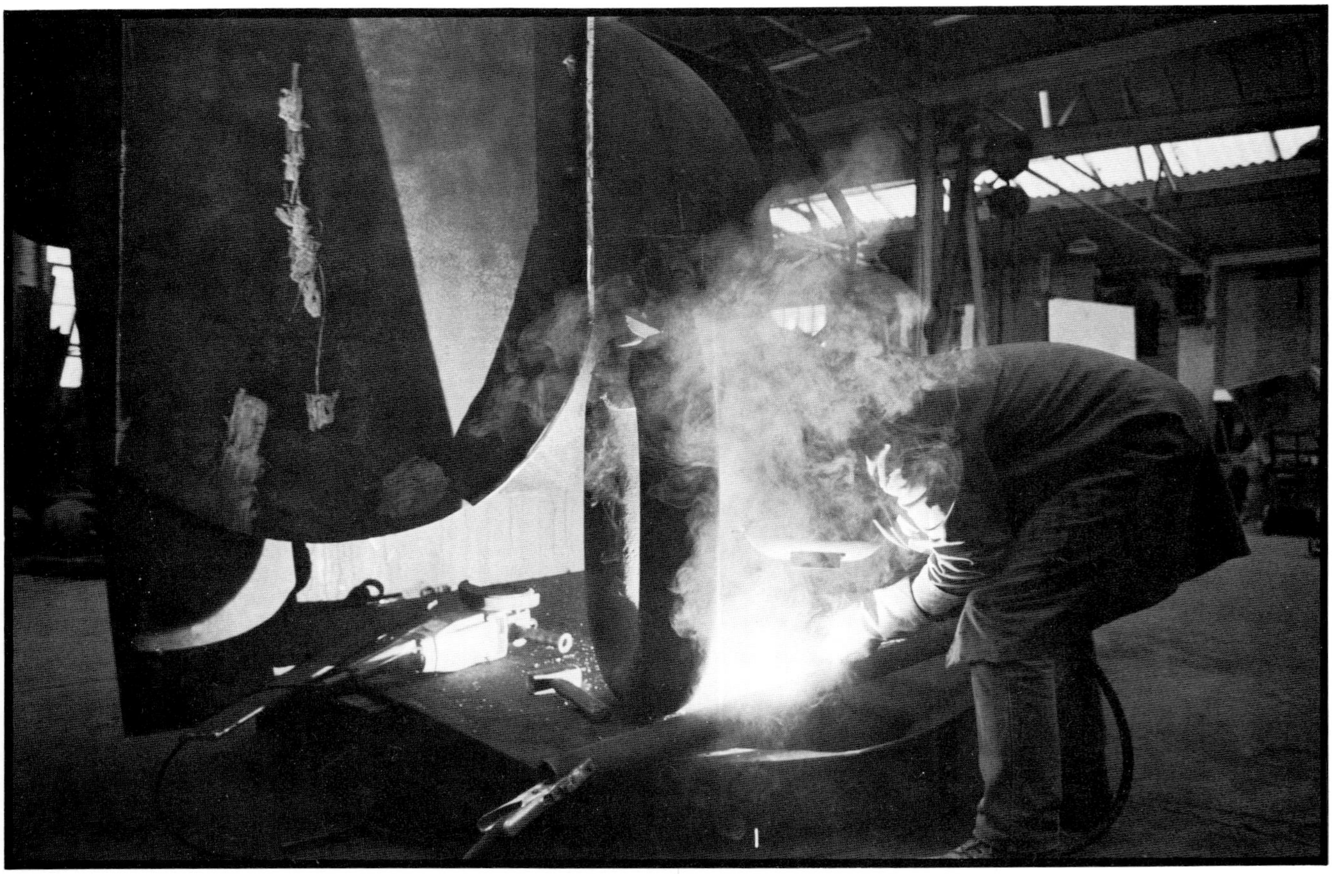

Y mae Caro wedi arddangos yn fynych yng ngwledydd Prydain, Ewrop, U.D.A. a Siapan, ac yr oedd llawer o'r rhain yn arddangosfeydd un-person mawr. Y mae gweithiau o'i eiddo mewn casgliadau ledled y byd ac ar nifer o safleoedd cyhoeddus.

of these being major one-man exhibitions. His work is in collections all over the world and is often to be seen on public sites.

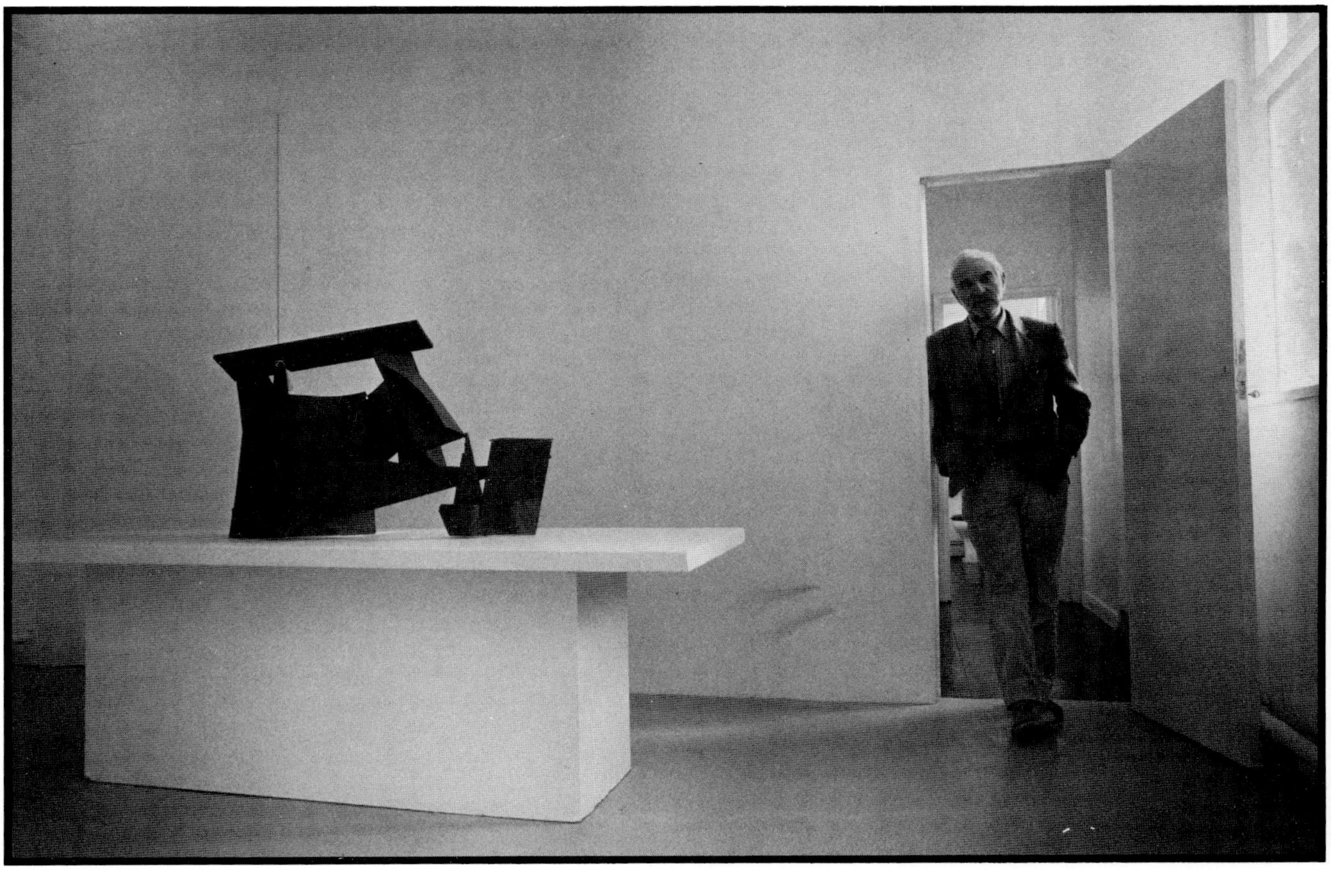

ROBERT THOMAS

Robert Thomas yw un o gerflunwyr portread mwyaf llwyddiannus Cymru. Gwnaeth astudiaethau o lawer o wŷr a gwragedd amlycaf ein gwlad. Hawdd adnabod ei bennau cadarn eu lluniad, sy'n cyfleu argraff cofiadwy o'r testun. Mae'r cerfluniau wedi eu bwrw mewn efydd, ac y maent yn fynych yn fwy na'r maint naturiol. Mae'n debyg mai pen Aneurin Bevan, a wnaethpwyd ym 1968, yw un o'i bortreadau pwysicaf. Arddangoswyd hwn am y tro cyntaf mewn Arddangosfa Bortread o Ymladdwyr dros Hawliau Dynol. Y mae hefyd wedi cerfio pennau o'r Arglwydd Edmund Davies, yr Arglwydd Gordon Parry, Syr Geraint Evans, Jim Griffiths, Syr Stanley Baker, yr Arglwydd Heycock, Gwyneth Jones, George Thomas, Syr Julian Hodge, Cliff Morgan a Ryan.

Cerflunydd ffigurol ydyw, ac y mae ei waith yn perthyn i draddodiad hir o gerflunio sydd yn mynd yn ôl i'r bedwaredd ganrif ar bymtheg o leiaf. Wrth fynd ati i gerflunio, rhydd bwyslais ar ddynwared pryd a gwedd eu destunau yn fanwl, ac ar grefftwaith ddifai wrth fodelu, bwrw a gorffennu ei gerfluniau. Yn hynny o beth, y mae ei waith yn codi cwestiynau ynglŷn ag amcanion cerflunio ffigurol; a oes gofyn iddo fynegi dychymyg yr artist, neu ai digon cofnodi ymddangosiad realiaeth?

Y mae llawer o gerfluniau Robert Thomas yn ymdrin â delweddau sy'n darlunio bywyd teuluol ac sy'n symbolau ohono. Y mae'r ferch fach yn 'Little Girl' 1968 sy'n synfyfyrio yn ei chwrcwd ar ymylon pethau tra bod ei ffrindiau'n chwarae neu ddawnsio, yn creu ymdeimlad o rywun unig a

Robert Thomas is one of the most successful Welsh portrait sculptors. He has made studies of many notable Welsh men and women. His firmly modelled heads are instantly recognisable and produce a memorable image of the sitter. Cast in bronze, the sculptures are often larger than life size. The head of Aneurin Bevan made in 1968 is probably one of his most significant portraits. This was first exhibited in a Portrait Exhibition of Fighters for Human Rights. He has also made heads of Lord Edmund Davies, Lord Gordon Parry, Sir Geraint Evans, Jim Griffiths, Sir Stanley Baker, Lord Heycock, Gwyneth Jones, George Thomas, Sir Julian Hodge, Cliff Morgan and Ryan.

He is a figurative sculptor and his work belongs to a long tradition in sculpture, which goes back at least to the nineteenth century. His approach to the practice of sculpture is one in which the emphasis is on precise imitation of the appearance of his subjects and of immaculate craftsmanship in the modelling, casting and finishing of the pieces. In doing this his work raises issues about the aims of figurative sculpture; need it be expressive of the imagination of the artist, or simply do the work of recording appearances of reality?

Many of Robert Thomas' sculptures deal with images which depict and symbolise family life. The 'Little Girl' of 1968, crouched thoughtfully on the sidelines, while her friends play or dance, produces a feeling of vulnerability and solitude. His ability to create this kind of image has led

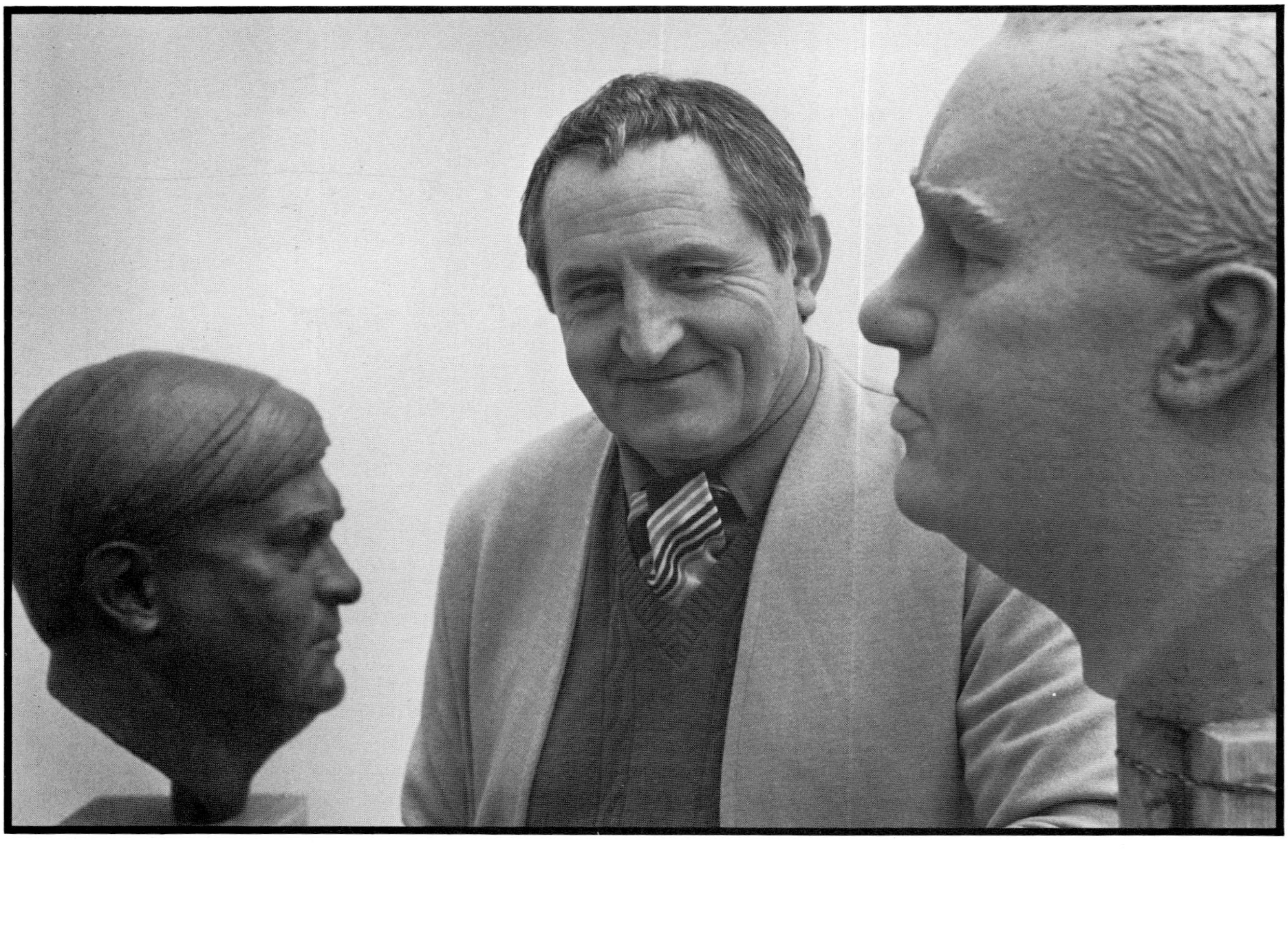

hawdd ei brifo. Arweiniodd ei allu i greu'r math hwn o ddelwedd at sawl comisiwn mewn safleoedd cyhoeddus. Ym 1963 enillodd Fedal Syr Otto Beit Cymdeithas Frenhinol Cerflunwyr Gwledydd Prydain am ei 'Mother and Child' yng Nghanolfan Siopa New Broadway Coalville, Swydd Gaerlŷr, ac ym 1966, enillodd ei 'Teenager' ar gyfer Ysgol St Anne's, Hanwell, Llundain Fedal Arian y Gymdeithas uchod. Saif 'Mother and Child' arall yn yr Ailddatblygiad Canolog yn Blackburn, Swydd Gaerhirfryn.

Ganed Robert Thomas yn Nhreorci, Morgannwg ym 1926. Astudiodd gerflunio yng Ngholeg Celf Caerdydd yn union wedi'r rhyfel a dreuliodd yn gweithio yn y pyllau glo. Aeth ymlaen wedyn i'r Coleg Celf Brenhinol, Llundain o 1949 i 1952.

Buan y datblygodd ei ddiddordeb mewn cerflunio portread ac ym 1960 aeth yn aelod o Gymdeithas y Cerflunwyr Portread y bu'n Llywydd arni o 1972 i 1977. Erbyn 1965 cawsai Robert Thomas ei ethol yn Gymrodor Cymdeithas Frenhinol Cerflunwyr Gwledydd Prydain hefyd, a daeth yn Is-Lywydd ym 1979. Y mae wedi arddangos yn fynych yn Llundain, ac wedi cymryd rhan mewn nifer o arddangosfeydd awyr-agored.

to several commissions in public places. In 1963 he won the Sir Otto Beit Medal of the Royal Society of British Sculptors for his 'Mother and Child' at the New Broadway Shopping Centre, Coalville, Leicestershire, and in 1966 his 'Teenager' for St. Anne's School, Hanwell, London won the Royal Society of British Sculptors' Silver Medal. Another 'Mother and Child' stands in the Central Redevelopment in Blackburn, Lancashire.

Robert Thomas was born in Treorchy, Glamorgan, in 1926. He studied sculpture at Cardiff College of Art immediately after the War, which he spent working in the mines. He then went to the Royal College of Art, London from 1949 to 1952.

His interests quickly developed in the direction of portrait sculpture and in 1960 he became a member of the Society of Portrait Sculptors, of which he was President 1972-1977. By 1965 Robert Thomas had also been elected a Fellow of the Royal Society of British Sculptors, and became Vice-President in 1979. He has exhibited frequently in London and his work has been included in several out-door exhibitions.

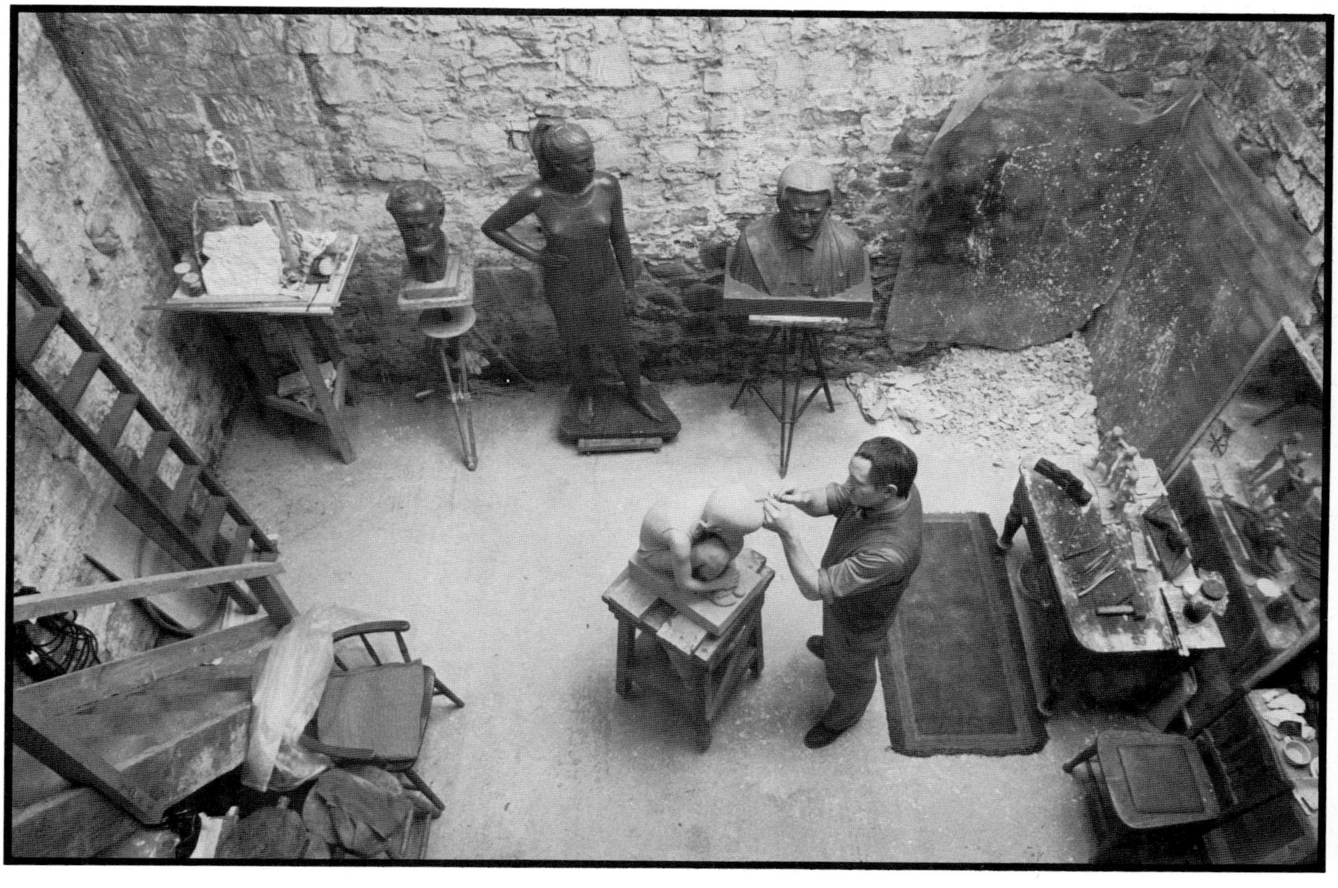

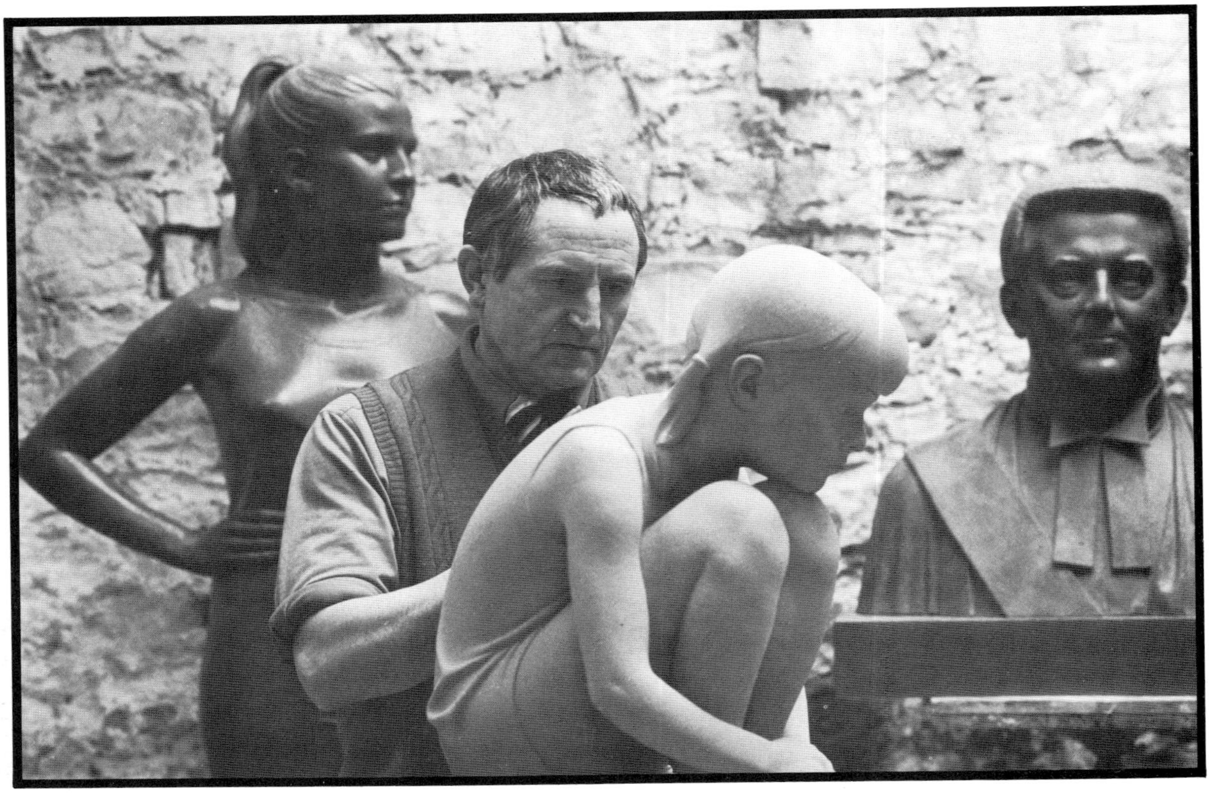

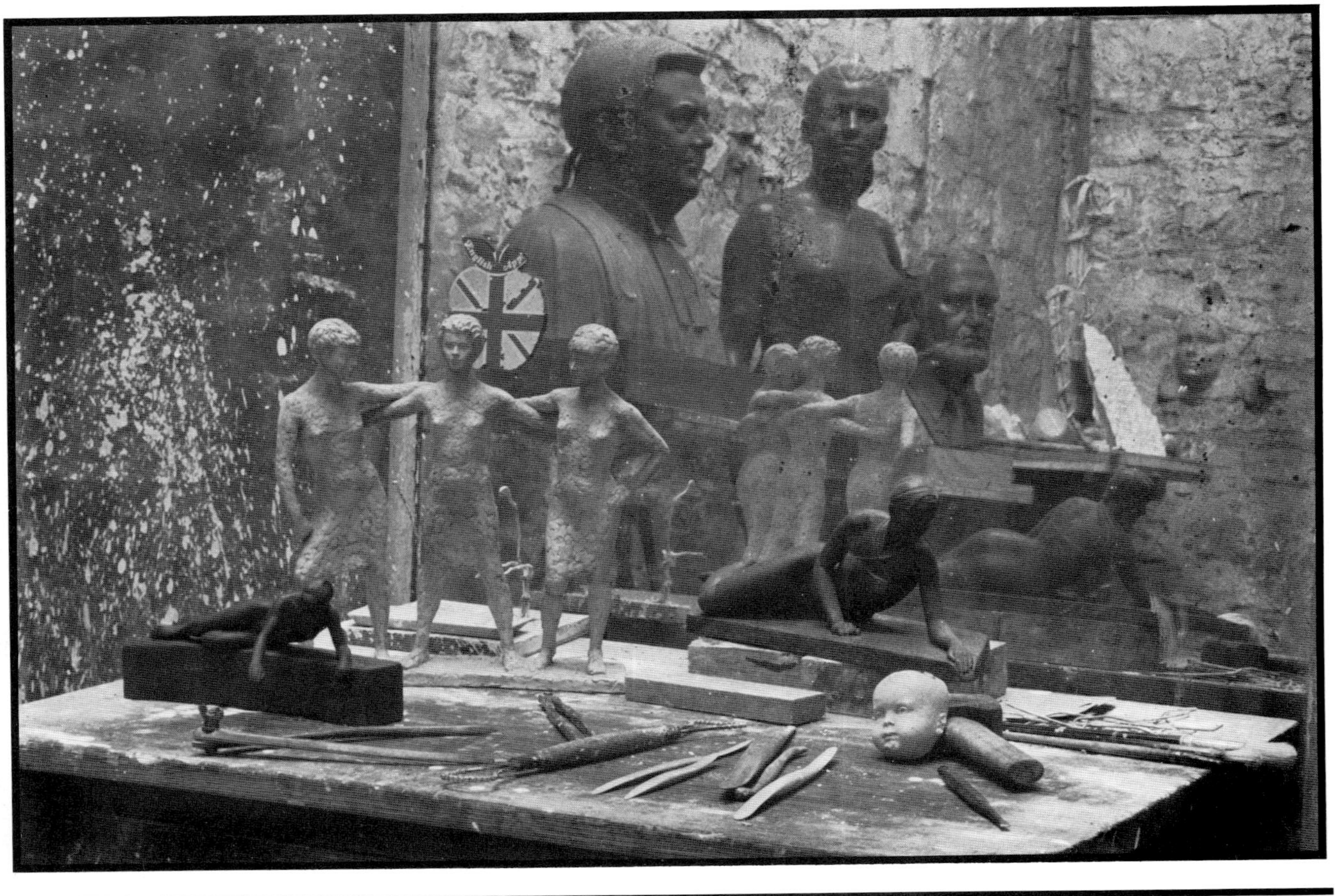

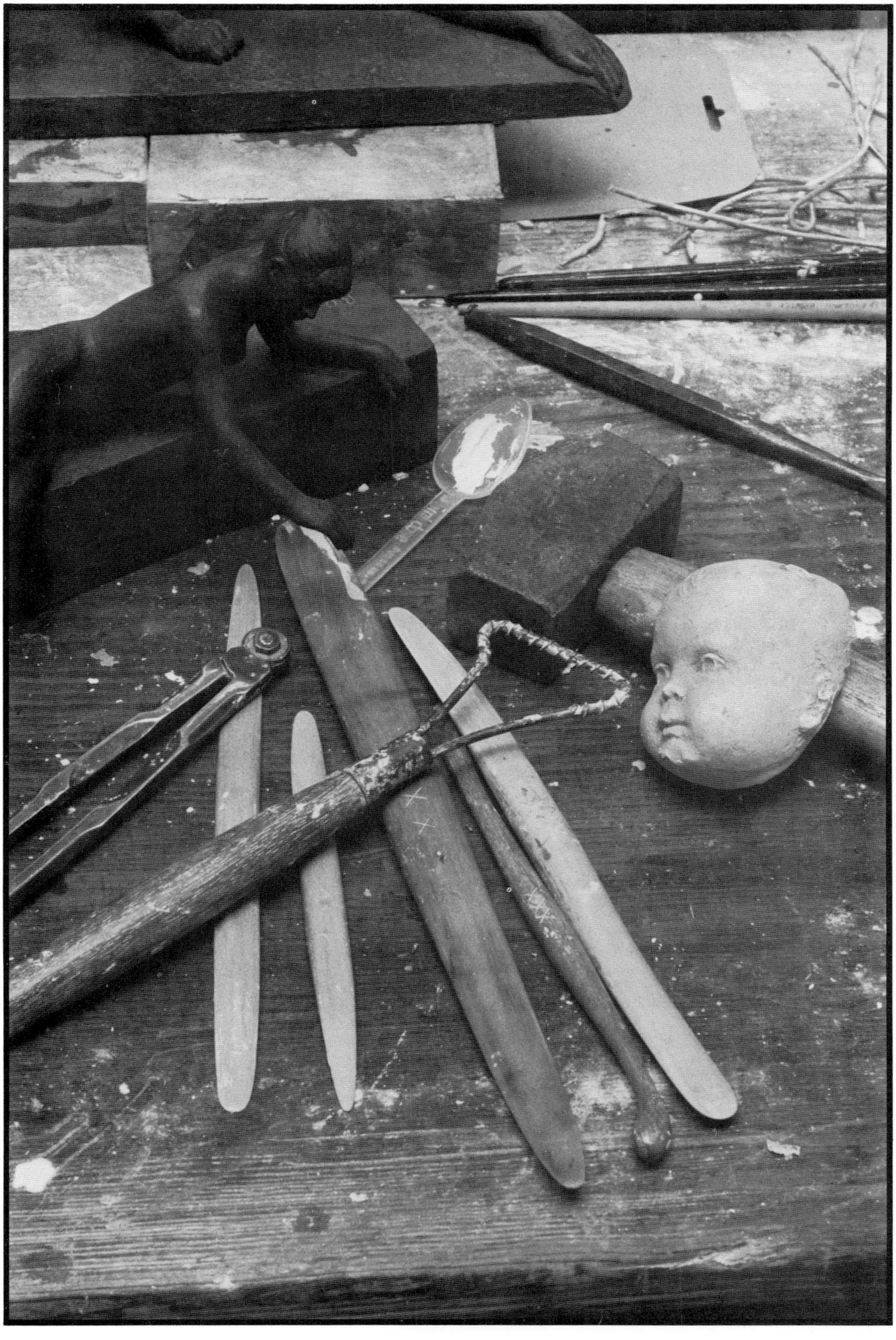

ROY KITCHIN

Yr oedd a wnelo cerfluniau cynharach Roy Kitchin â motiffau tirluniol a delweddau sy'n gysylltiedig â ffrwythlondeb. Bwriwyd y gweithiau hyn mewn efydd yn bennaf. Yn y 1960au cynnar, denwyd ef gan ddelweddaeth a defnyddiau diwydiannol, megis dur a choncrid bwrw. Am y ddau ddegawd diwethaf y mae wedi peiriannu cerfluniau manwl-gywir eu gwneuthuriad sy'n arddangos themâu megis cario, codi a chydbwysedd mewn modd rhithiol ac ymarferol.

Yn 'Lifting Engine', cerflun trigain troedfedd o hyd, crogir ffurf breichiog wedi ei lunio o flociau concrid o fewn fframwaith o ddur, sydd â rhannau symudol a all godi'r uned goncrid anferth. Mae cerfluniau eraill yn cyfeirio at symudiad llwythi trymion, megis y rheini a welir ar lorïau juggernaut. Mae un o'i weithiau diweddarach, 'Buffers End' 1979 yn saith troedfedd ar hugain o hyd ac yn cynnig delwedd sy'n ein hatgoffa o gynhwysydd ar fin cael ei godi oddi ar lori, drwy gyfundrefn o roleri a dyfais godi. Creir argraff gofadeiliol gan y cerflun hwn, o bwysau a chrynswth y pethau go iawn y tardda ohonynt, ond y mae hefyd yn arddangos cydbwysedd cain foliwmiau geometrig syml sydd yn ddymunol i'r llygad.

Ymddengys awgrym o hiwmor yn ei weithiau yn fynych. Ar adegau, awgrymant eu bod yn parodïo eu ffynonellau diwydiannol a cherfluniau sy'n dynwared y fath ffynonellau. Yn sicr, drwy drawsgludo delweddau a

Roy Kitchin's earlier sculptures were concerned with landscape motifs and images associated with fertility. These works were mainly cast in bronze. It was in the early 1960s that he became attracted to industrial imagery and materials, such as steel and cast concrete. For the last two decades he has engineered meticulously made sculptures in which such themes as carrying, lifting and balance are exhibited, both illusionistically and in practice.

In 'Lifting Engine' a sixty foot long sculpture, a cantilevered form made of concrete blocks is suspended within a framework of steel, which has moving parts capable of lifting the massive concrete unit. Other sculptures make reference to the movement of heavy loads such as those seen on juggernaut lorries. A more recent work, 'Buffers End' 1979 is twenty-seven feet long and provides an image reminiscent of a container about to be jacked off a lorry, through a system of rollers and a hoist. This sculpture gives a monumental impression of the weightiness and volume of the real things it derives from, but also poses an elegant balance of simple geometric volumes, which is visually pleasing.

His works may often be seen to have a hint of humour. At times they suggest parody of both their industrial sources and of sculpture which imitates such sources, Certainly, by transporting images and sensations from the everyday world around us to the non-functional world of

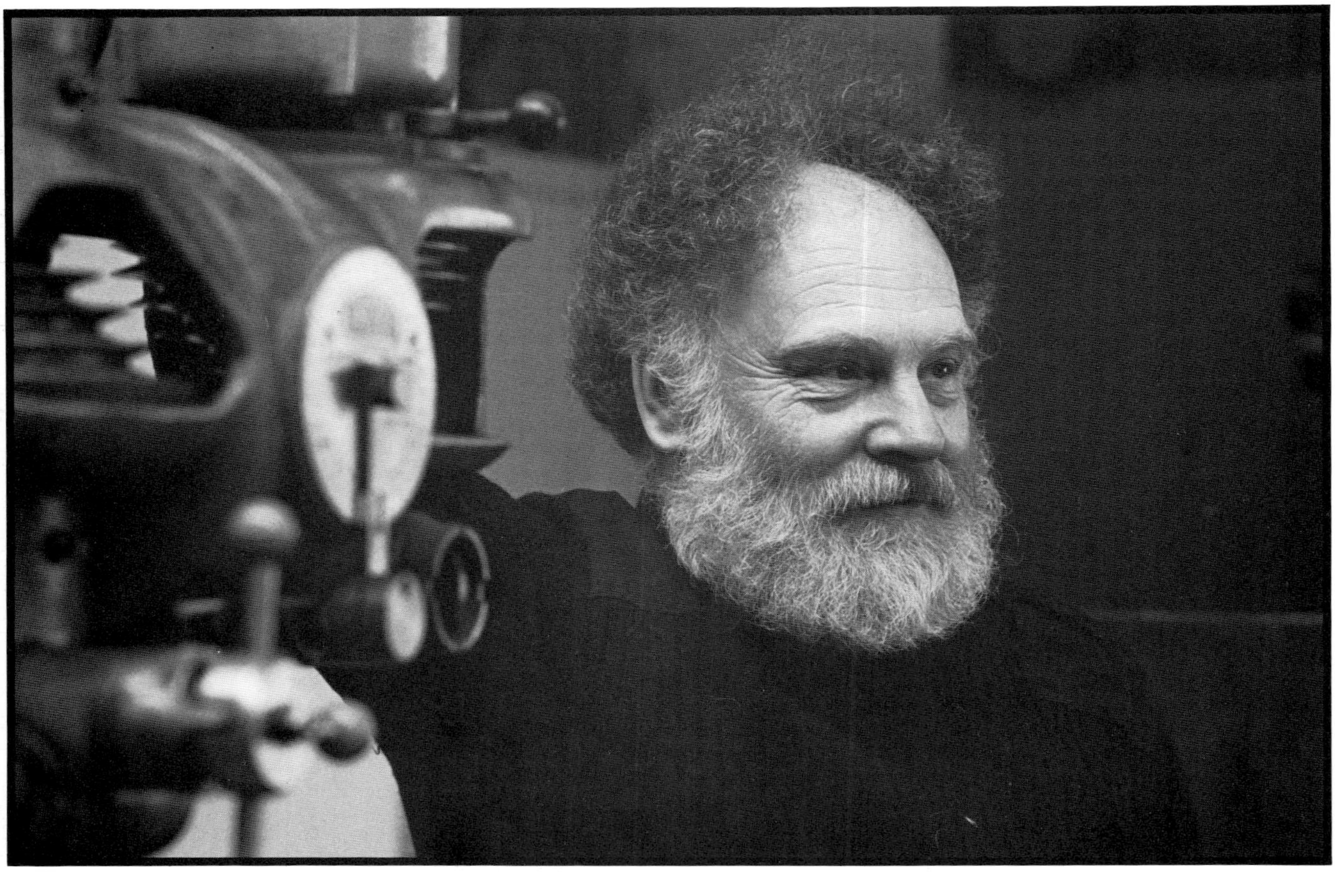

theimladau o'r byd cyffredin o'n cwmpas i fyd di-ddefnydd cerflunio, y maent yn cyflawni swyddogaeth celfyddyd o safbwynt creu dirgelion gweledol sy'n trawsffurfio a hogi ein golwg.

Magwyd Roy Kitchin, a aned yn East Anglia ym 1926, yn amgylchedd ddiwydiannol Birmingham a bu'n fyfyriwr yn yr Ysgol Gelf yno. Ar ôl gweithio fel cerflunydd pensaernïol rhwng 1954 a 1960, bu'n dysgu yng Ngholeg Celf Wolverhampton am ddeng mlynedd. Y mae'n byw ac yn gweithio yn Cannock, Swydd Stafford ac y mae'n ddarlithydd mewn cerflunio yn y Brifysgol, Newcastle-upon-Tyne. Y mae wedi cynnal sawl arddangosfa un-person yng ngwledydd Prydain, megis honno a fu yn Oriel Whitworth, Manceinion ac y mae wedi cymryd rhan mewn sioeau grŵp, gan gynnwys arddangosfeydd awyr-agored ym Mharc Cerflunio Swydd Efrog a Pharc Landmark, yr Alban.

sculpture, they carry out the role of art to mystify, transform and sharpen our vision.

Roy Kitchin, born in East Anglia in 1926, was brought up in the industrial environment of Birmingham and studied at the Art School there. After working as an architectural sculptor between 1954 and 1960, he taught at Wolverhampton College of Art for ten years. He lives and works in Cannock, Staffordshire and lectures in sculpture at the University, Newcastle-upon-Tyne. He has held several one-man exhibitions in Britain, such as that at Manchester's Whitworth Gallery and has taken part in group shows, including open-air exhibitions at the Yorkshire Sculpture Park and Landmark Park, Scotland.

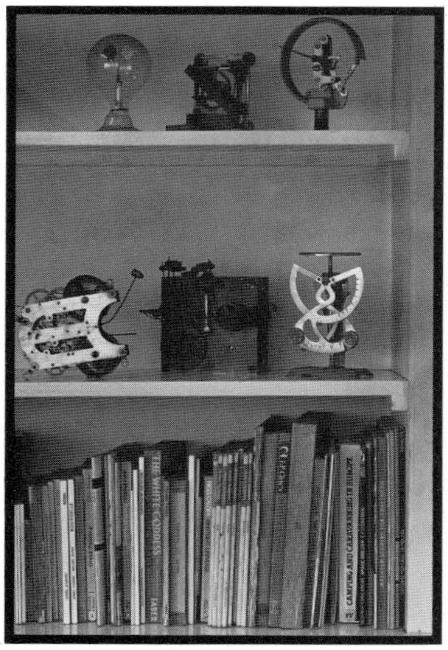

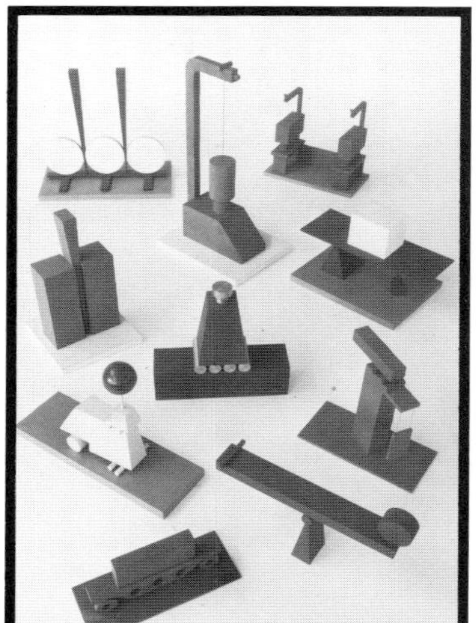

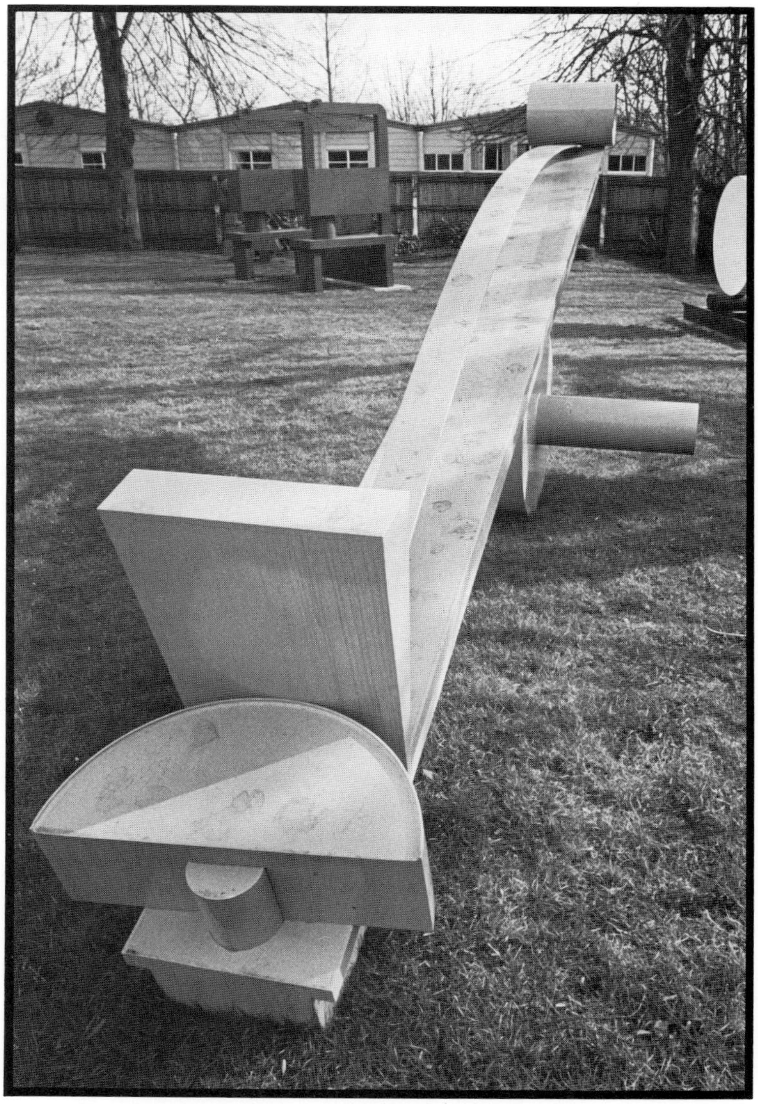

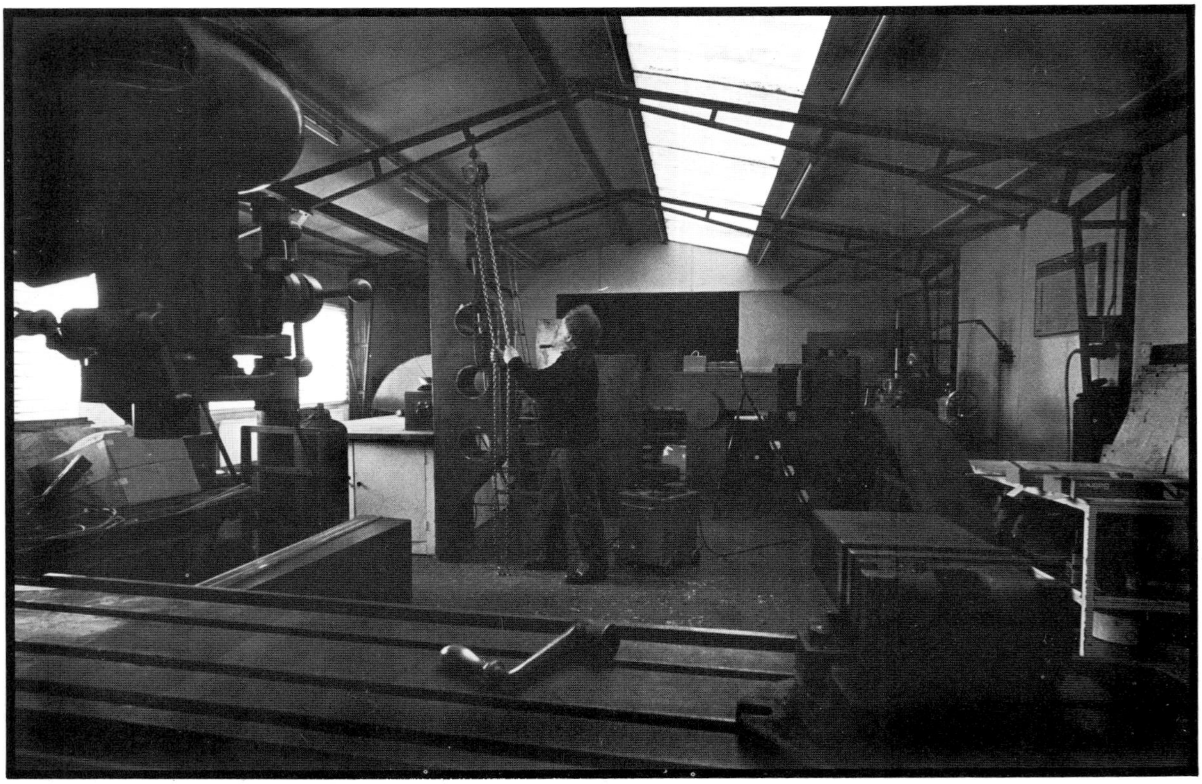

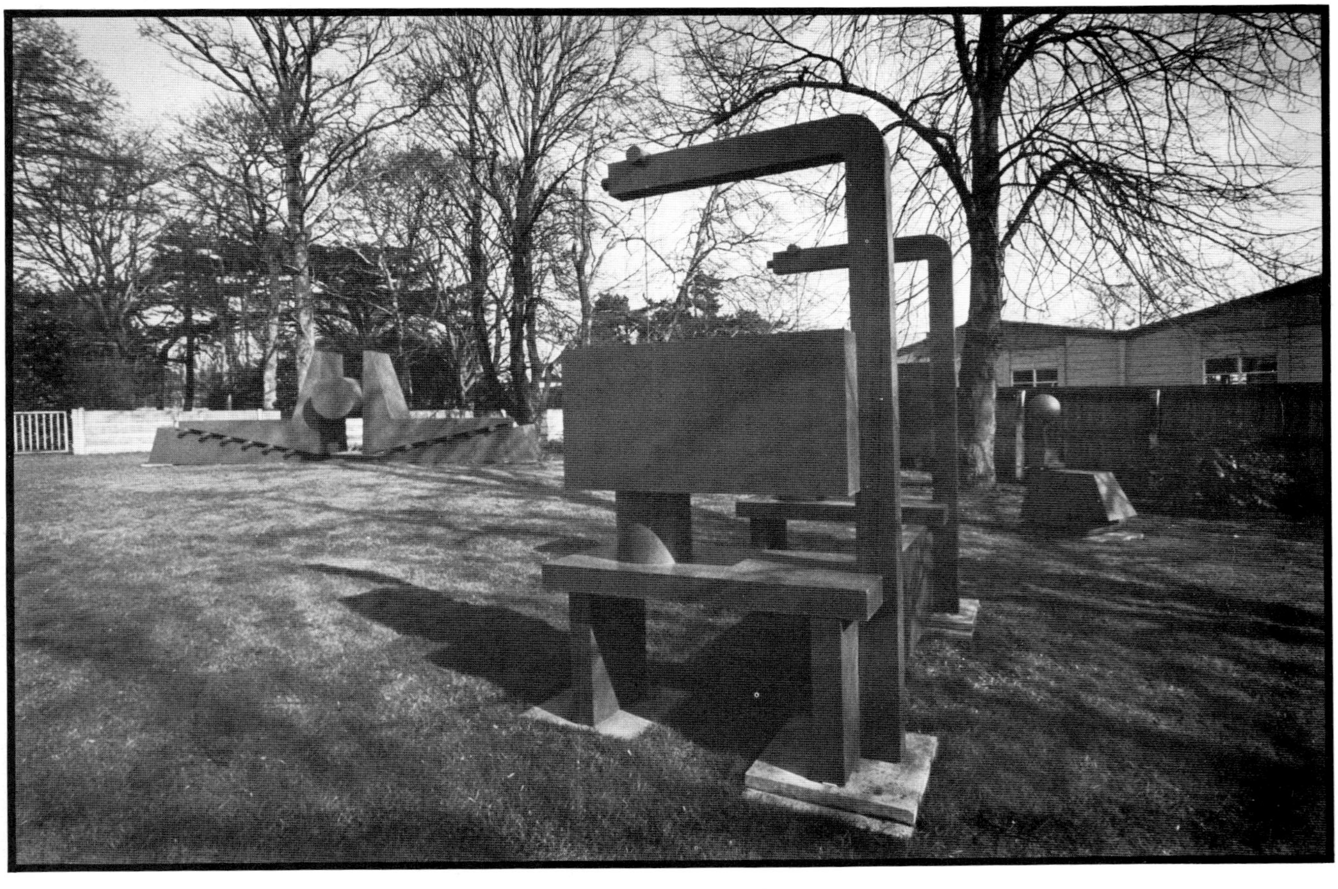

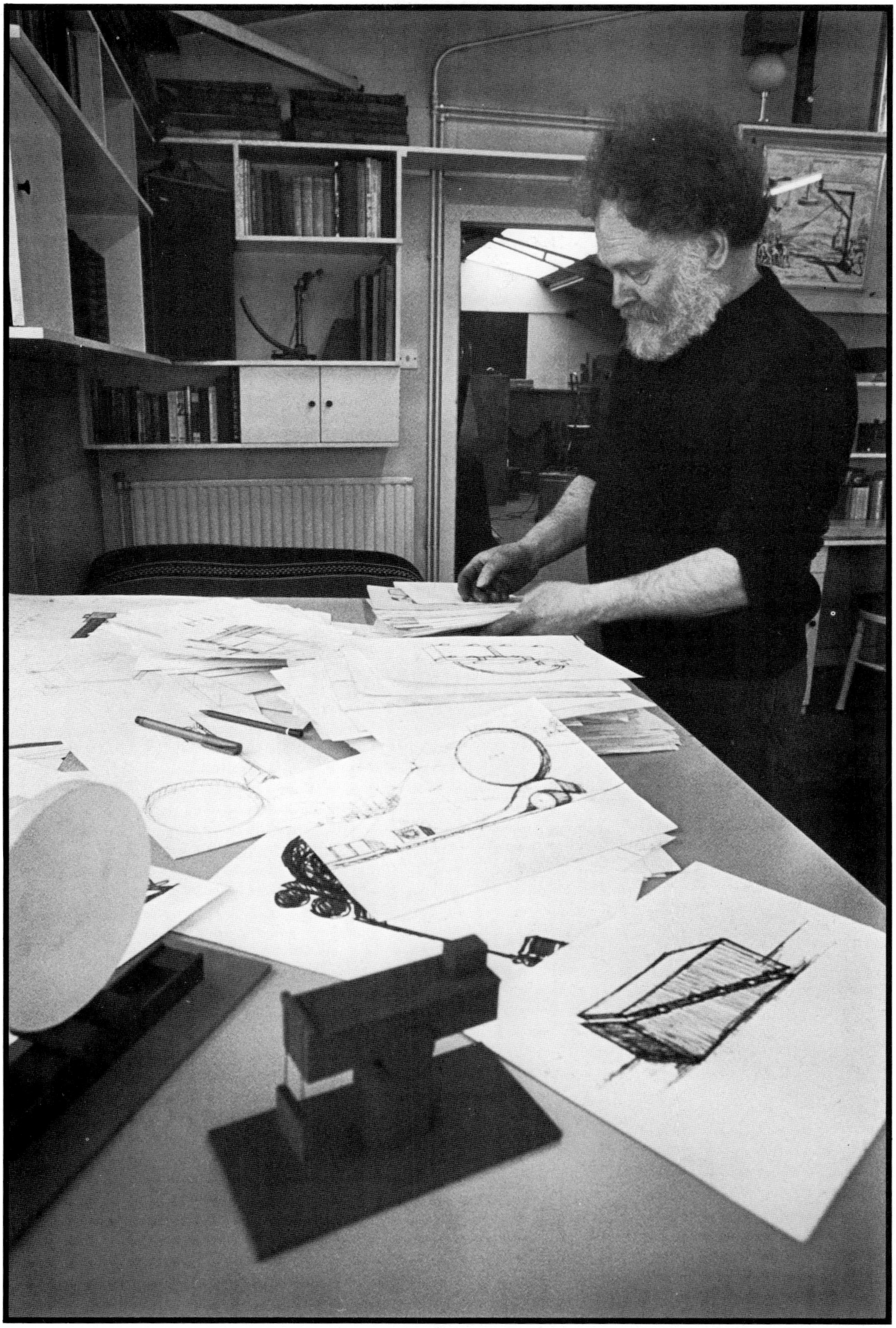

ELISABETH FRINK

Elisabeth Frink yw un o'r ychydig fenywod o'i chenhedlaeth a enillodd fri rhyngwladol fel cerflunydd. Y mae'n cynrychioli maes o gelfyddyd sydd yn dal i fod yn un neilltuol o anodd i fenywod gael ei derbyn iddo. Aeth i ysgol gelfyddyd yn union wedi'r rhyfel, a chafodd hyfforddiant yn Ysgol Gelfyddyd Chelsea a'i cymhwysodd i ymdrin â deunydd testun academaidd, ond hefyd i ddefnyddio techneg - sef modelu mewn plastr y gellid cymryd castiau uniongyrchol ohono - a'i galluogodd i weithio'n gyflym ac yn huawdl. Yn y 1950au, pan oedd nifer o gerflunwyr gwledydd Prydain yn ymdrechu i ddod o hyd i ddelweddaeth a fyddai'n mynegi sefyllfaoedd a phrofiad dynol drwy ffurfiau tra phersonol, darganfu Elisabeth Frink ei delweddau ei hun. Drwy gyfrwng ei cherfluniau ymosodol o adar, mynegodd ei phrofiadau hi ei hun o blentyndod adeg y Rhyfel. Bu un o'r rhain, y darllenfwrdd eryr yn Eglwys Gadeiriol Coventry, yn gymorth iddi i ennill ei phlwyf fel cerflunydd blaenllaw, ac arweiniodd at gomisiynau eglwysig eraill.

Ar hyd ei gyrfa, bu'r dewis o ddelweddaeth a'r modd yr ymdrinir ag ef yn fynych yn gysylltiedig â phethau a'i poenai yn bersonol. Cychwynnodd ar y cerfluniau 'pen' yn ystod y saith mlynedd y bu'n byw yn Ffrainc. Y mae'r penddelwau bygythiol mewn 'goggles' yn cynrychioli ei hymateb i bresenoldeb amlwg y fyddin a'r heddlu adeg y rhyfel yn Algeria a 'chwyldro' 1968 ym Mharis. Y mae rhai 'pennau' diweddar yn adlewyrchu pryder dwfn Elisabeth Frink am hawliau dynol, a bwriedir iddynt fod yn deyrnged i bobl sydd wedi dioddef am eu daliadau; darluniant y

Elisabeth Frink is one of the few women of her generation who achieved international recognition as a sculptor. She still represents an area of art practice in which women find it especially difficult to gain acceptance. She went to art school immediately after the War and her training at Chelsea Art School equipped her to deal with academic subject matter, and also to use a technique, modelling in plaster from which direct casts could be taken, which enabled her to work swiftly and fluently. In the 1950s, when a number of British sculptors were struggling to find imagery which expressed human situations and experience through highly personal forms, Elisabeth Frink discovered her own images. The aggressive bird sculptures were used as a means of expressing her experiences of growing up during the War. One of these, the Coventry Cathedral eagle lectern, made in 1962, helped to establish her reputation as a leading sculptor and led to other religious commissions.

Frequently throughout her career, the choice of imagery and her handling of it has been related to personal pre-occupations. The 'head' sculptures were started during seven years of living in France, between 1967 and 1973. The menacing goggled busts represent her reaction to the predominant presence of military and police during the time of the Algerian War and of the 1968 'revolution' in Paris. Some recent 'heads' reflect Elisabeth Frink's deep concern with human rights and are intended to be a tribute to people who have suffered for their beliefs and are an illustration of the calm passivity with which some human beings

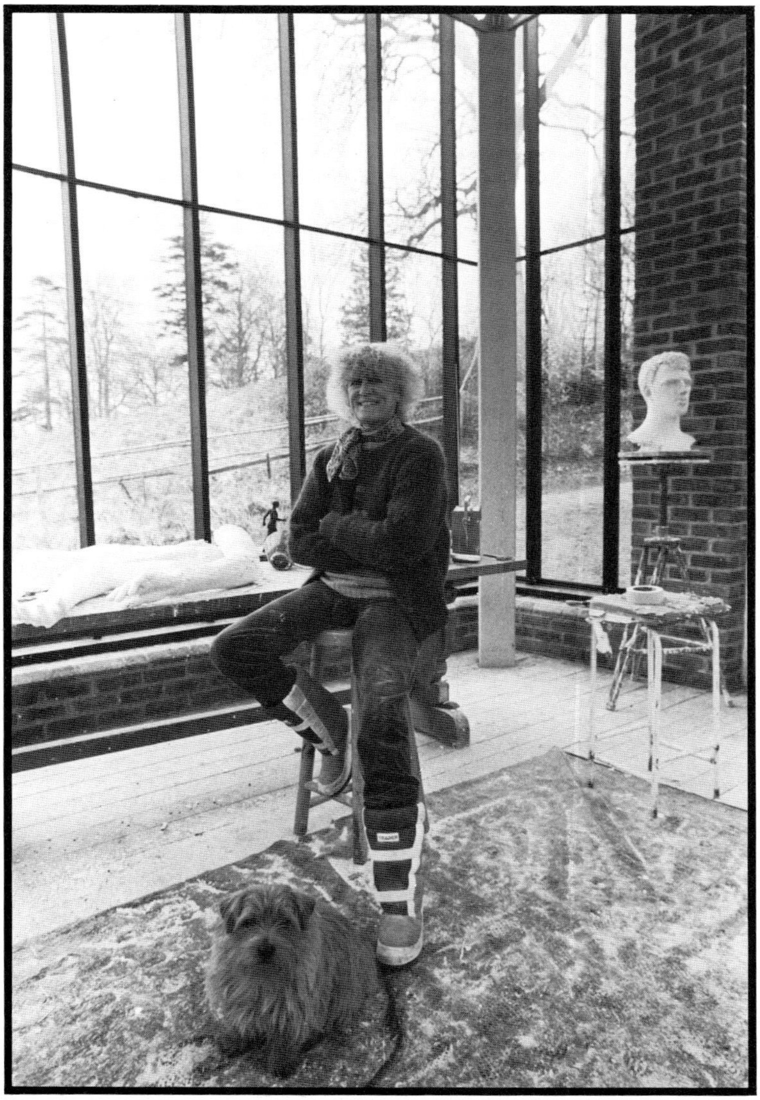

goddefgarwch tawel a berthyn i rai bodau dynol wrth iddynt ddioddef gormes eraill. Dywed, "I mi, y mae'r pen yn ffynhonnell ddihysbydd o syniadau a theimladau. Yr wyf wedi canolbwyntio ar y gwryw am fy mod yn teimlo ei fod ef yn gyfuniad cynnil o gnawdolrwydd a chryfder ynghyd â breuder. Y mae hynny'n wir hefyd am fy ffigurau noeth."

Y mae'n enwog hefyd am ei cherfluniau o anifeiliaid, thema arall sy'n tarddu o brofiad personol a'i chariad tuag at geffylau a chŵn, a'i hangen hithau i fynegi eu gwerth i bobl o safbwynt cyfeillgarwch a defnyddioldeb. Bu'r thema hon yn destun comisiynau cyhoeddus hefyd, megis 'Blind Beggar and Dog' 1957 yn Bethnal Green, Llundain; 'Horse and Rider' 1976 yn Dover Street, Llundain, a 'Horse' 1978 yn Milton Keynes.

Ganed Elisabeth Frink yn Suffolk ym 1930. Astudiodd yng Ysgol Gelf Guildford ac, o 1949 i 1953, Ysgol Gelf Chelsea. Bu'n darlithio yn Ysgol Gelf Chelsea o 1951 i 1961, yn Ysgol Gelf St Martin o 1954 i 1962 ac yn y Coleg Celf Brenhinol.

Ym 1976 fe'i penodwyd yn un o Ymddiriedolwyr Oriel Tate. Y mae'n aelod o'r Academi Frenhinol ac fe'i gwnaethpwyd yn DBE ym 1969. Y mae wedi arddangos ei gwaith yn eang yng ngwledydd Prydain, America ac Ewrop a cheir gweithiau o'i heiddo mewn casgliadau cyhoeddus a phreifat ym mhedwar ban y byd. Y mae wedi cymryd rhan mewn nifer o

endure the repression of others. She says, "To me there is an endless source of ideas and emotions from the head. I have focussed on the male because to me he is a subtle combination of sensuality and strength with vulnerability. This applies equally to my nudes."

She is also noted for her animal sculptures, another theme which comes from her personal experience and love of horses and dogs and from her need to express their value to man in friendship and usefulness. This theme has also been the subject of public commissions, such as the 1957 'Blind Beggar and Dog' in Bethnal Green, London; the 1976 'Horse and Rider' at Dover Street, London and the 'Horse' of 1978 at Milton Keynes.

Elisabeth Frink was born in Suffolk in 1930. She studied at Guildford School of Art and from 1949-1953 at Chelsea School of Art. She taught at Chelsea School of Art from 1951-1961, St. Martin's School of Art from 1954-1962 and at the Royal College of Art.

In 1976 she became a Trustee of the Tate Gallery. She is a member of the Royal Academy and was created a D.B.E. in 1969. She has exhibited widely in Britain, America and Europe and her work is found in public and private collections all over the world. She has taken part in many open-air exhibitions and is especially concerned with seeing her

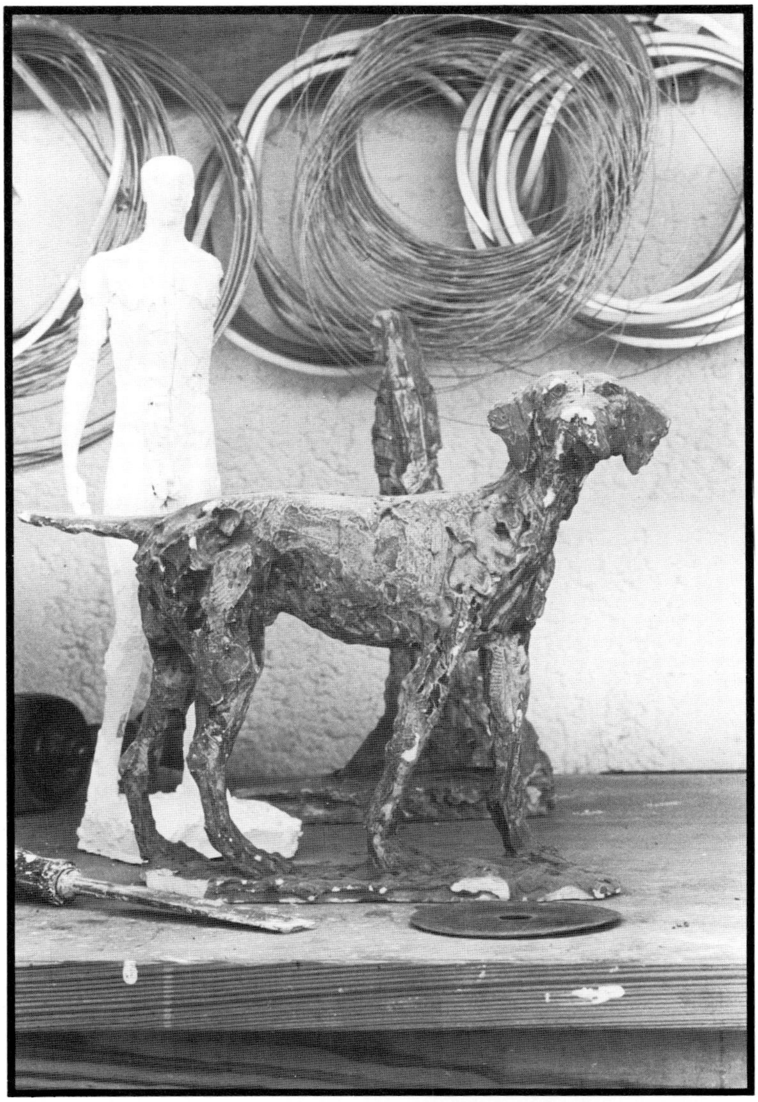

arddangosfeydd awyr-agored, ac y mae o bwys mawr iddi fedru gweld ei cherfluniau mewn tirlun. Iddi hi, y mae cysylltiad ideolegol cryf rhwng yr awyr agored a rhyddid yr ysbryd.

sculpture in the landscape. For her there is a strong ideological link between the open air and the freedom of the spirit.

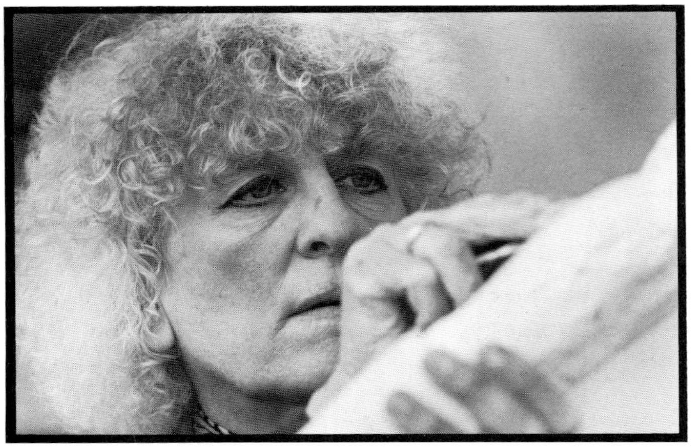

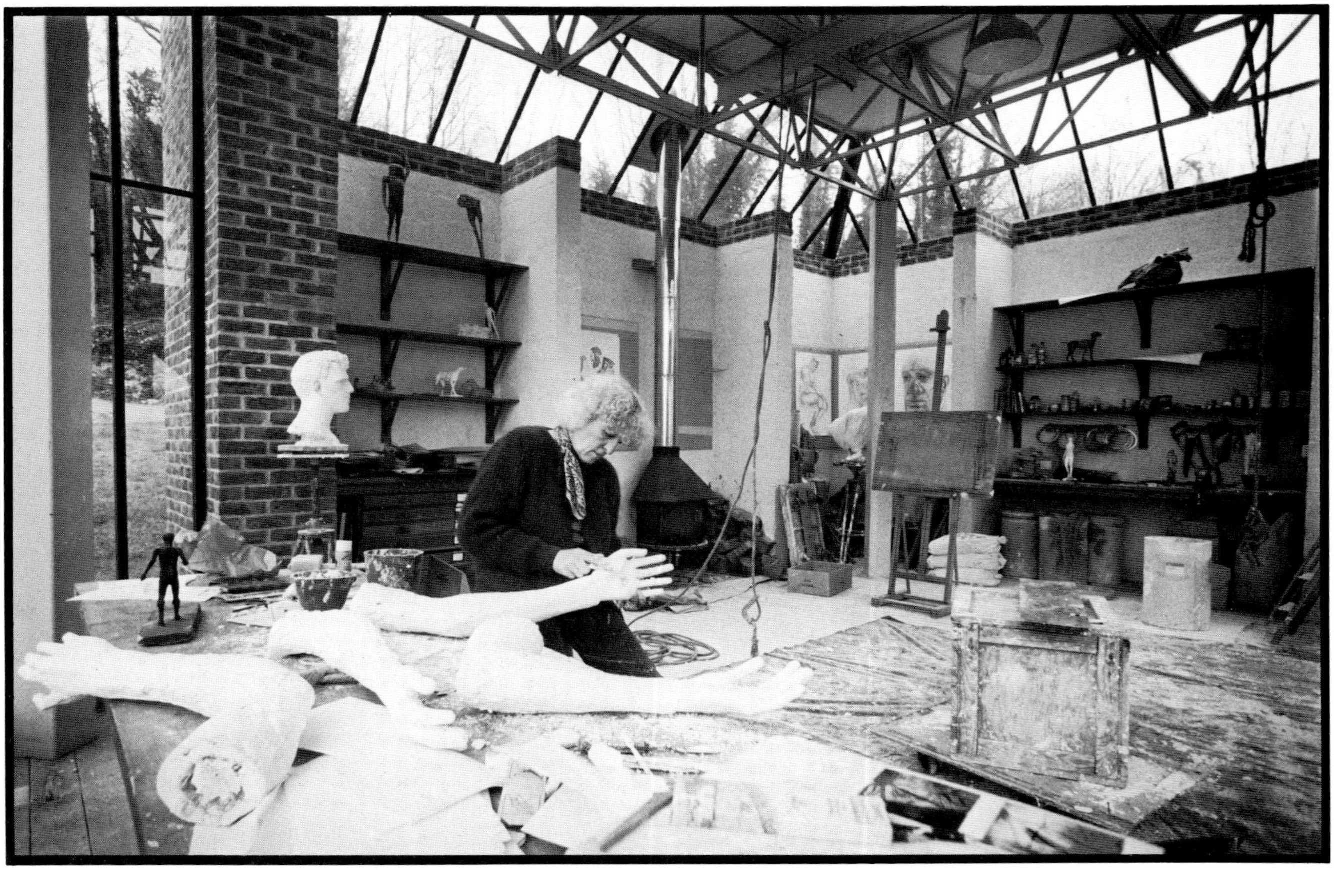

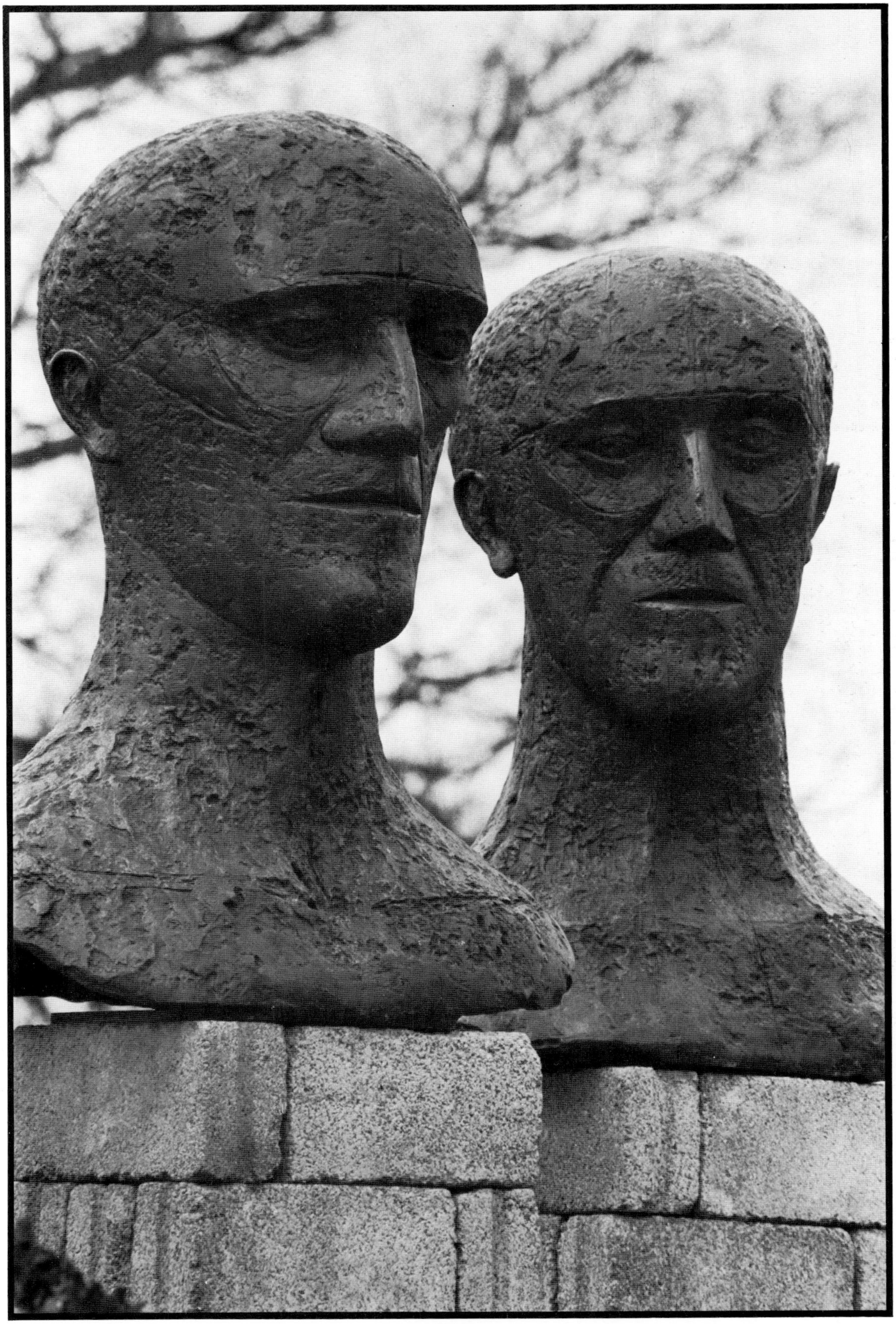

PHILLIP KING

Dylanwadwyd ar y cerfluniau a wnaethpwyd gan Phillip King yn y 1950au diweddar gan y math o ddyneiddiaeth a gynrychiolir gan waith Henry Moore, y bu'n gynorthwydd stiwdio iddo. Erbyn 1960, fodd bynnag, dechreuodd edrych am sail newydd i'w gerflunio. Yr adeg honno, dangosodd dylanwad peintio Americanaidd ar raddfa fawr sut y gall lliw a siâp ymestyn allan i mewn i'r amgylched ac effeithio ar brofiad person o'r gofod y saif ynddo. Ymwelodd Phillip King â gwlad Groeg hefyd, a dywed i'r profiad hwnnw roi ymdeimlad newydd o wreiddiau iddo. "Yr oedd y math o waith yr oeddwn yn ei wneud cyn hynny yn ddiwreiddiau, i raddau, o'r safbwynt bod a wnelo'r holl beth â mi, nid â'r byd allanol."

Yn ystod y 1960au, arbrofodd â throsi ei syniadau'n gerfluniau. Dechreuodd weithio â'r defnyddiau diweddaraf oedd ar gael, megis plastig a ffibrwydr, y gallai eu llunio'n ffurfiau huawdl, cain fel y côn, y gellir peintio ei arwynebau llyfn wedyn â phaent masnachol cynnil ei liwiau sy'n para. Gwnaethpwyd 'Call' ym 1967, sef pedwar darn ar wahân; lliw yw'r brif elfen sydd yn creu argraff ofodol y cerflun. Meddai Phillip King am 'Call", "Y mae lliw yn dylanwadu ar ofod, ac y mae'n awgrym o faint o oleuni sydd yn y cerflun ei hun. Os tynnwch y darnau fertigol hyn ymaith, y mae'n syndod cyn lleied o liw sydd ar ôl a chymaint llai o oleuni sydd fel pe bai wedi ei gynnwys rhwng y siapiau ac o'u cwmpas . . ."

Tua 1970, dechreuodd cerfluniau Phillip King ymddangos yn wahanol iawn i'r darnau cynharach. Yn ei stiwdio newydd ger Dunstable,

The sculpture made by Phillip King during the later 1950s had an affinity with the type of humanism represented by the work of Henry Moore to whom he was a studio assistant. However by 1960 he began to look for a different basis for his sculpture. At that time the influence of large-scale American painting showed how colour and shape can reach out into the environment and affect the way one experiences the space in which one stands. Phillip King also visited Greece and he says of this experience that it gave him a new sense of roots, "The type of work I was doing before then was to an extent rootless in that it was all to do with me, not with the outside world".

During the 1960s he experimented with translating his new ideas into sculpture. He began to use recently available materials, such as plastic and fibreglass, which could be shaped into fluent, elegant forms, such as the cone, the smooth surfaces of which could be painted afterwards using subtly coloured durable commercial paints. 'Call' was made in 1967 and consists of four separate pieces, in which colour is the main element in creating its spatial impact. Phillip King said about 'Call', "Colour affects space and it's a clue as to how much light there is in a sculpture really. If you take these verticals away it's amazing how the colour drops and how much less light seems to be contained in between and around the shapes . . ."

About 1970 Phillip King's sculpture began to appear very different from

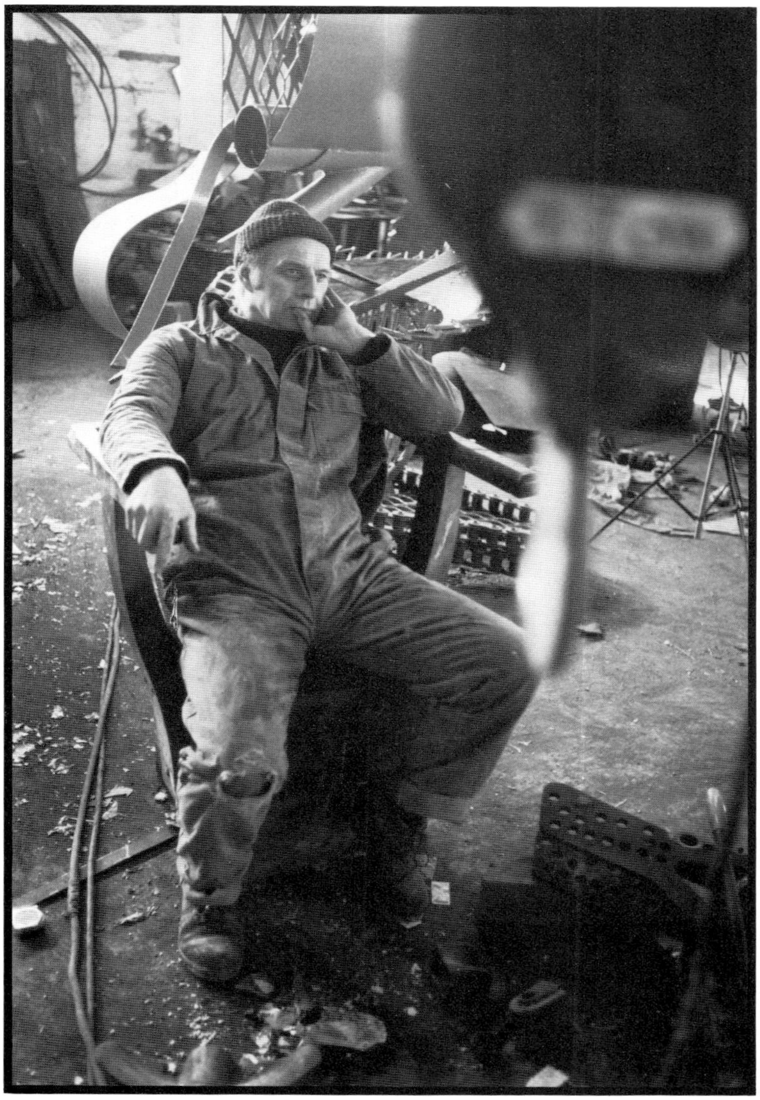

cynhyrchodd waith lle adeiladir fframwaith y cerflun o gwmpas gofod agored. Mewn rhai enghreifftiau, megis 'Dunstable Reel', 1969, ac 'Ascona' 1971, y mae'r elfennau siten-ddur peintiedig yn llamu'n rithmig o gwmpas canol y cerflun. Mewn eraill, megis 'Open Round' 1973 rhwystrir dymuniad y gwyliwr i fentro i mewn i ofod y cerflun gan y 'berth' gymhleth o ddur, rhwydwaith alwminiwm a phren. Y mae'r gweithiau hyn yn datgelu mor bwysig yw hi i'r cerflunydd i archwilio ffyrdd o adeiladu strwythur agored sydd eto'n integreiddiedig, a rhaid eu bod hefyd yn cyfeirio at gyfaredd gofodau amgaeëdig a chudd.

Yn ystod y degawd hwn, canolbwyntiodd Phillip King, fel nifer o gerflunwyr iau, ar y gwersi a roddwyd gan Brancusi, y cerflunydd o Rwmania a oedd yn ffigur allweddol ym Mharis ym mlynyddoedd cynnar yr ugeinfed ganrif. Mewn rhai cerfluniau, megis 'Sculpture '74' 1974, cyfuna ddefnyddiau cwbl wahanol eu hansawdd o ffynonellau cwbl wahanol - concrid garw ei wead, llechi, sianel dur a rhwydwaith. Y mae 'Shogun' a wnaethpwyd ym 1980 yn ategu diddordeb King yn y côn fel sylfaen i ffurf gerfluniadol. Y mae teitl y cerflun hwn yn awgrymu ei natur ffyrnig, arfwisgog. Amgaeir yr elfennau organig, sef hen bren, mewn ffrâm ddur arw ei hadeiladwaith i greu cerflun gorlawn, pendramwnwgl, treisgar bron ei fynegiant, sydd efallai'n cyfiawnhau ei gred y gall cerflunio fod yn gyfrwng "dwysau 'edrych' . . . gan gynnig drwy hynny i'r gwyliwr ymdeimlad newydd a llawnach o sut beth yw gweld ac, efallai, bod."

the earlier pieces. In his new studio near Dunstable, he produced work in which the framework of the sculpture is built around an open space. In some cases, such as 'Dunstable Reel' 1969 and 'Ascona' 1971, the painted sheet steel elements spring rhythmically around their centre. In others, such as 'Open Round' 1973, the spectator's will to get inside the space of the sculpture is frustrated by the complex 'hedging' of steel, aluminium mesh and wood. These works reveal the importance to the sculptor of exploring the means of building an open but integrated structure and must also refer to the fascination of enclosed and hidden spaces.

During this decade Phillip King joined younger sculptors in focusing on the lessons given by Brancusi, the Romanian sculptor who was a key figure in Paris in the early part of the twentieth century. In some of his sculptures, such as 'Sculpture '74' 1974, he combines materials which have completely different qualities and origins - rough textured concrete, slate, steel channel and mesh. 'Shogun' made in 1980 reiterates King's concern with the cone as a basis for sculptural form. The title of this sculpture suggests its fierce, armoured character. The organic elements of old wood are encased in the ruggedly built-up steel frame, a crowded, chaotic, almost violently expressive sculpture, which perhaps justifies his idea that sculpture can be a vehicle for "intensifying 'looking' . . . thereby offering to the spectator a new a fuller sense of what it is like to see and perhaps to be."

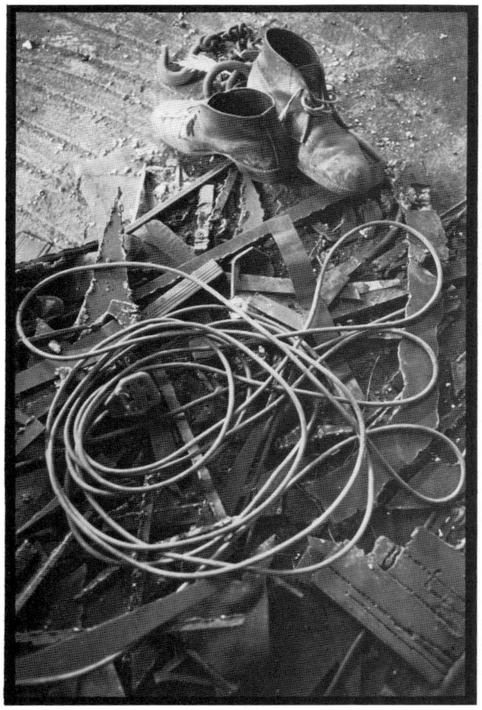

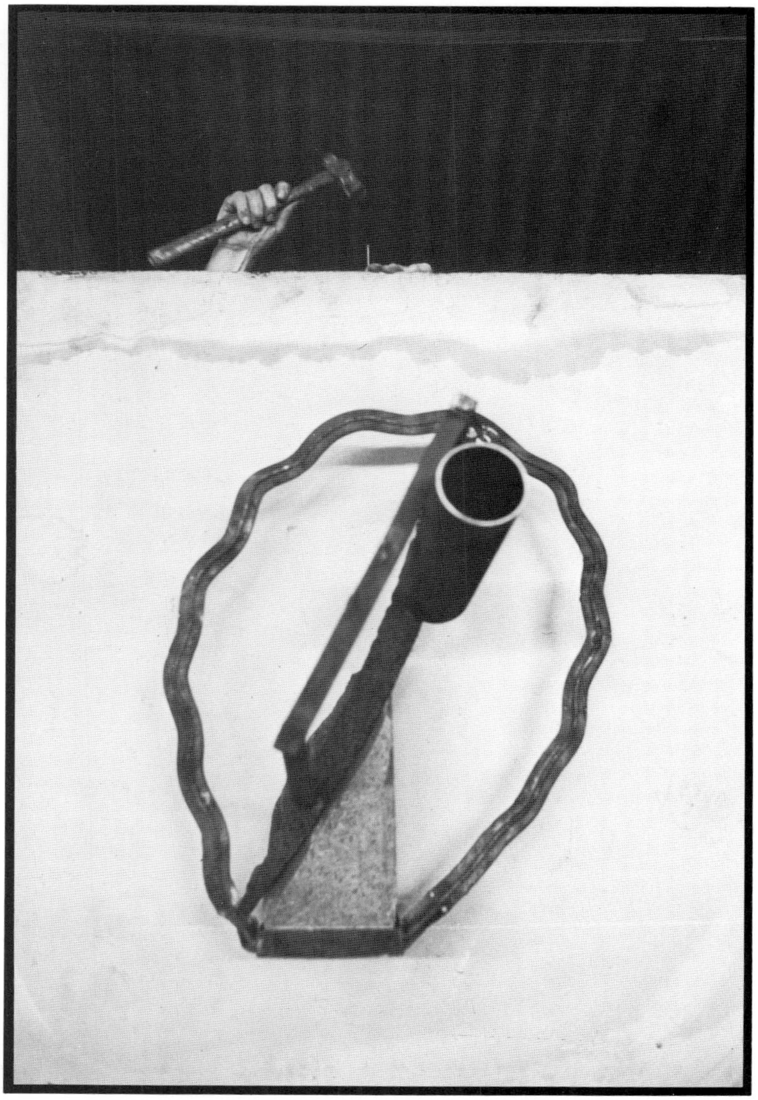

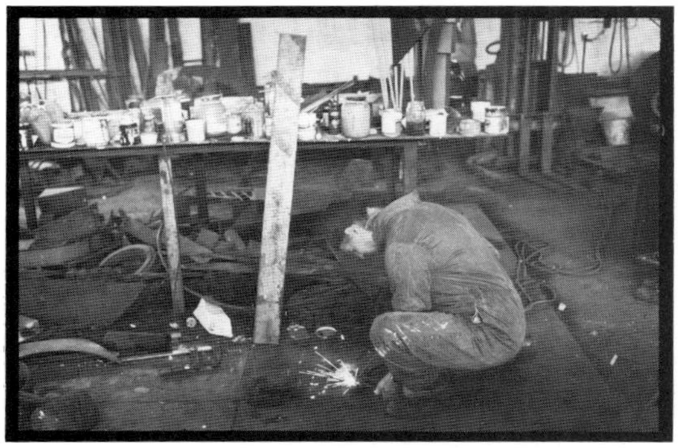

Ganed Phillip King yn Tunis ym 1934 a daeth i wledydd Prydain ym 1946, i fynd i'r ysgol. Ar ôl astudio ieithoedd modern yng Nghaergrawnt, astudiodd gerflunio yn ystod 1957/58 yn Ysgol Gelf St Martin yn Llundain. Dychwelodd i ddarlithio yn St Martin o 1959 i 1980 a bu ef, ac Anthony Caro, yn ddylanwad cryf ar y syniadau am gerflunio a ddatblygodd yn y Coleg hwnnw. Erbyn diwedd y 1960au, yr oedd Phillip King wedi cynrychioli gwledydd Prydain yn Biennale Venice ac wedi cynnal arddangosfeydd un-person pwysig yn Llundain. Ym 1969 cymerodd ran yn y symposiwm gerflunio a drefnwyd mewn cysylltiad ag Expo '70 yn Siapan. Ym 1974 derbyniodd y CBE, ym 1977 daeth yn un o Gymdeithion yr Academi Frenhinol ac ym 1980 fe'i penodwyd yn Athro Cerflunio yn y Coleg Celf Brenhinol. Y mae wedi arddangos ei waith ledled y byd, ac ym 1981, cynhaliwyd arddangosfa adolygol fawr yn Oriel Hayward, Llundain.

Phillip King was born in Tunis in 1934 and came to Britain to school in 1946. After studying modern languages at Cambridge, he studied sculpture during 1957/58 at St. Martin's School of Art in London. He was himself to teach at St. Martin's from 1959 to 1980 and has been a strong influence, with Anthony Caro, on the ideas about sculpture evolved in that College. By the end of the 1960s Phillip King had represented Britain at the Venice Biennale and held important one-man exhibitions in London. In 1969 he took part in the sculpture symposium in Japan, organised in connection with Expo '70. In 1974 he was awarded the C.B.E., in 1977 he became an Associate of the Royal Academy and in 1980 was appointed Professor of Sculpture at the Royal College of Art. He has exhibited all over the world and in 1981 a major retrospective exhibition was held at the Hayward Gallery, London.

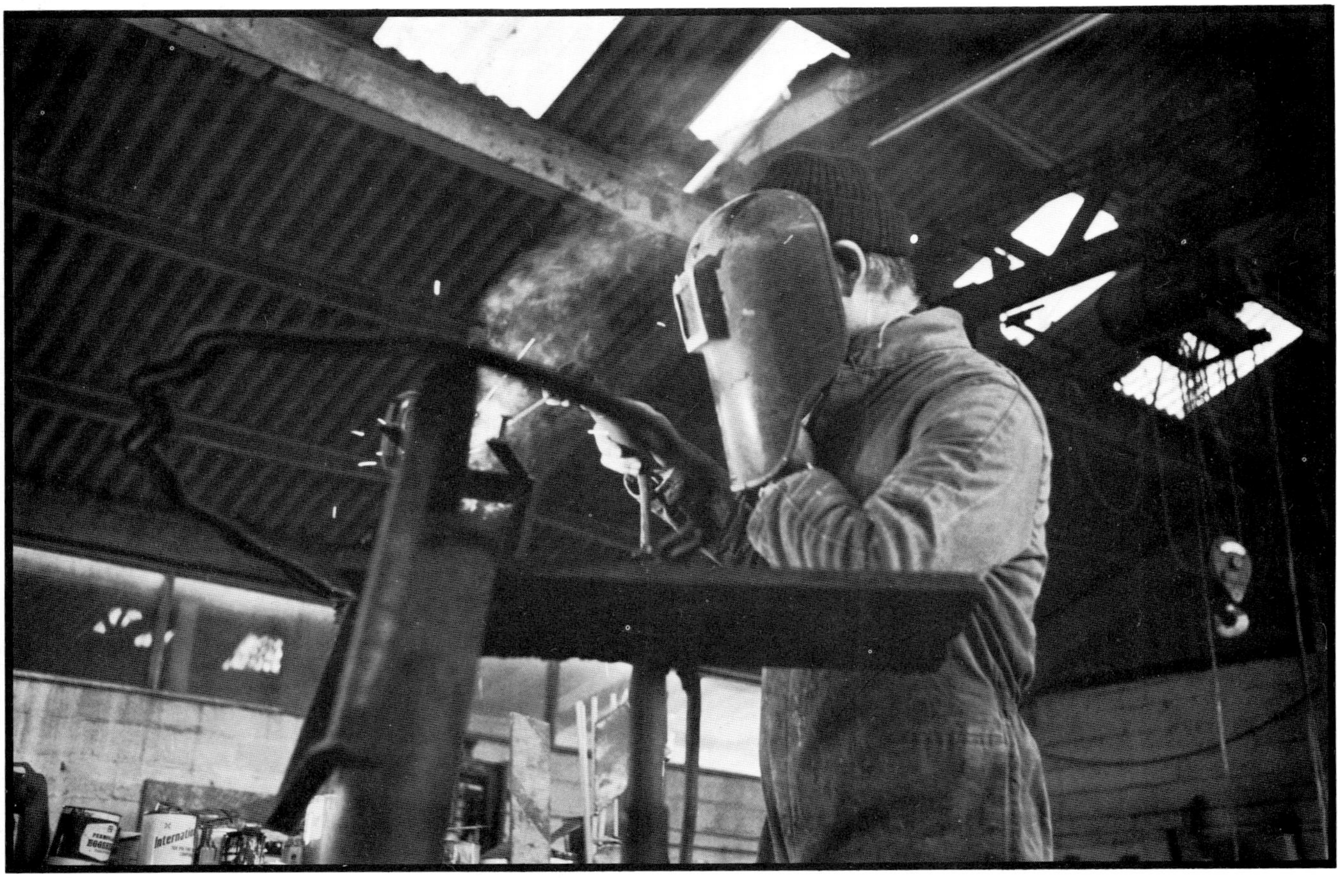

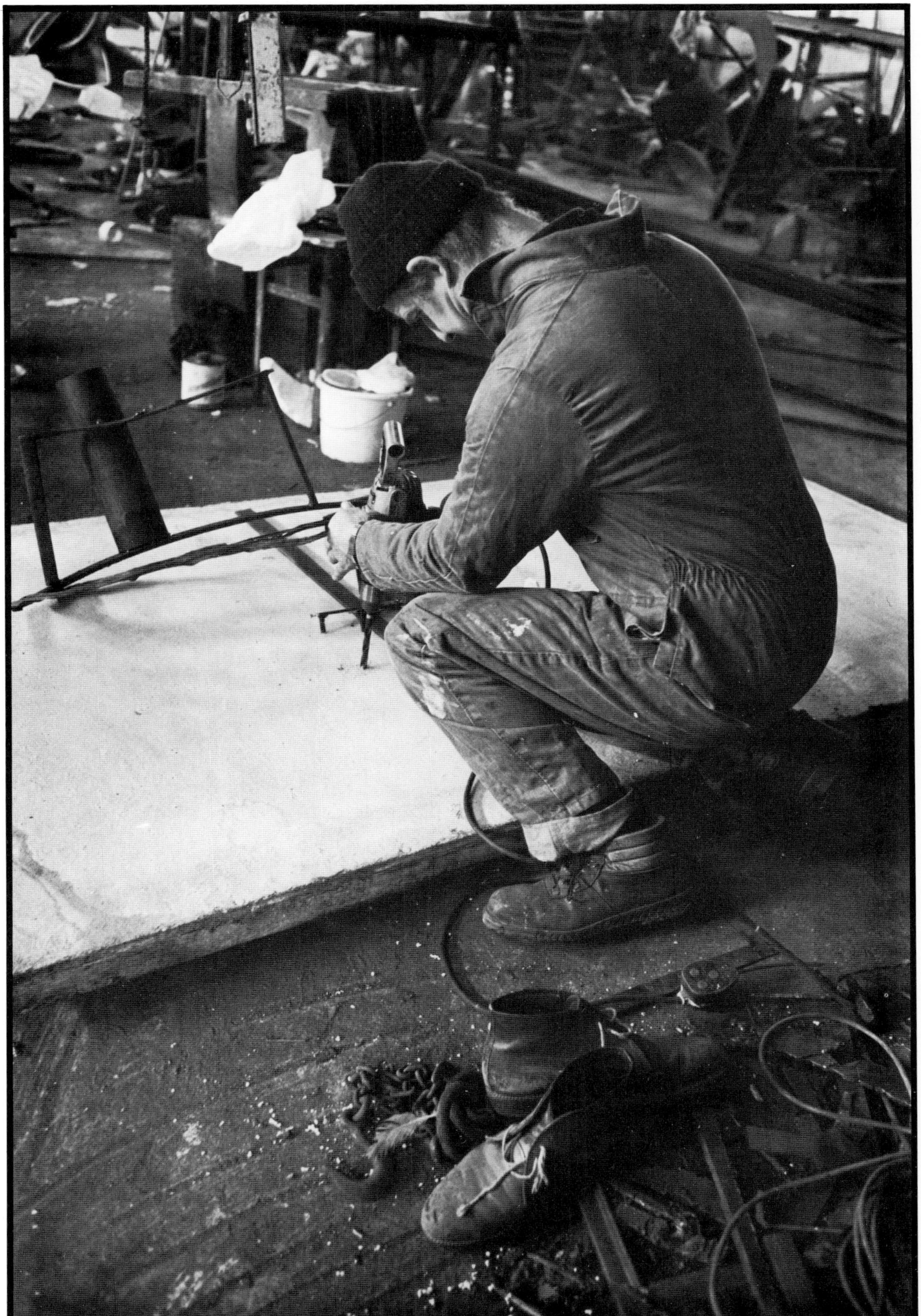

PETER NICHOLAS

Drwy gydol ei yrfa, mae Peter Nicholas wedi dyfal-barhau â'i ddau brif ddiddordeb, sef y ffigur dynol fel deunydd testunol, a cherfio carreg fel techneg. Y mae'n ymddiddori hefyd yn swyddogaeth y cerflunydd fel crefftwr ac oherwydd hynny, gorffennir ei gerfiadau carreg i safon uchel iawn fel arfer. Nid yw ei ffigurau cerfiedig yn amlwg gynrychioladol, ond yn ystod y 1960au gwnaeth nifer o gerfluniau ciment fondu sydd yn fwy felly. Daeth y rhain ag ef yn agos at fynegi agwedd gythryblus, erchyll bron ar fodolaeth ddynol. Disgrifiodd y gweithiau hyn fel ymgais "... i wneud i'r cerfluniau hyn fyw ar ffurf pobl o fyd o freuddwydion a hunllefau, o fywyd a gefais eisoes ac o'r un yr wyf yn ei ragweld..." Y mae ei 'Father and Child' o'r cyfnod hwn yn ffigur gŵyrdroedig, heb goesau, yn ei eistedd yn dal plentyn sy'n crio, a hwyrach ei fod yn mynegi ymdeimlad dyn o ddiymadferthedd wrth iddo ymgymryd am y tro cyntaf â swyddogaeth draddodiadol y fenyw, gofalu am ei blentyn.

Erbyn 1963, yr oedd Peter Nicholas eisoes wedi cychwyn ar brosiect sy'n ei wneud yn ddyn anghyffredin o ffodus ymhlith cerflunwyr cyfoes. Cynigiodd y Cyrnol Syr William Crawshay gomisiwn iddo i gerfio chwe cherflun mawr o glytiau o galchfaen carbonifferaidd crisialog a ddarparwyd gan y noddwr. Y mae'n dal i weithio ar y prosiect hwn, a'r pennau y mae'n eu harddangos ym Mharc Margam yw'r ddau ddarn terfynol yn y grŵp. Y mae'r gweddill eioses yn sefyll yng ngerddi Cwrt Llanfair Dyma Peter Nicholas yn disgrifio'r gorchwyl yr ymgymerodd ag ef: "Y mae'n ddeunydd neilltuol o galed a llychlyd i'w naddu, a

Throughout his career Peter Nicholas has persisted with two main interests, in the human figure as subject matter and in stone carving as technique. He is also concerned with the role of the sculptor as a craftsman and because of this his stone carvings are usually highly finished. His carved figures are not obviously representational, but during the 1960s he made some ciment fondu sculptures that were more so. These brought him close to expressing a troubled, almost macabre view of human existence. He described these works as an attempt " . . . to make these sculptures come alive as people from a world of dreams and nightmares, from a life I have already had, and from the one I anticipate . . .". His 'Father and Child' from this period is a distorted, legless seated figure holding a crying child and perhaps expresses a sense of helplessness when a man first takes over the woman's familiar role in taking care of his child.

By 1963 Peter Nicholas had already embarked upon a project which makes him unusual and fortunate among contemporary sculptors. Col. Sir William Crawshay offered him a commission to carve six large pieces of sculpture out of blocks of crystaline carboniferous limestone, which the patron provided. This project is still occupying him and the heads that he is exhibiting at Margam Park are the final two pieces of the ensemble. The remainder are already sited in the gardens of Llanfair Court. Peter Nicholas describes the task that he undertook, "The material is extremely hard and dusty to cut and the first piece, carved in the open air in the

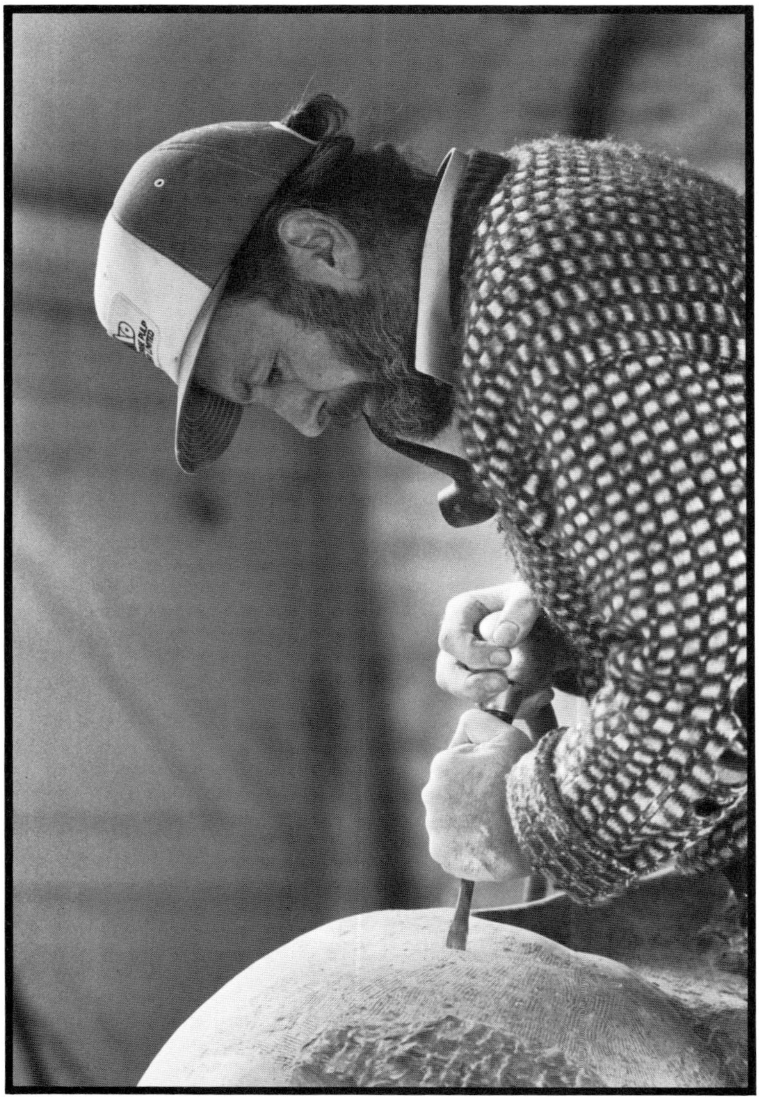

chymerodd y darn cyntaf, a gerfiwyd yn yr awyr agored, ddwy flynedd i'w gwblhau. Gwobrwywyd yr ail ddarn, a chafodd ei arddangos yn arddangosfa gerfluniau bwysig 'Structure 66', a gynhaliwyd yng Nghaerdydd. Y thema neu'r ddolen gyswllt rhwng y chwe gwaith yw 'Genedigaeth, Marwolaeth ac Atgyfodiad', gyda'r ffigur dynol yn gweddnewid drwy gasgliad o arfwisgoedd a ffurfiau organig. Cymeriadau gwrywaidd/benywaidd amwys yw'r darnau unigol gyda dau gerflun llorweddol a dau fertigol yn adrodd y stori. 'Marchog a Marchoges' yw enw'r darnau fertigol ac enw'r gweithiau llowreddol yw 'Skin for a Dead Night 1 and 2'. Nid oes pennau gan y ddau ffurf yn eu sefyll, ac y mae'r hyn a arddangosir ym Margam yn cynrychioli'r pennau coll, wedi eu chwyddo mewn maint i wneud y cymeriadau'n fwy amlwg."

Y mae Peter Nicholas wedi cwblhau nifer o gomisiynau eraill ar raddfa fawr, ar gyfer safleoedd cyhoeddus yn Ne Cymru yn bennaf. Un o'r rhain yw'r cerflun alwminiwm crog ym Maes Awyr Cymru - Caerdydd yn y Rhŵs, ac un arall yw'r Groes Bregethu ym Mynwent Llanmaes ym Mro Morgannwg. Seiliwyd yr ail o'r rhain ar batrwm traddodiadol y Groes Geltaidd. Y comisiwn diweddaraf yw cerflun coffa i Dr William Price yn Llantrisant. Dr Price oedd y cymeriad lliwgar o'r bedwaredd ganrif ar bymtheg a ddechreuodd yr arfer o amlosgi yng Nghymru. Yn sgîl yr arfer 'paganaidd' hwn, ac oherwydd ei ffordd anghonfensiynol o fyw, aeth Dr Price yn gymeriad chwedlonol.

gardens took two years to complete. The second piece was a prize winning exhibit in the major exhibition of sculpture, Structure 66, held in Cardiff. The theme or story line linking the six works is 'Birth, Death and Resurrection' with the human figure metamorphosising through a collection of armour and organic forms. The individual pieces are ambiguous male/female characters with two horizontal and two vertical sculptures carrying the story line. The vertical pieces have titles 'Marchog and Marchogess' (Knight and She-Knight) and the horizontal works are called 'Skin for a Dead Night 1 and 2'. The two standing forms are headless and the Margam exhibits represent the missing heads enlarged to make the characters more obvious."

Peter Nicholas has carried out a number of other large scale commissions mainly for public sites in South Wales. One of these is the aluminium hanging sculpture in Cardiff South Wales Airport, Rhoose and another is the Preaching Cross at Llanmaes churchyard in the Vale of Glamorgan. The latter is based on traditional Celtic cross format. The most recent commission is a commemorative sculpture to Dr. William Price at Llantrisant. Dr. Price was the colourful nineteenth century personality who introduced the practice of cremation into Wales. For this 'pagan' custom and for reasons of his unconventional life style, Dr. Price has become a legendary figure.

Peter Nicholas was born in 1934 in Ebbw Vale. He studied at Cardiff

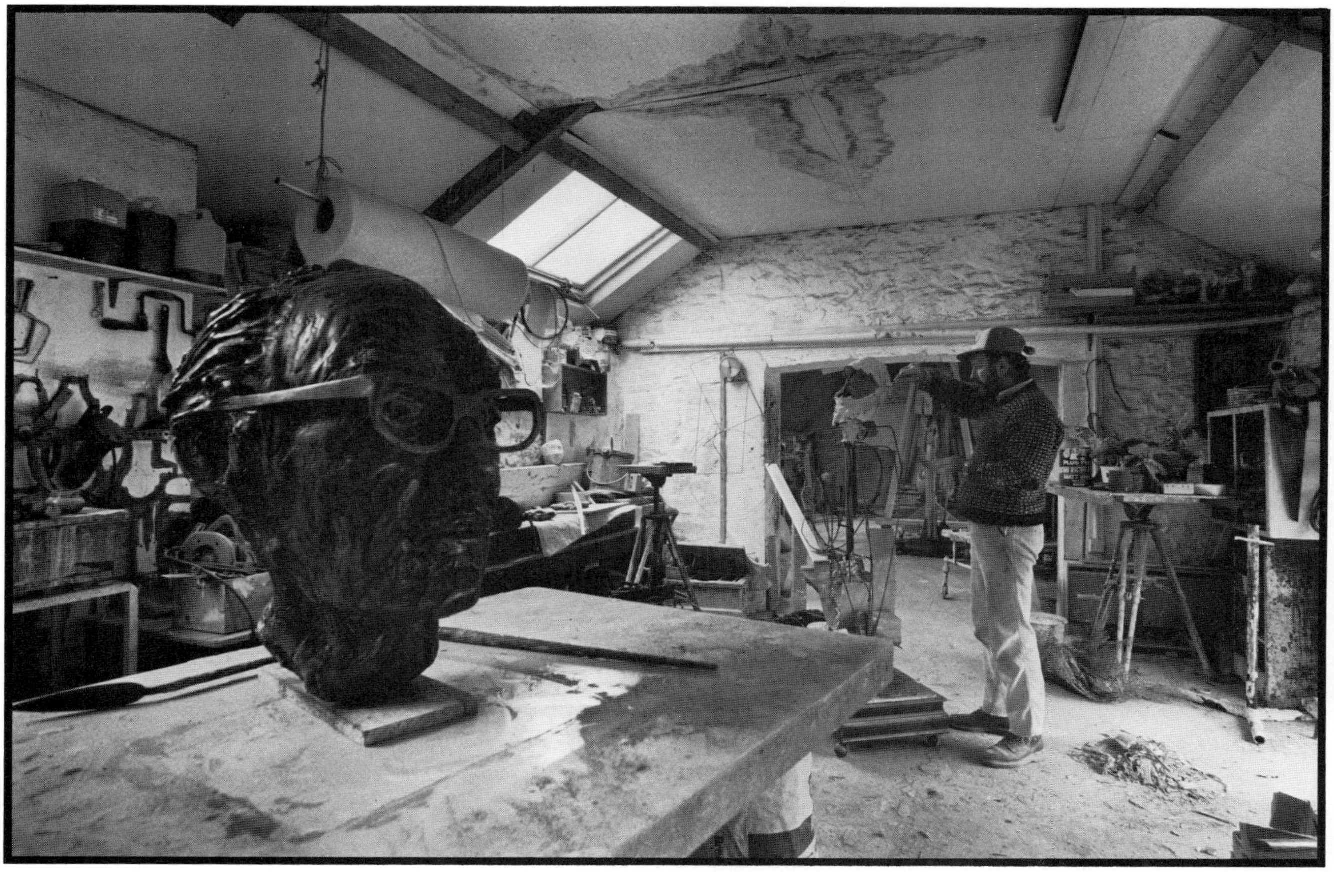

Ganed Peter Nicholas ym 1934 yng Nglyn Ebwy. Astudiodd yng Ngholeg Celf Caerdydd ac yn y Coleg Celf Brenhinol. Bu'n dysgu cerflunio yn Athrofa Addysg Uwch Gwent, ac ef yn awr yw Pennaeth Ysgol Astudiaethau Tri-Dimensiwn Athrofa Addysg Uwch Gorllewin Morgannwg yn Abertawe. Yn ystod y ddau ddegawd diwethaf y mae wedi arddangos ei waith yn eang mewn arddangosfeydd grŵp yng ngwledydd Prydain a gwledydd tramor, ac mae gweithiau o'i eiddo mewn casgliadau cyhoeddus yng Nghymru ac mewn casgliadau preifat yn Ewrop a Gogledd America. Y mae'n un o aelodau sylfaenol Ymddiriedolaeth Cerfluniau Cymru.

College of Art and at the Royal College of Art. He has taught sculpture at Gwent Institute of Higher Education and is now Head of the School of Three-Dimensional Studies at the West Glamorgan Institute of Higher Education, Swansea. During the last two decades he has exhibited widely in group exhibitions in Britain and abroad and is represented in public collections in Wales and in private collections in Europe and North America. He is a founder member of the Welsh Sculpture Trust.

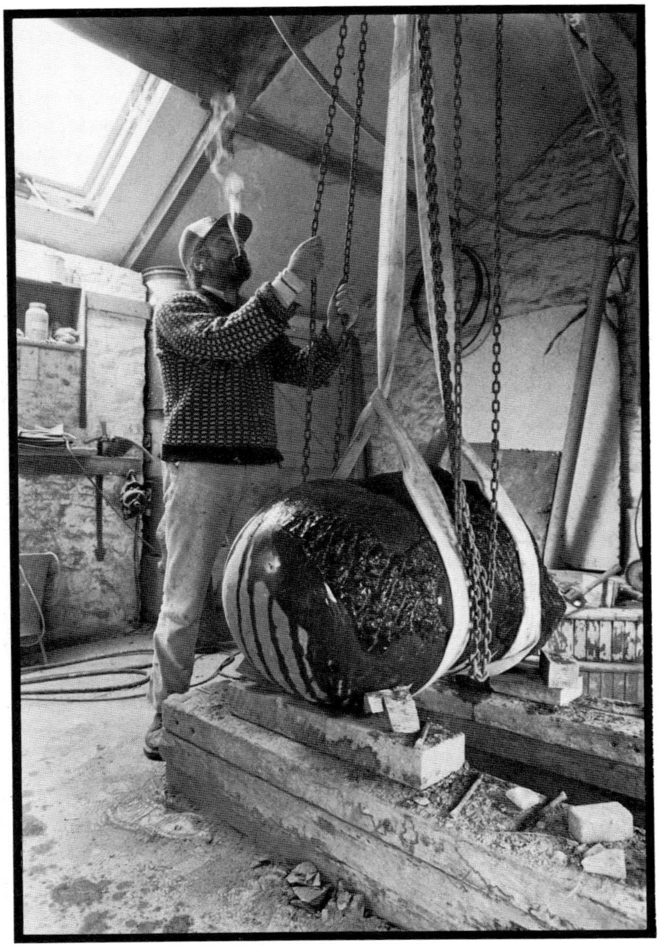

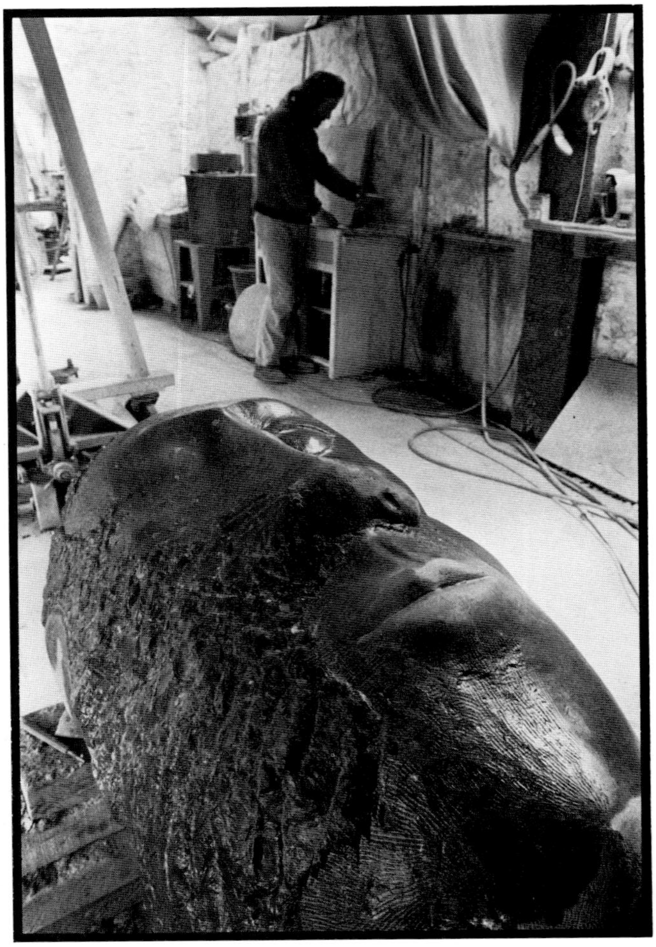

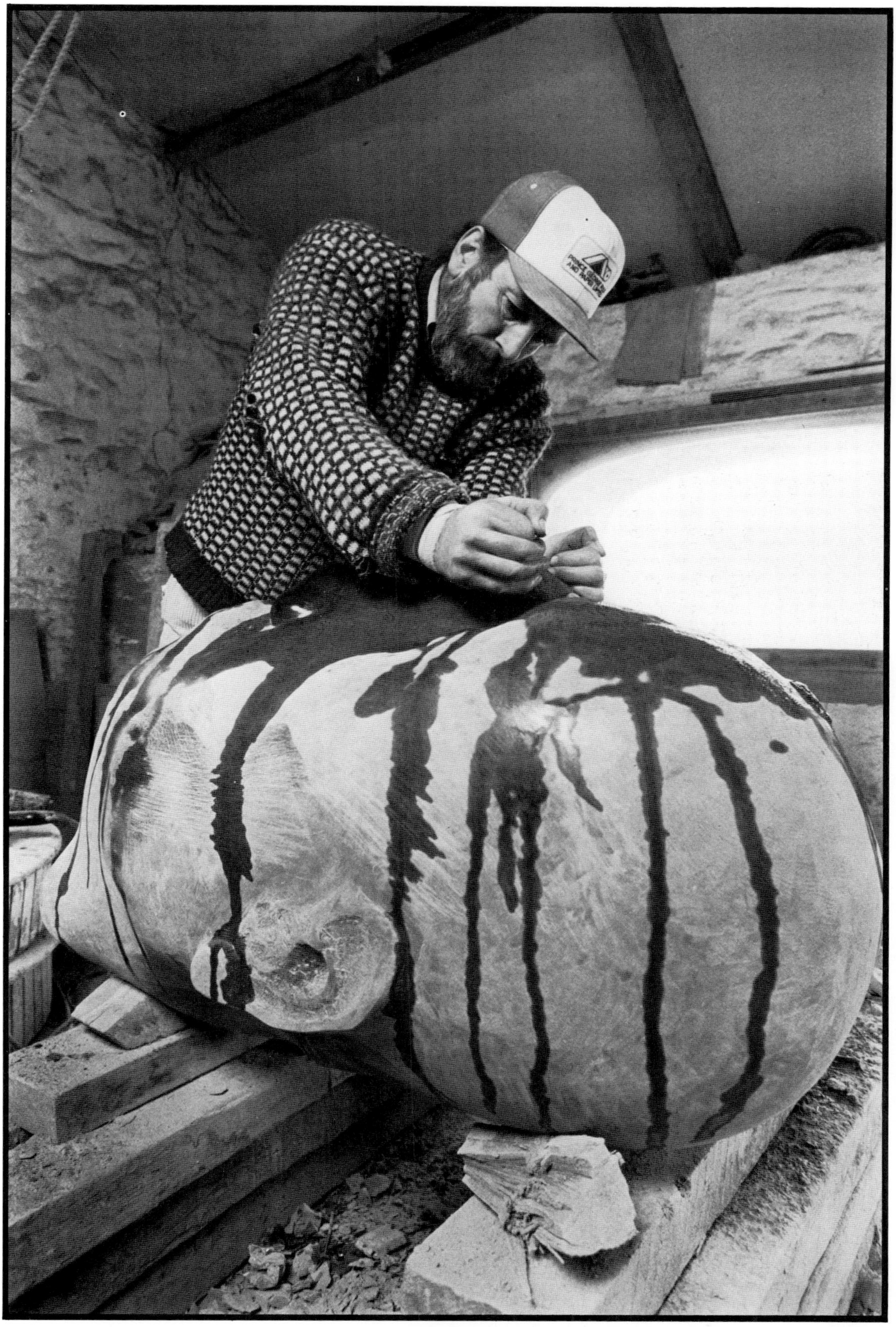

JOHN GINGELL

Nid yw hi'n amlwg ar uwaith mai cerfluniau yw gweithiau John Gingell. Fe'i hyfforddwyd fel arlunydd ond wedi hynny aeth i ymddiddori mewn gweithgareddau sy'n gymysgedd o gelfyddyd berfformiadol a chelfyddyd amgylcheddol. Nid gwrthrychau a wnaed i bobl edrych arnynt a'u hedmygu o hirbell mo'i 'gerfluniau' ef, ond digwyddiadau neu strwythurau sy'n gofyn i'r gwylwyr gymryd rhan mewn rhyw fodd. Eglura mai cynnwys ei waith yw " . . . strwythurau a bennir ac a ddatblygir dros amser. Yn hynny o beth, y maent yn cynrychioli siwrnai bersonal neu gyfres o ddigwyddiadau. Gweddillion proses faith yw'r gwrthrych ei hun yn fynych, cliw, rhyw ystum o'r 'gwrthrych' real sydd gennyf mewn golwg. Defnyddiaf pa gyfrwng bynnag sy'n ymddangos yn berthnasol, perfformiadau a digwyddiadau dros-dro, proses gynhyrchu lafurus sy'n golygu trefnu safleoedd, cyflogi medrau pobl eraill a threfnu amserlen bensaernïol. Dim ond ar ffurf cofnodion ffotograffig, ffilmiau neu ddatganiadau y mae rhai o'r 'gweithiau' yn bod bellach; mae eraill yn fwy parhaol . . ."

Canlyniad myfyrio ar weithau celfyddyd sy'n bod eisoes, ac ar y ffordd y bydd celfyddyd yn ymdrin â rhith a chanfyddiaeth yw rhai o'r cerfluniau-digwyddiad y mae John Gingell wedi eu gwneud. Trosiad tri-dimensiwn o 'The Snail', peintiad gan Matisse, oedd 'Mountain' 1974/75. Esgorwyd ar ddarnau amgylcheddol eraill gan 'weledigaeth' o sut y gallai safle edrych neu sut y gellid ei defnyddio, math o ffantasi. Daeth y cerflun tirlun o'r enw 'Magic Circles' sydd yng nghaeau Ysgol Uwchradd St Joseph,

John Gingell's work is not easily recognisable as sculpture. He was trained as a painter, but has since become interested in activities which are a mixture of performance art and environmental art. His 'sculptures' are not objects made to be looked at or admired from a distance, but are usually events or structures, which invite some participation from the spectator. He explains that his work " . . .consists of structures which are determined and evolved in time. As such they present a personal journey or trail of events. The object is often a residue of a long process, a clue, a gesture of the real 'object' in mind. I use whatever means or media seem relevant, ephemeral performance and events, laborious manufacture involving site organisation, employed skills and architectural time scale. Some of the 'works' exist now only in photographic records, film or statements, others are more permanent . . ."

Some of the event-sculptures which John Gingell has made are the result of his contemplation of existing works of art and of the way in which art deals with illusion and perception. 'Mountain' 1974/75 was a three-dimensional translation of 'The Snail', a painting by Matisse. Other environments have been initiated through a 'vision' of how a site might look or be used, a kind of fantasy. The landscape sculpture called 'Magic Circles', which is in the grounds of St. Joseph's High School, Newport, Gwent, occurred to the artist as he watched buses turning in the space. The idea was evolved into an environment based upon circular walls,

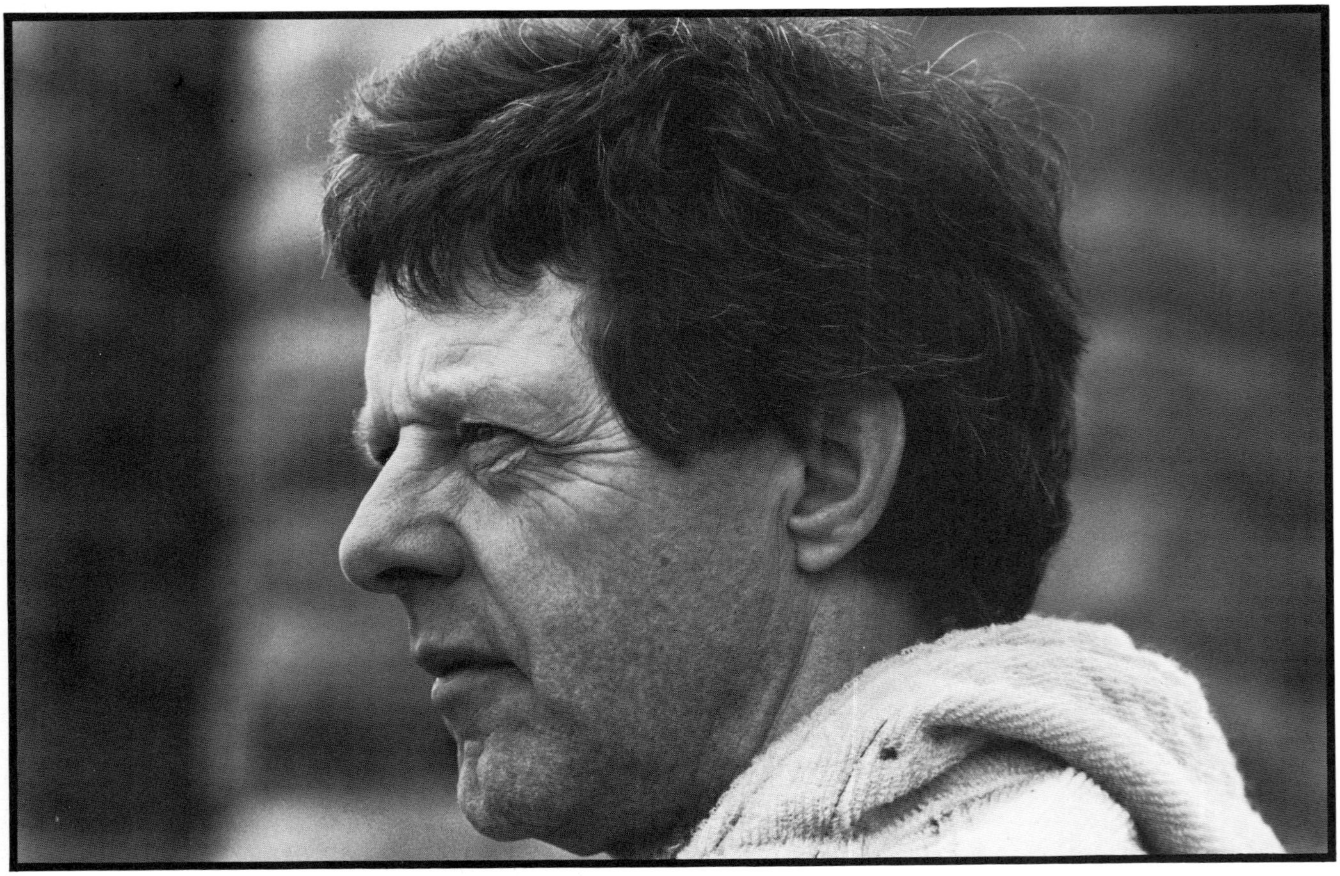

Casnewydd i feddwl yr artist wrth iddo wylio bysus yn troi yn y lle hwnnw. Datblygodd y syniad yn amgylchedd wedi ei seilio ar furiau, palmentydd a rampiau cylchol o gwmpas coed a strwythur canolog ar ffurf tŵr. Y mae'n fan arbennig, hudolus lle gall y plant chwarae.

Am fod ei amgylcheddau'n perthyn yn benodol iawn i'w safle, neu i'w brofiad ef ei hun o'r lle, defnyddia bron unrhyw 'gyfryngau' sydd wrth law. Ceir cerrig a briciau ail-law, a hyd yn oed sbwriel yn adeiladwaith y gweithiau tirlun. O dan do, defnyddia bren, plastigau a phaent. Yn yr arddangosfa o ddarnau gosod o'r enw 'Soft City' a gynhaliwyd yn Vancouver ym 1982, dygodd ynghyd lu o ddefnyddiau a gwrthrychau a gasglodd yn y ddinas er mwyn ceisio disgrifio'i brofiad fel ymwelydd â Vancouver.

Nid dylunydd tirlun mo John Gingell, oherwydd byddai hynny'n amgrymu diddordeb mewn parhad ac yn y ffordd y mae pethau'n tyfu. Ond y mae am wneud i'w gynulleidfa fod yn fwy ymwybodol o'r tirlun a sut y defnyddir y tirlun hwnnw gan bobl. Y mae parc yn rhywbeth sydd eisoes yn rhan o natur, wedi ei ddylofi gan law dyn. Ym Margam, bydd John Gingell yn ailddylunio rhan o'r parc dros dro mewn modd a wna bobl yn fwy ymwybodol o'i nodweddion megis nentydd, coed, creigiau, clwydi, muriau ac adeiladau, ac o'r rhan y chwaraea'r rhain yn y tirlun hwn.

pavements and ramps, enclosing trees and a central tower structure. It is a special, magical place where the children can play.

Because his environments relate very specifically to their site or to his own experience of the place, he uses almost any 'media' which are at hand. The landscape works have re-cycled stones, bricks and even rubbish in their construction. Indoors he uses wood, plastics and paint. In the installation-exhibition called 'Soft City' held in Vancouver in 1982 he brought together numerous materials and objects collected in the city in order to attempt to describe his experience as a visitor to Vancouver.

John Gingell is not a landscape designer, because that implies an interest in permanence and in the way things grow. But he does want to make his audience more aware of landscape and of how it is used by man. A park is already a part of nature which has been manipulated by human design. At Margam, John Gingell will temporarily re-design a part of the park in such a way as to heighten awareness of its features, such as streams, trees, rocks, gates, walls and buildings and of the role they play in this landscape.

John Gingell was born in 1935 in Kent. He has lived in Wales for the last seventeen years and teaches in the Faculty of Fine Art, South Glamorgan Institute of Technology. He has directed and taken part in many performance events. He designed and produced two 'Kidsplay'

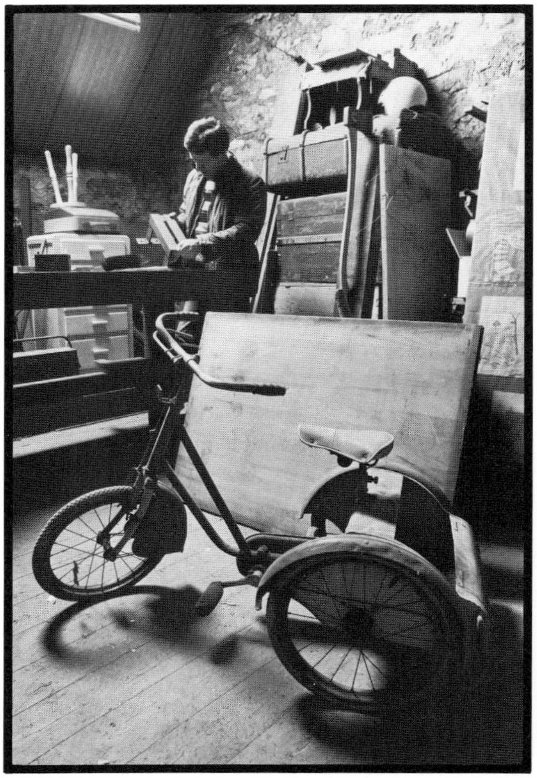

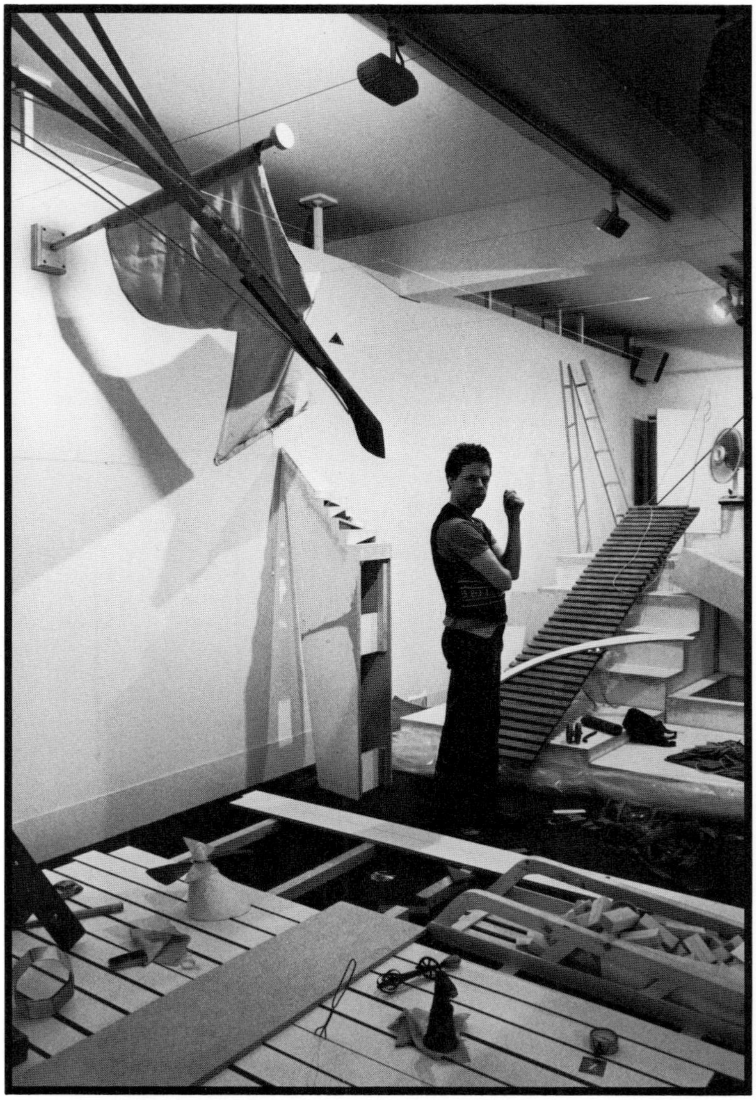

Ganed John Gingell ym 1935 yng Nghaint. Bu'n byw yng Nghymru ers dwy flynedd ar bymtheg ac y mae'n ddarlithydd yng Nghyfadran Celfyddyd Gain Athrofa Dechnoleg De Morgannwg. Y mae wedi cyfarwyddo llawer o ddigwyddiadau perfformiadol, a chymryd rhan ynddynt ei hun. Dyluniodd a chynhyrchodd ddau ddarn amgylchedd 'Kidsplay' ar gyfer Oriel Tate, ac ym 1975 gwnaeth ddarn gosod ar gyfer taith yr arddangosfa 'Best of U.K.' i Awstralia. Y mae wedi cymryd rhan mewn sawl arddangosfa gymysg o gelfyddyd yng Nghymru, yn cynnwys 'From Wales' a ddangoswyd yng Nghaeredin ym 1977, ac fe'i comisiynwyd i gynhyrchu nifer o gerfluniau-tir ar gyfer safleoedd yn Ne Cymru.

environments for the Tate Gallery and in 1975 made an installation for the Australian showing of 'Best of U.K.'. He has taken part in several mixed exhibitions of art in Wales, including 'From Wales' shown in Edinburgh in 1977 and has been commissioned to produce a number of land-sculptures for sites in South Wales.

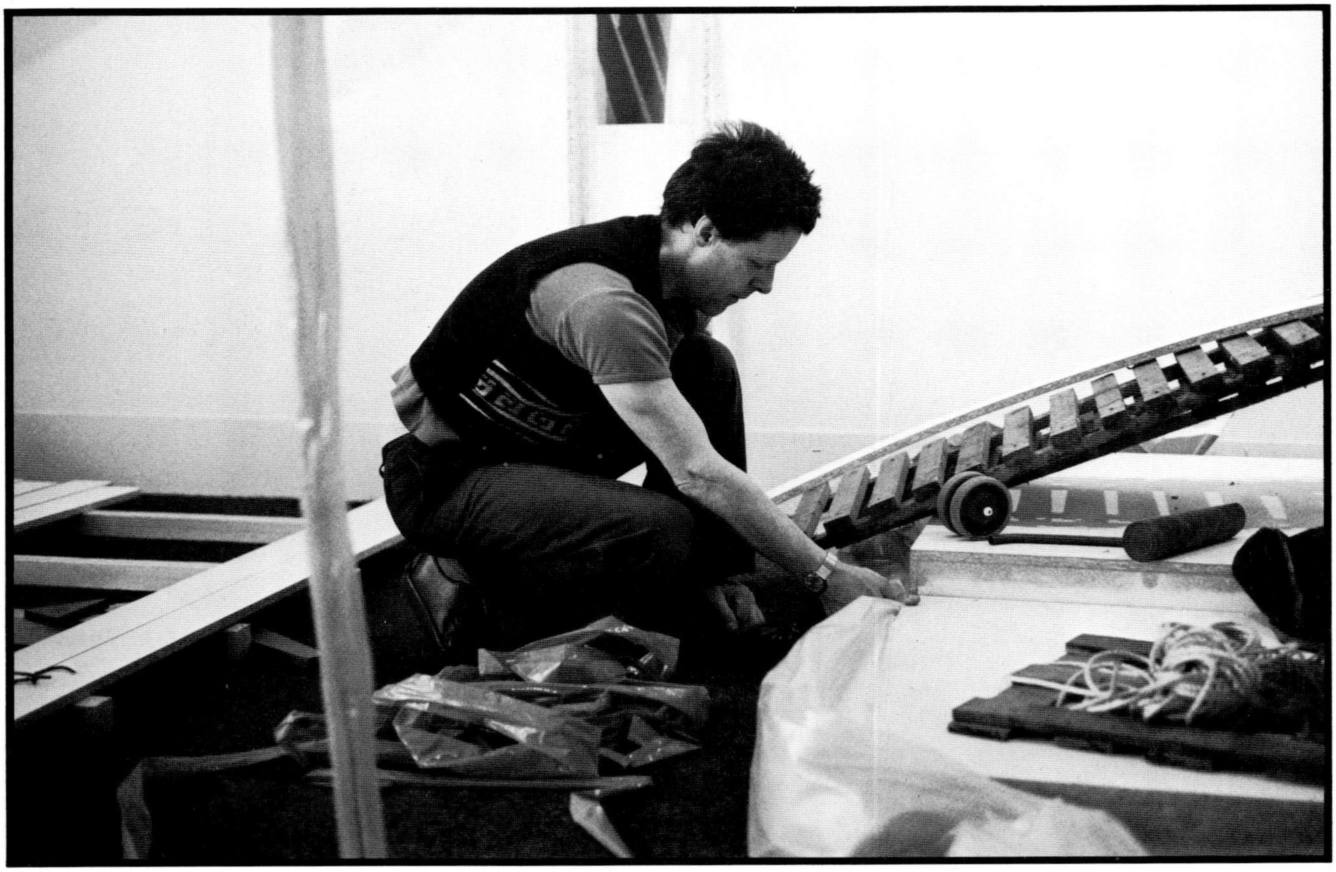

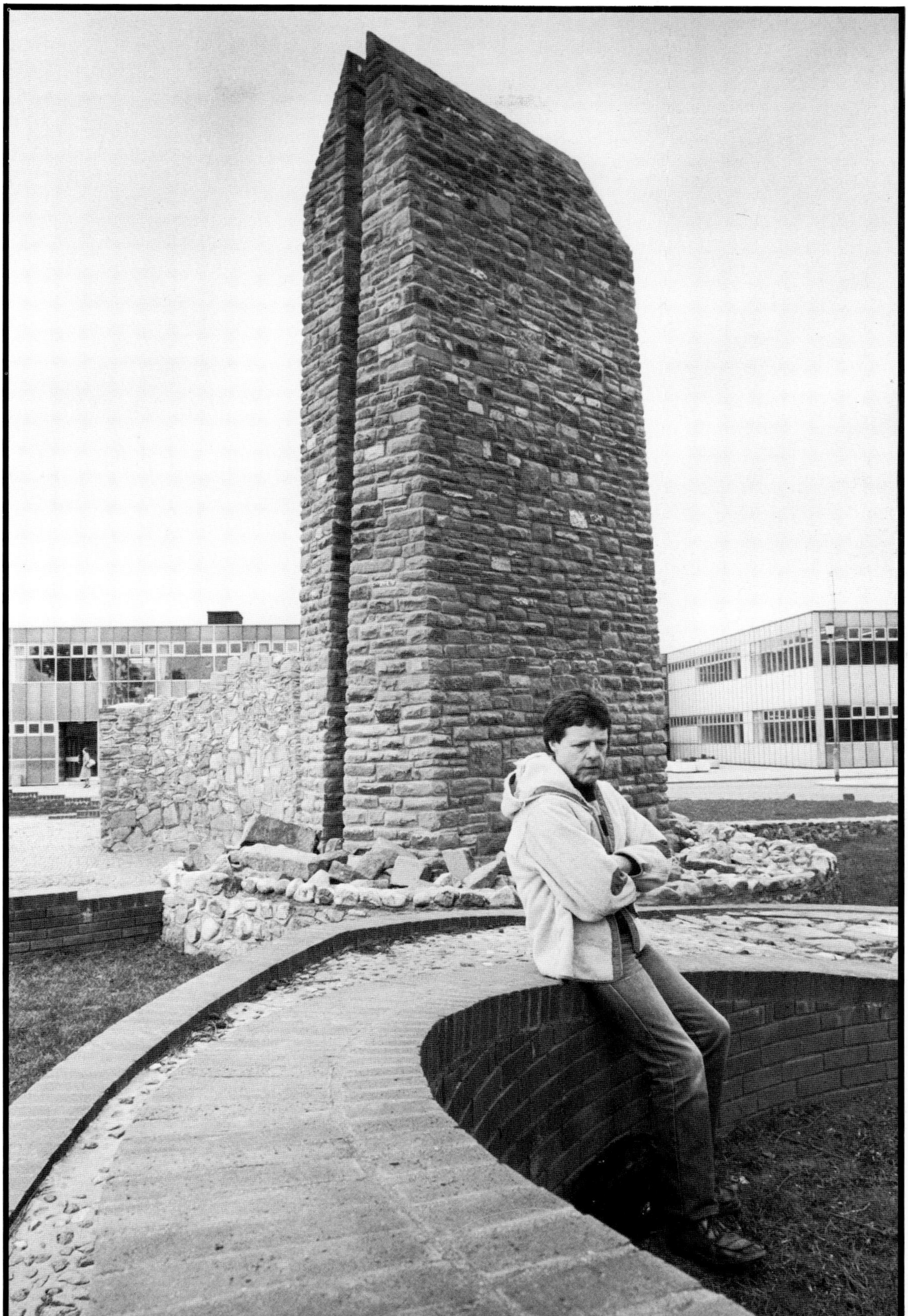

AVTARJEET DHANJAL

Cerflunydd o Indiad sy'n byw yn Llundain yw Avtarjeet Dhanjal. Fe'i ganed yn y Punjab, lle'r aeth i'r ysgol gelf yn Chandigarh ar ôl bod yn gweithio fel saer a pheintiwr arwyddion. Daeth i Loegr ym 1974, ond mae wedi cadw ei gysylltiadau â'r Punjab drwy ymweld â'i famwlad yn fynych a chynorthwyo i greu cysylltiadau rhwng y Punjab a cherflunio mewn gwledydd eraill. Ym 1980, trefnodd y Symposiwm Gerfluniau Ryngwladol gyntaf i'w chynnal yn India, a chymerodd ran ynddi ei hun. Bu cerflunwyr o India a cherflunwyr gwâdd o wledydd Ewrop a Siapan yn gweithio ar y safle ym Mhrifysgol y Punjab, Patiala. Y mae wedi ennill ei blwyf yn Ewrop hefyd drwy arddangos yn Sbaen, yr Almaen a gwledydd Prydain, a thrwy ymgymryd â chomisiynau cyhoeddus, megis hwnnw ar gyfer Swyddfeydd Cyngor Dosbarth Cherwell yn Banbury.

Yn ystod y 1970au, gweithiai Avtarjeet Dhanjal mewn alwminiwm yn bennaf. Bu'n arbrofi â cherfluniau a symudai, a luniai o stribedi hyblyg wedi eu rholio. Disgrifiai'r rhain fel pethau " . . . a all dyfu o dan yr haul, anadlu yn yr awyr agored, ysgwyd fel coed a chrynu fel dail." Dwy brif ystyriaeth sydd yn rheoli ei gerfluniau heddiw. Yn gyntaf, ymddiddora mewn creu cerfluniau ar gyfer safleoedd penodol, lle gall weithiau awgrymu cysylltiadau â swyddogaethau traddodiadol a gwrthrychau symbolaidd. Yn eilbeth, ceisia gysylltu ei waith â nodweddion daearyddol y safle. Ym 1982, cymerodd ran yn y Symposiwm Gerfluniau Ryngwladol yn Kostanjevica, tref fechan gefn-gwlad yn Iwgoslafia. Gwnaeth gerflun pren, tebyg i ffynnon, a oedd hefyd yn darparu seddau ar fin y ffordd.

Avtarjeet Dhanjal is an Indian sculptor who lives in London. He was born in the Punjab, where he went to art school in Chandigarh, after having already worked as a carpenter and sign-writer. He came to Britain in 1974, but has maintained his links with the Punjab by frequently visiting his country and by helping to create connections between the Punjab and sculpture in other countries. In 1980 he organised and participated in the first International Sculpture Symposium to be held in India. Sculptors from India and invited sculptors from European countries and Japan worked on site at the Punjabi University, Patiala. He has also established himself in Europe by exhibiting in Spain, Germany and Britain and by undertaking public commissions, such as that for Cherwell District Council Offices, Banbury.

During the 1970s Avtarjeet Dhanjal worked mainly in aluminium. He experimented with sculptures that moved, made from flexible rolled strips. He described these as ". . . able to grow under the sun, breathe in open air, swing like trees and vibrate like leaves." The sculpture which he now makes is governed by two main considerations. Firstly he is interested in making sculpture for specific sites, in which he can sometimes suggest links with traditional functions and symbolic objects. Secondly, he tries to relate his work to the physical features of the site. In 1982 he took part in the International Sculpture Symposium at Kostanjevica, a small rural town in Yugoslavia. He made a wooden well-like sculpture, which also provided seats along a roadside.

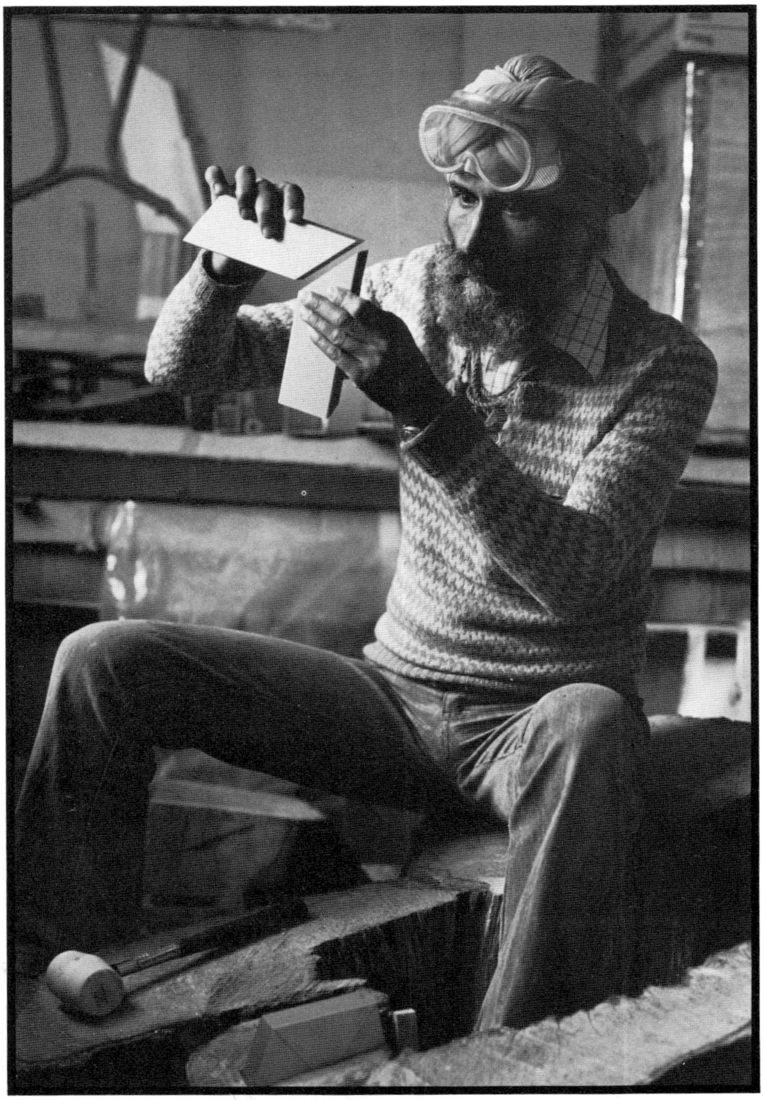

Fel arfer, y mae ei ddewis o ddefnyddiau yn symbolaidd neu'n ffigurol. Gallant gynnig cliw i ystyr y cerflun os deëllir beth a olygant i'r gymdeithas leol. Y mae'r modd y cyfuna fetel gyrr a defnyddiau naturiol ar gyfer safleoedd yn India a gwledydd Prydain yn awgrym o'r tyndra a'r berthynas sy'n bod heddiw rhwng y traddodiadol a'r modern, rhwng y naturiol a'r diwydiannol, yn wir, rhwng athroniaethau'r Dwyrain a'r Gorllewin pan fyddant yn cwrdd. Yn y cerflun a wnaethpwyd ym 1981 yn Banbury, amgaeir clwt mawr o garreg goch Horton leol o fewn fframwaith o lathau alwminiwm wedi ei anodeiddio. Ffatri gyfagos y mae'r gymuned i ryw raddau'n ddibynnol arni yw Alcan Aluminium. Yr oedd y cerflun felly yn symbol o berthynas yr ardal â diwydiant y mae'n ymelwa arno ond sydd eto'n gallu bod yn gyfyngiad arni. Gosodwyd gwahanol rannau'r cerflun mewn modd sydd yn adlewyrchu goleddf y safle awyr-agored ac yn tynnu sylw at hynny.

Ganed Avtarjeet Dhanjal ym 1939 yn Dalla yn y Punjab, India. O 1965 i 1970 astudiodd yng Ngholeg Celfyddydau'r Llywodraeth, Chandigarh. Treuliodd ddwy flynedd yn dysgu cerflunio yng Ngholeg Prifysgol Kenyatta, Nairobi, Kenya. Ym 1974, ymunodd â chwrs Cerflunio Uwch Ysgol Gelf St Martin, Llundain. Ym 1975 bu'n gweithio fel arlunydd mewn diwydiant, mewn gwaith cynhyrchu alwminiwm ac ym 1983 yr oedd yn artist preswyl gyda Nwy Gogledd-ddwyrain Lloegr. Y mae wedi cymryd rhan mewn arddangosfeydd grŵp yng ngwledydd Prydain, India ac Ewrop ac wedi cynnal arddangsofeydd un-person hefyd. Comisiynwyd gwaith o'i eiddo ar gyfer sawl safle cyhoeddus.

His use of materials is usually symbolic or metaphorical. They can provide a clue to the meaning of the sculpture through an understanding of their implications for the local society. His combination of worked metal and natural materials for sites in India and Britain hints at the tensions and relationships which exist today between the traditional and the modern, between the natural and the industrial; indeed between the meeting of Eastern and Western philosophies. For the sculpture made in 1981 at Banbury a large piece of local Hornton red stone was enclosed within a framework of anodised aluminium rods. Alcan Aluminium is a nearby factory on which the community is to some extent dependent. The sculpture therefore symbolised the relationship of the locality to industry, from which it benefits, but which can also be considered to constrict it. The different parts of the sculpture were placed so that they reflected and drew attention to the sloping character of the outdoor site.

Avtarjeet Dhanjal was born in 1939 at Dalla in the Punjab, India. From 1965-1970 he studied at the Government College of Arts, Chandigarh. He spent two years teaching sculpture at the Kenyatta University College, Nairobi, Kenya. In 1974 he became a student on the Advanced Sculpture Course at St. Martin's School of Art, London. In 1975 he worked as an artist in industry in an aluminium fabrication works and in 1983 he has a residency with North East Gas. He has participated in group exhibitions in Britain, India and Europe and also held one-man exhibitions. He has had work commissioned for several public sites.

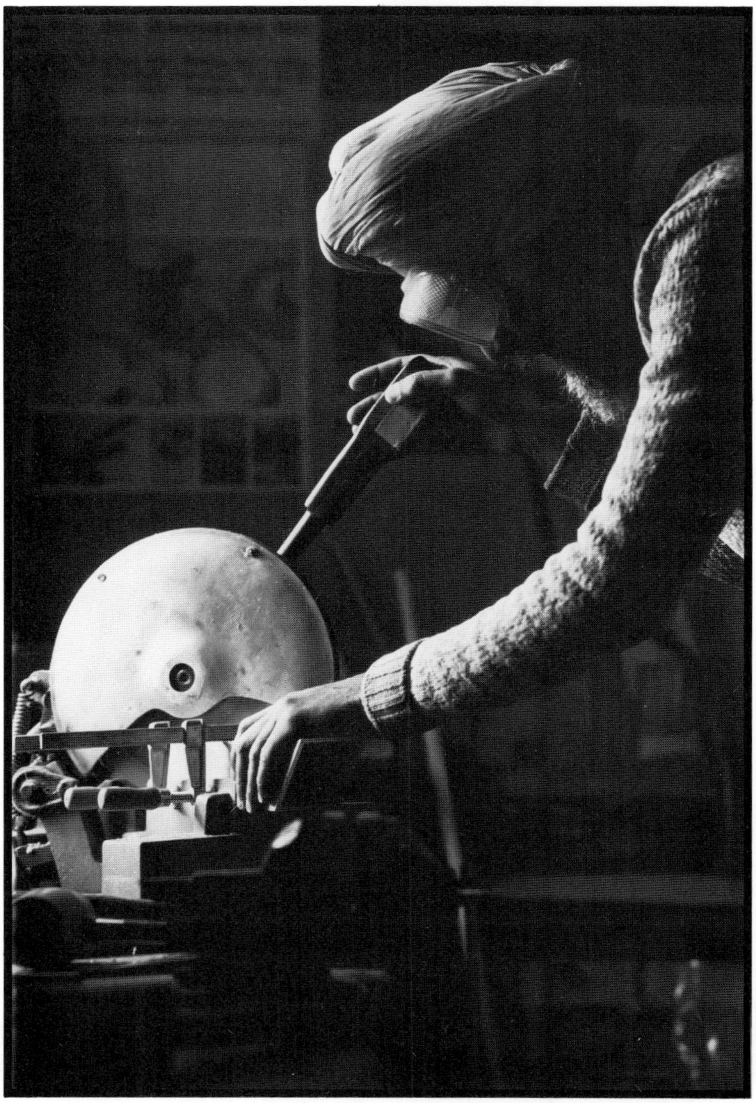

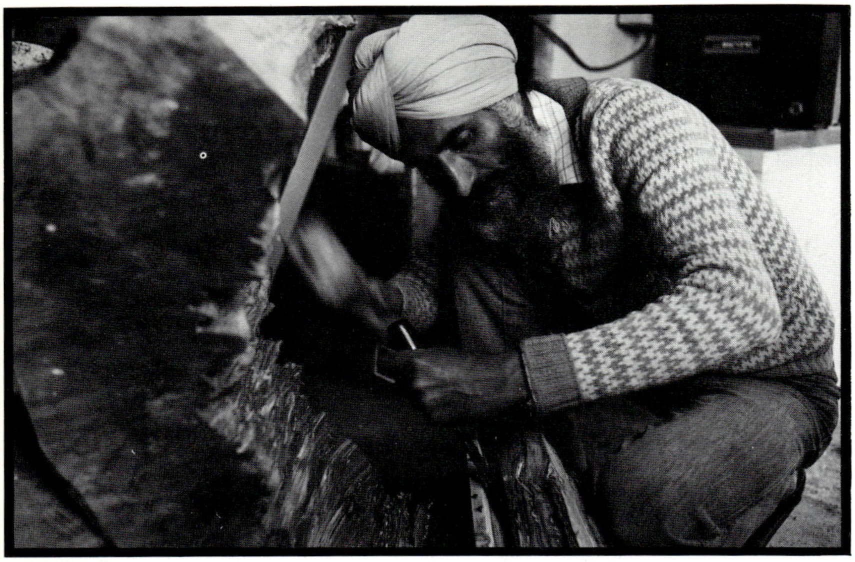

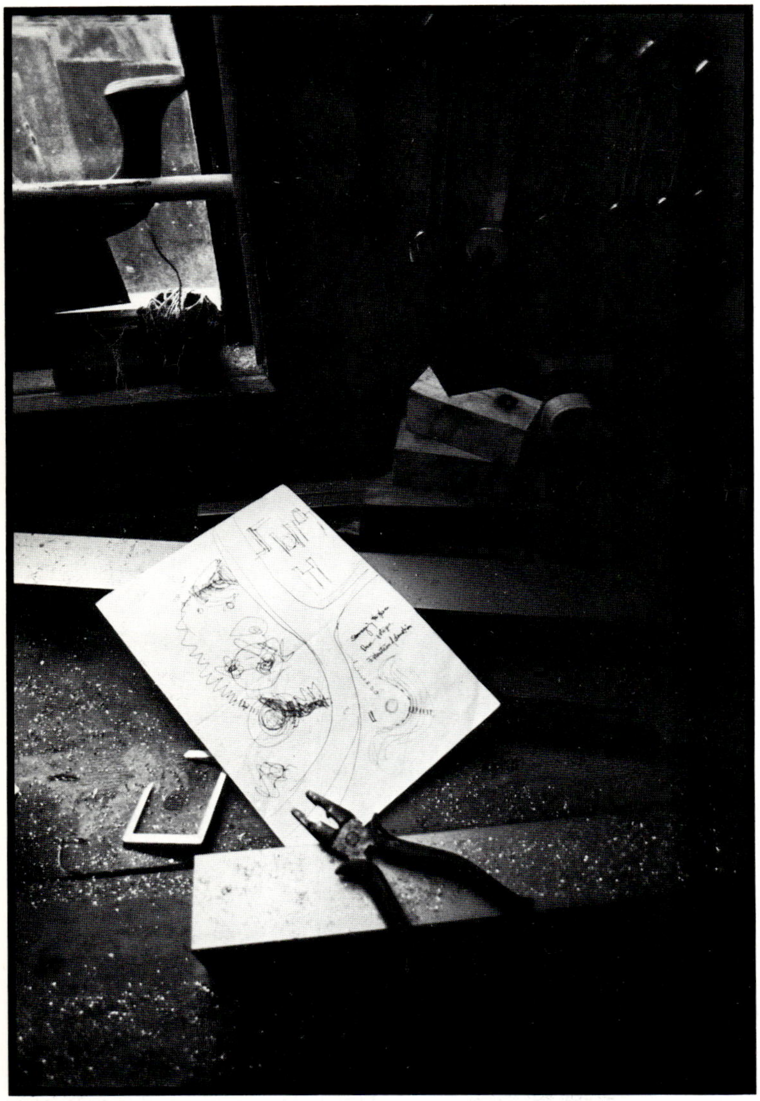

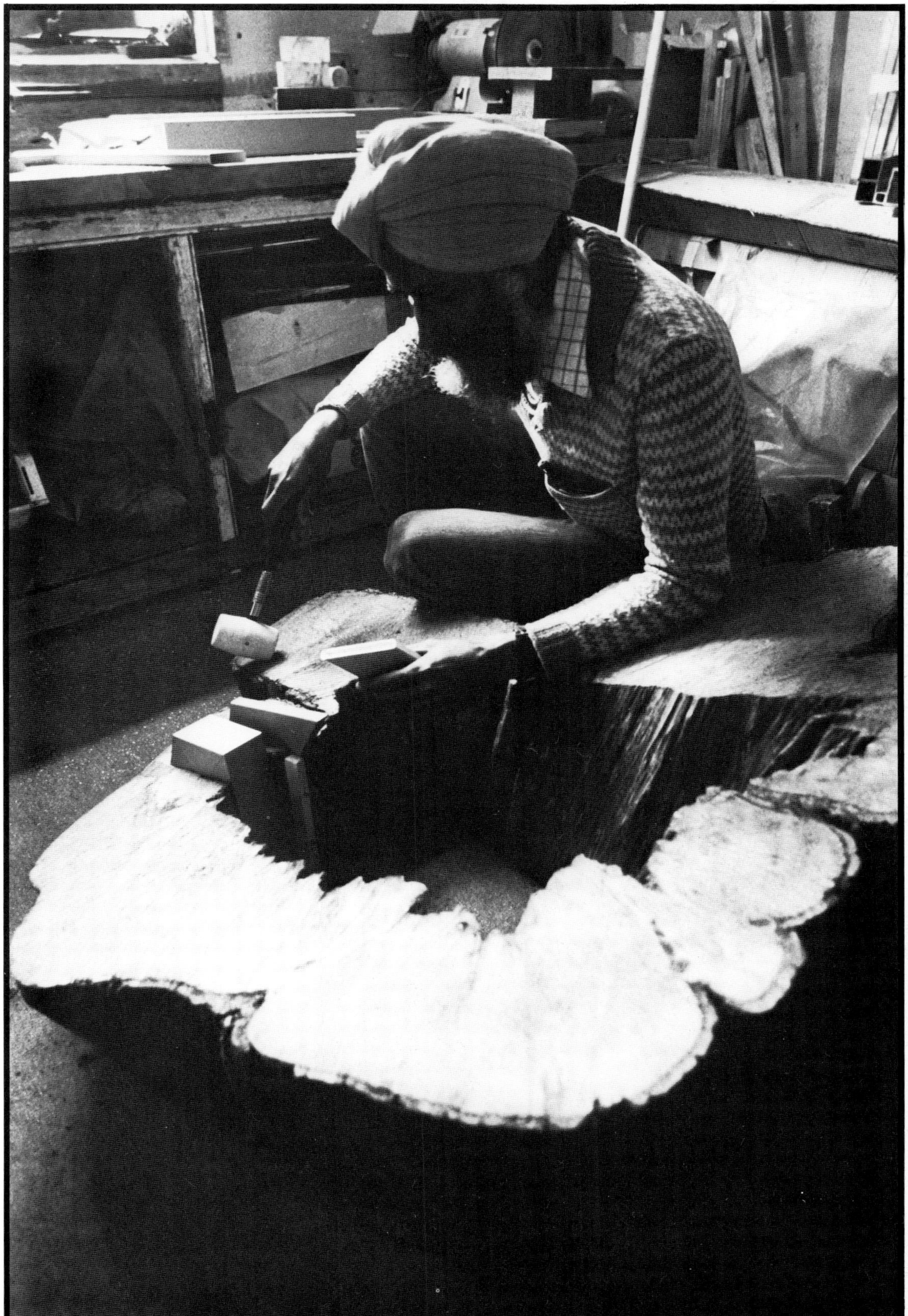

WILLIAM PYE

Yr oedd rhai o'r blaenoriaethau sy'n rheoli gwaith cerflunio William Pye eisoes wedi eu pennu erbyn dechrau'r 1960au. Ar ei ymweliad cyntaf â'r Eidal a gwlad Groeg ym 1959, daeth wyneb yn wyneb â threfn a chydbwysedd pensaernïaeth hynafol, a dirgelion a symboliaeth cysegrfeydd y temlau a'r duwiau sy'n preswylio ynddynt. Yr oedd hefyd wedi dechrau ymddiddori yn nefnyddiau a thechnegau peirianegol pensaernïaeth fodern. Fel cerddor, gallai gymhwyso ei ddealltwriaeth o drefniant ac ailadrodd ffurf at wneuthur cerfluniau tebyg ar rai agweddau i gerddoriaeth yn eu siapiau tonnog, eu harwynebau myfyrgar, awgrymog a, weithiau, y defnydd a wnâi o symudiadau a sain go iawn. Gellir dehongli'r cerfluniau 'Deity Enshrined' a wnaethpwyd yng nghanol y 1960au fel gwaith sy'n tarddu o agwedd hanfodol wrywaidd, yn creu gofod cysygredig, drud ar gyfer delweddau rhywiol. Crogir ffurfiau ffalig o fewn fframwaith pren trionglog. Y mae llawer o gerfluniau William Pye yn diffinio gofod o fewn terfynau'r strwythur sydd yn gwahodd y gwyliwr i ymuno yn ffurf y gwaith. Gellir cerdded drwy gerfluniau mawrion, megis 'Quillion'. Y mae'r cerflun hwn yn nodweddiadol o'r gwaith a wnaethpwyd tua 1970, lle defnyddiai diwbiau dur di-staen wedi eu sgleinio'n ddisglair. Y mae i 'Quillion' ganolbwynt lle mae ei dair braich yn cyfarfod, ac o'r lle y crymant allan mewn ffurf nadreddog, rywbeth yn debyg i driskel tri-dimensiwn.

Yn ystod y 1970au, gweithiodd William Pye ar nifer o gomisiynau ar gyfer safleoedd yng ngwledydd Prydain ac U.D.A. Drwy ei weithgarwch daeth

Some of the concerns which determine William Pye's sculpture were already established by the beginning of the 1960s. A first visit to Italy and Greece in 1959 introduced him to the order and balance of classical architecture and to the mystery and symbolism of the temple shrines and of their inhabiting deities. He had also developed an interest in the materials and engineering techniques of modern architecture. As a musician he was able to bring an understanding of organization and repetition of form to bear on making sculptures which could apparently parallel music through their undulating shape, suggestive reflective surfaces and sometimes, wih the use of actual movement and sound. The 'Deity Enshrined' sculptures made in the mid-1960s can be interpreted as originating in an essentially masculine attitude, creating a sacred, precious space for sexual images. Phallic forms are suspended inside a triangular wooden framework. Many of William Pye's sculptures define a space within the confines of the structure which invites the viewer to participate in the form of the work. Large sculptures, such as 'Quillion' can be walked through. This sculpture is typical of the work made around 1970 in which he used tubular stainless steel, brought to a high polish. 'Quillion' has a centre point at which its three arms join and from which they curve outwards in snake-like form, rather like a three dimensional triskel.

During the 1970s William Pye worked on a number of commissions for sites in Britain and the U.S.A. Through this activity he came closer to the

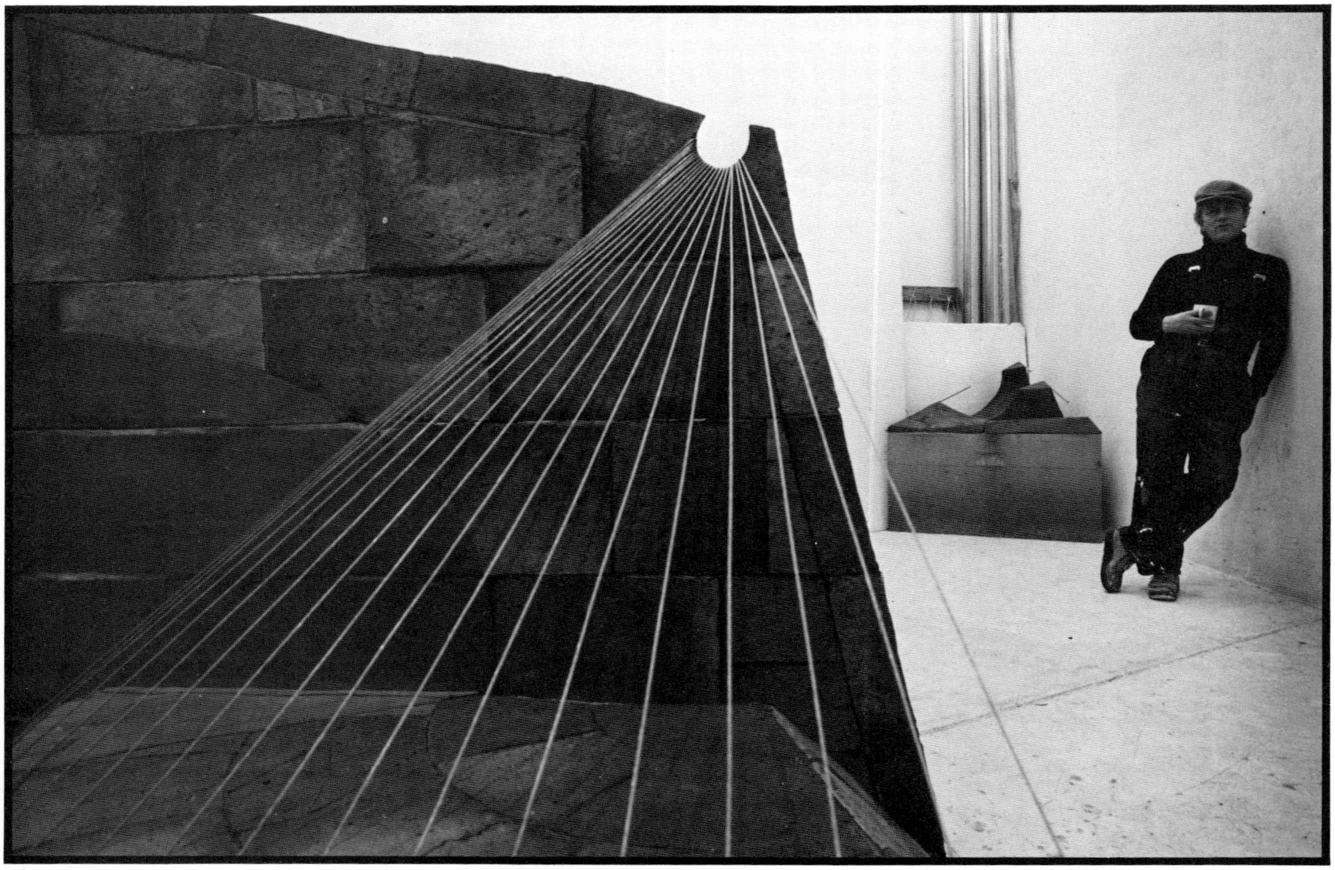

yn nes at ffurfiau pensaernïaeth, a datblygodd gerfluniau sydd â chysylltiadau â phensaernïaeth a pheirianneg hefyd. Y mae cerflun megis 'Albion' 1972 yn dynodi cyfres o blanau a'r gofod rhyngddynt. Tynnir llinellau rhai o'r planau hyn gan sitenni solet o ddur di-staen, ac eraill gan geblau dur di-staen wedi eu tynnu'n dyn. Y mae'r effaith terfynol yn osgeiddig ac effeithiol.

Un o'r datblygiadau diweddaraf yn ei gerflunio yw defnyddio ceramig fel deunydd cerflunio, ac ar ffurf sgrîn. Wrth son am ei 'Ripple Wall' a wnaethpwyd ym 1982, dywedodd, "Y sgriniau addurniedig godidog yn 'Arddangosfa Fawr Siapan' yn yr Academi Frenhinol yn ddiweddar a esgorodd ar y cerflun hwn. Y mae i'r gwrthrychau hardd hyn nodweddion cyfareddol sy'n cyd-daro â rhai o'm diddordebau cyfredol. Y maent yn cyfuno delweddaeth gerfluniadol a darluniadol. Yn wahanol i natur wastad, ddau-ddimensiynol darlun, y mae'r sgrîn, o'i gosod i sefyll â'i phlanau ar ongl sgwâr i'w gilydd, yn troi'n wrthrych cerfluniadol tri-dimensiynol amlwg ac eto, mae'r artistiaid Siapaneaidd yn mynnu anwybyddu natur igam-ogam arwyneb y sgrîn, gan ymdrin ag ef fel plân gwastad, a bwrw dyluniadau eofn ar draws y gwrymiau. Daw dyn i sylweddoli fod yna un safle neilltuol o'r lle yr esgorodd yr artist ar ei ddyluniad, ac o'r pwynt hwnnw y crisiala'r holl farciau, gweadwaith a lliwiau yn un dyluniad mawreddog."

Ganed William Pye yn Llundain ym 1939. Astudiodd gerflunio yn Ysgol

forms of architecture and evolved sculptures which have links with both architecture and engineering. A sculpture such as 'Albion' 1972, marks out a series of planes and the spaces between them. Some of these planes are described by solid sheets of stainless steel, others by tensioned stainless steel cables. The effect is elegant and efficient.

One of the most recent developments in his sculpture is to use ceramic as a sculptural material and in the form of a screen. Of his 'Ripple Wall' made in 1982 he has said "The magnificent decorated screens in the recent 'Great Japan Exhibition' at the Royal Academy provided the genesis for this sculpture. These beautiful objects have intriguing features which coincide with some of my current preoccupations. They combine both sculptural and pictorial imagery. As distinct from the flat two dimensional nature of a picture, the screen, when set up with its planes set at right angles, becomes an obviously three dimensional sculptural object, and yet the Japanese artists wilfully ignored the zig-zagging surface of the screen, treating it as a flat plane, casting bold designs across the corrugations. One comes to realise that there is one position from which the artist conceived his design and it is from this point that all the marks, textures and colours crystalise into a single grand design."

William Pye was born in London in 1939. He studied sculpture at Wimbledon School of Art and at the Royal College of Art. He first began to

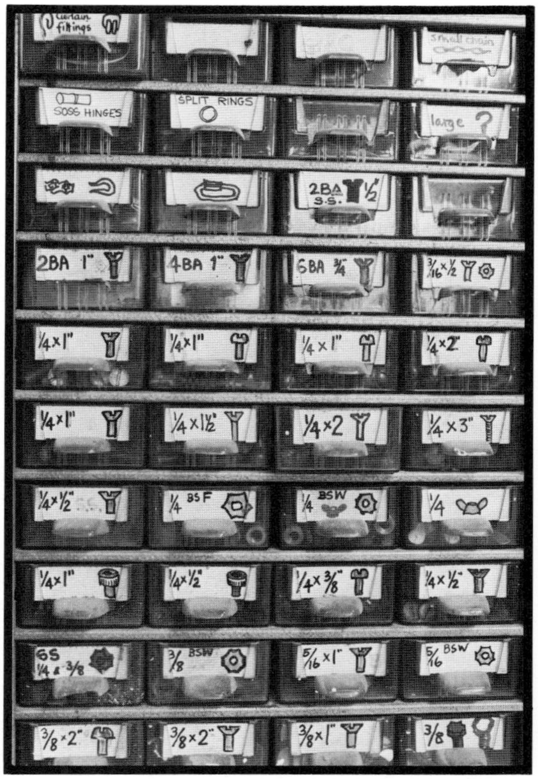

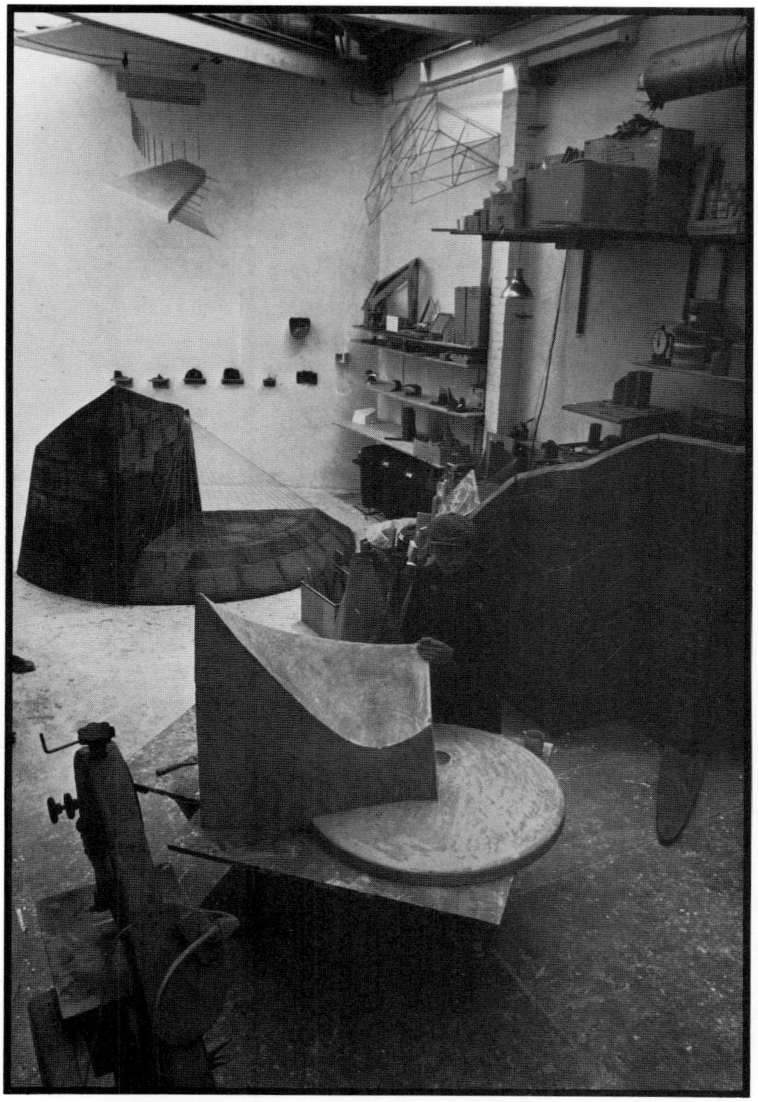

Gelf Wimbledon a'r Coleg Celf Brenhinol. Dechreuodd wneud cerfluniau mewn cydweithrediad â diwydiant ac o dan ei nawdd ym 1968, ac er hynny, y mae wedi gweithio ar lu o gomisiynau ar gyfer safleoedd cyhoeddus yng ngwledydd Prydain ac U.D.A. Y mae ei ymrwymiad i wneuthur cerfluniau i'w lleoli mewn mannau cyhoeddus wedi ymestyn i gynnwys arddangos yn yr awyr-agored â'r tirlun yn gefndir. Y mae wedi arddangos ei waith ar safleoedd Ymddiriedolaeth Cerfluniau'r Alban yn Landmark a Glenshee; yn Arddangosfa'r Jiwbilî, 1977, ym Mharc Battersea; yng Nghanolfan Gelfyddyd Storm King, U.D.A.; ym Mharc Tatton, Swydd Gaer ac ar Lwybr y Cerfluniau ym Milton Keynes. Y mae wedi cynnal nifer o arddangosfeydd un-person sydd wedi teithio gwledydd Prydain ac U.D.A., a chymerodd ran mewn llawer o arddangosfeydd grŵp.

make sculpture in co-operation with and through the sponsorship of industry in 1968 and has since worked on many commissions for public sites in Britain and the U.S.A. His commitment to making publicly sited sculpture has extended to showing in a landscape setting. He has exhibited at the Scottish Sculpture Trust's sites at Landmark and Glenshee; in the 1977 Silver Jubilee Exhibition at Battersea Park; at Storm King Art Centre, U.S.A.; at Tatton Park, Cheshire and in the Sculpture Walk at Milton Keynes. He has held several one-man exhibitions which toured Britain and the U.S.A. and has taken part in many group exhibitions.

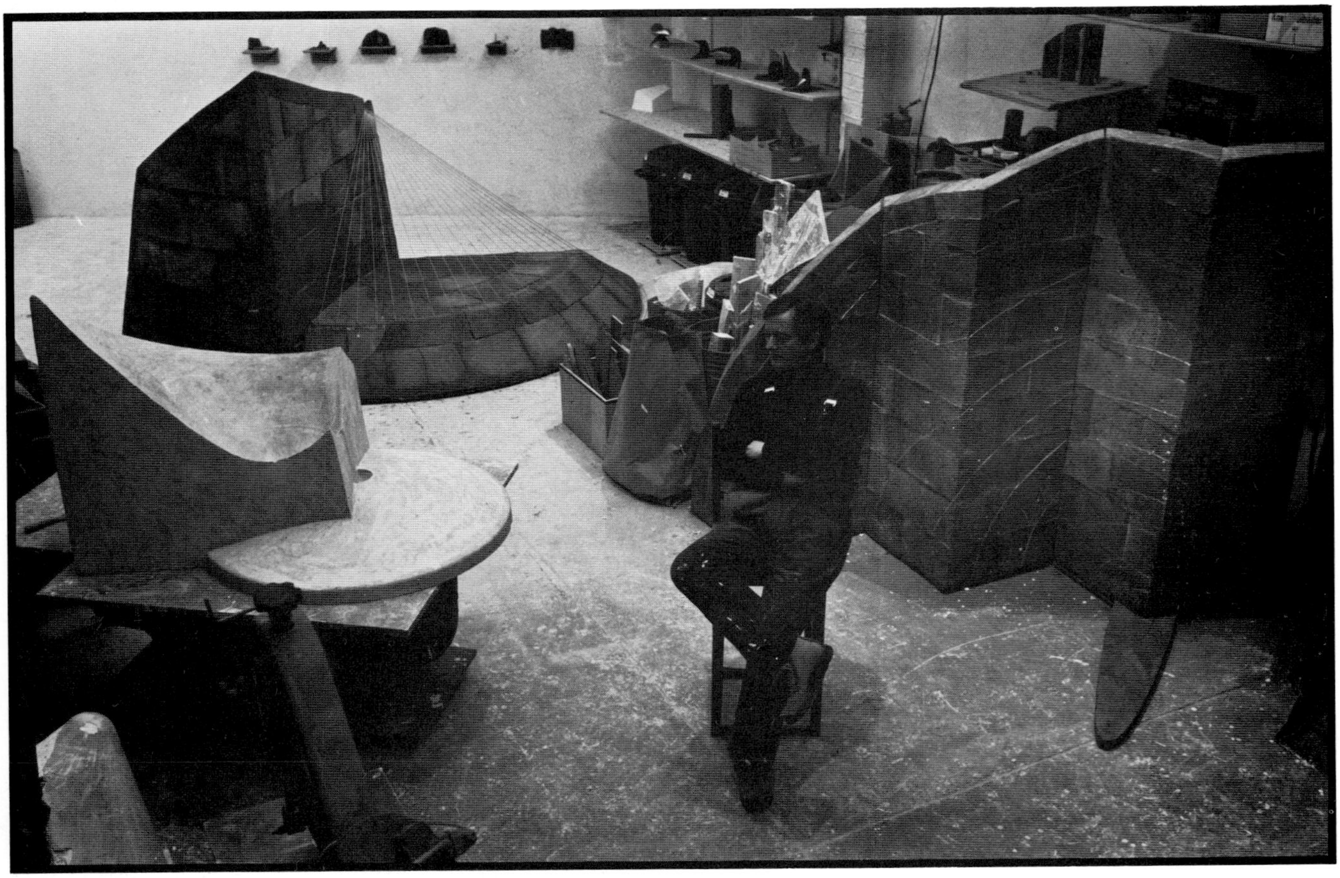

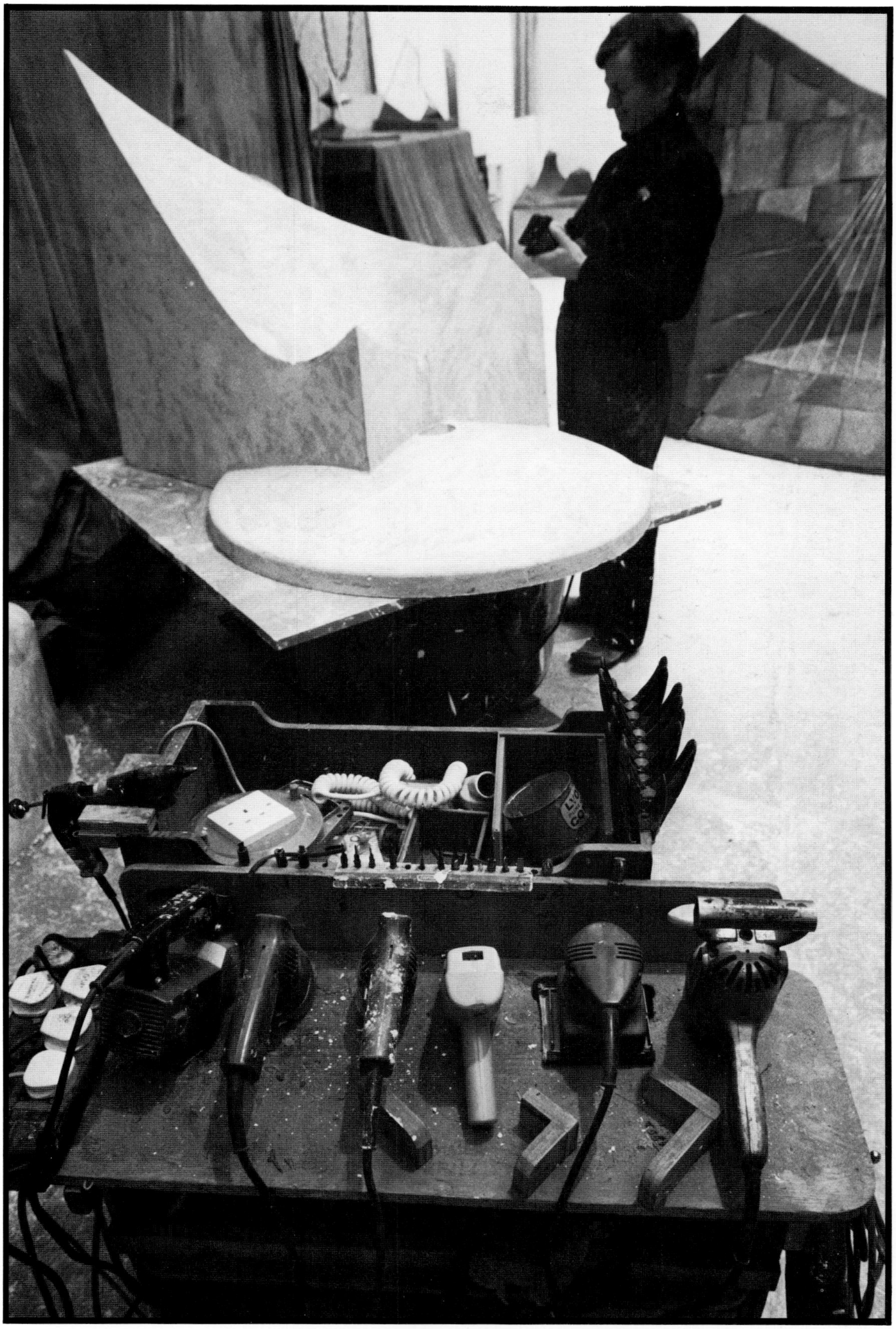

GLYNN WILLIAMS

Cerfiwr carreg yw Glynn Williams, cerfiwr ffigurau yn benodol. Dywed mai " 'gweithgarwch' yw deunydd testun y cerfluniau. Yn y gorffennol, yr oeddynt yn weithiau haniaethol. Y mae gwrthdaro rhwng y ddau gyflwr gwrthgyferbyniol hyn, ac mewn cerfluniau blaenorol, euthum ati yn anymwybodol i guddio'r gwrthdaro hwn mewn amwysedd ffurf." Er mor hoff y bu Glynn Williams o gerfio mewn carreg erioed, yn ystod y 1960au gwnaeth gerfluniau haniaethol mewn cyfryngau cymysg, yn cynnwys ffibrwydr wedi ei beintio. Ailymddangosodd siapiau "wedi eu torri allan" crwm y cerfluniau hyn yng ngwaith diweddarach y 1970au, ond erbyn hynny yr oeddynt wedi eu torri allan o'r garreg, ac yn gysylltiedig â'r ffurf dynol.

Y mae'r cerfluniau diweddaraf yn dra gwahanol. Y mae Glynn Williams yn perthyn i garfan o gerflunwyr sydd am bwysleisio swyddogaeth gwaith ffigurol er ailfywiogi'r traddodiad cerflunio. Y mae'n ymdrin â'r corff dynol fel cyfres o elfennau penodol, bob un mewn perthynas ddiffiniedig â'r gweddill, a'r cwbl wedi ei gyd-berthnasu'n gyfanwaith lle pennir y ffurf yn weithredol a theimladwy gan symudiadau neilltuol. Yn 'The Hunter' 1981, gwelir dyn yn hanner-cyrcydu i godi pwysau anifail marw ar ei ysgwyddau. Y mae 'Squatting, Holding, Looking' yn darlunio menyw yn llawn tyndra, yn ei heistedd bron, yn dal ei phlentyn sy'n sefyll o'i blaen yng nghylch cofleidiol ei breichiau. Cynrychiola 'Shout' a gerfiwyd ym 1982 ffigur mam yn dal ei phlentyn marw. Hanfod y cerflun yw un symudiad ei phen wrth iddi ei daflu yn ôl i wylofain ac y mae, fel

Glynn Williams is a stone carver and his carvings are figurative. He says that the sculptures " . . . have 'activity' as their subject matter. In the past, sculptures have been abstract. There is conflict between these two contradictory states and in past sculptures I have unconsciously shrouded this conflict in ambiguous form". Although Glynn Williams has always been attracted to stone carving as a technique, during the 1960s he made abstract sculptures in mixed media, which included painted fibreglass. The curving 'cut-out' shapes of these sculptures reappeared in the work made later in the 1970s, but by then were cut out in stone and related to the human form.

The most recent sculptures are very different. Glynn Williams belongs to a group of sculptors who wish to emphasise the role of figurative work in revitalising the sculptural tradition. He treats the human body as a series of specific elements, each having a defined relationship to the others and co-ordinated into a whole, in which the form is actively and expressively determined by particular movements. In 'The Hunter' 1981, a man half-crouches, lifting the weight of a dead animal onto his shoulders. 'Squatting, Holding, Looking' depicts a woman, who is tensed in an almost seated position and holds her standing child in the circular embrace of her arms. 'Shout', carved in 1982, represents the figure of a mother holding a dead child. The sculpture contains the single movement of her head thrown backwards to cry out and, like other Glynn

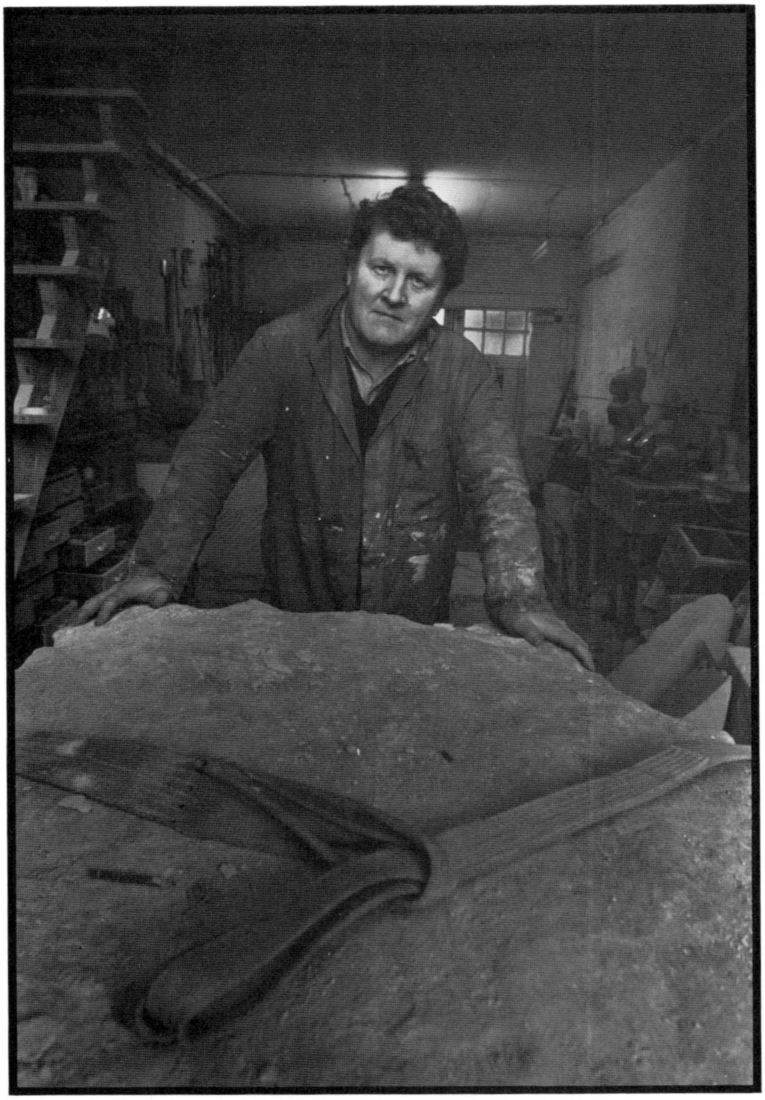

cerfluniau eraill gan Glynn Williams, yn mynegi sefyllfa ddynol ac emosiwn drwy weithred ddynol.

Y mae'r math o symleiddio a geir yng ngherfluniau Glynn Williams yn ein hatgoffa i raddau o gerfluniau traddodiadol Affrica, ac ar rai agweddau, ymddangosant yn ddieithr i'r llygad Ewropeaidd. Gweithia mewn carreg galch yn fynych, o Ancaster fel arfer, deunydd addas i'w gerfio i greu siapiau tyner eu lluniad ac amlinellau esmwyth y ffigurau.

Bu Glynn Williams, a aned yn Amwythig ym 1939, yn fyfyriwr yng Ngholeg Celf Wolverhampton o 1955 i 1960. Bu'n gweithio yn Rhufain rhwng 1961 a 1963, ar ôl ennill Ysgoloriaeth Rhufain am gerflunio. Yn ystod y ddau ddegawd diwethaf y mae wedi arddangos ei waith yn helaeth yng ngwledydd Prydain, ac yn Ewrop a Gogledd America yn achlysurol. Gwelwyd ei waith yn yr awyr agored mewn sawl arddangosfa ym Mharc Cerfluniau Swydd Efrog ac, ym 1982, ar Lwybr Cerfluniau Canolfan Gelfyddydau Great Linford, Milton Keynes. Fe'i comisiynwyd hefyd i wneud cerfluniau ar gyfer safleoedd cyhoeddus.

Williams' sculptures, expresses a human situation and emotion through a human action.

The kind of simplification that occurs in Glynn Williams' sculptures, is partly reminiscent of African traditional sculptures and in some respects looks alien to the European eye. He often works in limestone, usually from Ancaster in Lincolnshire, which is suitable for carving the softly formed shapes and rounded contours of the figures.

Glynn Williams, who was born in Shrewsbury in 1939, studied at Wolverhampton College of Art from 1955-1960. He worked in Rome between 1961 and 1963, having won the Rome Scholarship for Sculpture. During the last two decades he has exhibited widely in Britain and on occasions in Europe and North America. His work has been seen out-of-doors in several exhibitions in the Yorkshire Sculpture Park and in 1982 at the Great Linford Arts Centre Sculpture Walk, Milton Keynes. He has also been commissioned to make sculptures for public sites.

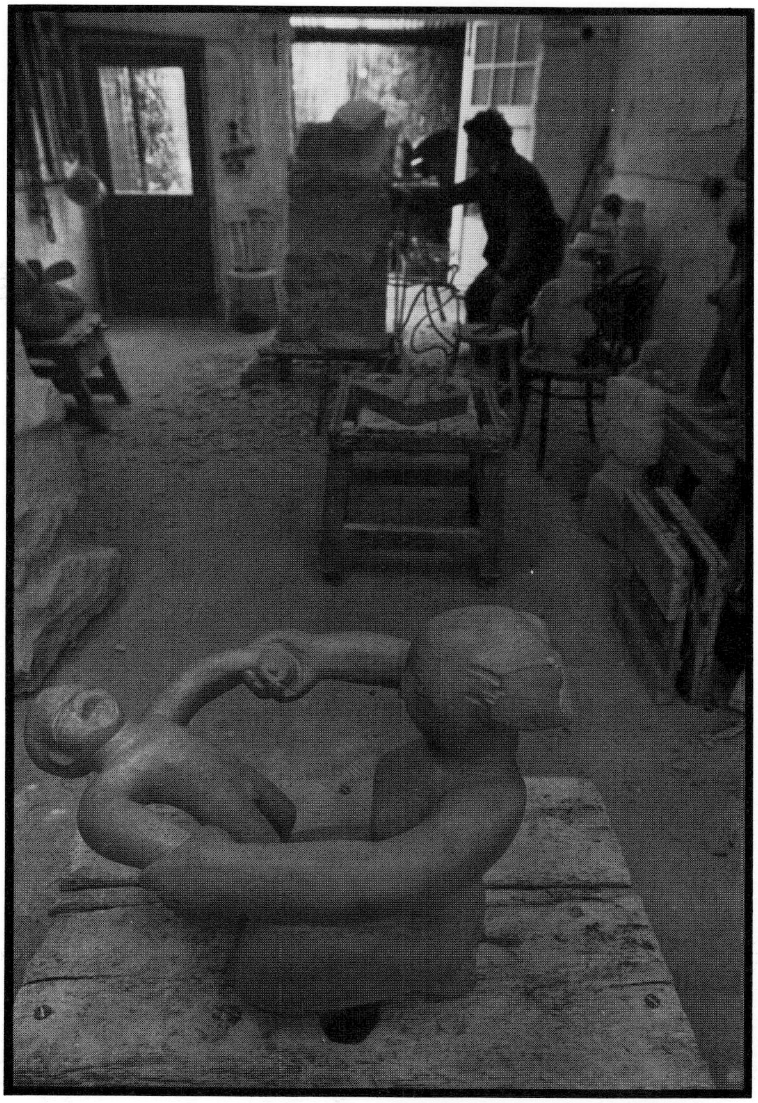

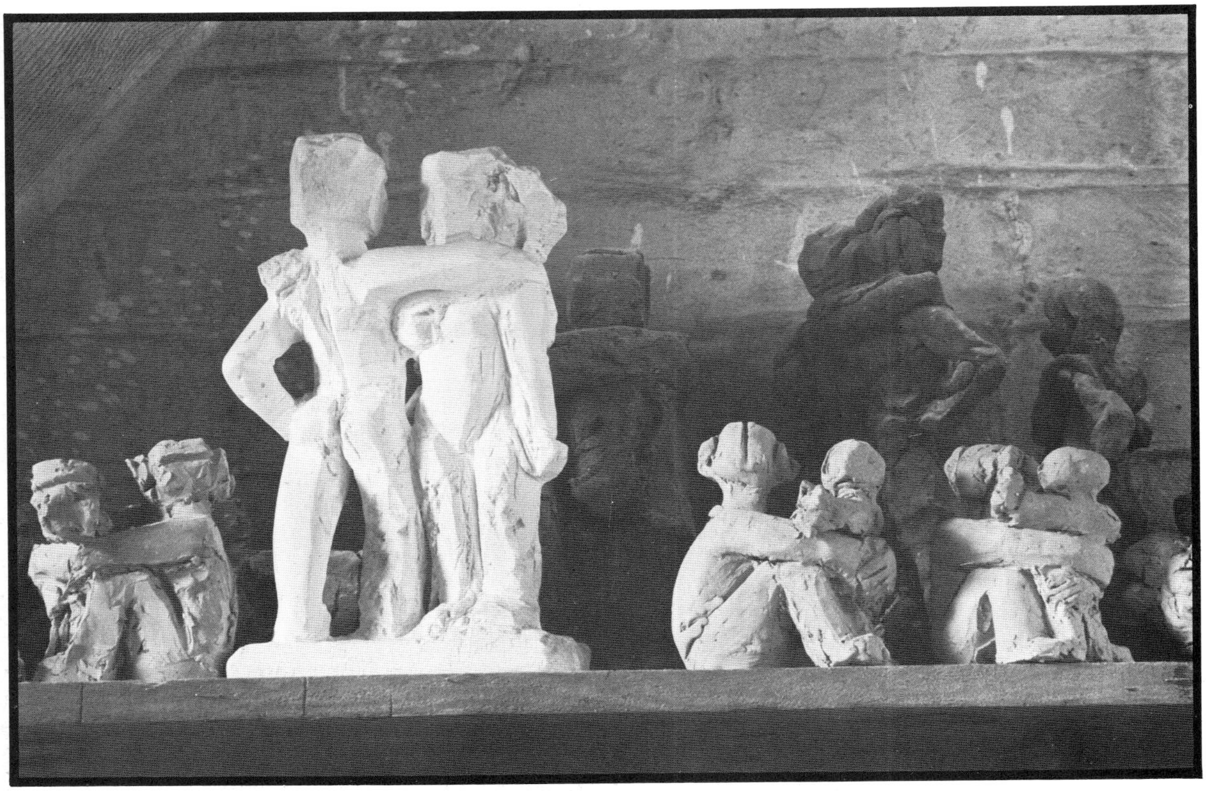

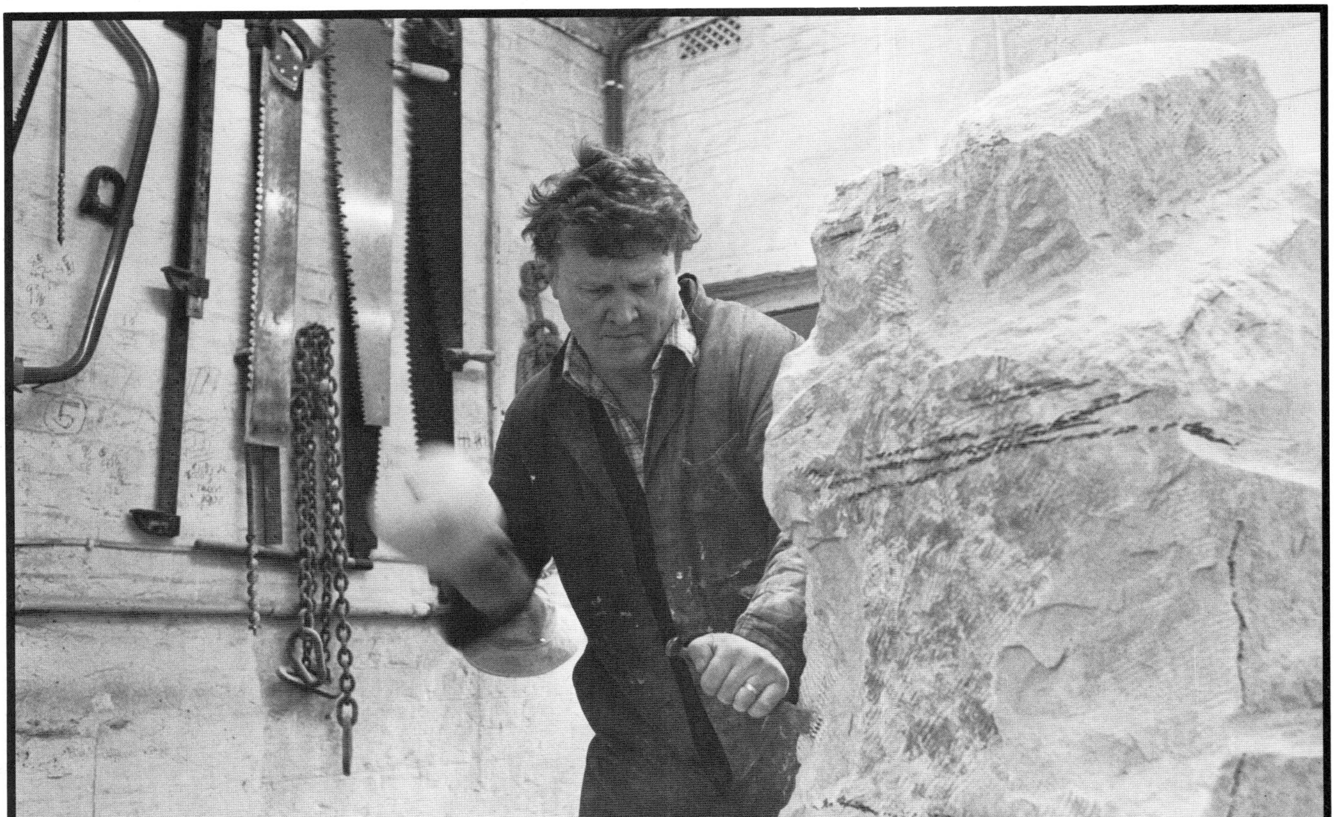

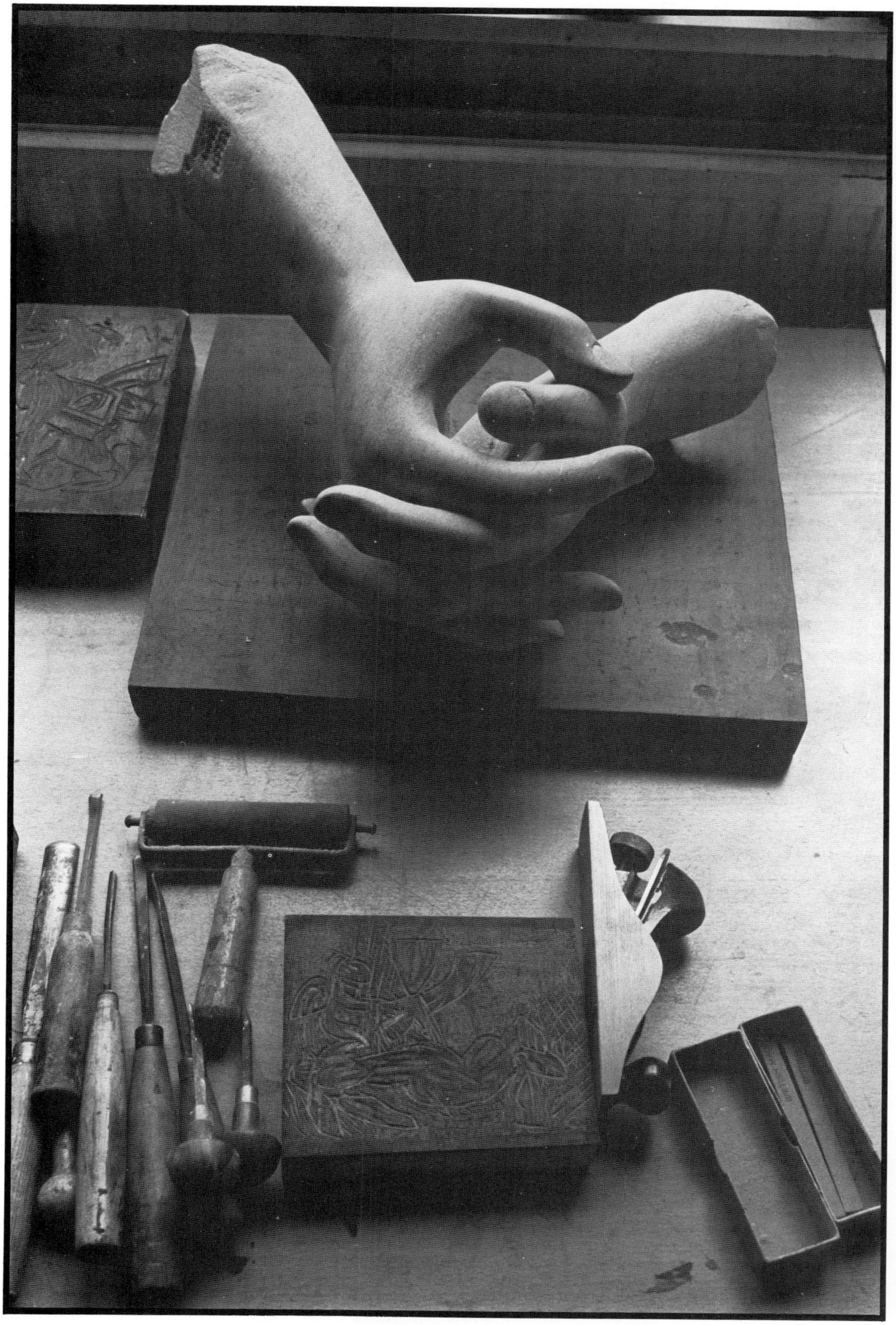

JAKE KEMPSELL

Enw cerflun 1974 Jake Kempsell a osodwyd i sefyll ar lethrau sgio Glenshee gan Ymddiriedolaeth Cerfluniau'r Alban yw 'Love Child of the Butterfly that Ravished an Elephant'. Y mae'r ddelwedd a'i henw annhebygol yn atogoffa dyn o gelfyddyd swrealaidd, a dichon yr ymddengys y cerflun rhyfedd yn anghydweddol i'r sgïwyr a â heibio. O ganol y 1960au, bu'n gweithio ar gerfluniau cysylltiedig a lunir o ddefnyddiau technoleg uwch megis ffibrwydr ac alwminiwm.

Er 1975, pan aeth i fyw yng nghefn gwlad Angus, mae Jake Kempsell wedi ailbwysleisio ei wreiddiau Albanaidd. Dywed fod ei waith wedi " . . . mynd drwy gyfnod o newid a ddechreuodd gyda'r masgiau ac a gwblhawyd yn 'Archaic Sunrise'. Seiliwyd y datblygiad hwn ar hyder ymdeimlad newydd-ei-ganfod o 'Wreiddiau', sydd yn gorwedd yn ddwfn yng nghrombil dirgelion oes a fu a gynrychiolir yng ngherfluniau a symbolau'r Pictiad a'r Celtiaid; y mae'n gyfeiriad newydd sydd wedi magu nerth gweledol a theimladol drwy fy mynych ymweliadau ag Ynys Skye, a thrwy i mi ddod o hyd i allweddi i ddatgloi delweddau newydd sy'n tarddu o ymateb greddfol i natur a gwreiddiau, yn enwedig gwreiddiau." Y mae Jake Kempsell wedi cyrraedd man cyfarwydd i lawer ar hyn o bryd yn maes peintio a cherflunio: yr angen am archwilio natur ddefodol, hudolus ac organig profiad personol a gwreiddiau diwylliannol, a'r teimlad fod y ddolen gyswllt hon wedi mynd ar goll yng nghelfyddyd yr ugeinfed ganrif fel y gwnaeth mewn cymdeithas ddiweddar, o dan ddylanwad syniad o gynnydd sydd yn dileu'r gorffennol.

Jake Kempsell's sculpture placed on the Glenshee ski slopes by the Scottish Sculpture Trust, was made in 1974 and is titled 'Love Child of the Butterfly that Ravished an Elephant'. The image and its unlikely title are reminiscent of surrealist art, and the strange sculpture may seem incongruous to the passing skiers. From the middle of the 1960s he had been working on related sculptures in which he used high technology materials, such as fibreglass and aluminium.

Since 1975, when he went to live in the countryside of Angus, Jake Kempsell has re-affirmed his Scottish roots. He says that his work " . . . has undergone a transition marked by the masks and completed in 'Archaic Sunrise'. This development is based upon the confidence of a sense of 'Root' newly perceived, which lies deeply bedded in the past mysteries represented in the sculptures and symbols of the picts and celts, it is a new direction which has gathered visual and emotive force from repeated visits to the Isle of Skye and from finding keys to release fresh images emanating from an intuitive response to nature and origins, particularly origins." Jake Kempsell has arrived at a point which is currently familiar in painting and sculpture: the need to explore the ritual, magical and organic nature of personal experience and of cultural roots, and the feeling that this thread has been lost in twentieth century art as in recent society, through the influence of a notion of progress which obliterates the past.

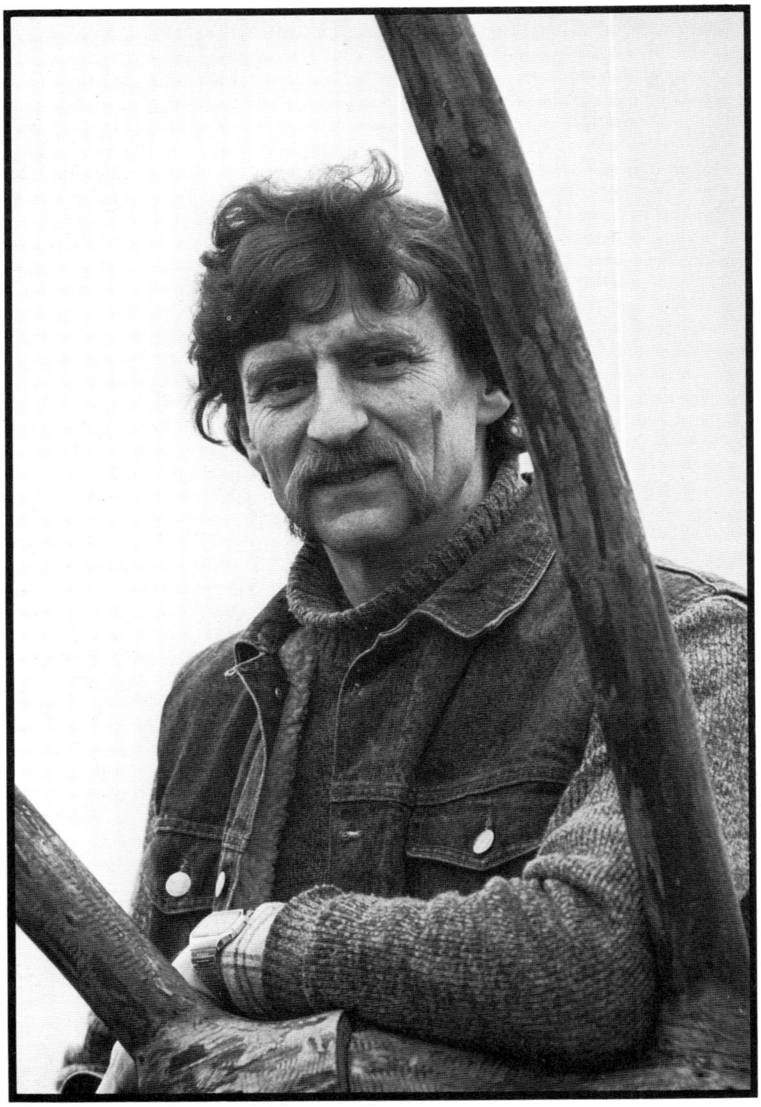

Daw o hyd i'w ddefnyddiau organig, coed, llechi, cerrig, plu, ar lannau Môr y Gogledd ac yng nghaeau a iardiau coed Angus. Caiff ysbrydoliaeth yn ffurfiau hynafol, delweddaeth a defnyddiau'r meini hirion pictaidd cerfiedig, a'r croesau celtaidd cofadeiliol. Y mae'r rhain yn awgrymu atgofion am un o ddibenion celfyddyd sydd yn uniaethu'r gwneuthurwr â defodau a chredoau cymdeithas gyfrywiol frodorol. Gallai cerflunydd o Gymru geisio cysylltiadau cyffelyb drwy gyfrwng croesau megis y rheini ym Margam a'r cromlechi a'r meini ogam a saif mewn mannau anghysbell yng Nghymru, a'r broblem i'r naill fel y llall yw dod o hyd i ffordd o wneud datganiad cyfoes sy'n mynegi'r cysylltiadau hyn, ond gan wneud mwy na dim ond dynwared eu ffurfiau.

Dechreuodd Jake Kempsell wneud hyn drwy ei gerfluniau cydosodol sy'n defnyddio gwrthrychau y daethpwyd o hyd iddynt a'u trefnu mewn ffurfiau enigmatig sy'n awgrymu cysylltiadau â'r gorffenol ac â gorffennol y cerflunydd. Y mae hefyd wedi gwneud cerfluniau megis 'Cloud Sketch 1' sydd yn dwyn i gof ffurfiau meini cerfiedig hynafol ac sydd hefyd yn cyfeirio'n ffraeth at dirlun aruthrol bro Angus. Y mae 'Archaic Sunrise' yn gynoesol yn ei ffurf hudolus, symbolaidd, ac yn destun syndod fel modd o fynegi ffenomenon naturiol hanfodol fyrhoedlog mewn siâp diriaethol, tri-dimensiynol.

Y mae Jake Kempsell, a aned ym 1940 yn Dumfries, wedi glynu'n glos wrth ei wreiddiau Albanaidd. Astudiodd yng Ngholeg Celf Caeredin ac o

He finds his organic materials, wood, slate, stone, feathers, on the shore of the North Sea and in the fields and wood-yards of Angus. He finds inspiration in the ancient forms, imagery and uses of the carved pictish standing stones and the celtic monumental crosses. These provide memories of a purpose for art which identifies the maker with the rituals and beliefs of a homogeneous and indigenous society. A Welsh sculptor may seek similar connections through crosses such as those at Margam and the cromlechs and ogam stones to be found in remote parts of Wales, and the problem for both is to find a way of making a contemporary statement which expresses these connections, but does not simply imitate their forms.

Jake Kempsell began to do this through his assemblage type of sculpture, which uses found materials and arranges them in enigmatic forms that suggest associations with their past and with that of the sculptor. He has also made sculptures, such as 'Cloud Sketch 1' which recall the form of ancient carved stones and also refer, with some humour, to the awesome landscape of his Angus home, 'Archaic Sunrise' is both primeval in its magical, symbolic form and surprising, as a way of expressing an essentially transitory natural phenomenon in concrete three dimensional shape.

Born in 1940 in Dumfries, Jake Kempsell has remained close to his Scottish origins. He studied at Edinburgh College of Art and from 1965 to

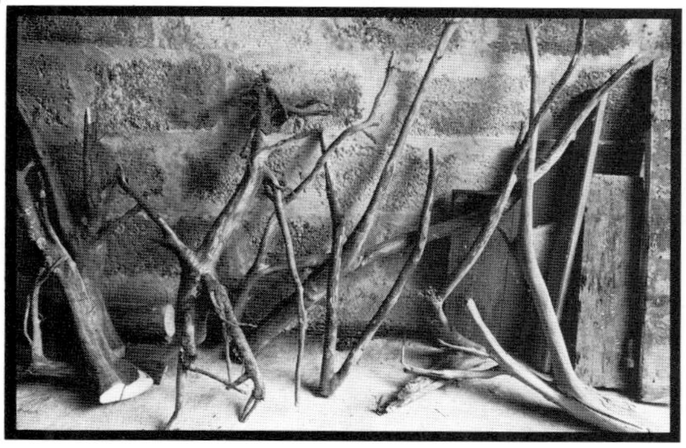

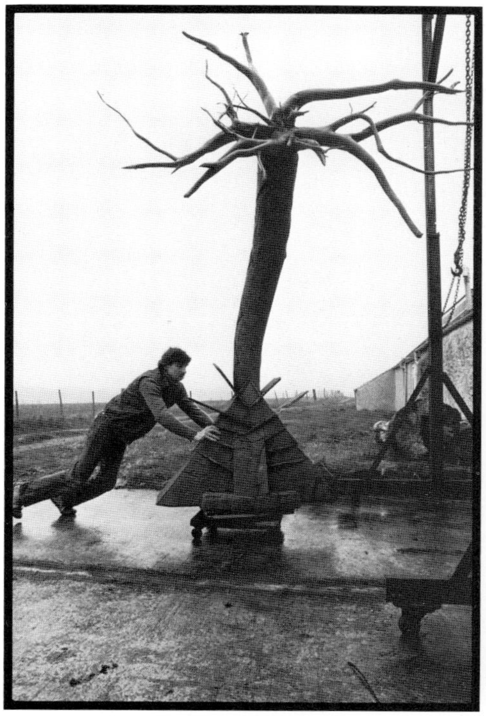

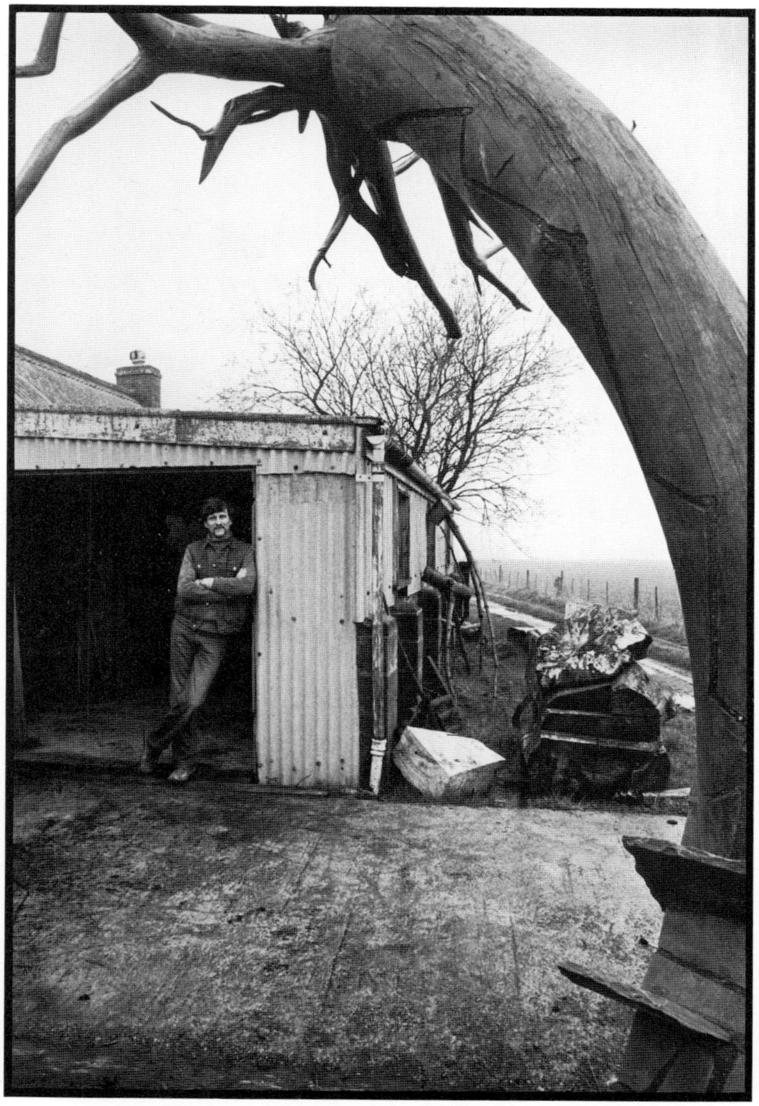

1956 in 1975 bu'n darlithio mewn cerflunio yno. Y mae bellach yn ddarlithydd yng Ngholeg Celf Duncan of Jordanstone, Dundee. Chwaraeodd ran weithgar yn natblygiad cerflunio yn yr Alban. Ef yw cyfarwyddwr Darpariaeth Stiwdio a Gweithdy i Artistiaid yn yr Alban ac yr oedd yn un o sylfaenwyr Ymddiriedolaeth Cerfluniau'r Alban ym 1978. Y mae wedi arddangos yn fynych yn yr Alban ac yng ngwledydd eraill Prydain.

1975 he lectured in sculpture there. He now lectures at Duncan of Jordanstone College of Art, Dundee. Jake Kempsell has been active in developments in sculpture in Scotland. He is a director of Workshop and Artists Studio Provision in Scotland and in 1978 was one of the founders of the Scottish Sculpture Trust. He has exhibited frequently in Scotland and in other parts of Britain.

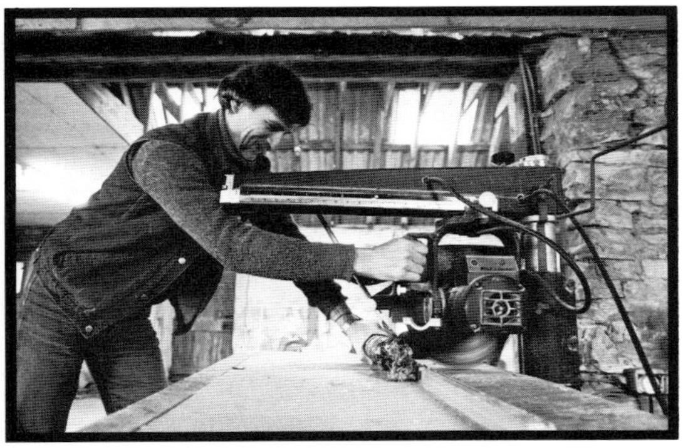

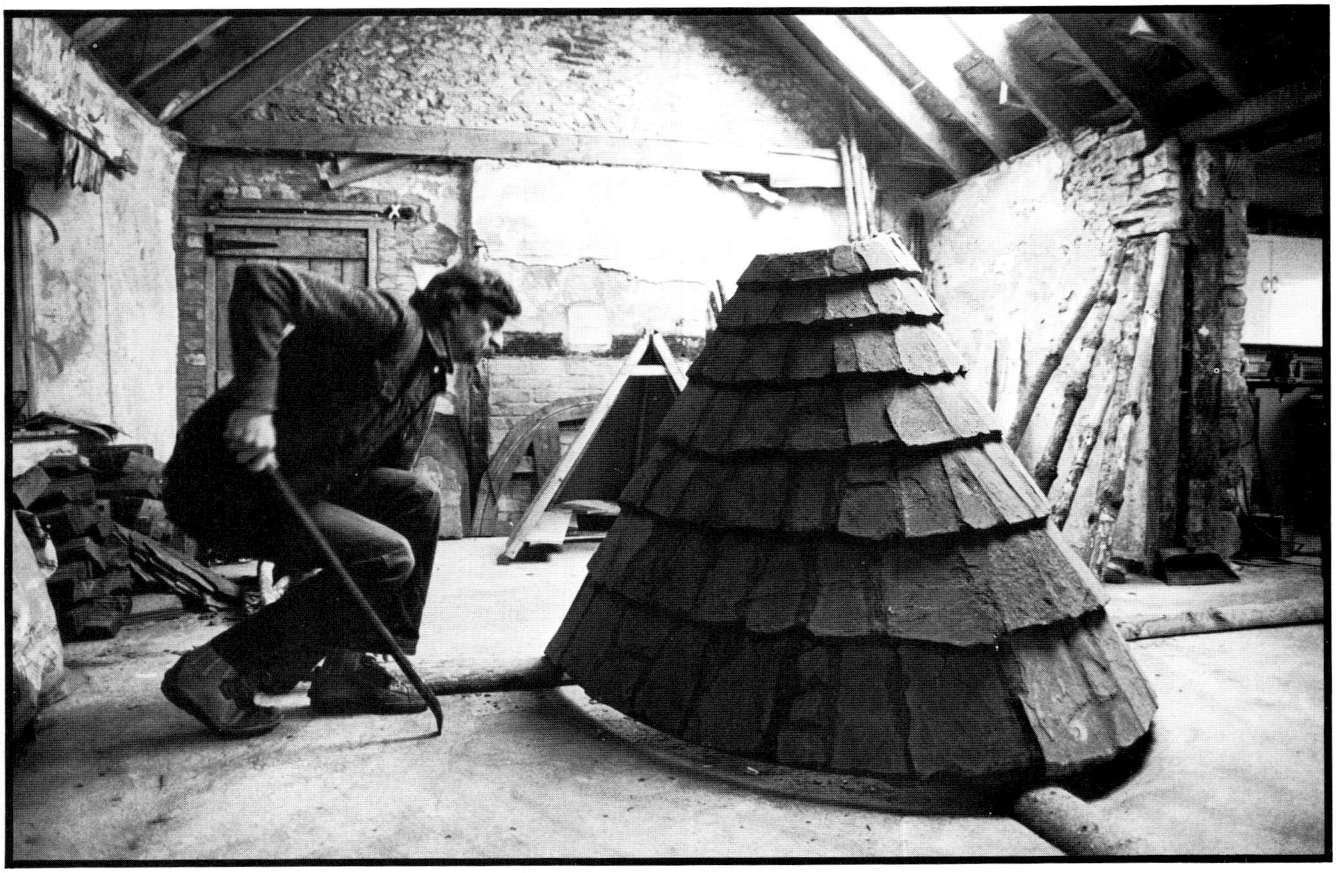

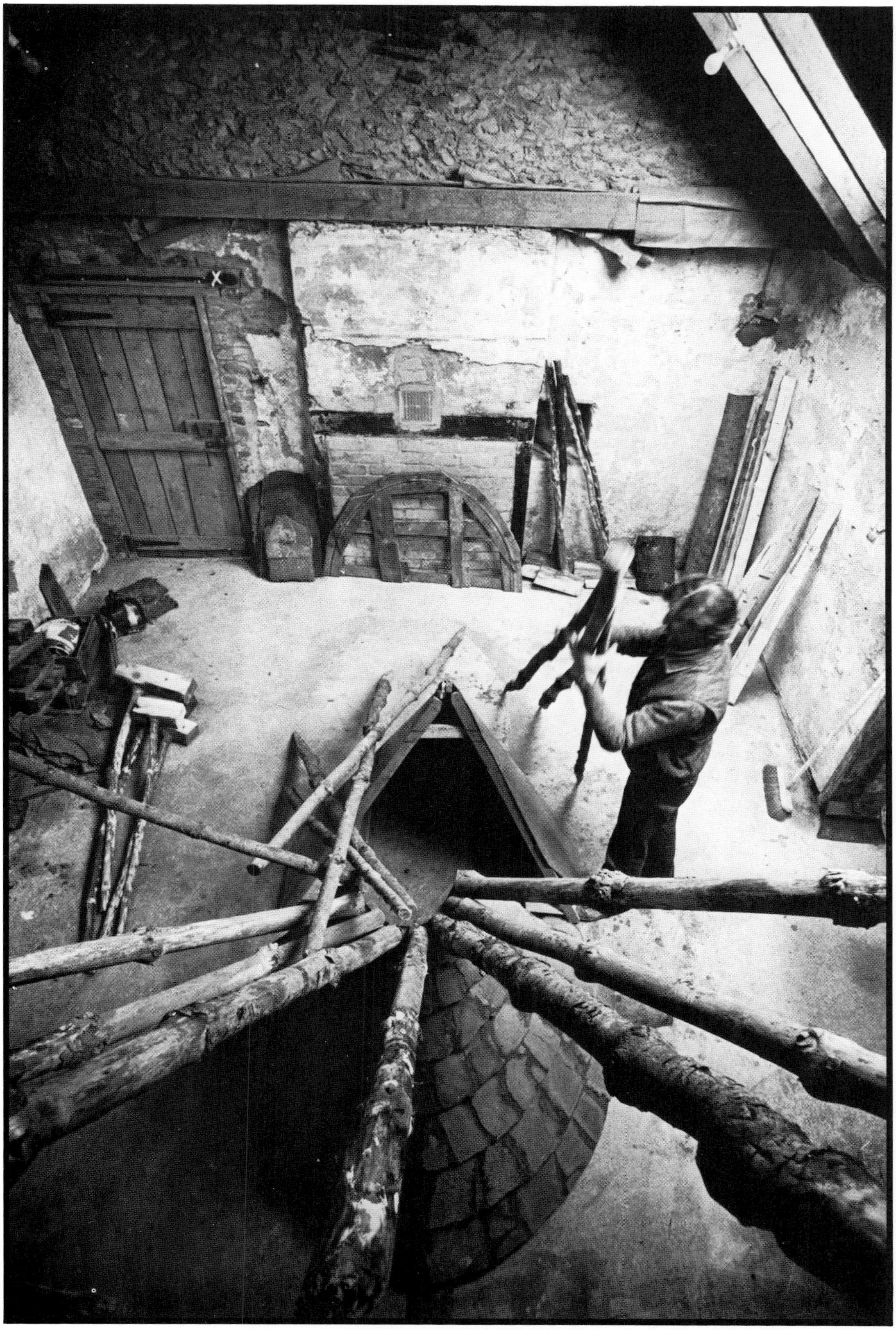

JOHN MAINE

O ddur galfanedig a phren yn bennaf y lluniai John Maine gerfluniau yn y 1970au cynnar. Dewisodd y defnyddiau hyn er mwyn archwilio'r berthynas, o ran gofod a chrynswth, rhwng ffurfiau cymhleth sy'n cydgloi. Y mae geometreg y ffurfiau hyn wedi parhau i fod yn ffactor bwysig. Ymchwiliodd y cerflunydd i geometreg fel ffynhonnell ffurfiau pensaernïol, fel sail ddelfrydol profiad esthetig, a fel gwraidd y fathemateg sy'n ymwneud â chyfrifiadau seryddol. Seiliwyd rhai lluniadau diweddar ar ffurfiau geometraidd astrus yr arsyllfeydd carreg a adeiladwyd ar ddechrau'r ddeunawfed ganrif gan y Maharaja Sawi Jai Singh yn Jaipur, Delhi a safleoedd eraill yng Ngogledd India.

Y mae gweithredu goleuni yn amod bwysig iawn i'w hystyried wrth edrych ar ei gerfluniau. Y mae'r gweithiau diweddarach, a gerfiwyd mewn carreg, yn dibynnu ar oleuni fel ffordd o fywiogi a chynanu eu harwynebau. Y mae'r trawsnewid o amcangyfrif symudiad goleuni, fel ffordd o hyrwyddo ffurf, i ddefnyddio goleuni go iawn i fywiogi siâp yn un arwyddocaol dros ben. I John Maine, mae'r broses o gerfio yn bwysig ynddi ei hun, ac nid yw arwynebau cynnil a manwl-gywir eu lluniad a ffurfiau traws-gyweiriedig ei gerfluniau'n dibynnu'n llwyr ar gynllunio manwl o flaen llaw; y maent hefyd yn datblygu yn ystod y cerfio.

Wrth arddangos ei gerfluniau yn yr awyr agored, caniateir i'r ffurfiau ymddangos fel pe baent yn newid wrth i'r goleuni newid. Rheswm arall dros osod ei gerfluniau y tu allan yw bod John Maine yn gwneud

John Maine's sculpture made in the early 1970s was mainly of galvanised steel and wood. He used these materials in order to explore the spatial and volumetric relationships of complex interlocking shapes. The geometry of these forms has continued to be an important factor. He has explored geometry as the source of architectural forms; as the ideal basis of aesthetic experience and as the root of mathematics relating to astronomical calculations. Recent drawings have been based upon the intricate geometries of the stone observatories built in the early 18th century by the Maharaja Sawi Jai Singh at Jaipur, Delhi and other sites in Northern India.

The action of light is a very important condition to be considered when viewing his sculpture. The more recent works, carved in stone, depend on light as a means of enlivening and articulating their surfaces. The transition from the calculation of light movement, as a means of prompting form, to the use of real light to enliven shape is very significant. The process of actually carving is important to him and the delicately and precisely worked surfaces and modulated forms of his sculptures are not wholly dependent upon pre-designed calculation, but also evolve during the carving.

Showing his sculptures out of doors allows the forms to appear to alter as the light changes. Another reason for putting his works outside is that John Maine makes sculptures which define the space of a landscape and

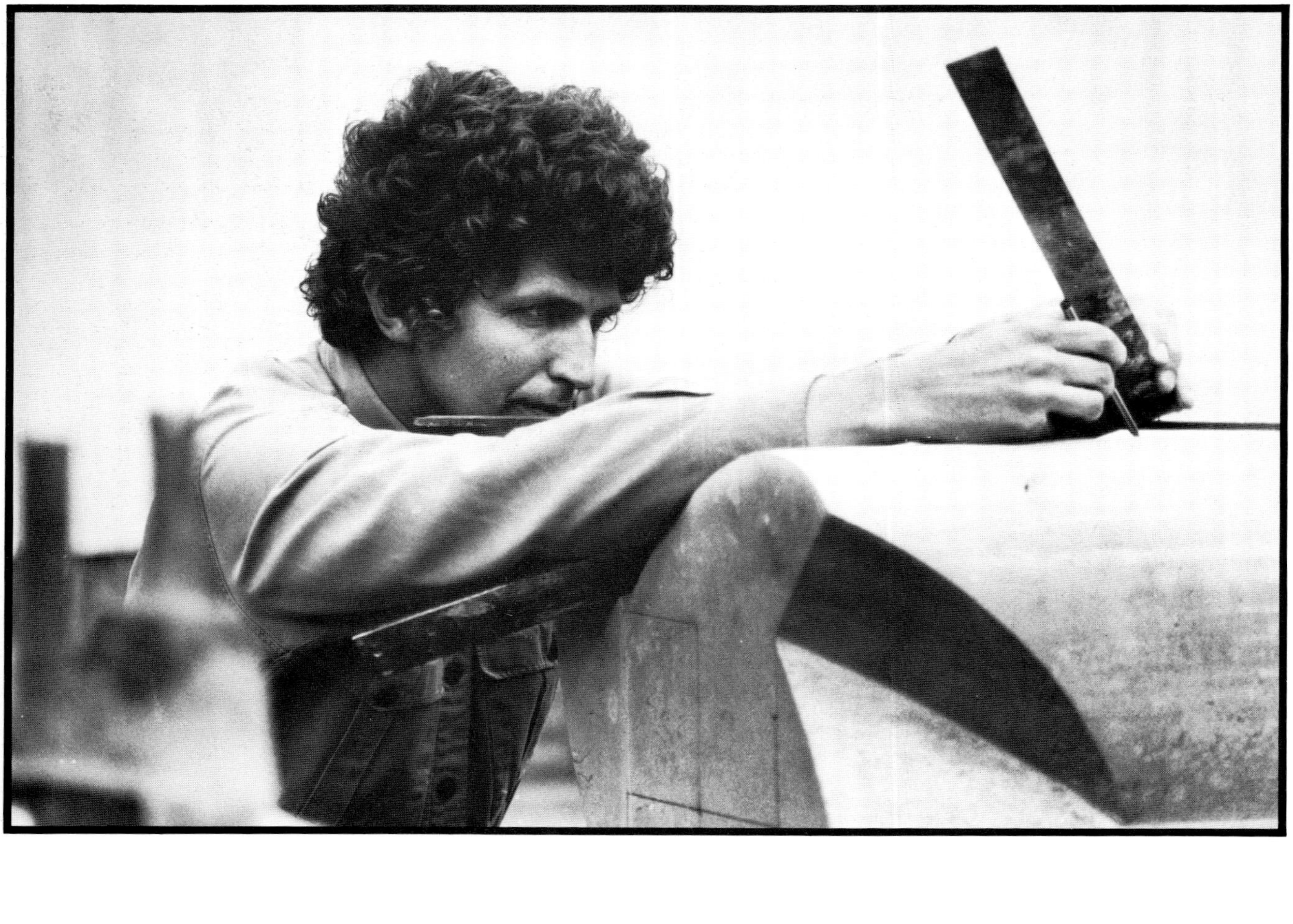

cerfluniau sydd yn diffinio gofod tirlun ac yn gweithredu fel mynegbyst iddo. Dywed am y gweithiau a leolwyd ym Mharc Cerfluniau Swydd Efrog ym 1978: "Y mae'r meini'n annibynnol ond y maent hefyd yn sefydlu cysylltiadau drwy'r holl dirlun. Rhaid i bob un fod yn ddigon grymus i ddylanwadu ar y gofod sy'n ei gysylltu â'r safleoedd eraill. Ni ddylid meddwl am y darnau fel arwyddluniau yn datgan eu presenoldeb o bell, ond yn fwy fel mynegbyst yn ymestyn allan, ond eto'n pwysleisio'r tir y safant arno."

Ganed John Maine ym Mryste ym 1942. Astudiodd yng Ngholeg Celf Gorllewin Lloegr ac o 1964 i 1967, yn y Coleg Celf Brenhinol yn Llundain. Y mae wedi cymryd rhan mewn nifer o sioeau mawr, gan gynnwys Arddangosfa'r Jiwbilî ym Mharc Battersea ym 1977. Ym 1978, ef oedd y cerflunydd cyntaf a gafodd gynnal arddangosfa un-person ym Mharc Cerfluniau Swydd Efrog. Enillodd sawl gwobr, gyda rhai ohonynt yn golygu teithio, megis ysgoloriaethau i U.D.A. a Mecsico. Bu'n gweithio yn Siapan yn ddiweddar, mewn Symposiwm Gerflunio a gynhaliwyd yn Ninas Hagi. Gellir gweld ei waith mewn llu o gasgliadau cyhoeddus, ac y mae wedi cwblhau nifer o gomisiynau cyhoeddus o bwys; yn Awstralia y mae'r diweddaraf o'r rhain.

act as markers in it. He says of the works sited in 1978 at the Yorkshire Sculpture Park: "The stones are autonomous, but also establish links throughout the landscape. Each one has to be sufficiently intense to influence the space connecting it with the other sites. The pieces are not thought of as emblems declaring themselves from a distance, so much as markers extending outwards, yet emphasizing the ground on which they stand."

John Maine was born in Bristol in 1942. He studied at the West of England College of Art and from 1964 to 1967 at the Royal College of Art, London. He has taken part in a number of major shows, including the 1977 Battersea Park Silver Jubilee Exhibition. In 1978 he was the first sculptor to have a one-man exhibition at the Yorkshire Sculpture Park. He has won several awards, some involving travel, such as those to the U.S.A., and Mexico. He has recently worked in Japan, at a Sculpture Symposium held at Hagi City. His work can be seen in many public collections and he has completed several major public commissions, the most recent being in Australia.

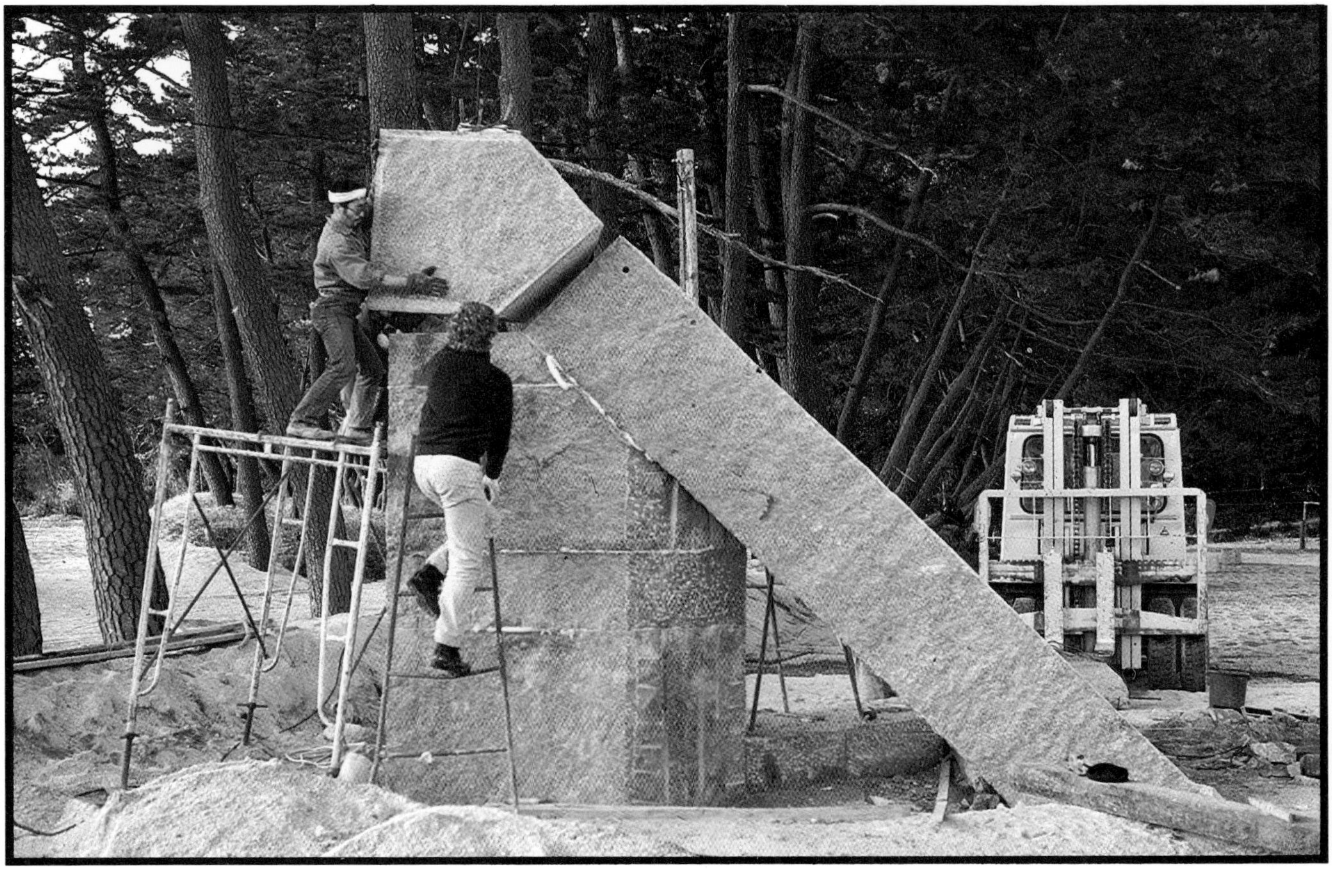

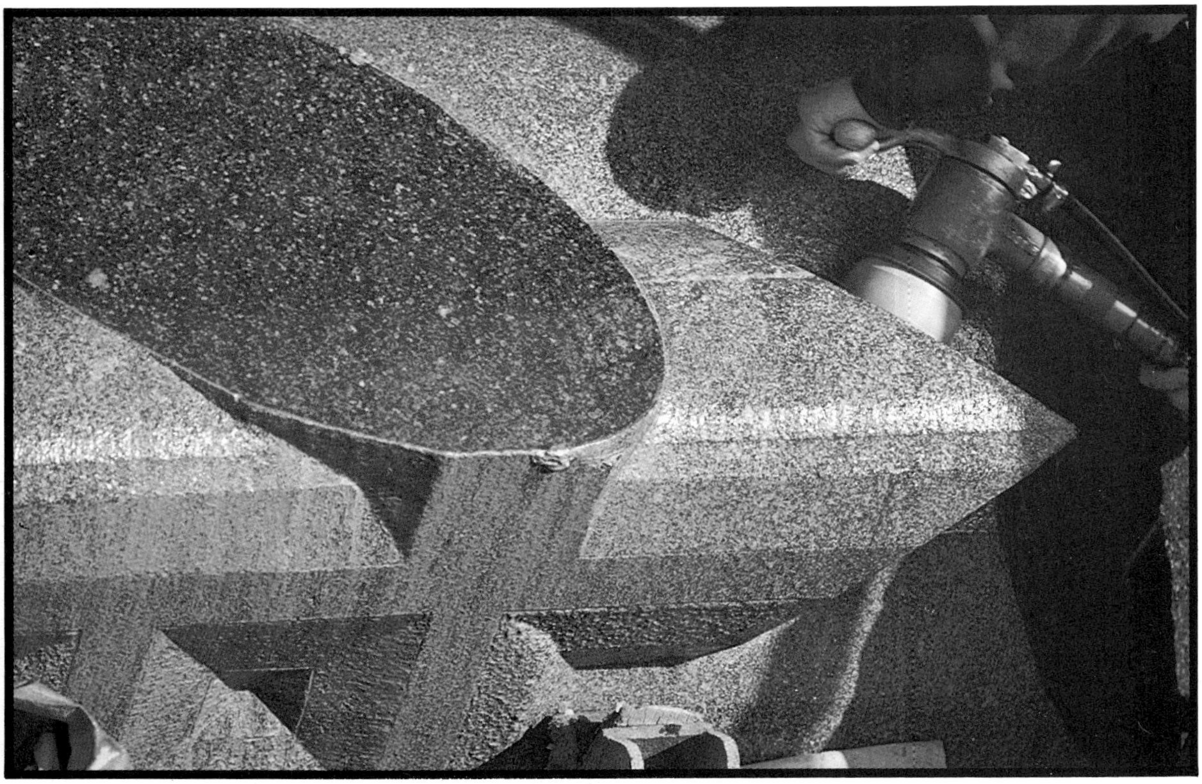

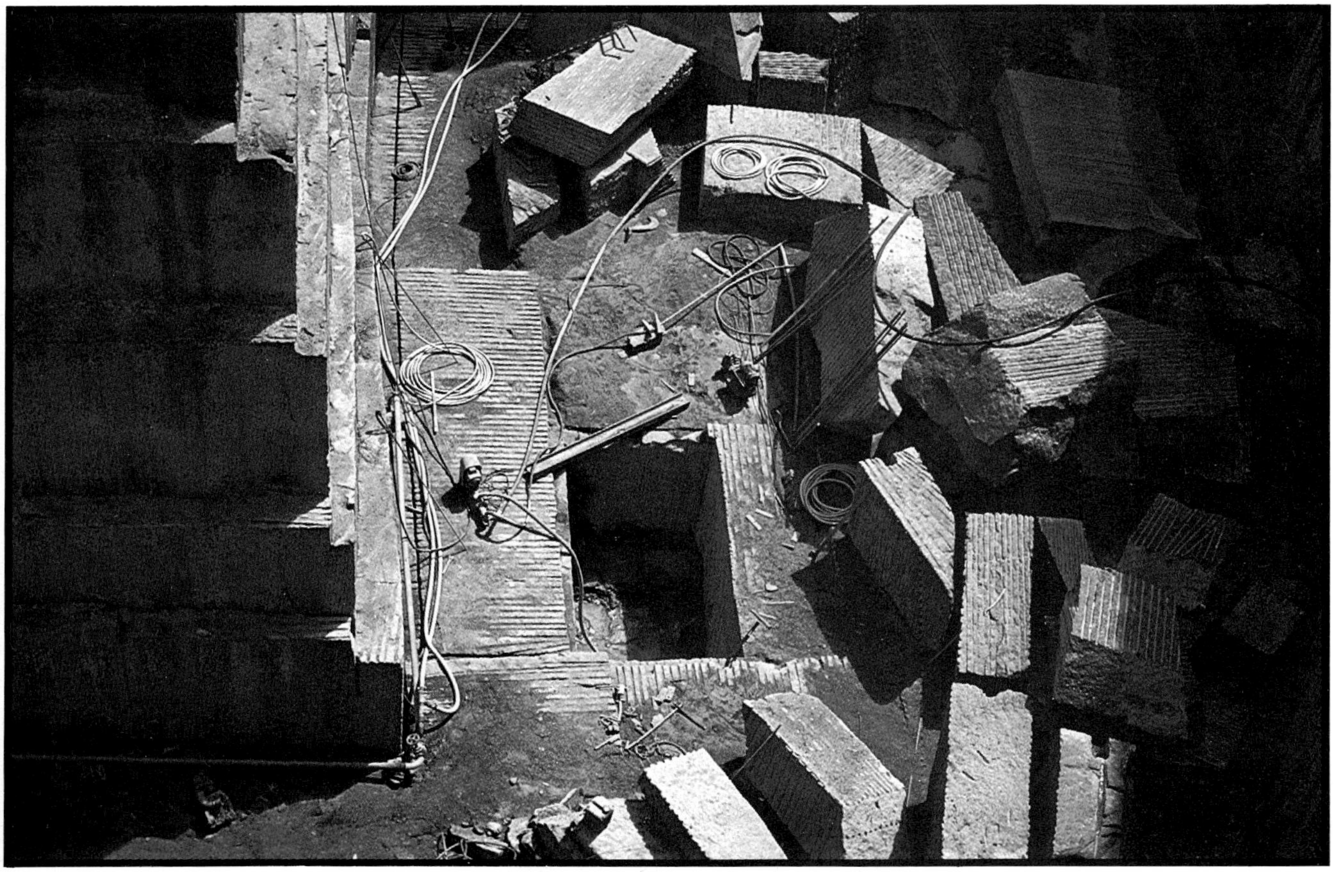

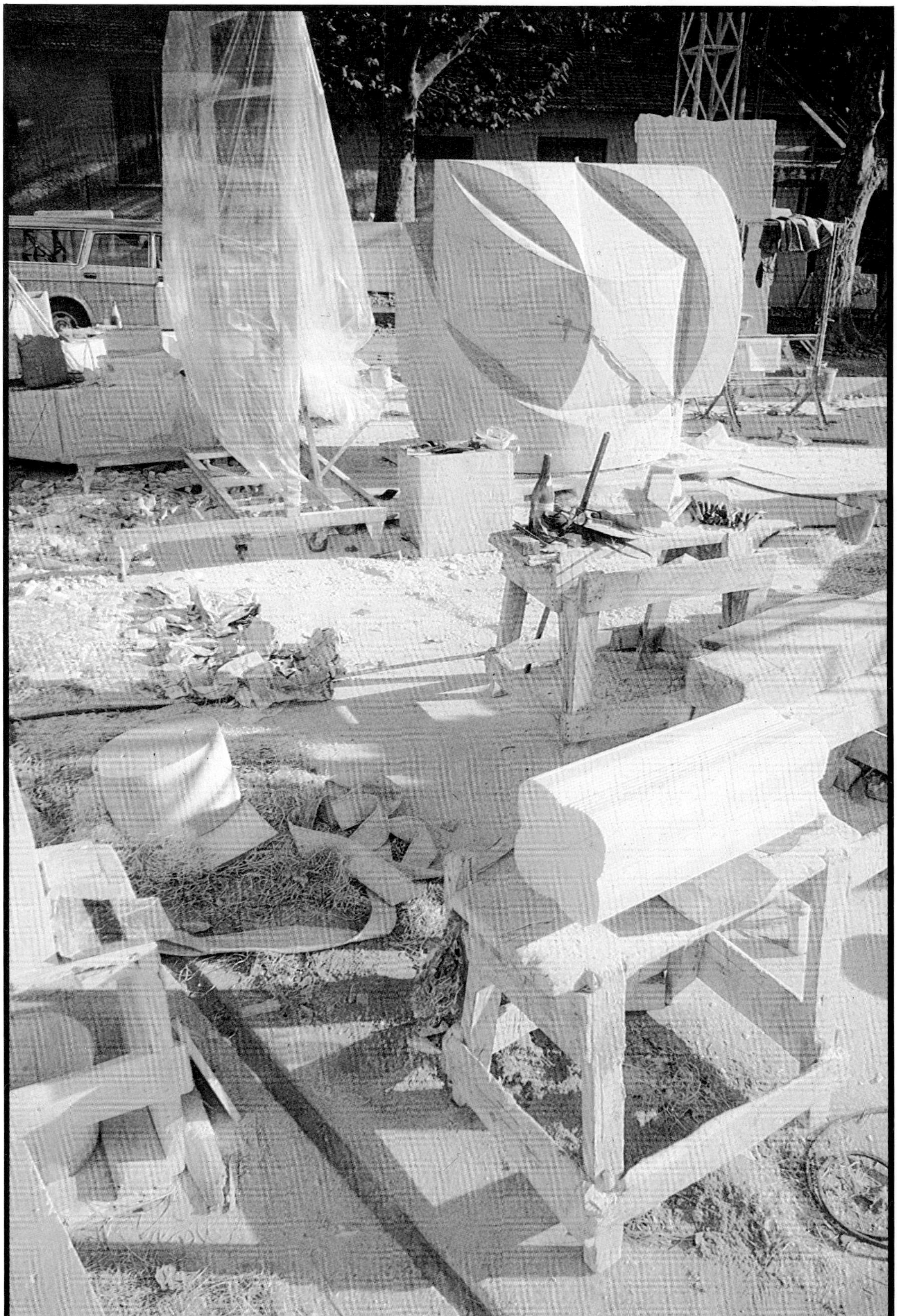

ROBERT SCRIVEN

Y mae Robert Scriven yn gweithio yn y traddodiad 'dyneiddiol' mewn cerflunio, hynny yw, ceisia fynegi barn bositif, obeithiol hyd yn oed, ynglŷn â'r ddynolryw. Cred y gall cerfluniau wneud 'datganiad barddonol' ac ymgorffori 'gwir deimladrwydd'. Dywed, "Yr wyf wedi gweithio â ffigurau, neu â gwrthrychau sy'n perthyn yn agos iawn iddynt, am ugain mlynedd oherwydd eu bod, fel delweddau, yn haws i bobl eu deall. Y mae'r syniad o briodasau'n fy swyno'n fawr iawn . . ." Ers pum mlynedd bu wrthi'n gwneud cyfres o bedwar cerflun yn ymdrin â'r seremoni briodasol, yn enwedig y rhan a chwaraeir gan y briodferch. 'Bride and Confetti' yw'r olaf yn y gyfres hon. Ffigurau pren cerfiedig maint-llawn yw 'Bride' a 'Here comes the Bride' a wnaed ym 1978, ac y maent wedi eu peintio mewn lliwiau lled lachar. Yn yr un modd ag y mae coluro a'r wisg briodas yn rhan bwysig o ddefod bod yn briodferch, dywed Robert Scriven bod ei ddefnydd o linell, lliw a phatrwm hwythau'n 'gosmetig' ond yn symbolaidd. Cyfeiria at yr argraff a wnaed arno gan gerfluniau Eifftaidd a oedd, wrth gwrs, wedi eu peintio'n ddisglair a'u heuro, ac sydd yn dal i feddu ar ansoddau dathliadol a hudolus. Yn wir, perthyn i gerfluniau Eifftaidd a gweithiau Scriven, fel cerfluniau Ewropeaidd y canol-oesoedd ac eiddo rhai diwylliannau eraill naws addurniadol orfoleddus, werinol hyd yn oed yn sgîl eu lliw a'u harddangosiad, nas ceir yn y mwyafrif o gerfluniau wedi'r Dadeni.

Y mae'r rhan fwyaf o'i waith yn straegar a difyr. Ei fwriad yw creu delweddau gobeithiol a hapus, a chred y gall cerflunio chwarae rhan

Robert Scriven works within the 'humanist' tradition of sculpture in that he attempts to express a positive and even optimistic view of humanity. He believes that sculpture can make a 'poetic statement' and embody 'true sentiment'. He says "I have worked with figures or objects closely related to them for twenty years now, because, as images, they are more accessible to people. The idea of weddings is particularly intriguing to me . . ." During the last five years he has been making a series of four sculptures dealing with the wedding ceremony and especially with the role of the bride. 'Bride and Confetti' is the last of this series. 'Bride' and 'Here comes the Bride', made in 1978, are life-size carved wooden figures which are painted in quite bright colours. Just as make-up and dress are an important part of the ritual of being a bride, so Robert Scriven describes his use of line, colour and pattern as 'cosmetic' but symbolic. He refers to the impression made on him by Egyptian sculptures, which were, of course, brightly painted and gilded, and which still have celebratory and magical qualities. In fact, Eygptian sculptures and Scriven's work share with medieval European sculptures and those of some other cultures, the character of joyous decoration and even vulgarity, through their colour and display, that much post-Renaissance sculpture lacks.

Most of his work is anecdotal and entertaining. He intends to make optimistic and happy images and believes that sculpture can play a part in creating an area of peace and hope in an anxious and unhappy world.

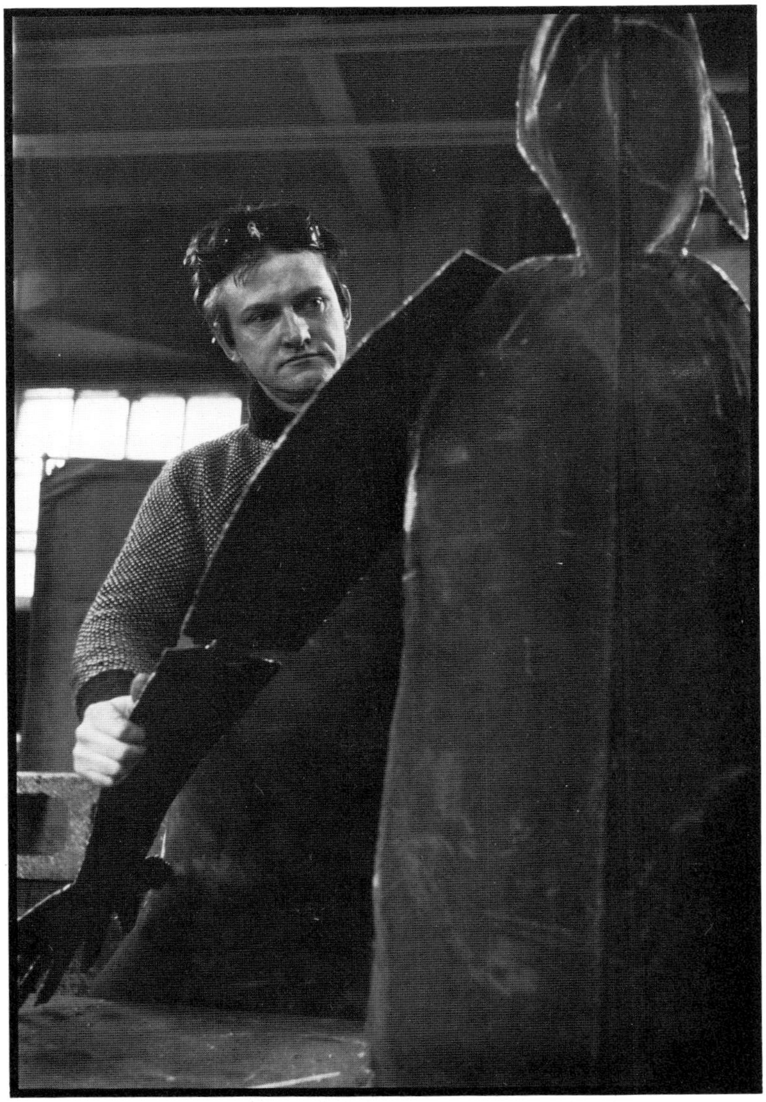

mewn creu arena o heddwch a gobaith mewn byd pryderus ac anhapus. Dylid edrych ar 'Girl on a Bicycle' a 'Pros and Cons', fel y cerfluniau priodferch, yng ngoleuni hynny. Y mae'r cyntaf o'r rhain " . . . yn mynd i'r afael yn agored â'r broblem o gyfeirio at symudiad â deunydd sydd, yn ei hanfod, yn llonydd..." ond golygir i'r cerflun dur hwn i fod yn symbol o ryddid hefyd. "Os gall confetti fod yn symbol o ddymuniadau da a gobaith, yn yr un modd gall mynd ar gefn beic, pe bai ond am foment, olygu bod yn rhydd o ofalon."

Er bod ei agwedd tuag at fywyd yn gymhelliant pwysig sy'n dylanwadu ar ffurfiau ei gerfluniau, ni fydd yn gweithio â delwedd bendant yn ei feddwl. Bydd yn caniatáu i gymeriad y defnyddiau, pren a dur, awgrymu sut y dylai'r cerflun ddatblygu. Wrth iddo weithio, bydd yn tynnu o'r stôr o syniadau yn ei ben i ddiffinio ffurf y cerflun yn raddol. "Er bod yn well gennyf ymyrryd cyn lleied â phosib ag ansoddau cynhenid y defnyddiau, byddaf yn defnyddio fy ngallu i reoli'r ansoddau hynny a'u defnyddio. Yn y ffyrdd hynny, gallaf ddiffinio a choethi hyd oni chredaf fod y cydbwysedd rhwng y syniad a'r defnyddiau yn ymddangos yn fwyaf cywir." Y mae'n amlwg bod rhyddid gweithio mewn dur, i'w gymharu â phren, yn effeithio ar waith Robert Scriven yn y cyfrwng hwnnw. Caiff fod asio dur, mewn gwahanol ffyrdd, yn broses debyg i luniadau neu greu collage, lle gellir ychwanegu elfennau neu eu dileu yn hawdd. Gellir gweithio ar y cerflun yn gyflymach felly, ac mewn dull llai caeth.

'Girl on a Bicycle' and 'Pros and Cons', like the bride sculptures, should be seen in this light. The former " . . .overtly tackles the problem of alluding to actual movement with material that is essentially stationary . . .", but this steel sculpture is also intended to be a metaphor for freedom. "If confetti can be a symbol for good wishes and optimism, so equally, can a bike ride, even if only momentarily, be carefree".

Although his attitude towards life is an important motivation for the forms that his sculptures take, he does not work with a pre-conceived image in his mind. He allows the character of the materials, wood and steel, to suggest the way that the sculpture should develop. As he works he draws on the store of ideas in his head to gradually define the form of the sculpture. "Although I prefer to interfere as little as possible with the inherent qualities of the materials, I do use my ability to control and exploit those qualities. In these ways I can define and refine until I believe that the balance between idea and materials seems most precise". The freedom of working in steel, by comparison with wood, obviously affects Robert Scriven's work in that medium. He finds that welding steel, in its many forms, is a process rather like drawing or collage, in which elements can be added or subtracted easily. The sculpture can therefore be worked on more quickly and in a more casual way.

Robert Scriven was born in London in 1943. He studied at St. Albans School of Art and at the Royal Academy Schools. He now lectures in

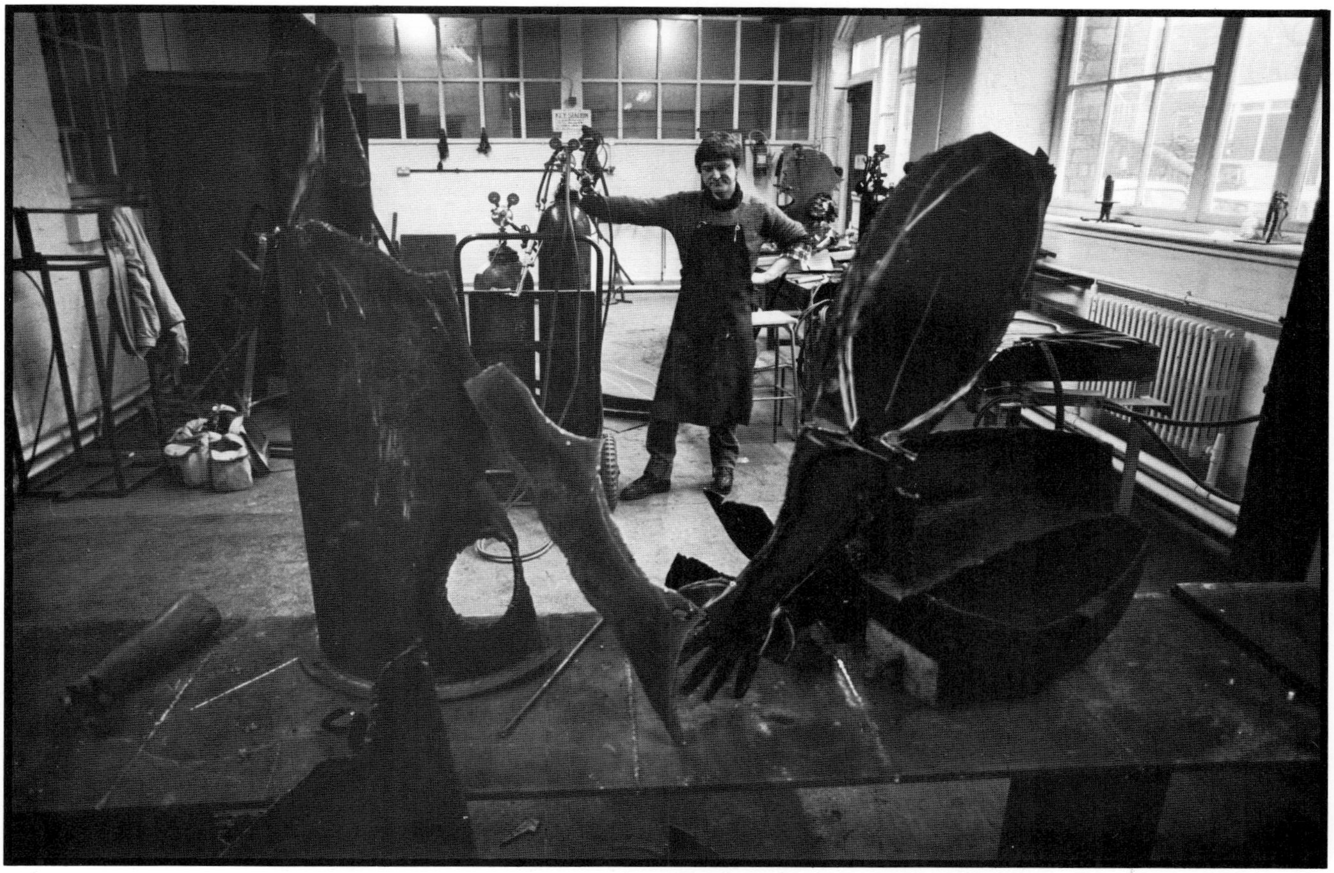

Ganed Robert Scriven yn Llundain ym 1943. Astudiodd yn Ysgol Gelf St Albans ac yn Ysgolion yr Academi Frenhinol. Y mae bellach yn ddarlithydd mewn cerflunio ym Mholitechnig Lerpwl. Arddangosodd ei waith yn fynych yn ystod yr ugain mlynedd diwethaf. Ym 1979 cymerodd ran yn yr arddangosfa 'Sculpture for the Blind' a gynhaliwyd yng Nghastell Nottingham ac ym 1980, yr oedd ganddo weithiau yn yr arddangosfa 'Wood' a gynhaliwyd yng Nghaeredin. Y mae wedi arddangos yn Glasgow a Lerpwl, gan gynnal sioe un-person yn oriel newydd Murdoch Lothian yno. Ym 1983, gellir gweld ei gerflun 'Locarno Lady' ym Mharc Cerfluniau Swydd Efrog, a lleolwyd 'Bingo Bango' ym Mharc Landmark yn yr Alban.

Sculpture at Liverpool Polytechnic. He has exhibited frequently during the last two decades. In 1979 he took part in the 'Sculpture for the Blind' exhibition held at Nottingham Castle and in 1980 was included in the 'Wood' exhibition held in Edinburgh. He has exhibited in Glasgow and also in Liverpool, holding a one-man show at the new Murdoch Lothian Gallery there. In 1983 his work, 'Locarno Lady' and 'Bingo Bango' are included in exhibitions at the Yorkshire Sculpture Park and Landmark Park in Scotland.

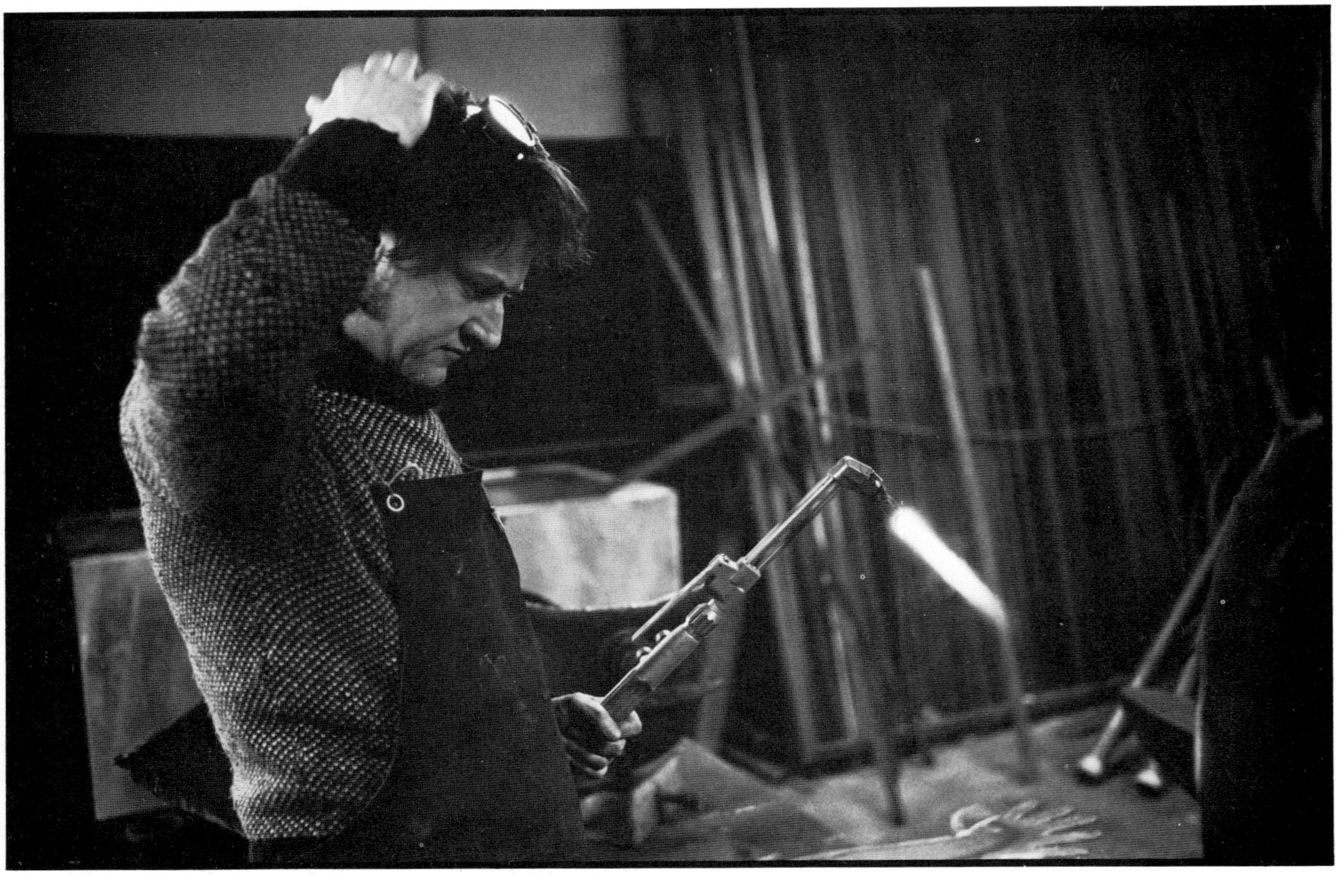

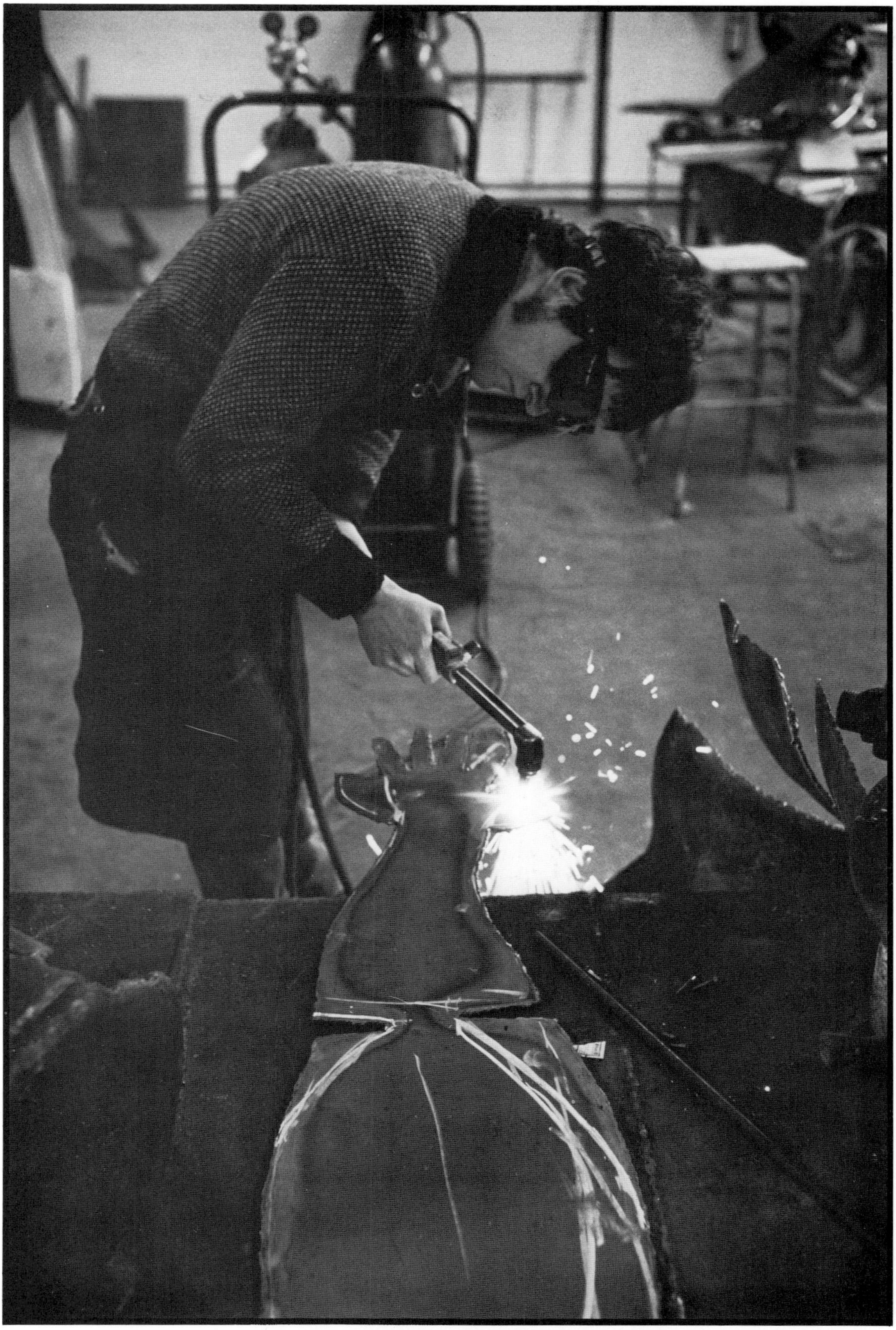

MICHAEL LYONS

Y mae Michael Lyons yn un o genhedlaeth a ddenwyd, yn ystod y 1960au, gan y posibilrwydd o wneud cerfluniau o fetel wedi ei asio. Yr oedd y rhan fwyaf o'r cerfluniau a wnaethpwyd ganddo yn y cyfnod hwnnw o sitenni dur sgrap wedi eu hadeiladu'n ffurfiau ag iddynt gynodiadau pensaernïol, yn rhinwedd y chwarae ar berthynas planau a gofod. Y mae un o'i weithiau diweddar, 'Ace' 1982 yn gysylltiedig â'r darnau cynharach hyn, gan mai ffurf geometrig ydyw â dail dur yn ymagor allan i'r gofod o'i gwmpas.

Y mae wedi datblygu ffyrdd newydd o weithio sydd bellach yn gwneud i'w gerfluniau edrych yn fwy hylif ac yn fwy organig. Yn fynych, dechreua â syniad y bydd yn ei fodelu mewn clai neu gŵyr. Dichon y bydd yn bwrw'r rhain mewn efydd gan adael i effaith hylif y modelu a chanlyniadau defnyddio metel tawdd ymddangos yn y cerflun terfynol. Yn y darnau hyn, y mae'r modd y gweithir yr arwyneb a'r ymdrin rhwydd â'r siapiau yn gymorth i wneud iddynt ymddangos yn fwy dynol ac agos-atoch na gweithiau cynharach.

Dylanwad arall ar ei gerflunio yw ei ddiddordeb mewn tirlun fel lleoliad i gerfluniau a fel ffynhonnell ei ffurfiau hefyd. Perthyn i nifer o'r gweithiau diweddar ffurf bendant coed neu lwyni, wedi eu hamlinellu mewn metel, o'r lle mae ffurfiau'n canghennu allan i'r gofod. Eglura sut, o safbwynt y cerfluniau awyr-agored hyn, " . . . y mae effeithiau cyfnewidiol goleuni yn hollbwysig er datgelu natur y ffurfiau, gan anadlu bywyd i'r arwynebau."

Michael Lyons is one of a generation who, during the 1960s, were attracted to the possibilities of making welded metal sculptures. His sculptures made during that period tended to be of scrap sheet steel, which was built up into forms having architectural connotations by virtue of their play upon the relationship of planes and space. A recent work, 'Ace' 1982, links with these earlier pieces, as it is essentially a geometric form from which leaves of steel open out into the surrounding space. He has developed new ways of working, which now make his sculpture look more fluid and more organic. He often starts with an idea, which he models in clay or wax. These works may then be cast in bronze, allowing the fluid effect of both the modelling and the results of using molten metal to be maintained in the final sculpture. In these pieces the working of the surface and the free handling of the shapes help to make them seem more human and intimate than earlier works.

Another influence in his sculpture is his interest in landscape, both as a setting for sculpture and as a source for his forms. Many of the recent works are clearly shaped like trees or bushes, described by an outline of metal, from which forms branch out into space. He explains how, for these out-door sculptures " . . . the changing effects of light is paramount in revealing the nature of the forms, bringing the surfaces to life".

Michael Lyons comes from Bilston in Staffordshire, where he was born in 1943. He trained as a sculptor at Wolverhampton College of Art, Hornsey

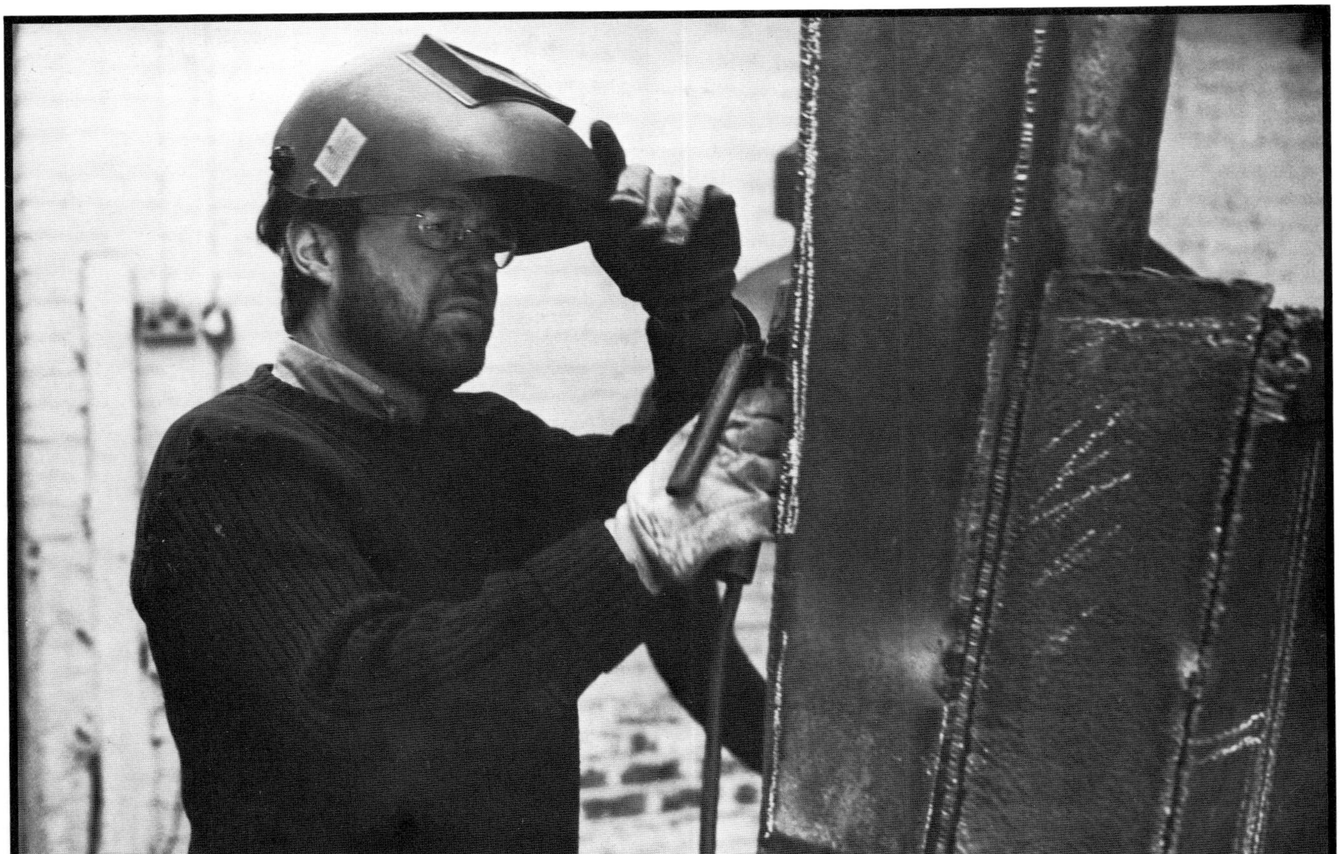

Daw Michael Lyons o Bilston yn Swydd Stafford, lle ganed ef ym 1943. Cafodd hyfforddiant fel cerflunydd yng Ngholeg Celfyddyd Wolverhampton, Coleg Celf Hornsey ac yn y Brifysgol, Newcastle-upon-Tyne. Bu mewn nifer o swyddi dysgu ac y mae bellach yn ddarlithydd rhan-amser ym Mholitechnig Manceinion. Arddangosodd ei waith mewn llu o sioeau un-person ac arddangosfeydd grŵp yng ngwledydd Prydain. Arddangosfeydd o gerfluniau yn yr awyr-agored oedd nifer o'r rhain, gan gynnwys y rheini ym Mharc Cerflunio Swydd Efrog, Parc Tatton, Swydd Gaer, a Glenshee yn yr Alban.

College of Art and at the University, Newcastle-upon-Tyne. He has held a number of teaching posts and now lectures part-time at Manchester Polytechnic. He has exhibited in numerous one-man and group shows in Britain. Many of these have been open-air sculpture exhibitions, including those at the Yorkshire Sculpture Park, Tatton Park, Cheshire and Glenshee in Scotland.

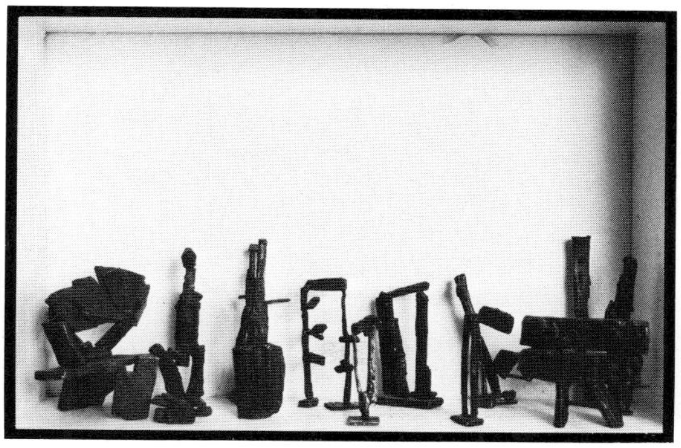

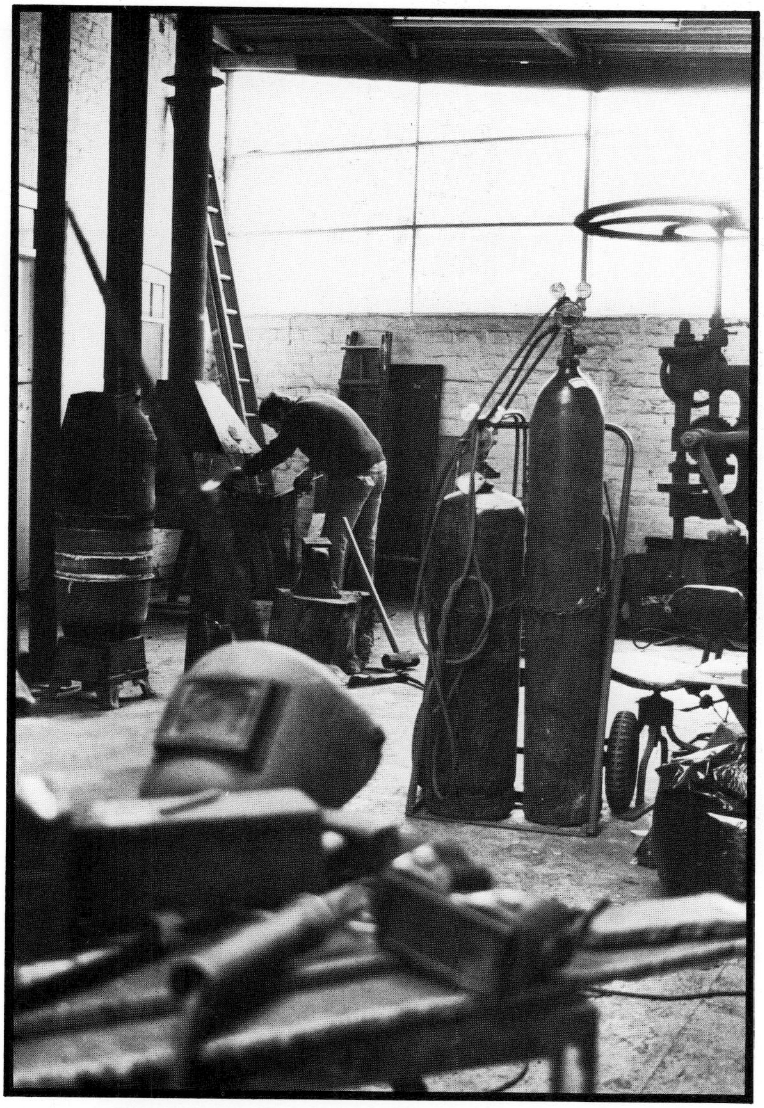

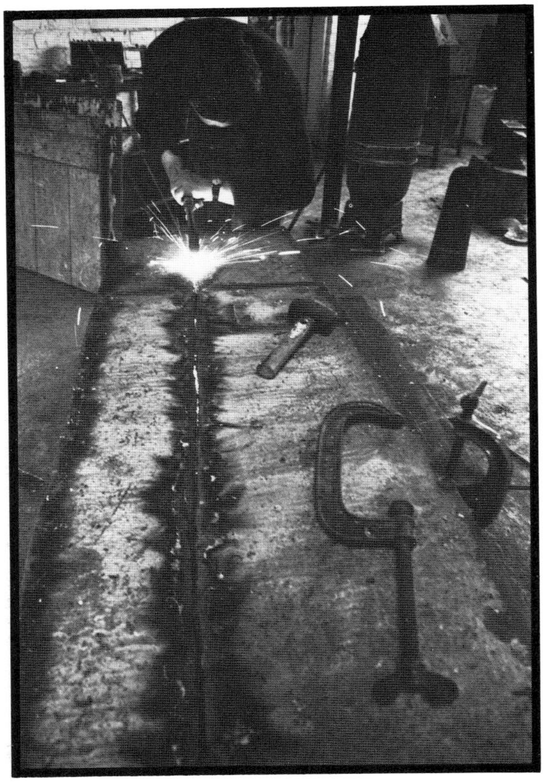

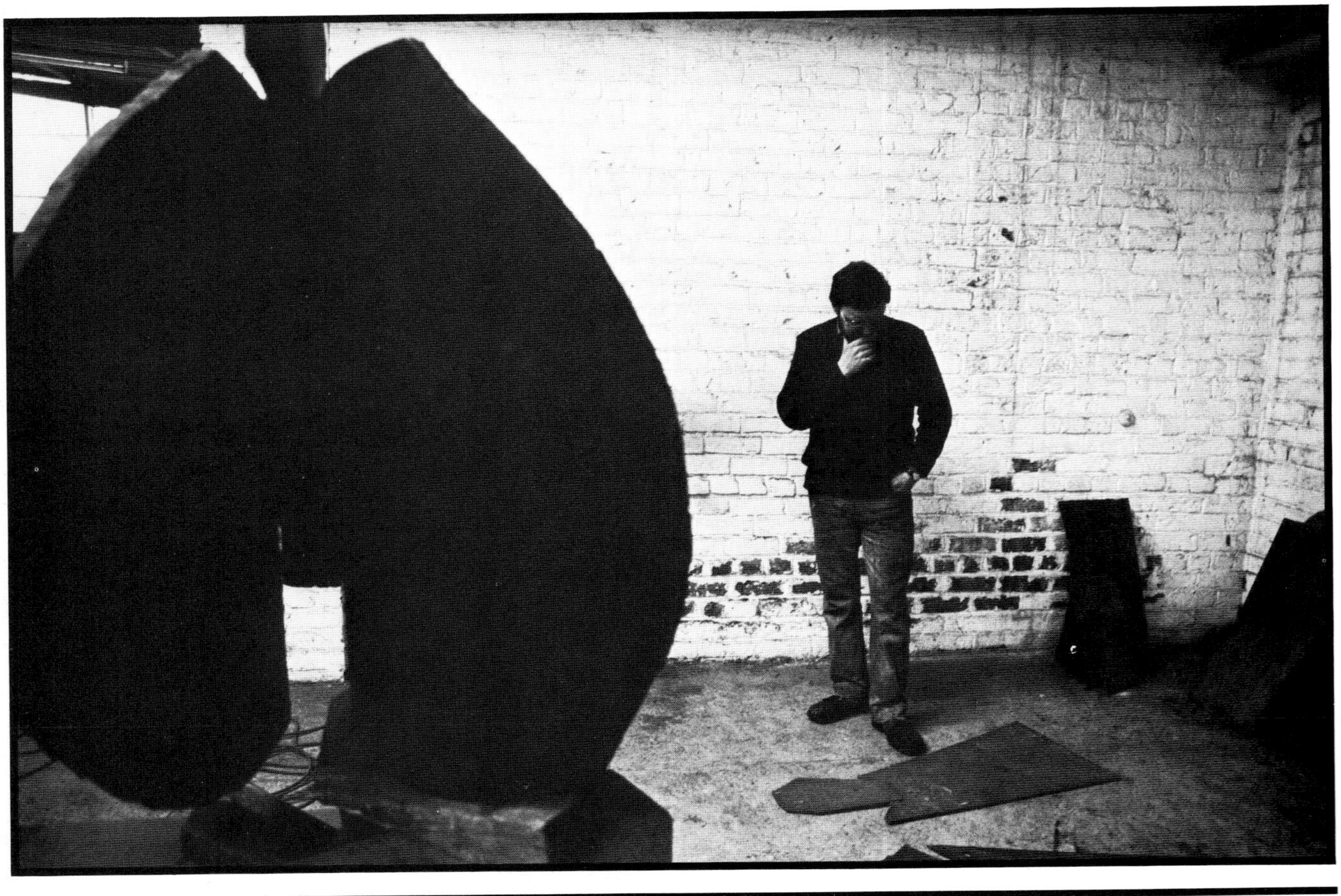

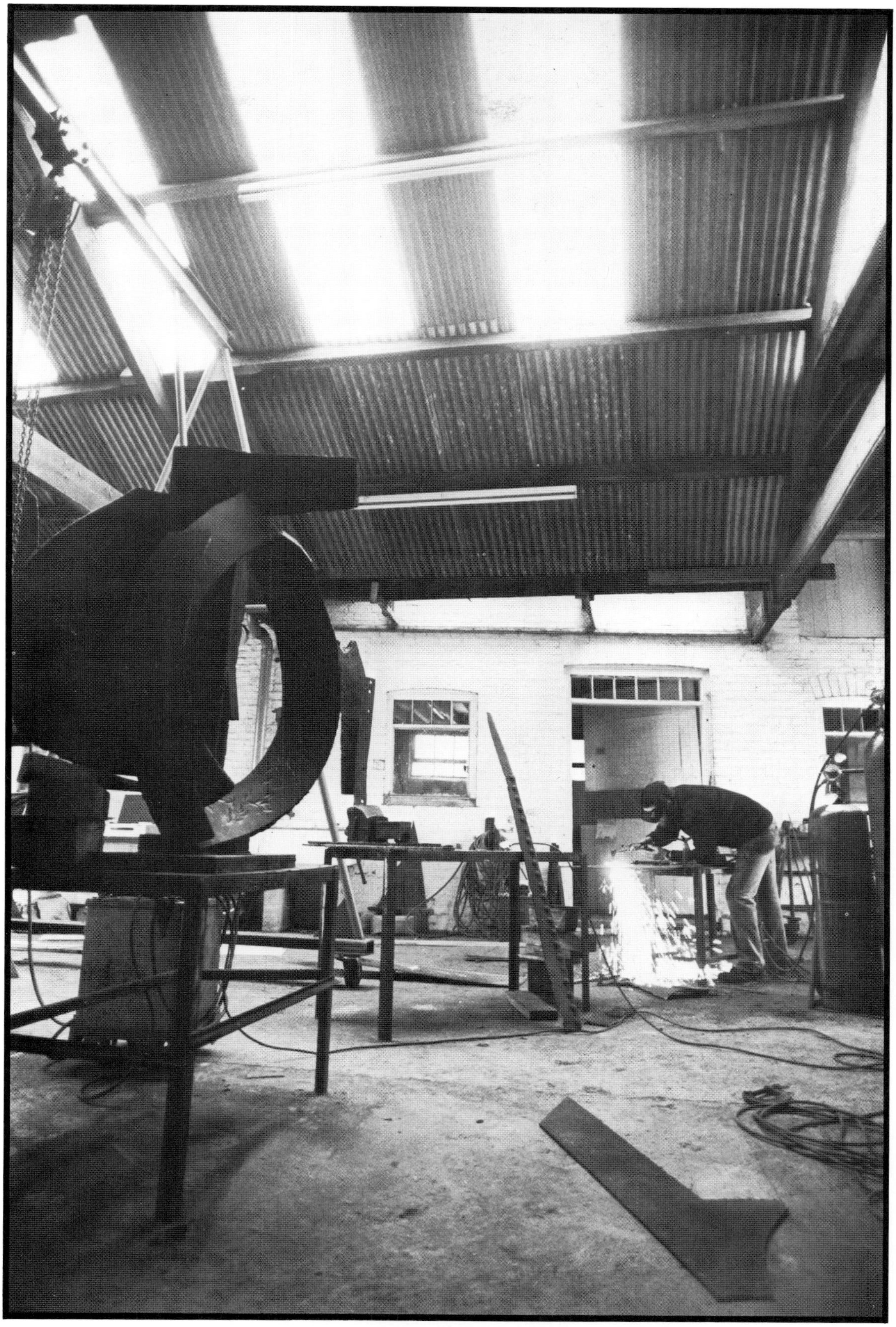

DAVID PETERSEN

Y mae David Petersen yn gerflunydd sydd ag agwedd bositif iawn tuag at gyfeiriad datblygiad ei waith diweddar. Y mae'n of yn ogystal ag yn gerflunydd; yn grefftwr yn ogystal ag yn artist. Rhoes y gorau i ddysgu ryw flwyddyn yn ôl a sefydlu ei efail ei hun yn San Clêr yn Nyfed. Y mae bellach yn gerflunydd cwbl hunan-gyflogedig, ond y mae o'r farn fod hynny yn golygu ymrwymiad hefyd i dderbyn comisiynau i wneud gwrthrychau defnyddiol. megis y clwydi y cynorthwyodd i'w gwneud ar gyfer Abergwili, Caerfyrddin, a'r Ceiliog Gwynt y mae'n ei lunio ar gyfer y Ganolfan Ddinesig yng Nghwmbran, Gwent. Ni chred fod yna wahaniaeth pendant rhwng gwrthrych defnyddiol a gwrthrych celfyddyd.

Yn ystod y 1960au, dechreuodd David Petersen wneud cerfluniau o fath cydosodol, gan ddefnyddio pren a metel. Gwrthrychau y 'daethpwyd o hyd iddynt' oedd y rhannau gan mwyaf, darnau o ddodrefn yn fynych. Yn y cerfluniau hynny, ymddengys coesau byrddau a chadeiriau wedi eu turnio, a darnau o fowldinau a ffretwaith, ond oll ar eu newydd wedd. Y mae 'Mounted Knight' yn cynnwys stôl bren gyfan fel rhan o flaen y 'ceffyl', tra cynrychiolir y 'marchog' mewn modd argyhoeddiadol gan ffurf tebyg i flwch â gwahanol atodiadau. Cydosododd David Petersen y 'ffigurau' hyn â'r fath fedr a'r fath ddychymyg nes peri iddynt ymddangos fel pethau hynod sydd eto'n hawdd eu hadnabod. Dyma pryd yr eginodd ei ddiddordeb mewn cymeriadau chwedlonol, rhai hynafol a modern, a mytholeg, ac y mae wedi parhau i ymddiddori yn y fath themâu. Y mae ei weithiau diweddar yn cynnwys ffigurau o ryfelwyr, megis hwnnw a

David Petersen is a sculptor who has a very positive attitude towards the direction which his recent work is taking. He is a sculptor and a blacksmith; an artist and a craftsman. He stopped teaching about a year ago and set up his own forge at San Clêr in Dyfed. He is now entirely self-employed as a sculptor, but he sees this position as also involving a commitment to take on commissions for functional objects, such as the gates which he helped to make for Abergwili, Carmarthen in 1981 and the Weathervane that he is making for the Town Centre in Cwmbran, Gwent. He does not believe that there is a clear separation between a functional object and an art object.

During the 1960s David Petersen began to make assemblage-type sculpture, using wood and metal. The parts were usually 'found' objects, often pieces of furniture. In these sculptures turned legs of tables and chairs and pieces of moulding and fret-work appear but in another guise. 'Mounted Knight' incorporated an entire wooden stool as a part of the front of the 'horse', while the 'knight' was convincingly represented by a box-like form with various appendages. The skill and imagination with which David Petersen put together these 'figures' caused them to be intriguing but recognisable. His interest in legendary characters, both ancient and modern, and in mythology, began at this time and he has continued to be concerned with such themes. Recent works include warrior figures, such as that made for Fochriw Community Centre, Gwent. A dragon sculpture has been commissioned by the University of

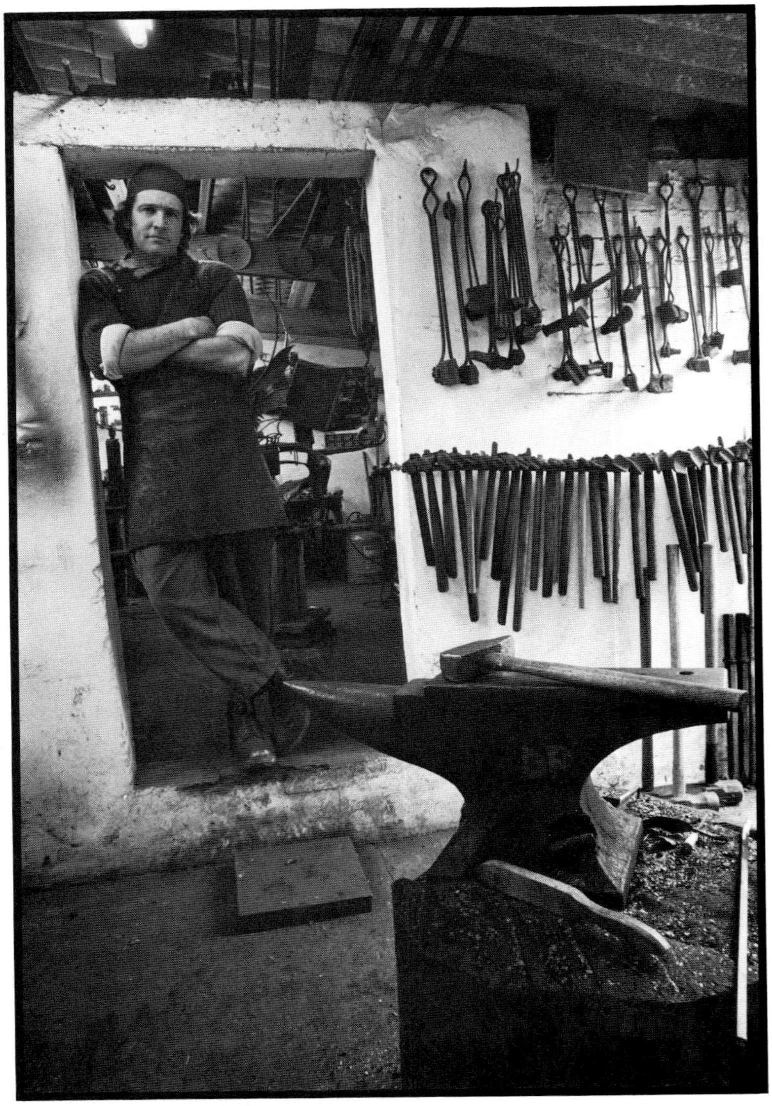

wnaeth ar gyfer Canolfan Gymuned Fochriw, Gwent, a chomisiynwyd cerflun o ddraig gan Athrofa Addysg a Gwyddoniaeth Prifysgol Cymru. Nid ffigurau dychmygol mo'r rhain, yn amlach na pheidio, ond rhai mwy cynrychioladol-ffigurol, megis y 'Goat' maint-llawn a wnaethpwyd ym 1980.

Ers rhyw ddwy flynedd, mae David Petersen wedi defnyddio haearn yn anad dim arall, gan ganolbwyntio ar ei yrru yn bennaf. Sonia am y cyfaredd sydd iddo mewn gweithio â metel eirias, a'r modd y bydd yn arbrofi â'r broses fel rhywun wedi llwyr ymgolli. Cyfeiria at yr ofergoelion traddodiadol ynglŷn â gweithio haearn, a awgrymir gan y dywediad 'Taro tra bo'r haearn yn boeth'. Y mae hyn yn wir yn mynegi'r rheidrwydd sylfaenol, fel sy'n hysbys i bob gof, i beidio â cheisio 'mynd yn erbyn y metel', a'r ffaith bod yn rhaid i berson ddeall yn union beth sy'n digwydd i'r deunydd wrth iddo gael ei weithio.

Y mae David Petersen yn aelod o Gymdeithas Artistiaid-Ofaint gwledydd Prydain a sefydlwyd i hybu a chefnogi'r defnydd newydd o haearn gan gerflunwyr, a chreu cysylltiad â thraddodiad y crefftwr. Yn America ac yn llawer o wledydd Ewrop derbyniwyd y syniad o'r cerflunydd/of yn llwyr. Y mae cryn wrthwynebiad i'r syniad hwn, fodd bynnag, ymhlith gofaint traddodiadol gwledydd Prydain. Yng Nghymru, cafodd Petersen ymateb ymosodol gan ofaint sydd o'r farn y bygythir eu bywoliaeth gan gerflunwyr fel yntau sydd yn symud i mewn i'w maes llafur hwy; y mae eu

Wales, Institute of Science and Technology in Cardiff. These are not so often invented figures, but are more representationally figurative, as in the case of the life-size 'Goat' made in 1980.

For about two years David Petersen has concentrated on using iron and mainly in forging it. He talks about the fascination he has discovered in the working of hot metal and how he explores this with the urgency of an addict. He has pointed out the traditional superstitions that exist about working iron, which are suggested by the saying 'Strike while the iron is hot'. This actually indicates the basic necessity, that every smith knows, that it is not possible to 'go against the metal' and that one must fully understand what is happening to the material as it is being worked.

David Petersen is a member of the British Artist-Blacksmith Association, which was founded to promote and encourage the new use of iron among sculptors and to make a link with the craftsman's tradition. In America and many European countries the concept of the sculptor/blacksmith is totally accepted. However resistance to this idea is quite strong among traditional blacksmiths in Britain. In Wales Petersen has experienced aggressive reactions from smiths, who see their practice as threatened by sculptors like himself, who are moving into their area of work, a craft which is anyway endangered by the smith's unwillingness to take on apprentices and so pass on their skills.

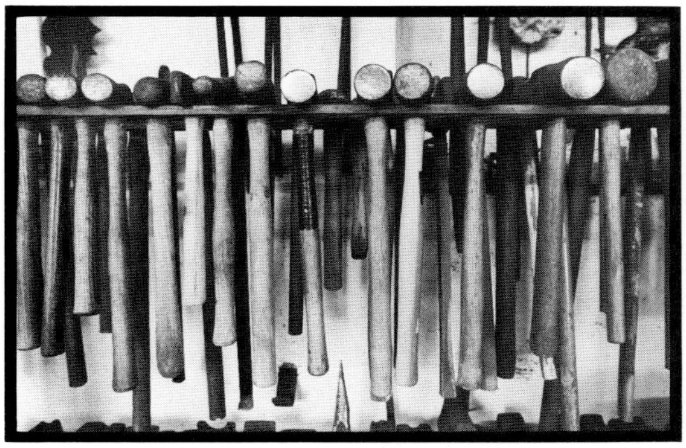

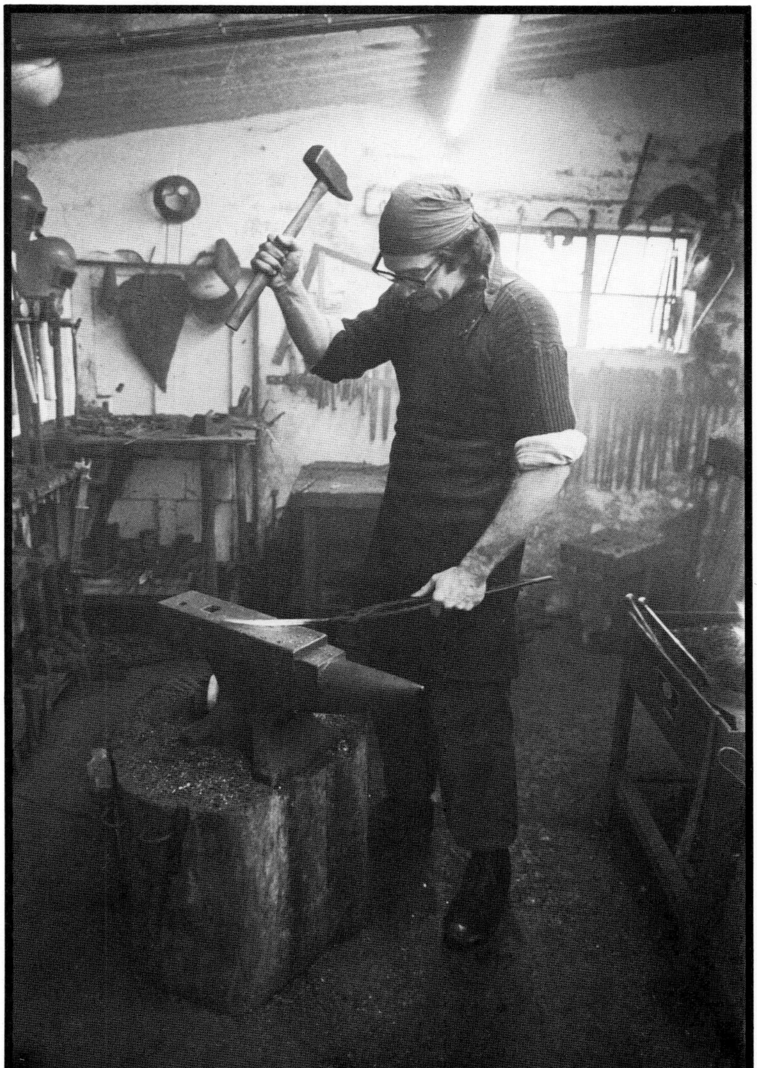

crefft eisoes mewn perygl, beth bynnag, am fod y gofaint eu hunain yn gyndyn i gymryd prentisiaid a throsglwyddo eu medrau iddynt.
Ganed David Petersen yng Nghaerdydd ym 1944. Astudiodd gerflunio yng Ngholeg Celf Casnewydd. Y mae wedi darlithio ar y pwnc yn Ysgol Gelf Harrow, Coleg Addysg Uwch Gwent a Choleg Celf Dyfed. Y mae'n cyfrannu at fywyd artistig Cymru drwy ei weithgareddau mewn sawl Gŵyl Gelfyddyd leol, ar Bwyllgor Crefftau Cyngor Celfyddydau Cymru, fel Ymddiriedolwr yr Ymddiriedolaeth Ddinesig dros Gymru, a fel Cadeirydd Cymdeithas Artistiaid a Dylunwyr Cymru. Bu'n arddangos ei waith yn gyson ers ugain mlynedd, yn fynych yng Nghymru a hefyd yng ngwledydd eraill Prydain. Y mae wedi cwblhau nifer o gomisiynau cyhoeddus ac y mae gweithiau o'i eiddo mewn casgliadau yng Nghymru, Lloegr ac Ewrop. Ym 1982 aeth yn Olygydd Cynorthwyol y cylchgrawn 'British Blacksmith'.

David Petersen was born in Cardiff in 1944. He studied sculpture at Newport College of Art. He has taught sculpture at Harrow School of Art, Gwent College of Higher Education and Dyfed College of Art. He has been involved in artistic life in Wales through his activities in several local Arts Festivals, on the Craft Committee of the Welsh Arts Council, as Trustee of the Civic Trust for Wales and as Chairman of the Association of Artists and Designers in Wales. He has exhibited consistently for the last two decades, frequently in Wales and often in other parts of Britain. He has carried out a number of public commissions and he has work in collections in Wales, England and Europe. In 1982 he became Assistant Editor of 'British Blacksmith' magazine.

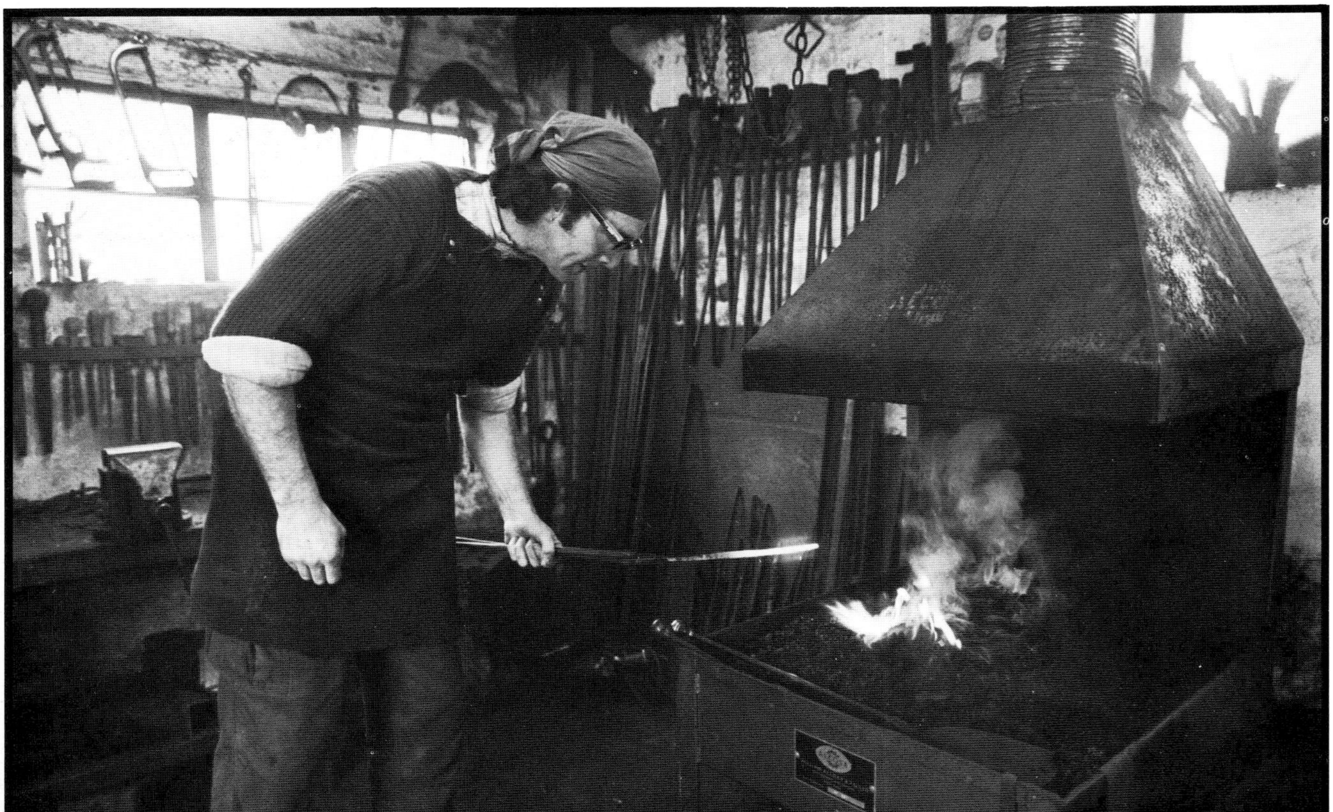

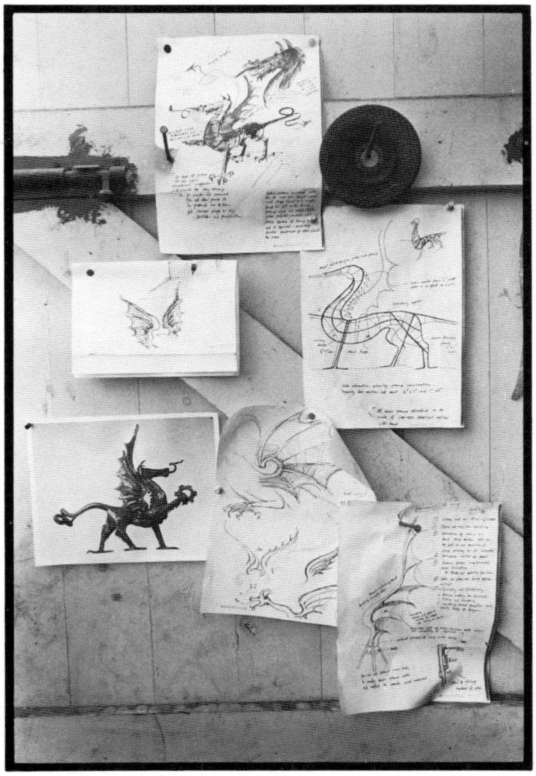

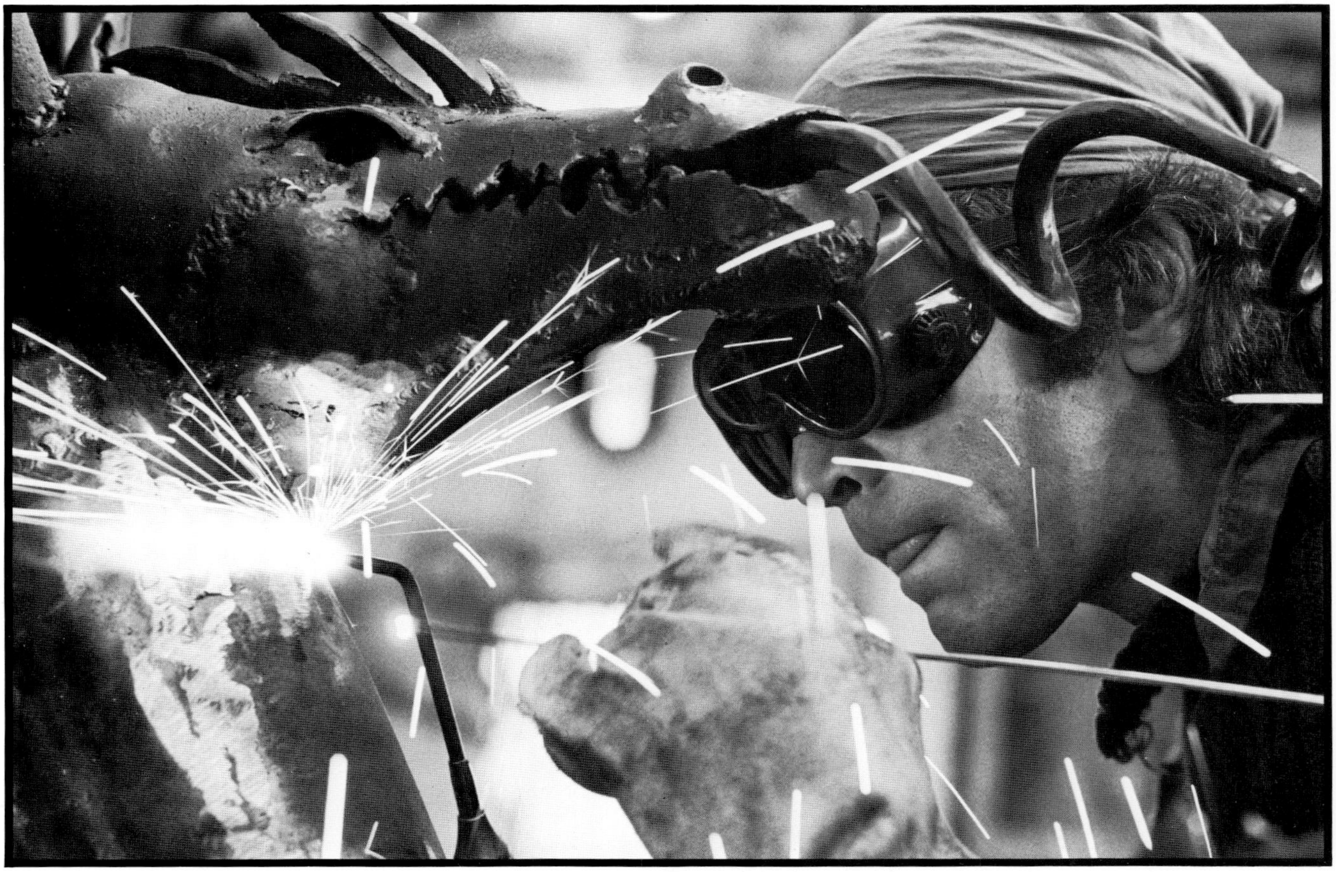

DAVID KEMP

Dechreuodd David Kemp wneud cerfluniau pan symudodd i ran anghysbell o Gernyw ym 1974. Y mae'r cerfluniau hyn yn adlewyrchu ei allu i ymateb i'r amgylchedd y mae'n gweithio ynddi, a gwna hynny â chryn ddychymyg a ffraethineb. Bydd yn ailddarganfod hanes a chymeriad y llefydd y gweithia ynddynt drwy ddod o hyd i ddefnyddiau sgrap o bob math a'u hadeiladu'n gerfluniau sydd fel arfer ar ffurf anifeiliaid a thrychfilod dieithr, sydd yn fynych yn ein hatgoffa o anghenfilod sydd bellach wedi marw o'r tir. Yn ei ddefnydd o bethau y daw o hyd iddynt, darnau o hen beirianwaith amaethyddol a diwydiannol, olwynion, rhannau o geir a beiciau modur, clytiau o bren o felin goed, a'r sgrap a adewir mewn mannau gan y cyhoedd, y mae David Kemp yn gweithio mewn traddodiad sydd yn mynd yn ôl i flynyddoedd cynnar ugeinfed ganrif. Ymgais yw hon i greu ffurf ar gelfyddyd sy'n rhan o fyd go iawn gwrthrychau ac, yn enwedig, o natur fwriadol fyrhoedlog gwrthrychau diwydiannol modern. Y mae hefyd yn rhan o'r traddodiad o ddefnyddio celfyddyd fel modd o drawsffurfio gwrthrychau'r byd cyffredin yn bethau anghyfarwydd sydd yn ein synnu, ein diddanu, ein drysu a hyd yn oed yn bygwth y syniadau cysurus sydd gennym ynglŷn â sut y dylai pethau ymddwyn.

Wrth egluro ei gymhelliant, dywed, "Byddaf yn gweithio â defnyddiau sgrap . . . y dof o hyd iddynt ym mherthi, tomenni sbwriel a siafftiau cloddfeydd West Penwith. Ymwrthodwyd â'r holl ddarnau y byddaf i'n eu casglu, ac ymwrthodwyd â'u 'swyddogaethau' hefyd. Caf lawer o hwyl

David Kemp began to make sculpture when he moved to a remote part of Cornwall in 1974. These sculptures reflect his ability to respond to the environment in which he is working and he does this with great imagination and wit. He rediscovers the history and character of the places in which he works, through finding scrap materials of all sorts and constructing them into sculptures which usually take the form of strange animals and insects, often reminiscent of extinct monsters. In his use of found materials, pieces of old farm and industrial machinery, wheels, parts of cars and motorbikes, off-cuts from wood milling and the scrap left in places by the public, David Kemp works in a tradition that goes back to the early twentieth century. This constitutes an effort to create an art form which is a part of the real life world of objects and especially of the obsolescence built into modern industrial products. He also fits into the tradition of using art as a means of transforming the world of everyday objects into unfamiliar things, which surprise, amuse, mystify and even menace the comfortable ideas that one has about how things should behave.

In explaining his motivations, he says, "I work with scrap materials . . . discovered in the hedges, dumps and mine shafts in West Penwith. The components I collect have all been thrown away, their 'functions' have been discarded as well. I have a lot of fun imagining myself as a future archaeologist reconstructing the machines and artifacts of a distant past. I imagine further, that there has been a break in such continuity and that

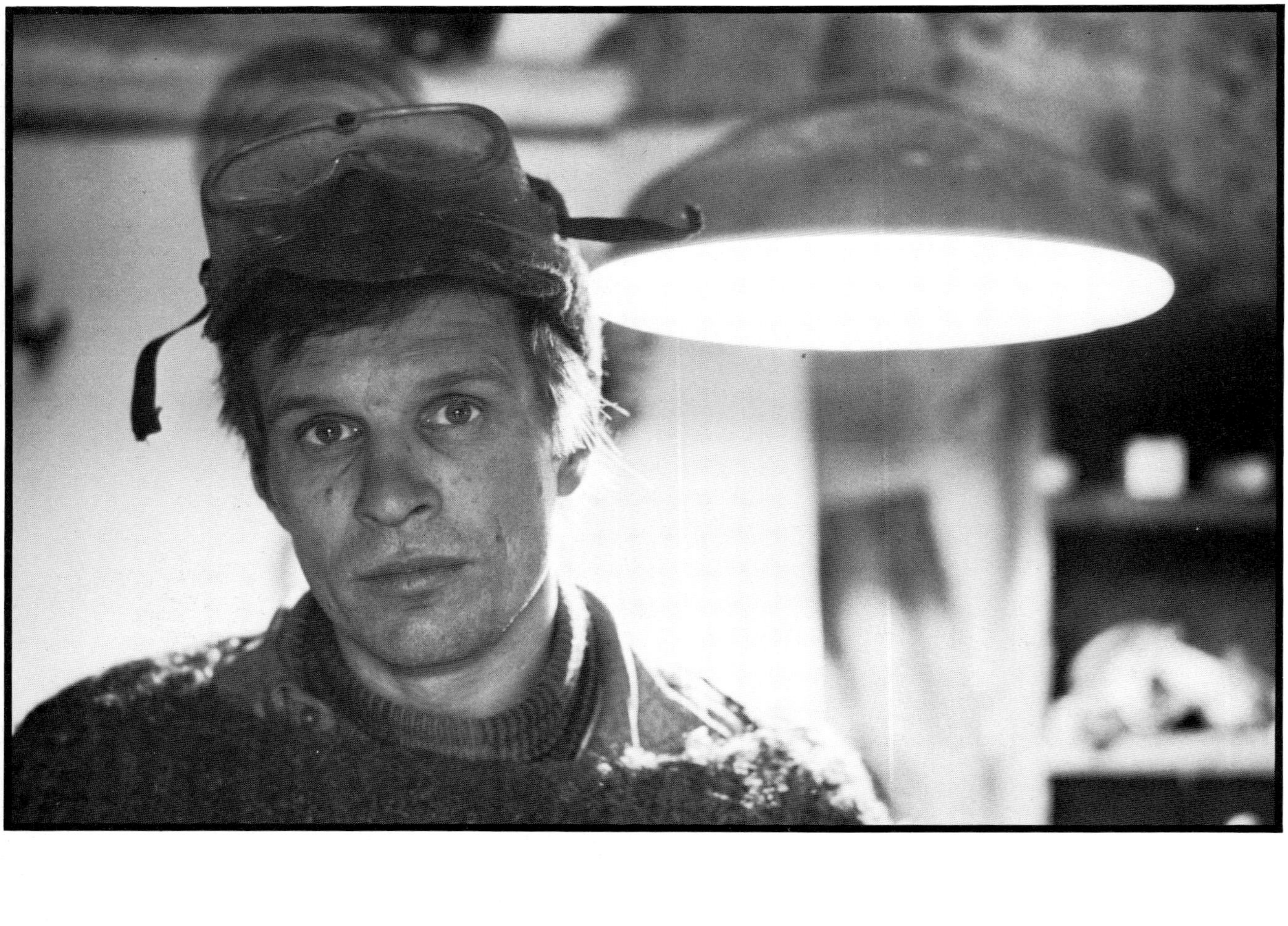

wrth ddychmygu bod yn archaeolegydd yn y dyfodol yn ail-lunio peiriannau a chelfi gorffennol pell. Dychmygaf, at hynny, sefyllfa lle bylchwyd dolen gyswllt y canrifoedd, lle nad oes gennyf wybodaeth y gallaf seilio fy ail-luniad arni, ac eithrio brith-gofion am fytholeg byd lle'r oedd peiriannau'n Dduwiau. 'Hud y dyn gwyn'."

Câr David Kemp wneud cerflun ar y safle lle bwriedir iddo aros, gan ddefnyddio'r hyn y daw o hyd iddo yno. Eisoes cafodd ddau gyfle mawr i wneud hynny, a'r trydydd fydd gwneud y cerflun ar gyfer Parc Margam. Ym 1981/82 bu'n gerflunydd preswyl yn Fforest Grizedale yn Cumbria. Y mae ei gerfluniau ar safleoedd oddi ar y prif lwybrau a ddefnyddir gan goedwigwyr a cherddwyr, a felly daw pobl ar eu traws yn annisgwyl, neu o hyd iddynt drwy ddilyn mynegbyst hanner-cudd. Yr un mwyaf syfrdanol yw'r 'Scale Green Bird Man', math o gaban pren sy'n cynnal strwythurau adeiniog ac sy'n llawn o ffug-daclau dychmygol. Y mae'r cerflun hwn yn gyfuniad o dŷ-chwarae a pholyn totem. Y mae'r 'Deer Hunter' ugain troedfedd o uchder yn debyg i ysgerbwd dynol pren, ond y mae wedi ei goroni gan ben carw corniog. Y mae'r corff main, canghennog yr yn ffunud bron â'r goeden y'i crewyd ohoni; ar yr un pryd, cyfuna fath cyntefig o eilun-ddelweddaeth â hiwmor. Gwelir hiwmor mwy amlwg yn ei Ydfrain pren, sydd yn clebran ar ganghennau'r coed.

Er bod a wnelo llawer o ddelweddaeth Kemp â mytholeg natur cyntefig, ym myd diwydiannol Newcastle-upon-Tyne y treuliodd ei gyfnod

there is no information to base my reconstructions on, except for the dimly recollected mythologies of a world whose Gods were machines. 'The white man's magic'."

David Kemp likes to make a sculpture on the site where it is intended to remain and to use materials found there. He has already had two major opportunities to do this and making the sculpture for Margam Park will be the third. In 1981/82 he was a resident sculptor in the Grizedale Forest in Cumbria. His sculptures are on sites off the main paths used by foresters and walkers and so are chanced upon unexpectedly or discovered by following discreet markers. The most spectacular is the 'Scale Green Bird Man', a sort of log cabin supporting winged structures and filled with make-believe gadgetry. This sculpture is a combination of play-house and totem. The twenty foot high 'Deer Hunter' resembles a human skeleton made of wood, but is topped by a horned deer-head. Its slender branched body is nearly the tree from which it came and at the same time it combines a primitive type of fetish imagery with humour. More obviously humorous are his wooden rooks, perched chattering on the branches of trees.

Although much of Kemp's imagery is connected with a primitive nature mythology, his other major residency was in the industrial world of Newcastle-upon-Tyne during 1982. Here he made 'The Iron Horse' for the Four Lane Ends Metro Station, using materials which came mainly

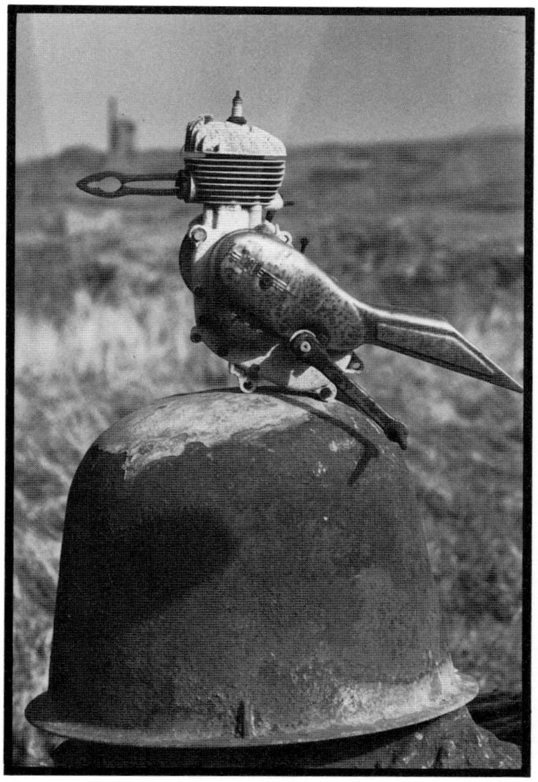

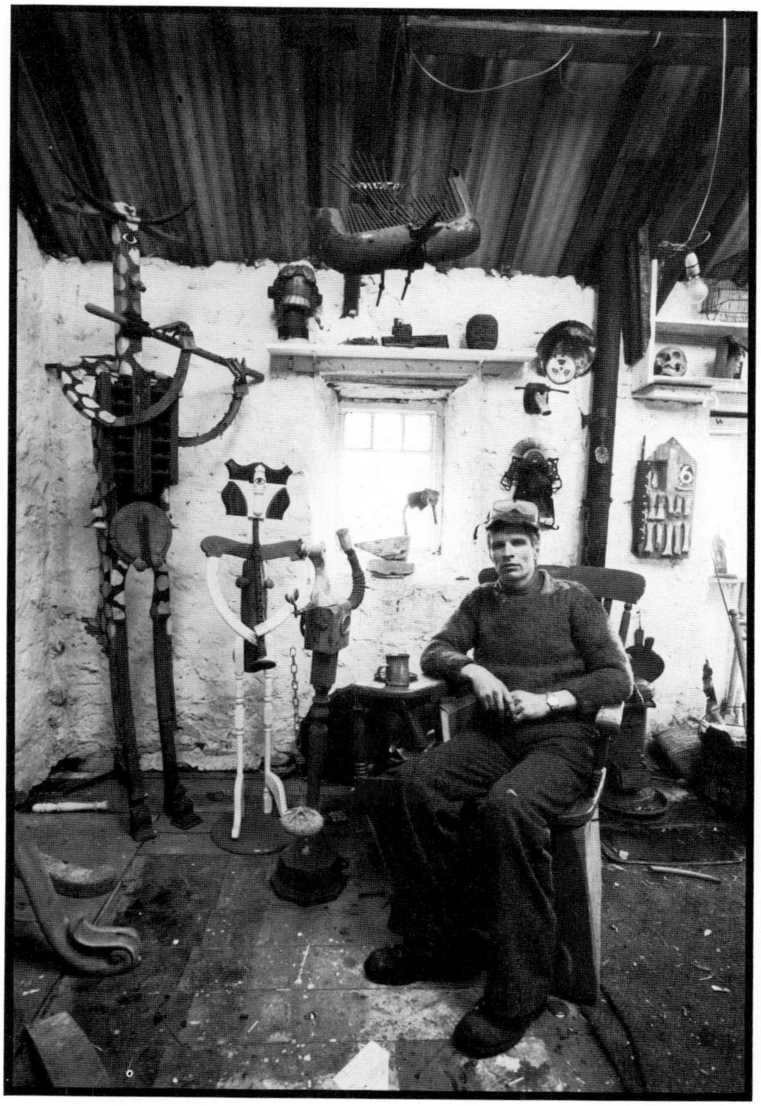

preswyl pwysig arall, ym 1982. Yn y fan honno gwnaeth 'The Iron Horse' ar gyfer Gorsaf Metro Four Lane Ends, o ddefnyddiau o iard sgrap leol yn bennaf. Cyd-osodir llu o gyfansoddrannau mewn modd cwbl argyhoeddiadol i greu ceffyl yn tynnu cart, sydd yntau'n awgrymu injan ager megis y rheini a ddyfeisiwyd gan Stephenson a oedd yn byw ger llaw. Amgaeir yr holl gerflun mewn beili, fel crair mewn amgueddfa, ond crair sydd hefyd yn cyffroi'r dychymyg ac yn awgrymu hanes ffantastig. Ganed David Kemp yn Llundain ym 1945. Bu'n bwrw ei brentisiaeth yn y Llynges Fasnach o 1962 i 1967, ond rhoes y gorau i'r yrfa honno er mwyn astudio peintio yn Ysgol Gelf Farnham ac Ysgol Gelf Wimbledon. Y mae wedi cymryd rhan mewn nifer o arddangosfeydd grŵp yng ngwledydd Prydain ac wedi cynnal sawl sioe un-person. Ceir gweithiau o'i eiddo mewn nifer o gasgliadau cyhoeddus.

from a local scrap-yard. Numerous components are fitted together in an entirely convincing way to make a horse drawing a carriage, which in turn suggests a steam engine such as those invented by Stephenson, who lived nearby. The whole sculpture is enclosed in a courtyard, rather like a relic in a museum, but one which titilates the imagination and suggests a fantastic history.

David Kemp was born in London in 1945. He was apprenticed in the Merchant Navy from 1962 to 1967, but left that career to study painting at Farnham School of Art and at Wimbledon School of Art. He has taken part in a number of group exhibitions in Britain and has had several one-man shows. His work is in a number of public collections.

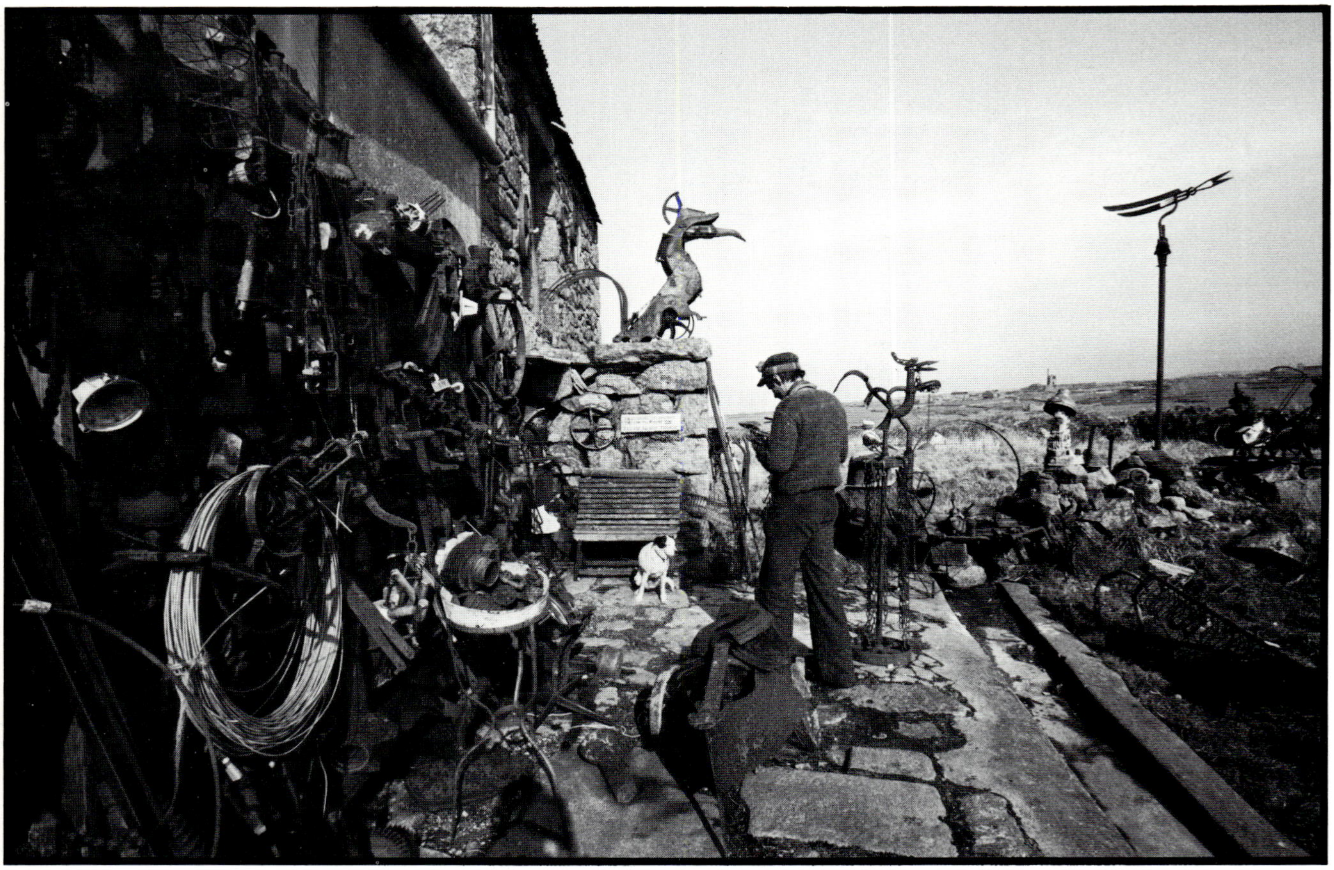

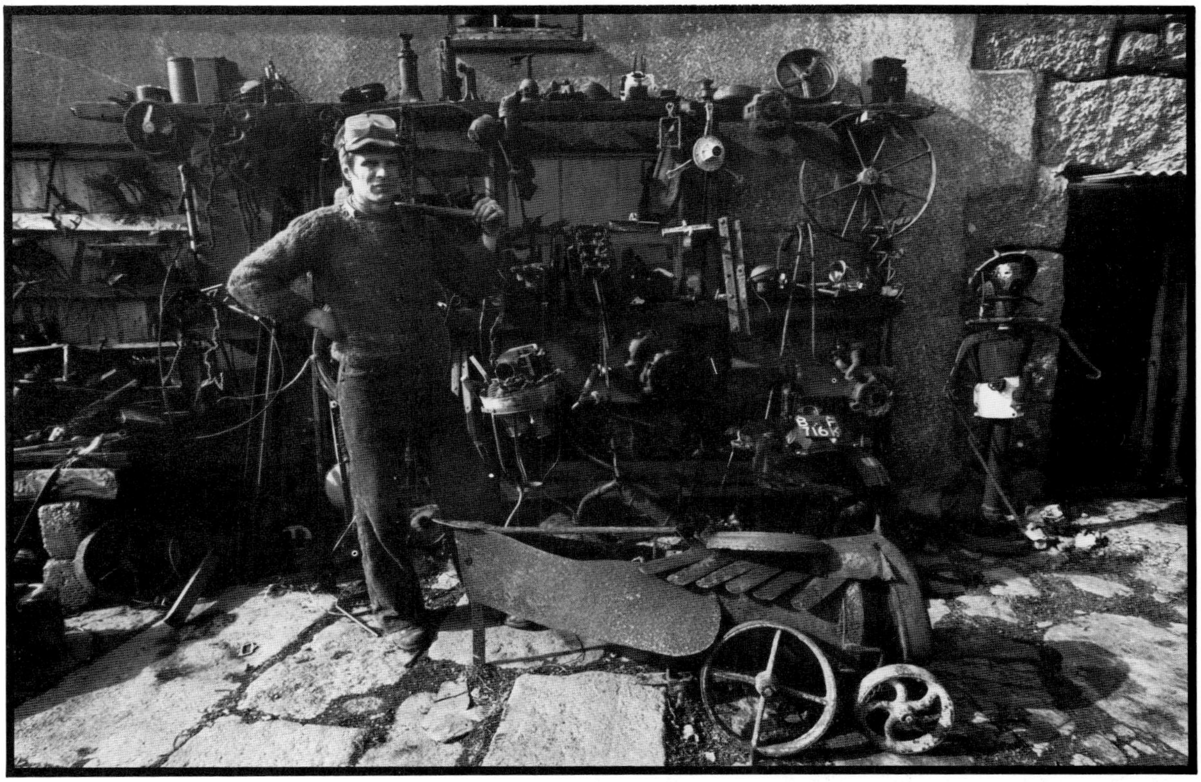

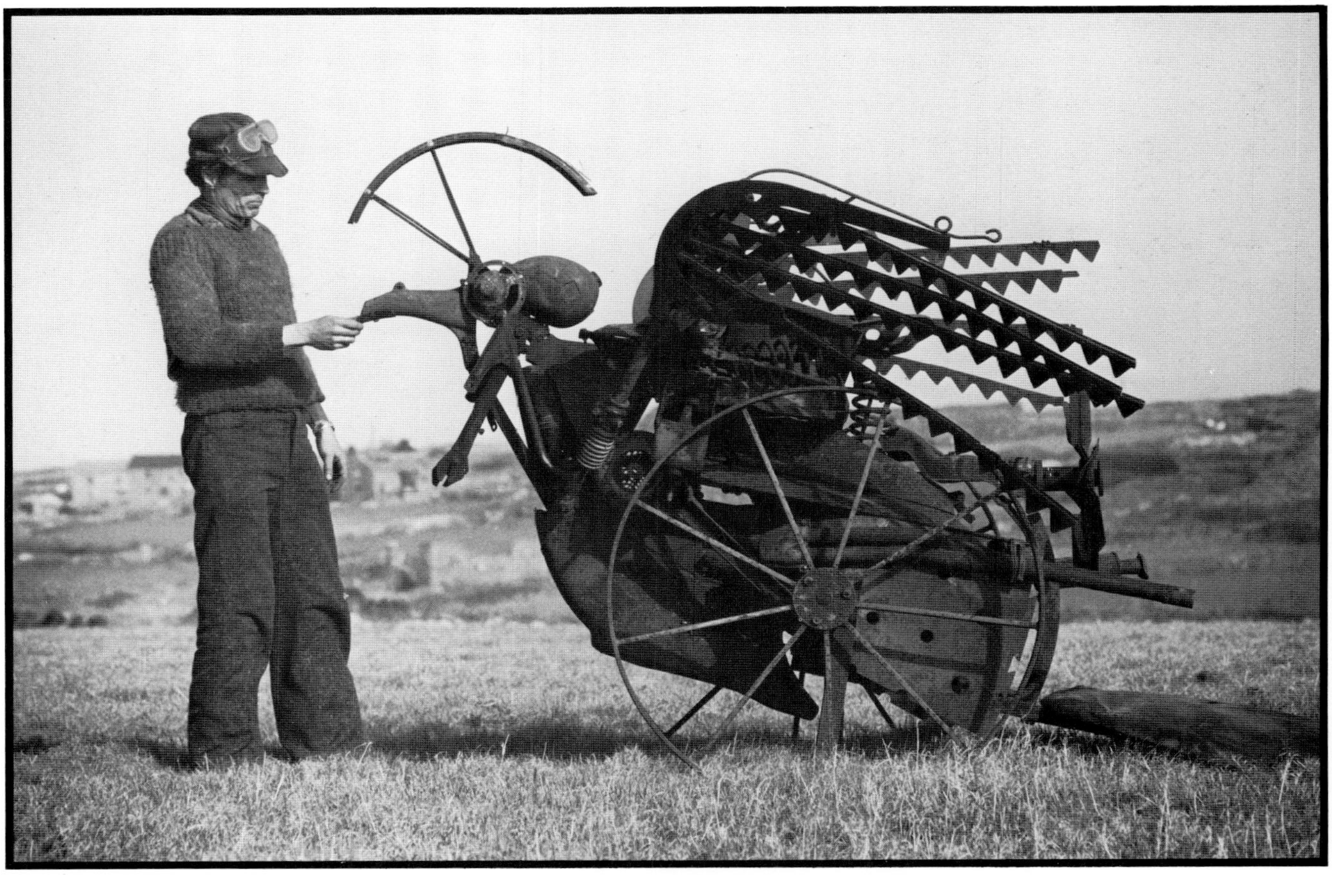

DAVID NASH

Y mae'r rhestr o lefydd lle bu David Nash yn gwneud cerfluniau, a'r bobl sydd wedi ei gynorthwyo, yn dynodi ei ymrwymiad i leoliad gwledig ac i ddefnyddio pren. Bu'n gweithio mewn coedwigoedd yn Cumbria a Siapan a mewn parciau yn Swydd Efrog a'r Iseldiroedd, ac ynddynt oll, taniodd ddychymyg pobl, yn cynnwys y coedwigwyr a'r garddwyr, na chredent fod unrhyw beth ynglŷn â choed a allai eu synnu. Ar rai adegau, arbrofodd â defnyddiau eraill, rhai solet fel glo a llechi, rhai dros-dro neu fyrhoedlog fel dŵr, mwg ac eira. Arddangosir gwreiddioldeb ei ganfyddiaeth o natur cerflunio gan y coed a blannodd ar wahanol safleoedd; bydd yn eu meithrin, eu tocio a'u ffurfio'n gerfluniau sy'n tyfu ac yn newid. Ffurfir y cerfluniau byw hyn yn rhannol gan brosesau natur, ond y maent yn tystio hefyd i reolaeth dyn. Meddai, "Yn gynharach, byddwn yn defnyddio pren o'r felin goed; yn ddiweddarach, pren ffres, newydd ei dorri o'r goeden; yn awr, y goeden ei hun. Po hwyaf yr edrychaf ar y goeden, mwyaf oll y gwelaf y goeden: ei gofod a'i lleoliad, ei chrynswth a'i strwythur, ei pheirianneg a'i chydbwysedd. Yn fwy na dim, gwelaf fod pob coeden unigol yn unigryw, a thu hwnt i hynny eto, gwelaf ynddi symbol mawr o fywyd. Tŵr nerthol, dirgrynol, olwyn-weddi o ynni naturiol yn chwyrlio."

Bydd ei syniadau'n datblygu drwy gysylltiad maith a dwys â'i ddefnyddiau a'r amgylchedd y mae'n gweithio ynddo, a thrwy nifer fawr iawn o luniadau. Fersiynau ar ffurf diagramau o'r cerfluniau sydd ar y gweill a'r prosesau y mae'n eu defnyddio yw llawer o'r rhain, ond y mae ei linellau

The list of places in which David Nash has made sculptures and of the people who have assisted him indicates his commitment to rural settings and to using wood. He has worked in forests in Cumbria and Japan and in parks in Yorkshire and Holland and in all of these he has engaged the imagination of many people, including the foresters and gardeners, who thought that wood held no surprises for them. On some occasions he has experimented with other materials, some solid like coal and slate, others impermanent or ephemeral like water, smoke and snow. The originality of his perception of the nature of sculpture is demonstrated by the trees which he has planted on various sites, which will be tended, cut and shaped to produce sculptures which grow and change. These living sculptures involve the processes of nature in forming them but will also be a witness to man's control. He has said, "Earlier, I used sawmill wood, regular standard units; later, greenwood, fresh from the tree; now the tree itself. The more I look at the tree, the more I see the tree: its space and location, its volume and structure, its engineering and balance. More than that, I see the uniqueness of each single tree, and beyond that still I see it as a great emblem of life. A potent vibrant tower, a whirling prayer wheel of natural energy."

His ideas develop through prolonged and intense contact with his materials, with the environment in which he is working and through a great number of drawings. These drawings are often diagramatic versions of the sculptures he is making and of the processes he is using,

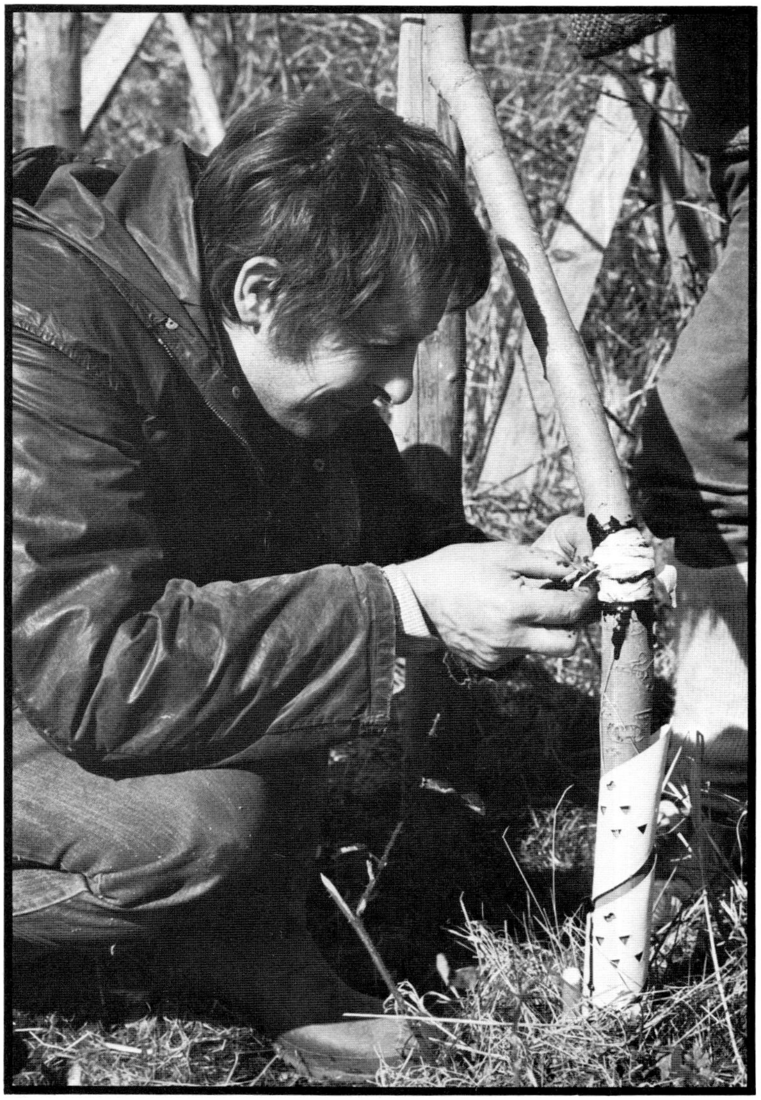

brws huawdl yn athrylithgar yn eu gallu i greu'r ymdeimlad o dwf i mewn i ofod sydd yn nodweddiadol o'i gerfluniau.

Man cychwyn unrhyw ymgais i ddeall cerfluniau David Nash yw ei stiwdio yng Nghapel y Rhiw, Blaenau Ffestiniog. Y mae gofod ffurfiol yr hen gapel yn llawn darnau o bren yn aros i gael eu defnyddio, ac yntau ar hanner eu paratoi. Holltwyd, tafellwyd, plygwyd a dylofwyd peth o'r pren yn ffurfiau byw; gadawyd i beth ohono gracio gan ddatgelu graen y pren, cyn ei berswadio'n dyner gan y cerflunydd i ddatblygu ffurf newydd. Cyflwyniad gwreiddiol David Nash i bren oedd ei ddefnyddio fel deunydd y gellid arno " . . . roi lliw i mewn i ofod . . ." ar ffurf tyrau anferth, peintiedig. Un o'r dylanwadau cynnar arno oedd y cerflunydd o Rwmania, Brancusi, ac enghraifft ei gerfluniau 'Endless Column' a'i ffordd o fyw, a adlewyrchai ddiddordebau dynol ei waith. Gallodd David Nash efelychu'r agwedd hon ar wneud cerfluniau a'u mabwysiadu yn ei fywyd ym Mlaenau Ffestiniog. Yno, mae yng nghanol Natur ac effeithiau dyn arni, drwy bresenoldeb y tomenni llechi, drwy ei ddeunydd hanfodol, pren, a thrwy ei deulu. Cymerodd y broses o ddysgu am natur pren o leiaf yr un flynedd ar bymtheg y bu'n byw yng Ngwynedd. Dysgodd fod rhai mathau o goed yn cracio ynghynt nag eraill. Arbrofodd â gwahanol ddulliau o dorri coed ac adeiladu â choed, ac yn raddol, aeth yn well ganddo'r deunydd wedi ei dorri'n arw yn hytrach na chynnyrch y felin goed, a dulliau anffurfiol megis pentyrru a chlymu yn hytrach na saernïaeth fwy ffurfiol.

but their fluidly brushed in lines are also brilliantly evocative of the sense of growth into space which is a characteristic of his sculpture.

David Nash's studio at Capel Rhiw, Blaenau Ffestiniog in North Wales is a starting point for any understanding of his sculpture. The formal space of the old chapel is full of wood, standing waiting to be used and in various states of preparation. Some of the wood has been split, sliced, bent and teased into animated shapes; some has been allowed to crack revealing the grain and then gently persuaded by the sculptor into taking on a new form. David Nash was originally introduced to wood by using it as a material on which " . . . to put colour into space . . ." in the form of huge painted towers. One of his early influences was the Romanian sculptor, Brancusi, the example of his 'Endless Column' sculptures and of his way of life, which reflected the fundamental human concerns of his work. David Nash has been able to emulate and adapt this approach to making sculpture in his life at Blaenau Ffestiniog. Here he is surrounded by Nature and by man's effects on it, through the presence of the slate tips, by his essential material, wood, and by his family. The process of learning about the nature of wood has taken at least the sixteen years that he has lived in Gwynedd. He learnt that some woods crack more quickly than others. He experimented with different methods of cutting wood and of constructing with it and began to prefer the roughly cut material to its mechanical counterpart and the informal methods of stacking and tying to more conventional carpentry.

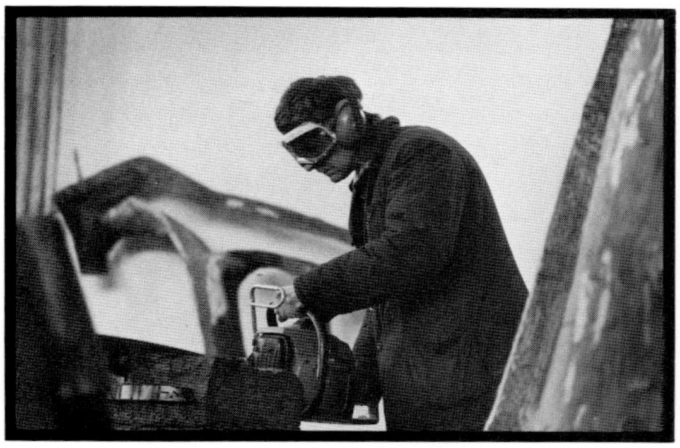

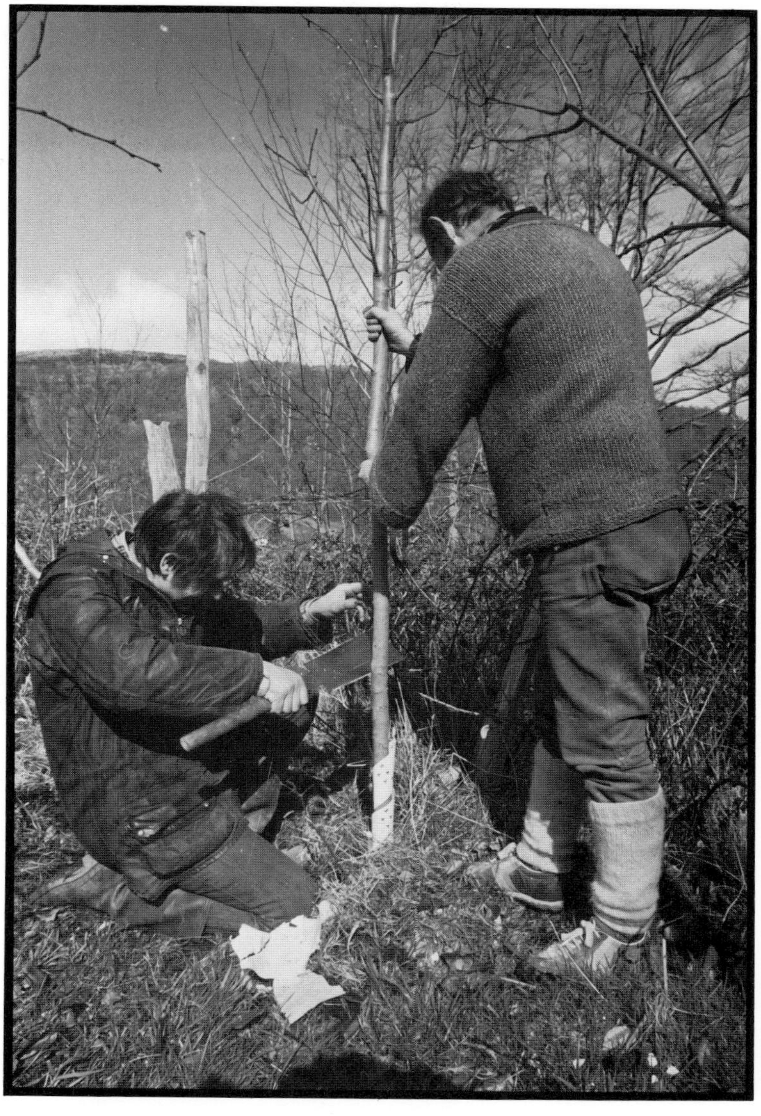

Cafodd ei gyfle cyntaf gwirioneddol i arbrofi â'i syniadau o fewn amgylchedd coedwig fyw pan aeth yn gerflunydd preswyl yn Fforest Griezadale yn Cumbria ym 1978. Arddangosodd y cerfluniau a wnaethpwyd yno, megis 'Hazel Plaited Tripod' a 'Willow Ladder' allu hyblyg y prennau hynny i ymffurfio'n gerfluniau llinellol gosgeiddig, a'r modd y gellid tyfu helygen â'i phen i lawr a chydrwymo'r canghennau a'u plygu i greu'r strwythur rhwydweithiog a ddefnyddir gan berthwyr traddodiadol. Daeth 'Running Tale' â chwa o ffraethineb i mewn i'r goedwig, pan weddnewidiwyd darnau o bren canghennog yn ddelwedd o fwrdd sy'n cerdded. Er hynny, y mae David Nash wedi gweithio fel cerflunydd preswyl nifer o weithiau, ac y mae a wnelo'r cerfluniau a ddeilliodd o hynny â syniad unigryw. Yn 'Twenty Days with an Elm' ym Mharc Cerfluniau Swydd Efrog ym 1982, cymerodd elmwydden ac archwilio'r strwythur a ffurfiwyd gan ei phatrwm twf. O ganlyniad i hynny, torrodd y pren yn llu o siapiau trionglog a phyramidaidd. Trawsffurfiwyd y darnau hyn â dychymyg yn wrthrychau eraill megis 'Pyramid with bite', 'Monument to a Catapult' a 'Pyramid on Legs'. Defnyddiwyd y deunydd o'r elmwydden yn ei holl ffurfiau, nes bod pentyrau o sglodion pren, gwreiddiau a blawd llif yn tyfu o gwmpas y cerfluniau gorffenedig. Ym mis Chwefror 1982, cafodd wahoddiad i weithio yn Siapan, a chafwyd digwyddiad cyffelyb yno gyda 'Twenty Days with a Mizunara Tree'. Yr oedd y cerfluniau a wnaethpwyd yno yn cynnwys rhannau o'r goeden ar ffurf cynhwyswyr neu dwneli ar gyfer dŵr o'r afon ger llaw, pysgod pren, ffyrnau a blychau.

The first real opportunity that he had of trying out his ideas within the environment of a growing forest was when he became resident sculptor in the Grizedale Forest in Cumbria in 1978. Sculptures made there, such as 'Hazel Plaited Tripod' and 'Willow Ladder' exhibited the flexibility of these woods to make graceful, linear sculptures and the ability of willow to be grown up-side-down and to be spliced and bent to create the meshed structures which traditional hedgers employ. 'Running Table' introduced a note of wit into the forest, when pieces of branched wood were transformed into the image of a table that walks. Since then David Nash has carried out several other working residencies and the resulting sculptures involve a unique idea. In 'Twenty Days with an Elm' at the Yorkshire Sculpture Park in 1982 he took an elm tree and explored the structure formed by its growth pattern. This resulted in his cutting the wood into numerous triangular and pyramidal shapes. In turn these pieces were imaginatively transformed into other objects, such as 'Pyramid with bite' 'Monument to a Catapult' and Pyramid on legs'. The material from the elm was used in all its forms, so that stacks of wood chips, of roots and of saw dust grew around the other worked sculptures. In February 1982 he was invited to work in Japan and a similar event took place in 'Twenty Days with a Mizunara Tree'. The sculptures made there involved using parts of the tree as vessels or tunnels for running water from the river nearby, as wooden fish, as stoves and as boxes.

David Nash was born in Surrey in 1945. He trained as a sculptor at

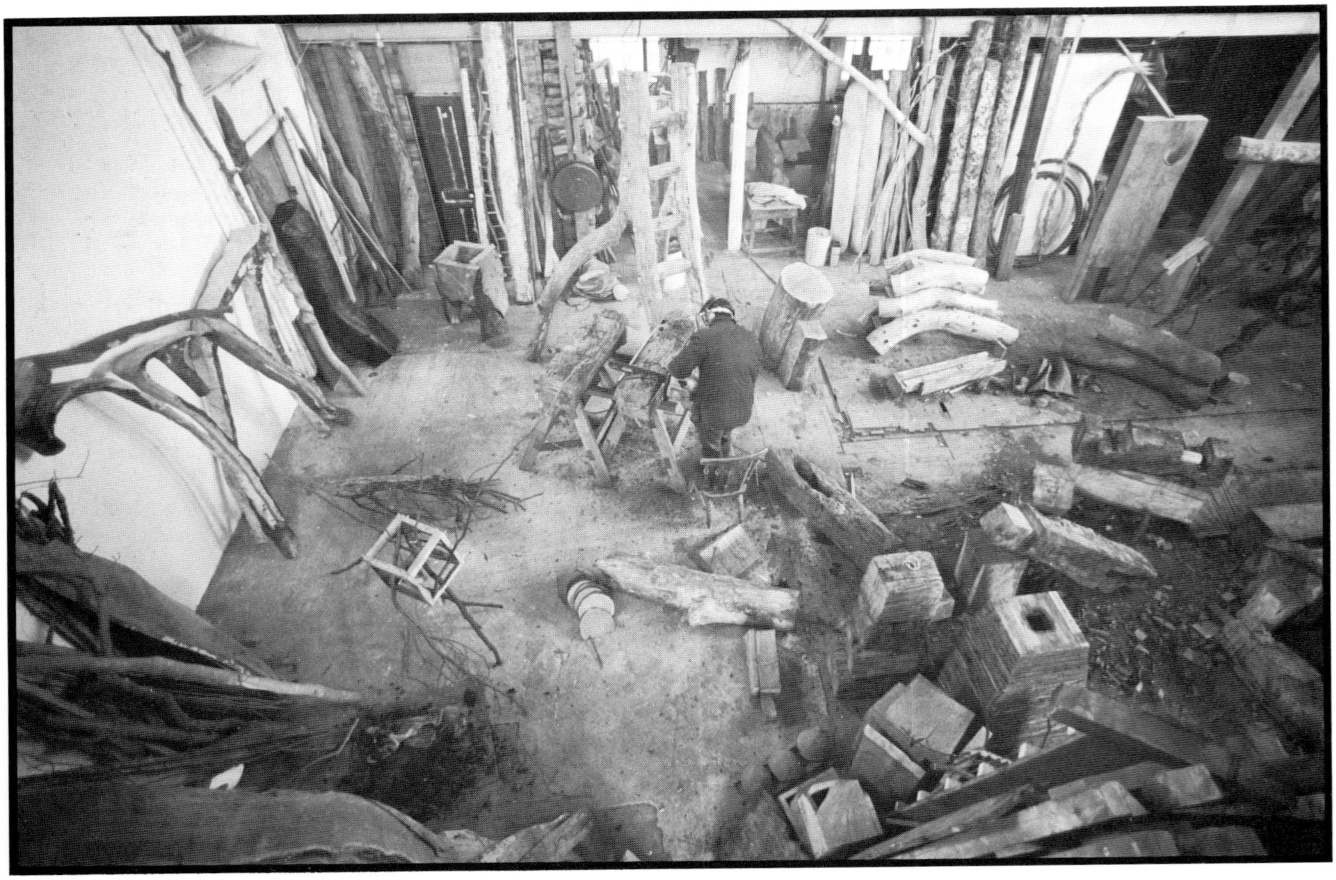

Ganed David Nash yn Surrey ym 1945. Fe'i hyfforddwyd yn gerflunydd yn Ysgolion Celf Kingston a Chelsea ac yna symudod i Flaenau Ffestiniog, Gogledd Cymru ym 1967. Er hynny, y mae ei waith wedi denu sylw cynyddol ac erbyn hyn, ef yw un o gerflunwyr iau mwyaf adnabyddus gwledydd Prydain. Cynhwyswyd ei waith yn yr arddangosfa 'British Art Now' yn Efrog Newydd, yn Biennale Sydney, ac yn 'Aspects of Contemporary British Art' a deithiodd Siapan ym 1982. Cynhaliodd arddangosfeydd un-person mewn nifer o wledydd yn ystod y blynyddoedd diwethaf. Y mae'r rhain yn cynnwys arddangosfeydd yn Oriel Elise-Meyer, Efrog Newydd, yn Oriel, Caerdydd, yn Amgueddfa Kröller-Müller, Yr Iseldiroedd, ac yn ystod 1983, bydd arddangosfa fawr yn teithio gwledydd Prydain. Bu'n gerflunydd preswyl yn Fforest Griezedale, Cumbria, ym Mharc Cerfluniau Swydd Efrog ac yn Kotoku, Siapan. Y mae gweithiau o'i eiddo mewn llu o gasgliadau cyhoeddus a phreifat.

Kingston and Chelsea Schools of Art and then moved to Blaenau Ffestiniog, North Wales in 1967. Since then his work has attracted increasing attention and he is now one of the best known of Britain's younger sculptors. His work has been included in the 'British Art Now' exhibition in New York, at the Sydney Biennale and in 'Aspects of Contemporary British Art', which toured Japan in 1982. He has held one-man exhibitions in many countries during the last few years. These include exhibitions in the Elise-Meyer Gallery, New York, in Oriel, Cardiff, in the Kröller-Müller Museum, Holland, and during 1983 a major exhibition is touring Britain. He has been a sculptor in residence in the Grizedale Forest, Cumbria, in the Yorkshire Sculpture Park and in Kotoku, Japan. His work is in numerous public and private collections.

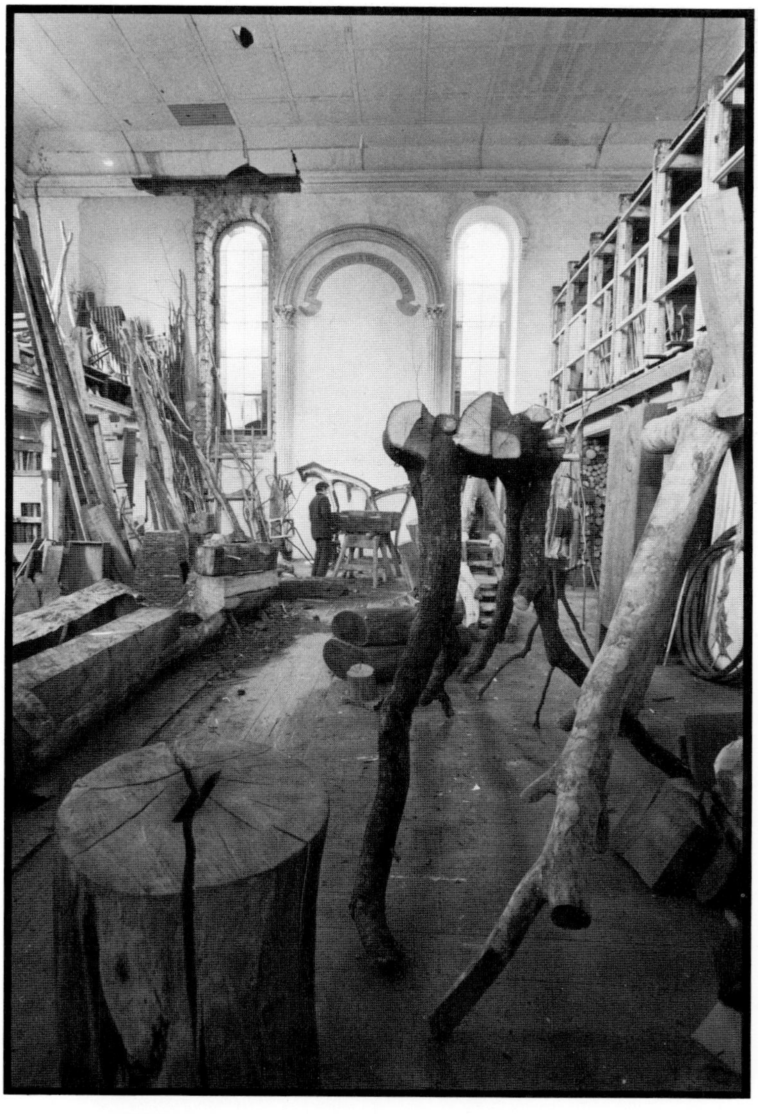

JOHN COBB

Strwythurau pren, agored, tebyg i gewyll yw'r rhan fwyaf o gerfluniau John Cobb. Y mae dwy agwedd ar y cerfluniau hyn yn amlwg ar unwaith. Y naill yw eu gwneuthuriad manwl, gofalus a chrefftwraidd. Y mae hyn, ynghyd â natur rhai ohonynt, yn awgrymu perthynas â dodrefn. Y mae'r cerflunydd wedi tanlinellu hyn ei hun â theitlau megis 'The Clothes on a Figure in a Chair' 1972 ac 'Easy Chair' 1977. Ym 1979, cymerodd John Cobb ran mewn arddangosfa yn Oriel Ikon, Birmingham o'r enw 'Furniture - Sculpture'. Y mae'r math hwn o gyfeiriad yn rhannol ddynodi'r ffraethineb tyner y câr Cobb ei gynnwys yn ei waith, ond y mae hefyd yn lled-gyfeirio at gwestiwn mwy difrifol y modd y bydd rhai cerflunwyr yn gwahaniaethu'n fanwl rhwng yr hyn sy'n wrthrych bob-dydd defnyddiol a'r hyn sy'n waith celfyddyd diddefnydd. Â Richard Deacon a Roy Kitchin ar drywydd y cwestiwn hwn hefyd. Y mae crefftwaith manwl-gywir y cerflunwyr hyn yn gymorth i ddod â'r diddordeb hwn i sylw'r gwyliwr, ac y mae'n sefydlu ffordd gyfarwydd o ymateb i'r cerflun.

Nodwedd gyson arall yng ngherfluniau John Cobb yw eu ffurf 'agored'. Mewn rhai enghreifftiau, ymddengys fel pe bai wedi gwneud diagramau pren o'r hyn a oedd neu a allai fod wedi bod yn wrthrych solet. Defnyddia gerflunio fel ffordd o ddylofi gofod o fewn strwythur yn hytrach na chaniatáu i'w waith ddilyn swyddogaeth fwy traddodiadol cerflunio sef disodli gofod â'i grynswth ei hun, neu drwy ymwthio i'r gofod o gwmpas. Y mae'r sylwadau blaenorol yn wir am yr 'Head Cases'. Y mae traddodiad

John Cobb's sculptures are mainly open cage-like structures which are made of wood. Two aspects of these sculptures are immediately obvious. One is the careful, precise and craftsmanly way in which they are made. This, together with the character of some of them, suggests a relationship to furniture. The sculptor has pointed this out himself by titles such as 'The Clothes on a Figure in a Chair' 1972 and 'Easy Chair' 1977. In 1979 John Cobb took part in an exhibition at the Ikon Gallery, Birmingham called 'Furniture - Sculpture'. This kind of reference is partly indicative of the gentle wit that Cobb likes to put into his work, but also hints at the more serious and fine distinction that some sculptors draw between that which is an everyday functional object and that which is a non-functional work of art. Richard Deacon and Roy Kitchin also pursue this line of enquiry. Their meticulous craftsmanship helps to identify this interest for the spectator and to establish a familiar means of reacting to the sculpture.

Another persistent characteristic of John Cobb's sculpture is its 'open' form. In some cases it seems as if he has made wooden diagrams of an idea of what was or might have been a solid object. He uses sculpture as a means of manipulating space within a structure rather than allowing his works to follow the more traditional role of sculpture as displacing space through its volume or by obtruding into space around it.
The 'Head Cases' are sculptures to which the previous comments apply. The tradition of head sculpture is usually either one which depicts the

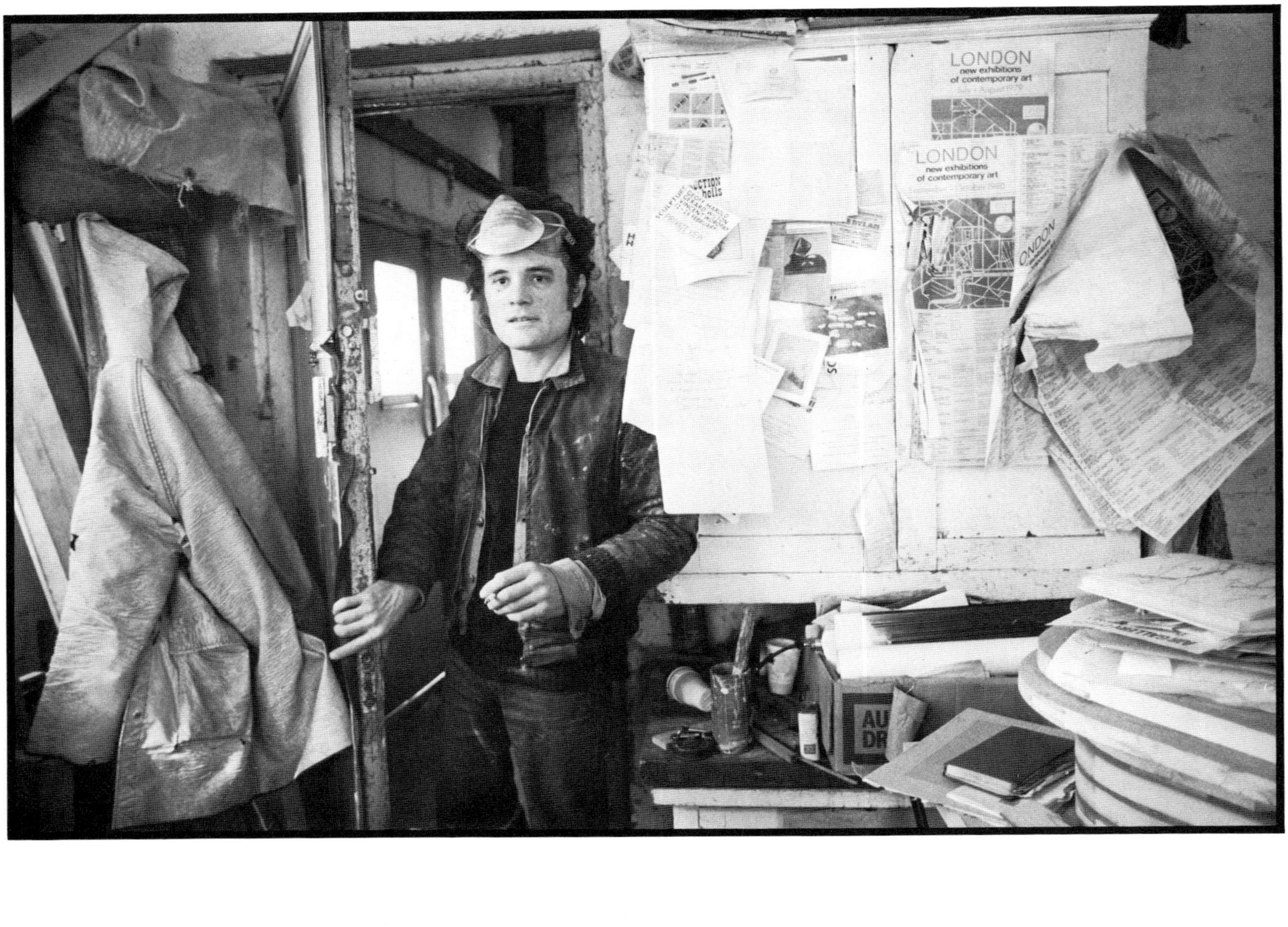

cerflunio pennau naill ai'n darlunio'r pen fel crynswth solet neu fel cyfres o ffurfiau ffasedog. Bydd y cerflunydd yn y maes hwn yn archwilio croen allanol neu bryd a gwedd yr wyneb dynol hefyd. Yn ei gerfluniau ef, y mae John Cobb yn ein hudo â'i chwarae ar y syniad sy'n tarddu o'r term slang 'head case' a'r syniad mwy cymhleth o'r pen fel cas cludo'r peirianwaith dyrys sy'n peri i ni weithredu. Drwy newid cymeriad ffurfiol arferol cerflun-pen, y mae hefyd yn newid ei ystyr.

Y mae ochr arall i gerfluniau Cobb. Y mae wedi son am y broses o roi ffurf i bosibiliadau a ddychmygir. Bydd y posibiliadau hyn yn tarddu fel arfer o brofiad gweledol a gafodd. Yn achos 'Foxhole', y mae'n caniatáu iddo geisio dyfalu beth sydd y tu ôl i'r cipolwg cyntaf hwnnw ar ffau llwynog. Ymgais yw'r cerfluniau i drosi'r dyfalu a'r dychmygu hyn yn ffurf tri-dimensiwn. Y mae eu ffurf terfynol yn dynodi natur y peth a welodd a phroses ei ddychymyg neu ei ymdeimlad o ddarganfod. Nid mater hawdd bob amser mo ymglywed â meddyliau person arall fel hyn, ac y mae 'darllen' y fath gerflun o reidrwydd yn straen ar allu'r gwyliwr ei hun i ganfod, meddwl a dychmygu mewn ffordd na fyddai cerflun cynyrchioladol ffigurol.

Ganed John Cobb ym 1946 yn Suffolk. Astudiodd am gyfnod byr yng Ngholeg Celf Great Yarmouth ac yna yng Ngholeg Celf Coventry a'r Coleg Celf Brenhinol. Enillodd nifer o wobrau, yn cynnwys Gwobr Walter Neurath am Gerflunio ym 1971 a Gwobr Sainsbury ym 1974. Ym 1980/81,

head as a solid volume or as a series of faceted forms. Head sculpture also examines the outer skin or features of a human face. In his sculptures John Cobb presents us with an enticing play upon the idea created by the slang term 'head case' and the rather more complex one of the head being the carrying case for the intricate machinery which makes one function. By changing the usual formal character of a head sculpture, he also alters its meaning.

There is another side to Cobb's sculpture. He has talked about the process of giving form to imagined possibilities. These possibilities will usually start from a visual experience that he has had. In the case of 'Foxhole' it allows him to speculate on what lies behind the initial sight of a fox's earth. The sculptures are an attempt to translate these speculations and imaginings into a three-dimensional form. Its final form indicates the nature of the thing he saw and the process of his imagination or sense of discovery. It is not always easy to tune in to another person's thoughts in this way and the reading of such a sculpture inevitably puts pressure on the spectator's own ability to perceive, think and imagine in a way that a figurative representation does not.

John Cobb was born in 1946 in Suffolk. He studied briefly at Great Yarmouth College of Art and then at Coventry College of Art and the Royal College of Art. He has won several awards, which include the Walter Neurath Award for Sculpture in 1971 and the Sainsbury Award in 1974. In

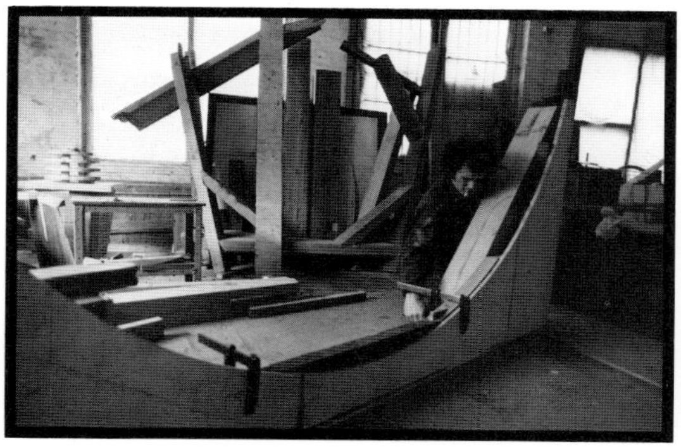

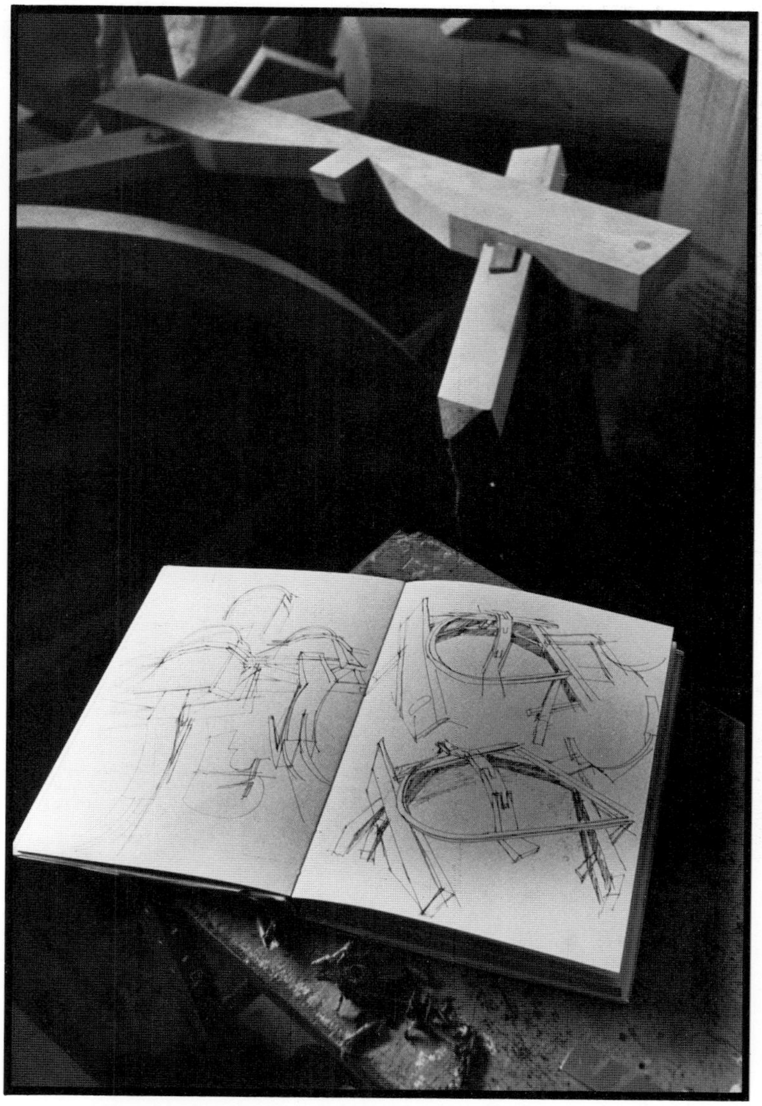

ef oedd Cymrodor Cerflunio preswyl Parc Cerfluniau Swydd Efrog. Arddangosodd ei waith yn fynych drwy gydol y 1970au. Ym 1973, cymerodd ran yn 8fed Biennale Paris, ym 1977 yn Arddangosfa'r Jiwbilî ym Mharc Battersea, ym 1979/80 yn y 'British Art Show' ac ym 1979/80 yn 'Wood' ym Mharc Cerfluniau Swydd Efrog.

1980/81 he was the resident Fellow in Sculpture at the Yorkshire Sculpture Park. He has exhibited frequently throughout the 1970s. In 1973 he took part in the 8th Paris Biennale, in 1977 in the Silver Jubilee Exhibition at Battersea Park, in 1979/80 in the British Art Show and in 1979/80 in 'Wood' at the Yorkshire Sculpture Park.

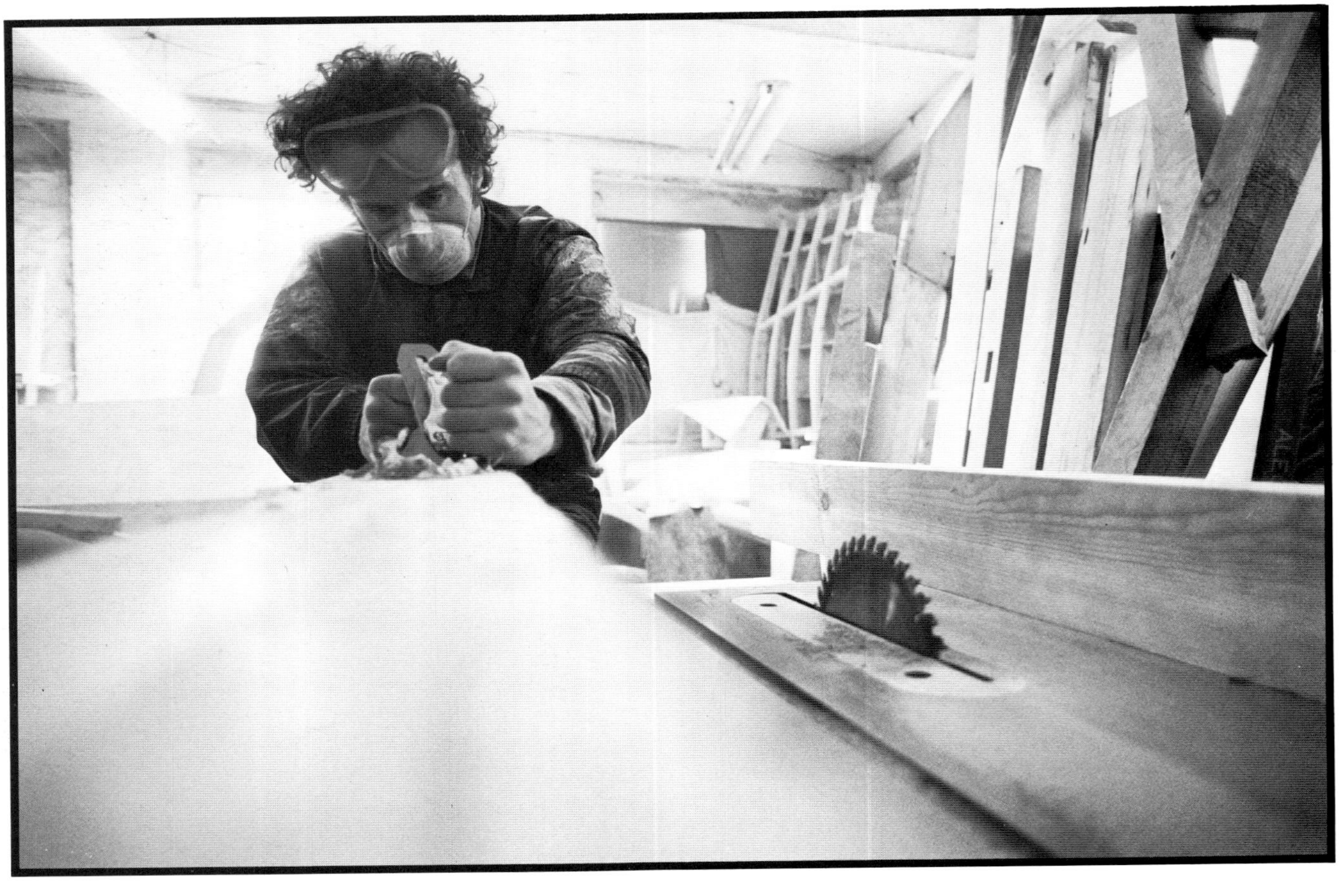

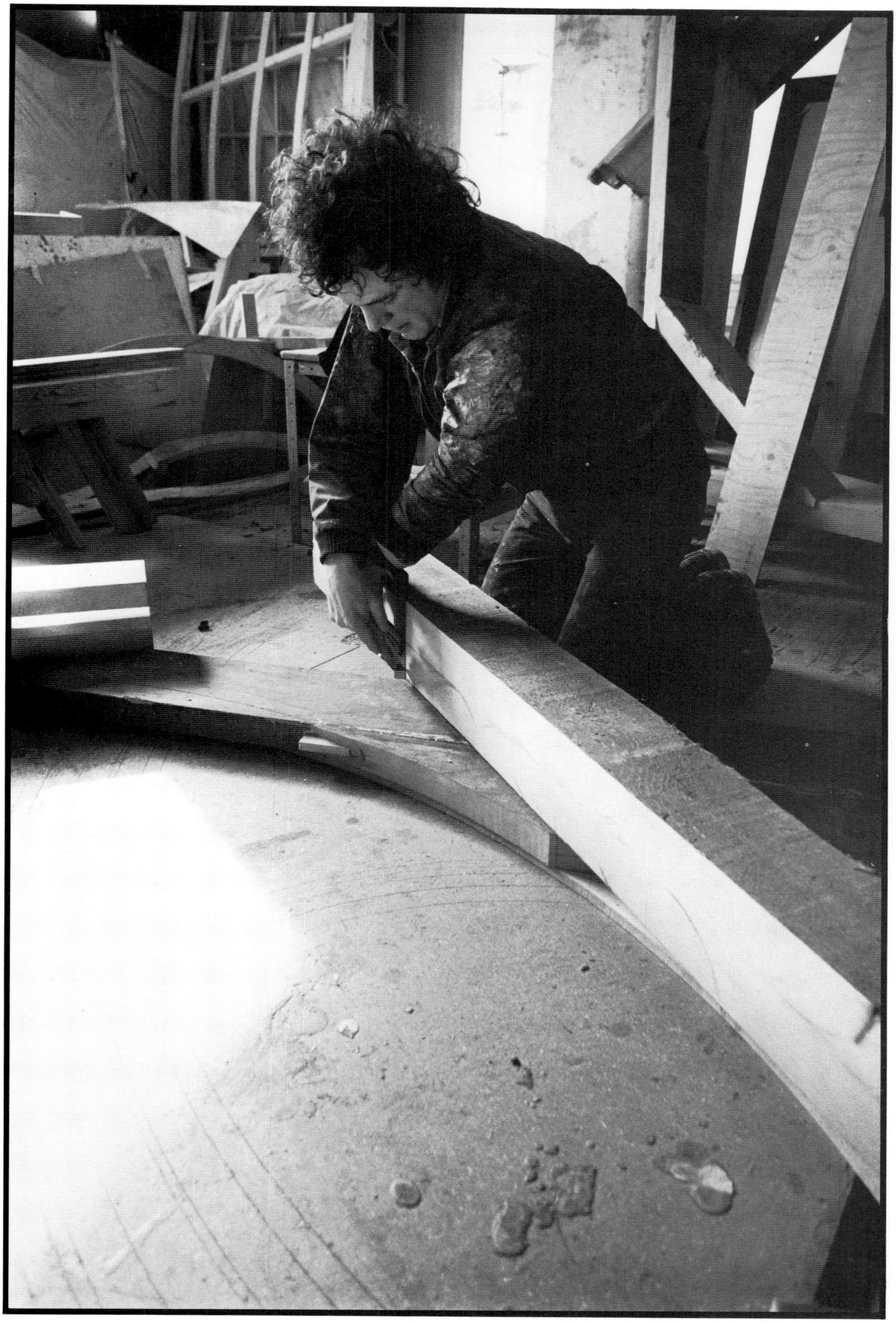

HARVEY HOOD

Aeth Harvey Hood i fyw yn y Forest of Dean ym 1973 gan mor bwysig yw hi iddo fod yn agos i gyflenwad o goed, prif ddeunydd ei gerfluniau, ac i fod ymhlith pobl y mae traddodiad y crefftwr coed yn dal yn fyw iddynt. Fel rhai o'r cerflunwyr eraill y gwelir eu gwaith ym Mharc Margam, y mae wedi ceisio newid cerflunio haniaethol o fod yn ymwneud yn bennaf â ffurf, drwy bwysleisio'r broses o wneuthur cerflun. Yn y modd hwn, gall y pleser a geir o bethau celfydd eu gwneuthuriad fod ynghlwm wrth gerfluniau sydd hefyd yn elwa ar y modd yr ymdrinir â strwythur, ffurf a gofod mewn modd sy'n ysgogiad esthetig.

Er bod yn rhai o'r cerfluniau a wnaed gan Harvey Hood yn y blynyddoedd diwethaf debygrwydd arwynebol i wrthrychau defnyddiol, a bod hyd yn oed eu henwau, megis 'Slate Trestle' yn awgrymu hynny, ei wir ddiddordeb yw atgoffa'r gwyliwr o natur ffynhonnell wreiddiol y deunydd. Awgryma hyn pan ddywed, "Man cychwyn y gwaith yw'r goeden ar lawr. Byddaf yn prosesu'r pren bob cam o'r ffordd, a'i gerfio a'i blanio'n waith gorffenedig yn y pen draw. Yn ystod y broses faith, ddiflas hon gallaf benderfynu yn fy mhwysau ynglŷn â nodweddion y deunydd a'r hyn y bwriadaf ei wneud ag ef. Y mae cysylltiadau'r deunydd â phrosesau crefft yn rhwystr, a hawdd syrthio i'r fagl o droi'n otomatig at broses gonfensiynol." Ceisia osgoi'r cyfeiriadau hawdd at ffyrdd confensiynol o weithio ei ddefnydd drwy'r hyn a eilw'n " . . . uniadu digydymdeimlad y cyfansoddrannau". Rhydd hyn gyfoeth ychwanegol ac elfen o'r annisgwyl i ffurf ei gerfluniau; er enghraifft, gellir gwneud i

Harvey Hood went to live in the Forest of Dean in 1973 because it is important for him to be near supplies of wood, the main material he uses for his sculpture and to be among people for whom the craftsman's tradition of working wood is still strong. Like some of the other sculptors represented at Margam Park, he has tried to direct abstract sculpture away from primarily formal concerns through emphasis on the process of making. In this way the pleasure to be obtained from things skilfully made can be attached to sculptures which also exploit the handling of structure, form and space in an aesthetically stimulating manner.

Although some of the sculptures that Harvey Hood has made in the last few years bear a superficial resemblance to functional objects and even suggest this in names, such as 'Slate Trestle', he is really more interested in reminding the viewer of the character of the original source of the material. He indicates this when he says, "The work starts with the fallen tree. I process the wood through all the stages and eventually carve and plane the wood to its finished state. In this long tedious process I am able to make those long considered decisions about the material's characteristics and my intentions for the material. The material still has many inhibiting ties with craft processes and it is easy to fall into the trap of automatically reverting back into a conventional process." He tries to avoid the easy reference to conventional ways of using his material by what he calls " . . . the unsympathetic jointing of the components". This adds richness and surprise to the form of his sculptures, for instance, a

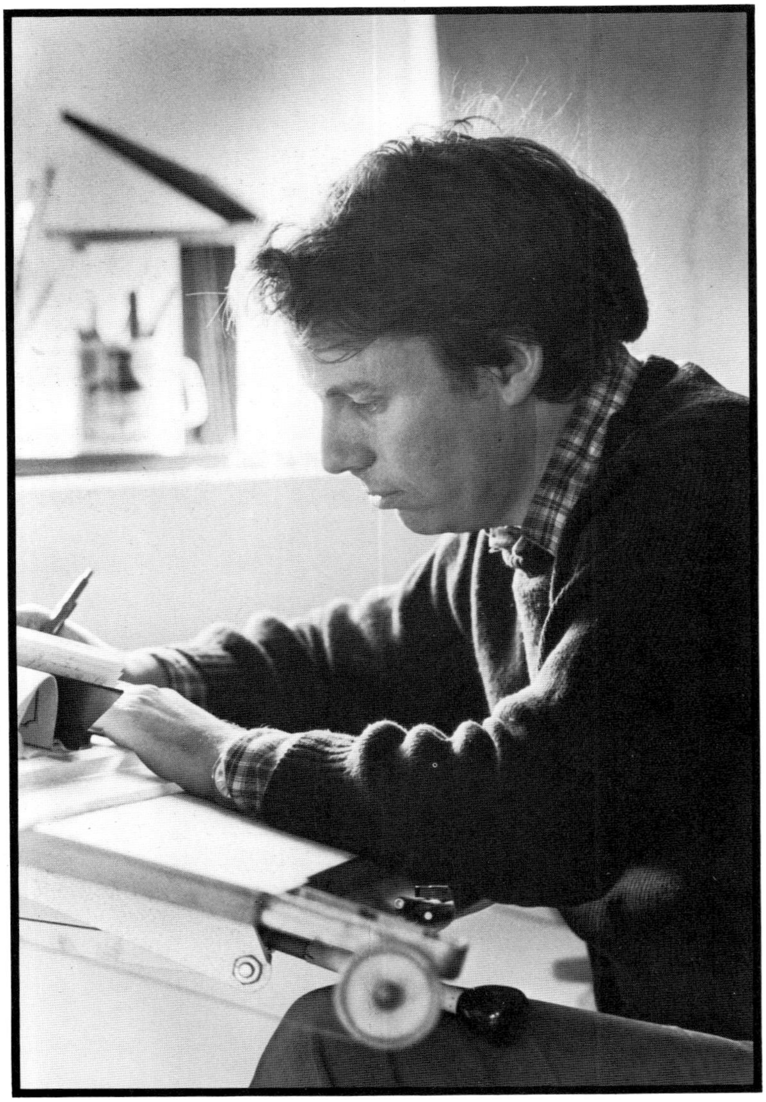

ddarn main o bren gynnal plân mawr, gwastad. Yn y gweithiau mwyaf llwyddiannus mae'r uniadau'n bwysig dros ben, gan mai hwy sydd yn nodi'r pwyntiau hynny lle bydd y llygad yn newid cyfeiriad, a felly daw'r gwyliwr yn ymwybodol o'r modd cymhleth y cynhwysir gofod a'i rannu o fewn fframwaith y cerflun.

Y mae'r cerfluniau'n cyfuno elfennau sy'n cynrychioli rhai o'r gwahanol gamau yn y broses o drin coed - mae'r pren wedi ei lifio, ei hollti, ei dorri, ei blanio, ei dyllu a'i uniadu. Y mae hyn yn golygu y ceir amrywiaeth yn eu gweadwaith, ac y mae'n gymorth hefyd i ddadlennu cymeriad cynhenid y gwahanol fathau o goed. Y mae 'Ash Structure' ac 'Oak Structure' a oedd yn rhan o'r arddangosfa 'Wood' ym Mharc Cerfluniau Swydd Efrog ym 1979 yn adlewyrchu, ar y naill law, ansawdd hyblyg yr onnen ac, ar y llall, nodweddion caled, trwm y dderwen.

Ganed Harvey Hood yn Swydd Stafford ym 1946. Astudiodd yng Ngholeg Celf Birmingham ac yn y Coleg Celf Brenhinol. Bu'n ddarlithydd yng Nghyfadran Gelfyddyd Gain Athrofa Dechnoleg De Morgannwg er 1973. Enillodd Ysgoloriaeth Deithio'r Coleg Celf Brenhinol ym 1971 ac y mae wedi ennill Gwobr Sainsbury hefyd. Arddangoswyd ei waith yn fynych mewn arddangosfeydd grŵp yng ngwledydd Prydain, gan gynnwys sawl sioe awyr-agored. Y mae'n aelod o Grŵp '56 Cymru ac yn un o'r aelodau a sylfaenodd Ymddiriedolaeth Cerfluniau Cymru. Ym 1977 cwblhaodd gerflun comisiwn mawr a leolir yng ngorsaf y Rheilffyrdd Prydeinig, Casnewydd, Gwent.

slender piece of wood can be made to support a large flat plane. In the most successful works the joints are very important, as they dictate the points at which the eye will move in another direction and so the viewer will become conscious of the complex way in which space is contained and divided within the framework of the sculpture.

The sculptures combine elements which represent some of the different stages of processing wood - sawn, split, cut, planed, drilled and jointed. This provides textural variety and also helps to reveal the intrinsic character of each type of wood. 'Ash Structure' and 'Oak Structure', which were included in the 'Wood' exhibition at the Yorkshire Sculpture Park in 1979, respectively reflect the flexible nature of ash and the hard, weighty quality of oak.

Harvey Hood was born in Staffordshire in 1946. He studied at Birmingham College of Art and at the Royal College of Art. He has been lecturing in the Faculty of Fine Art, South Glamorgan Institute of Technology since 1973. He won the Royal College of Art Travelling Scholarship in 1971 and has also won the Sainsbury Award. He has frequently shown in group exhibitions in Britain, including several in the open air. He is a member of the '56 Group Wales and is a founder member of the Welsh Sculpture Trust. In 1977 he carried out a major commission for a sculpture sited at British Rail Station, Newport, Gwent.

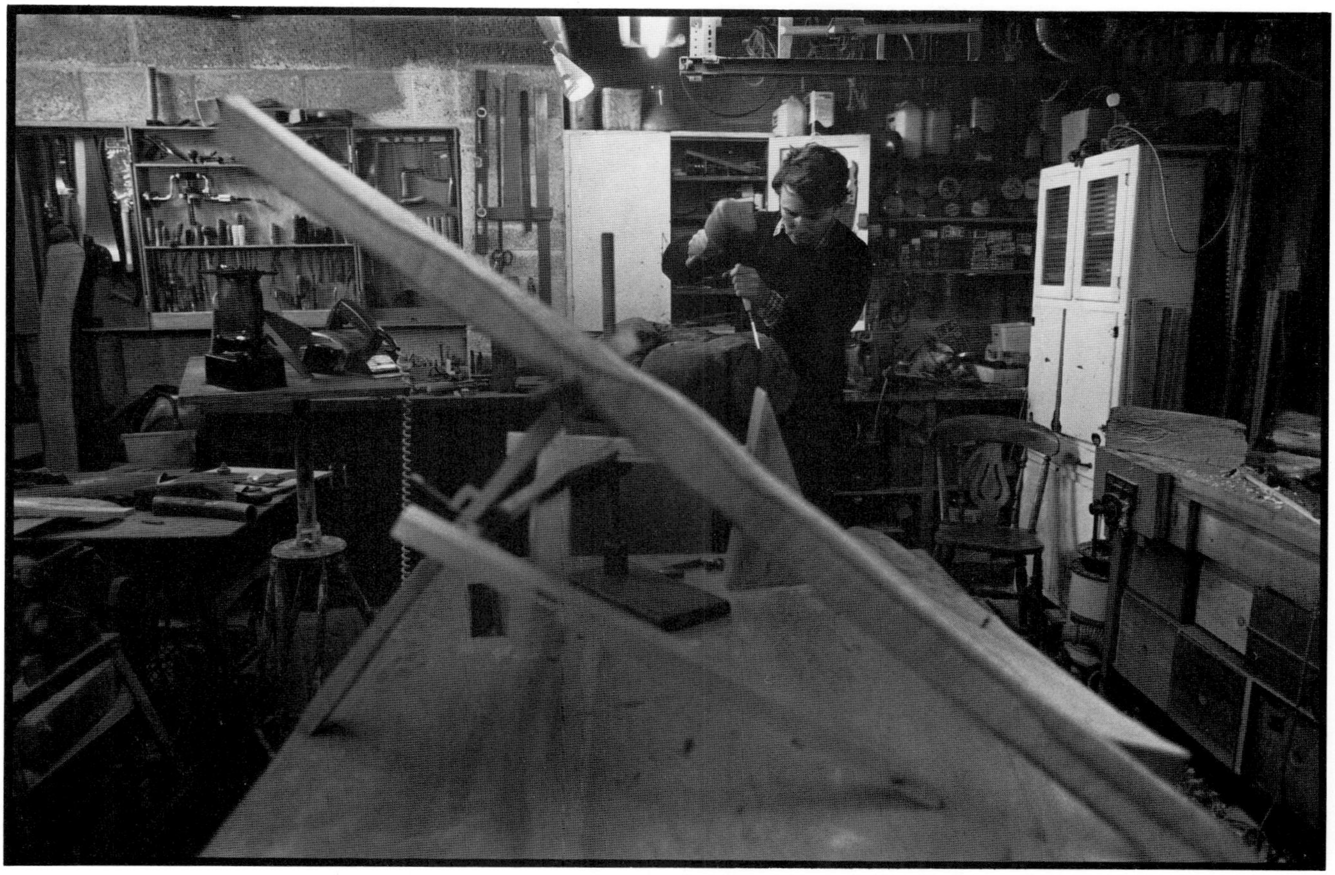

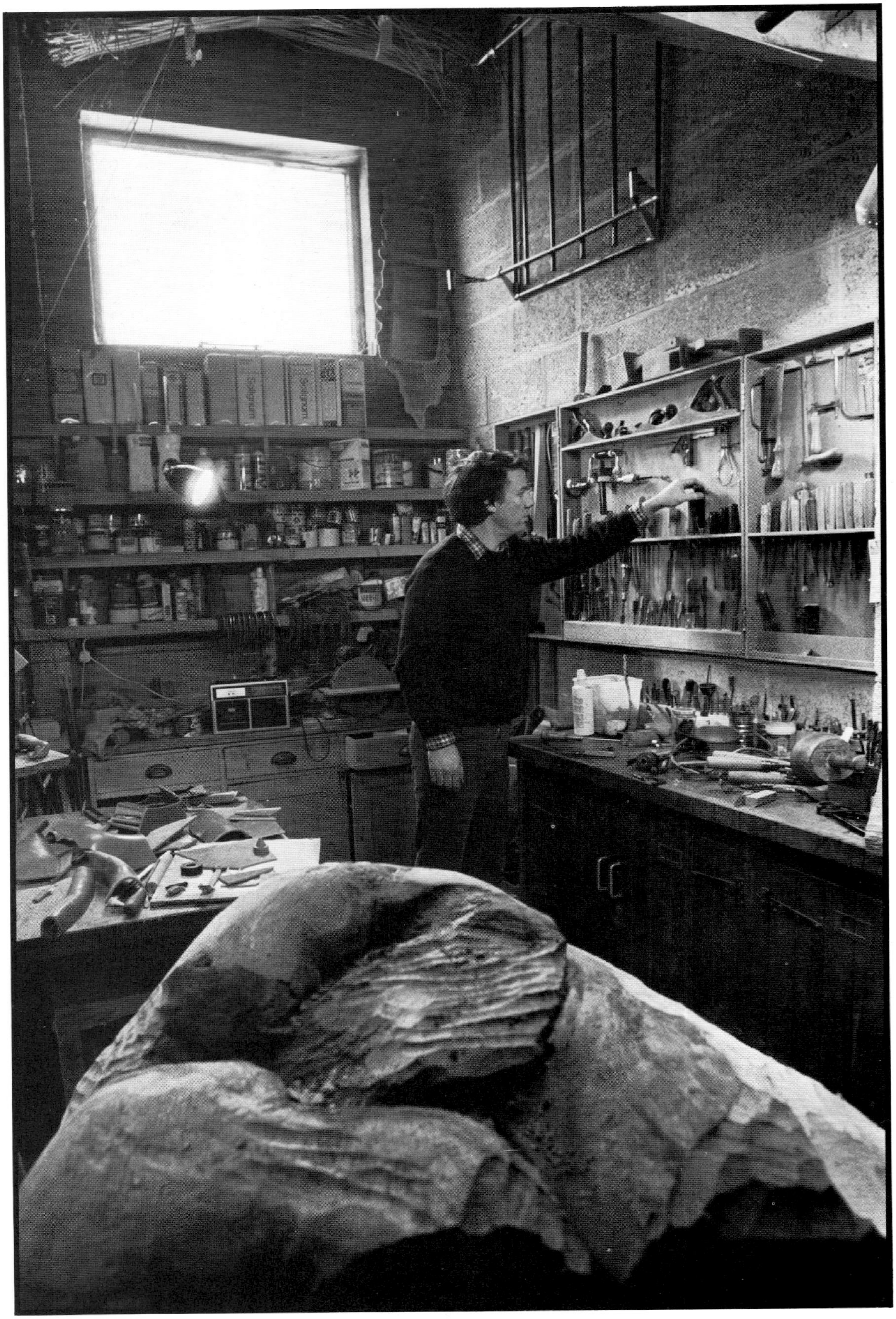
Solignum
Solignum

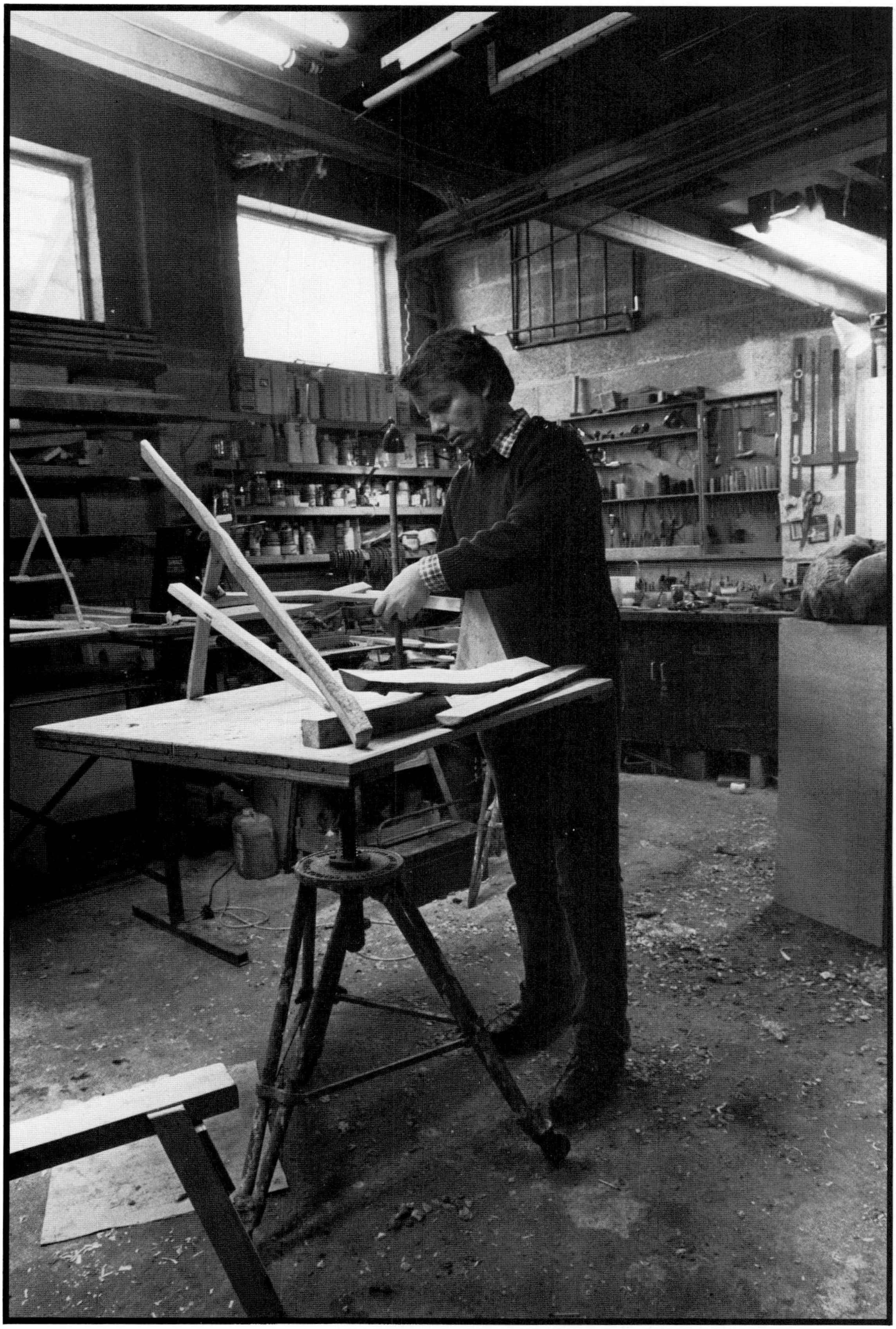

PAUL COOPER

Man cychwyn y rhan fwyaf o gerfluniau Paul Cooper yw ei astudiaethau o batrymau twf, trefn a strwythur mewn ffurfiau organig a rhai o waith llaw dyn. Y mae wedi edrych yn fanwl ar ddatblygiad strwythur mewn planhigion ac mewn ffurfiau daearegol ac ar y modd y rheolir grymoedd mewn strwythurau peirianegol, megis pontydd. Un o'r prif egwyddorion llywodraethol yn yr holl strwythurau hyn yw'r syniad o drefn a chreu patrymau. Y mae Paul Cooper wedi cysylltu'r mater hwn â diddordeb cyfochrog mewn cyfundrefnau a chyfresi mathemategol, megis cyfres Fibonacci, i gynhyrchu cerfluniau y mae eu ffurfiau a'u trefniant yn deillio o gyfrifiadau o'r fath. Y mae cyfres Fibonacci yn gysylltiedig â'r 'Cymedr Euraid' ac â sbiral logarithmig a ddarlunir ym myd natur gan gragen y Nautilus Pompilius.

Yn ystod y 1970au diweddar, o bren a dur ysgafn y lluniwyd y rhan fwyaf o'i gerfluniau, ac yn fynych yr oedd a wnelo'r strwythur â chreu tyndra yn y defnyddiau drwy dynhau sgriwiau a nytiau. Yr oeddynt, fel arfer, o faint sylweddol ac edrychent fel pe bai iddynt ryw ddefnydd mecanyddol. Yn ddiweddarach, aeth i ymddiddori mewn ffurfiau sfferig a chonigol, yn fynych wedi eu tafellu'n agored. Dylunir y sfferau a'r conau, sydd o goncrid bwrw gau, mewn argraffiadau cyfyngedig fel arfer, a gellir eu gosod mewn amrywiaeth o leoliadau.Yn ddelfrydol, carai'r artist ddefnyddio'r cerfluniau hyn i nodi llwybr neilltuol drwy amgylchedd, a'u cysylltu â nodweddion organig a daearegol y safle. Y mae 'Quincunx IV' yn dynodi llwybr troellog yn dechrau o 'faen clo', sef bwrdd silindrog.

The starting point for most of Paul Cooper's sculpture comes from his studies of patterns of growth, order and structure in organic and man-made forms. He has looked closely at the development of structure in plants and in geological form and at the control of the forces involved in engineering structures, such as bridges. One of the major principles governing all these structures is the idea of order and patterning. Paul Cooper has linked this concern to a parallel interest in mathematical systems and series, such as the Fibonacci series, to produce sculptures where both the forms and their arrangement are derived from such calculations. The Fibonacci series is related to the 'Golden Ratio' or 'Section' and to a logarithmic spiral which is illustrated in nature by the shell of the Nautilus Pompilius.

During the late 1970s his sculpture was mainly constructed of wood and mild steel and the structure often involved putting the materials under tension by tightening screws and nuts. They were usually large and looked as if they might perform some mechanical function. More recently he has been interested in spherical and conical forms, which are often sliced open. The spheres and cones, made of hollow cast concrete, are usually designed as limited editions and can be installed in a variety of locations. Ideally the artist wishes to use these sculptures to mark a particular route through an environment and to relate to the organic and geological features of the site. 'Quincunx IV' indicates a spiral walk, starting from a 'keystone', which is a cylindrical table. The spiral walk, is

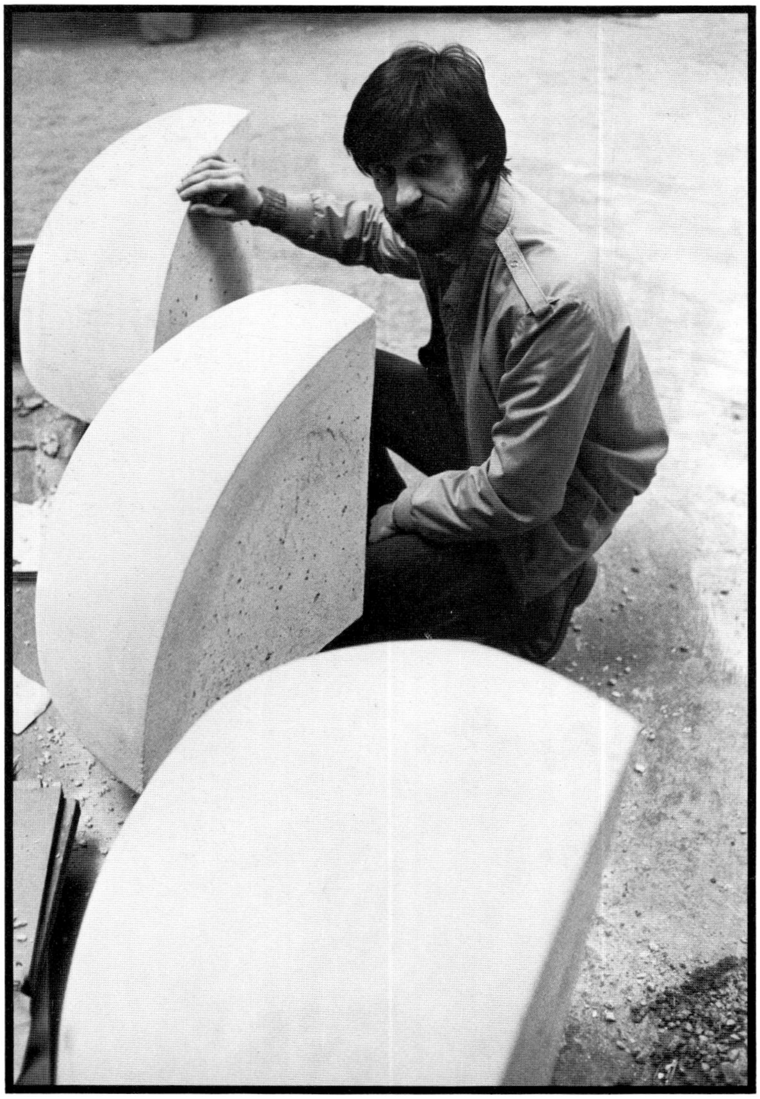

Nodir y llwybr troellog gan elfennau cylchoedd, conau a sfferau yr amcangyfrifir eu perthynas i'w gilydd ac i'r maen clo yn ôl y fathemateg y cyfeiriwyd ati. Bydd y ffurfiau'n newid wrth i'r gwyliwr symud o'r naill elfen i'r llall, a rhoddir cliwiau i safle'r marciwr nesaf, megis y lluniadau engrafedig ar arwynebau'r conau sydd yn dynodi ym mha gyfeiriad y gellir dod o hyd i'r sffêr cudd nesaf.

Ganed Paul Cooper ym Manceinion ym 1949 ac astudiodd gerflunio ym Mhrifysgol Newcastle. Y mae bellach yn darlithio ym Mhrifysgol Caerhirfryn. Y mae wedi arddangos ei waith mewn llu o arddangosfeydd un-person a grŵp, gan gynnwys rhai yn yr awyr-agored, megis arddangosfa 'Sculpture for a Garden' Parc Tatton ym 1982. Ym 1981 bu'n gweithio yn Baltimore, U.D.A., yn artist ar ymweliad yn Sefydliad Celfyddyd Maryland. Y mae hefyd wedi cwblhau nifer o gerfluniau comisiwn ar gyfer mannau cyhoeddus.

marked out by the elements of circles, cones and spheres, whose relationship to each other and to the keystone are all calculated in accordance with the mathematics mentioned. Changes of form occur as the spectator passes from one element to another and clues are given to the position of the next marker, such as the engraved drawings on the surface of the cones, which indicate the direction for finding the next concealed sphere.

Paul Cooper was born in Manchester in 1949 and studied sculpture at Newcastle University. He now lectures in the University of Lancaster. He has shown work in numerous one-man and group exhibitions, including some in the open-air, such as the Tatton Park, 'Sculpture for a Garden' exhibition in 1982. In 1981 he worked in Baltimore, U.S.A. as a visiting artist to the Maryland Institute of Art. He has also carried out several sculpture commissions for public places.

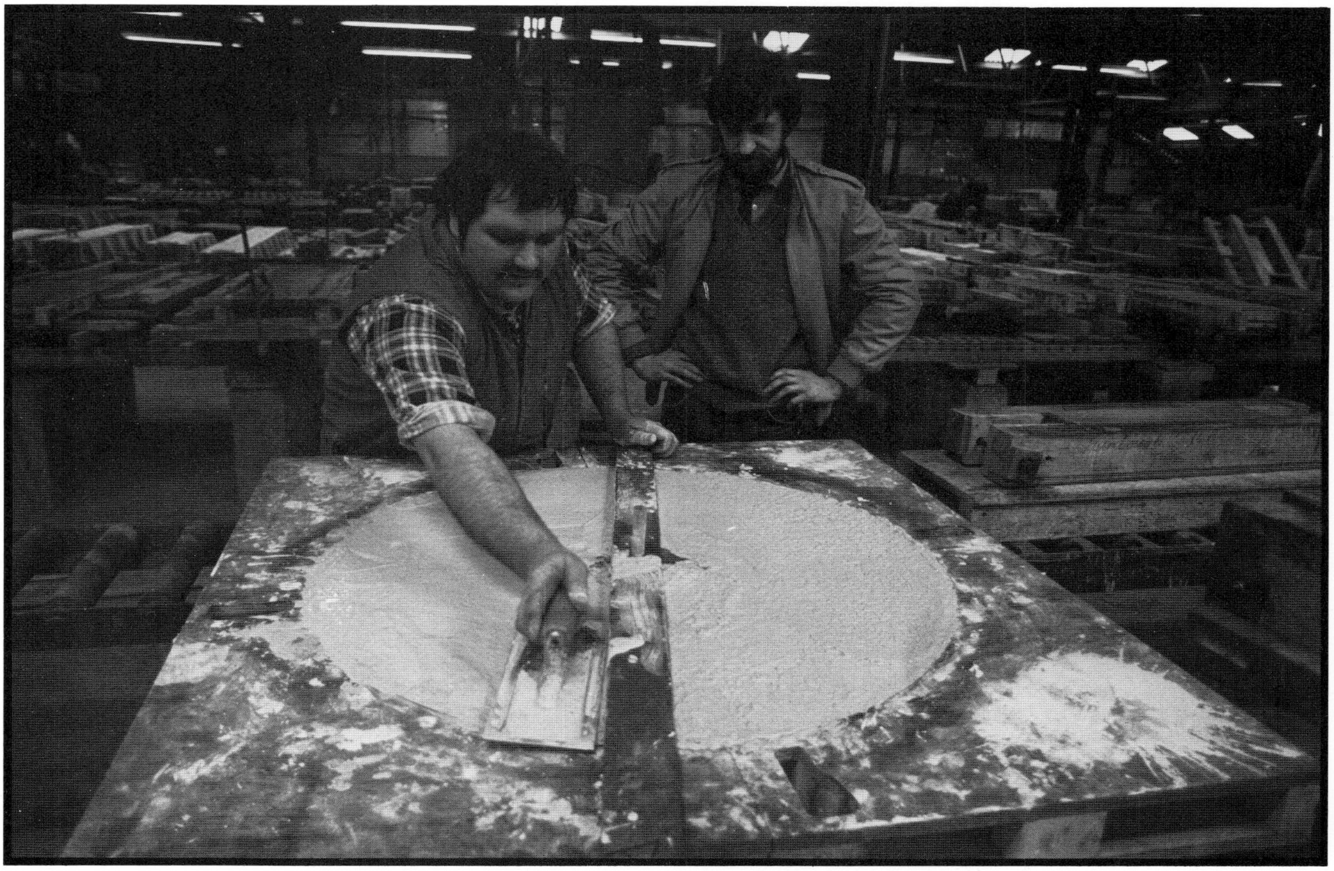

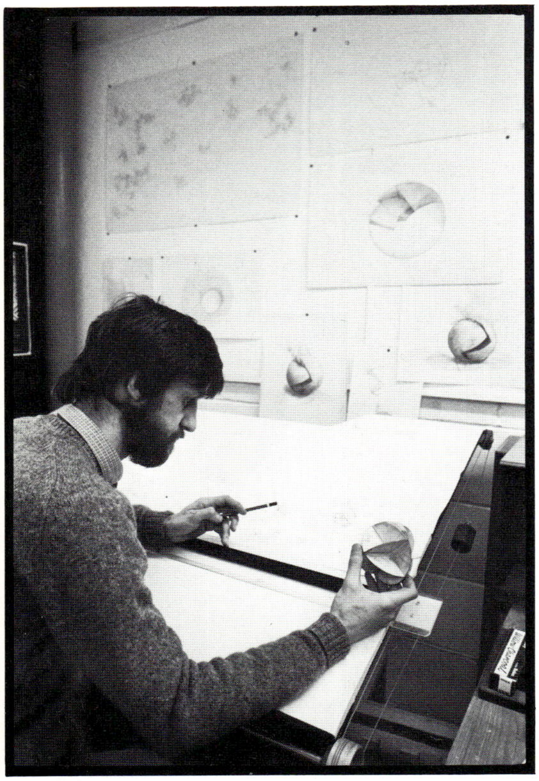

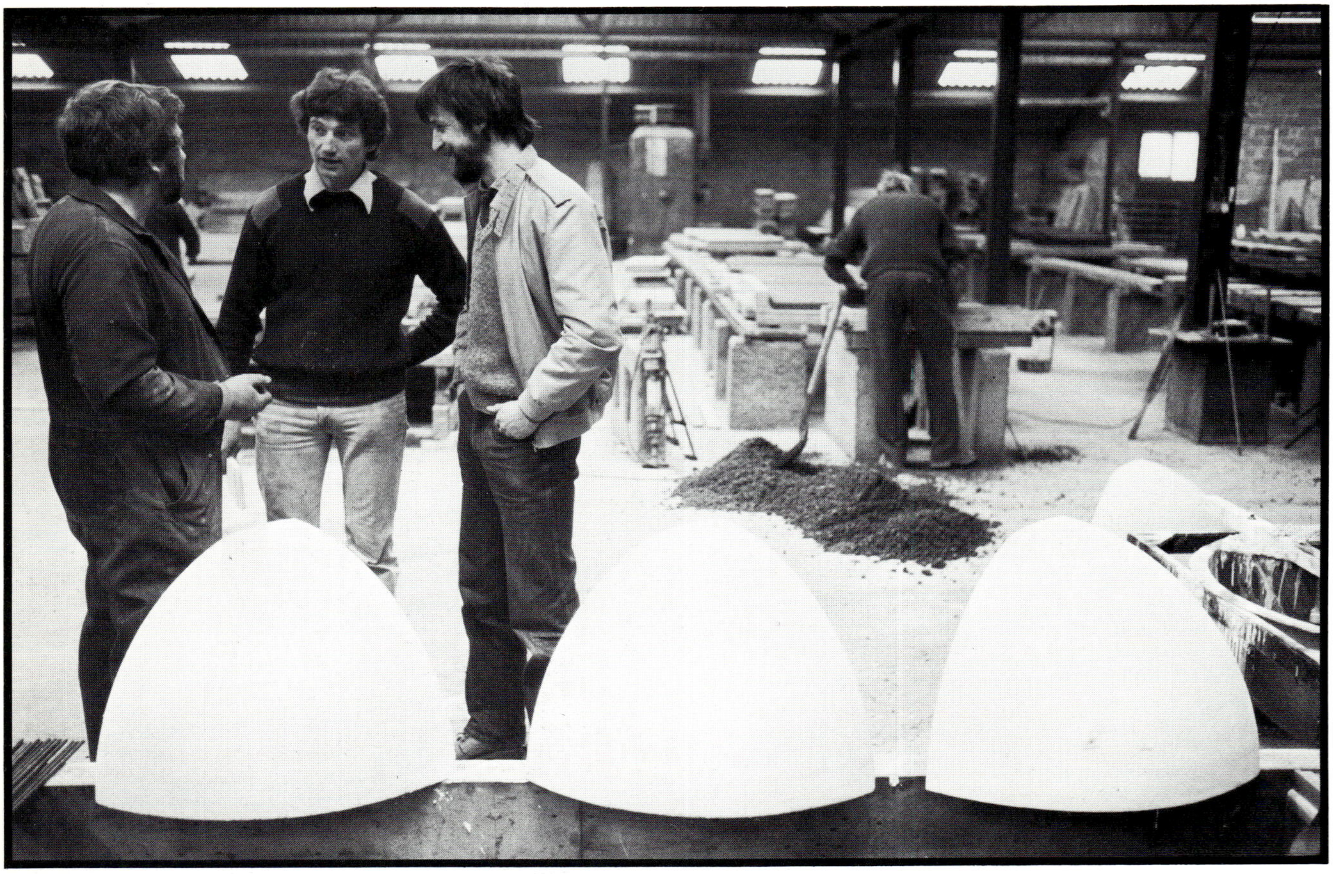

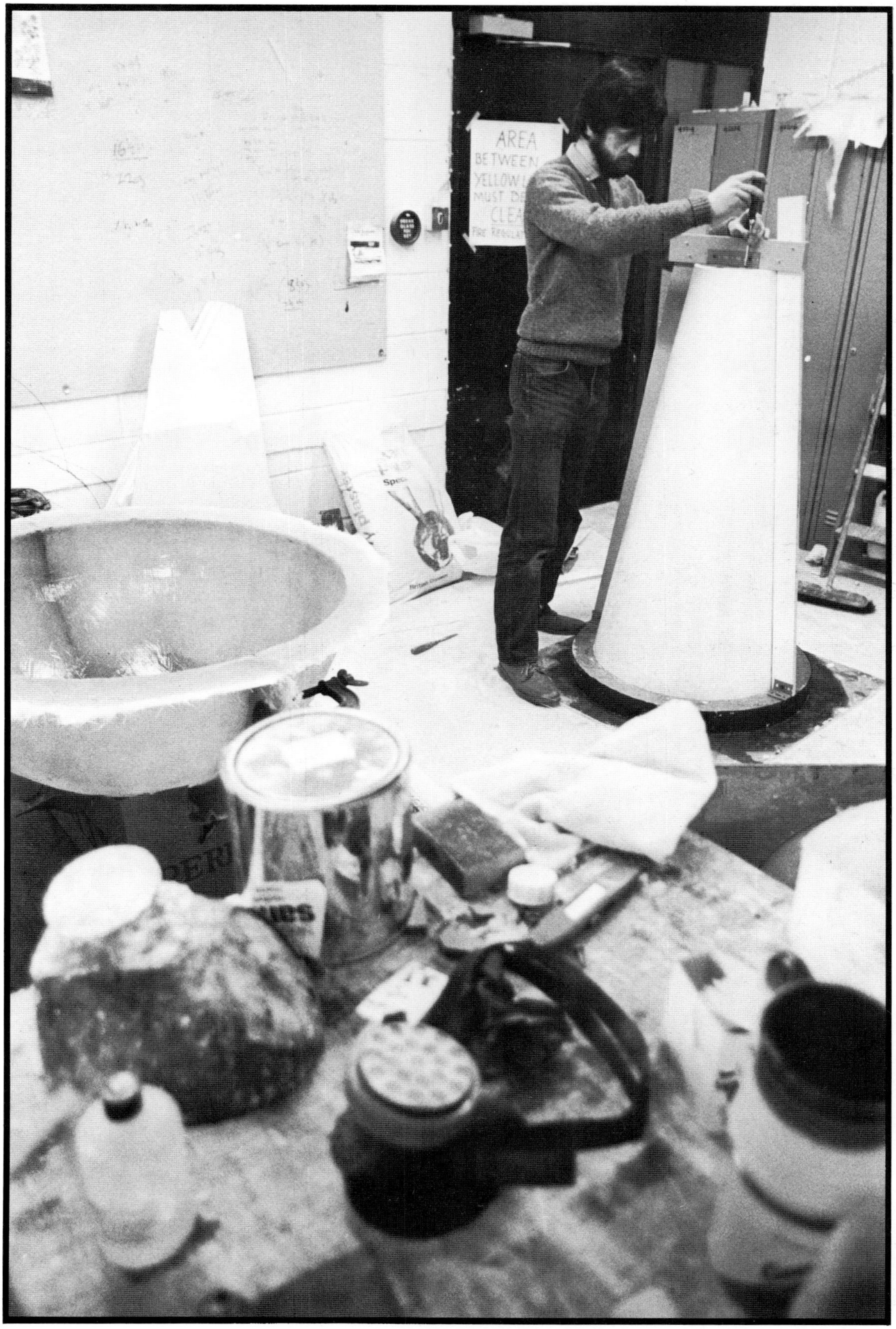
AREA
BETWEEN

RICHARD DEACON

Yn artist ifanc yn y 1970au, daeth Richard Deacon i gysylltiad â cherflunwyr hŷn a oedd eisoes wedi ennill eu plwyf, megis Phillip King a William Tucker, ac â cherflunwyr iau a oedd yn ceisio mewn amryfal ffyrdd i ailddiffinio amcanion cerflunio a'r broses o wneuthur cerflun. Dechreuodd ymddiddori mewn cerflunio lle mae cynnwys a deunydd testunol yn bod, ond heb fod yn rhan o ddelwedd neu ffurfwedd amlwg. Mewn cerfluniau a gynhyrchodd tra'r oedd yn y coleg, ceisiodd wneud i'r broses o ddefnyddio a ffurfio defnyddiau ddangos ym mha wahanol ffyrdd y mae'r defnyddiau hynny o werth, naill ai o ran defnyddioldeb a'u gallu i gael eu trawsffurfio'n rhywbeth arall, neu am eu gwerth cyfnewid. Nid yw darn o ddeunydd yn dda i ddim hyd oni wneir defnydd neilltuol ohono. Arweiniodd diffyg diddordeb Deacon mewn gwneud cerfluniau na wnai fwy na dylofi deunydd mewn modd esthetig neu 'arty' ef i gymryd rhan mewn 'celfyddyd berfformiadol', gweithgarwch sy'n golygu gwneud gwrthrychau a'u cyflwyno i gynulleidfa mewn modd theatrig.

Dechreuodd ymddiddori mewn pethau defnyddiol, megis llestri a chadeiriau, a dderbynir fel pethau cyffredin bob-dydd, ond sydd hefyd â natur a defnydd neilltuol dros ben. "Am gyfnod ymddangosai ceramigau, gwneud crochenwaith ac ati, yn gam amlwg, ond fe'u cawn yn rhy gymlog, yn rhy hawdd eu hadnabod. Yr hyn a wneuthum yn y man oedd dechrau defnyddio rhyw stribedi tenau o bren a oedd wedi bod o gwmpas yn y stiwdio ers amser. Euthum i ymddiddori'n fawr iawn yn y broses o'u lamineiddio . . ."

As a young artist in the 1970s Richard Deacon came into contact with both older, established sculptors, such as Phillip King and William Tucker, and with younger sculptors who were trying, in a variety of ways, to re-define the aims and process of making sculpture. He became interested in sculpture in which content and subject matter exists, but is not a part of an obvious image or configuration. In sculptures produced while at College he tried to make the process of forming and using materials point out ways in which they have a value, whether for their usefulness and their ability to be transformed into something else, or for their exchange value. A piece of material is useless until put to a specific function. Deacon's lack of interest in making sculptures which simply employed an aesthetic or 'arty' manipulation of material, led him to participate in 'performance art', an activity involving making objects and also presenting them to an audience in a theatrical way.

He became interested in functional things, like pots and chairs, which are accepted as ordinary everyday objects and yet have a very particular character and use. "For a while, ceramics, making pots, seemed an obvious step, but I found them too opaque, too recognisable. What I did eventually, was to start using some thin strips of wood I had around the studio for a long time. The process of laminating became extremely interesting to me . . ."

Richard Deacon's ideas had already been influenced by his reading of the

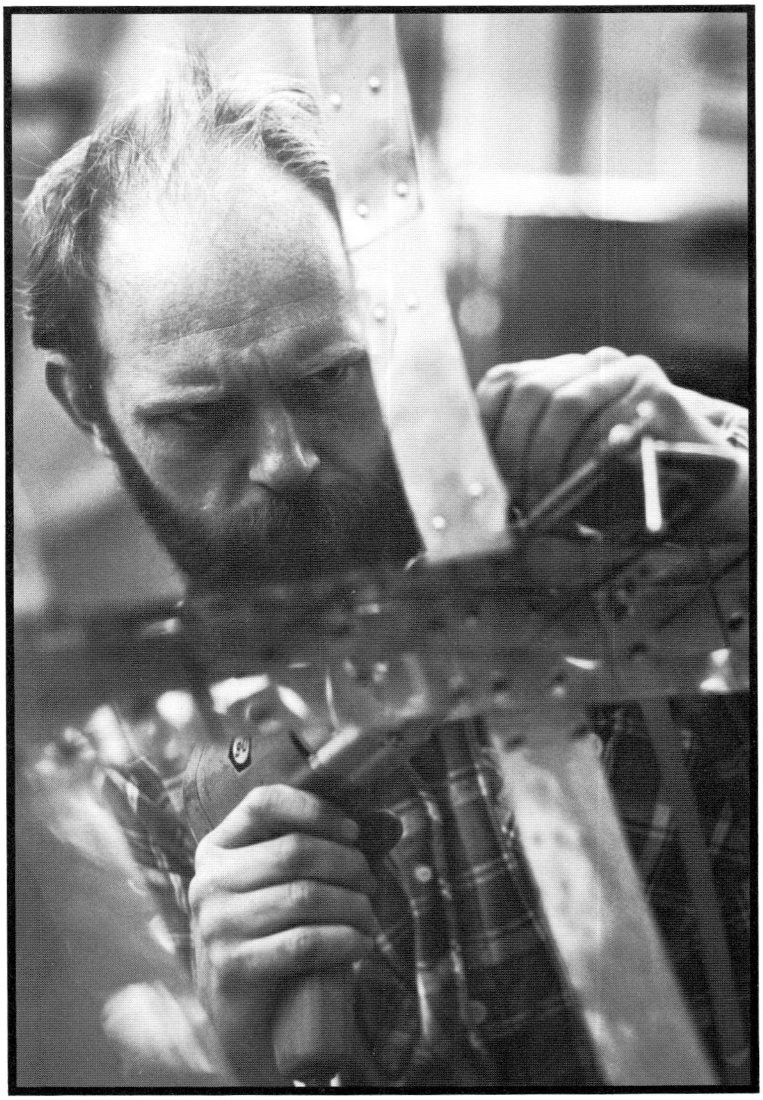

Yr oedd yr hyn a ddarllenasai o waith y bardd Almaenaidd Rilke, yn enwedig ei 'Sonedau i Orpheus' eisoes wedi dylanwadu ar ei syniadau. Agorwyd ei lygaid i ddefnydd metaffor mewn iaith, a cheisiodd ddod o hyd i gyfochredd i hynny mewn iaith weledol. Ffynhonnell arall myfyrdod Deacon ar swyddogaeth pethau cyffredin oedd gwaith yr athronydd Martin Heidegger, yn enwedig ei draethawd 'Das Ding' (Y Peth) 1951. Y mae a wnelo ystyr neu gynnwys rhai o gerfluniau diweddar Richard Deacon ag adnabod cymeriad ffurfiau sydd yn cynhyrchu teimladau cyffelyb, sydd eto'n wahanol, i'r rheini a gynhyrchir gan wrthrychau defnyddiol cyffredin, megis cynhwyswyr o bob math. Perthyn i gerfluniau a roliwyd o sitenni dur galfanedig neu ddur gwrymiog, a'r cewyll hyblyg a grewyd o stribedi o bren lamineiddiedig gymeriad organig sydd, ar yr un pryd, 'wedi ei adeiladu'.

Ganed Richard Deacon ym Mangor ym 1949. Astudiodd yng Ngholeg Celf Gwlad yr Haf ac yn Llundain, yn Ysgol Gelf St Martin a'r Coleg Celf Brenhinol. Y mae wedi cymryd rhan mewn llawer o arddangosfeydd grŵp a pherfformiadau, gan gynnwys 'Objects and Sculpture' 1981, Arddangosfa Flynyddol Oriel Hayward 1982, ac ym 1982 hefyd, 'British Sculpture Now' a ddangoswyd yn Luzern, Y Swisdir. Cynhaliodd nifer o arddangosfeydd un-person hefyd. Y mae'n ddarlithydd ar hyn o bryd yn yr Ysgol Gelf Ganolog, Llundain ac yn Academi Gelfyddyd Caerfaddon.

German poet Rilke and especially his 'Sonnets to Orpheus'. The use of metaphor in language was opened out to him and he tried to find parallels in visual language. An added source for Deacon's meditation on the role of ordinary things, was the writing of the philosopher Martin Heidegger and especially his essay 'Das Ding' (The Thing) 1951. The meaning or content of some of Richard Deacon's recent sculptures is connected with identifying the character of forms which produce similar, yet distinctly different sensations, to those of ordinary functional objects, such as containers of all sorts. Sculptures rolled from galvanised sheet or corrugated steel and the flexible cages created by strips of laminated wood have both an organic and 'built-up' character.

Richard Deacon was born in Bangor in 1949. He studied at the Somerset College of Art and in London at St. Martin's School of Art and at the Royal College of Art. He has participated in many group exhibitions and performances including 1981 'Objects and Sculpture', the 1982 Hayward Annual and also in 1982 'British Sculpture Now', shown at Luzern, Switzerland. He has also held several one-man exhibitions. He currently teaches at the Central School of Art, London and at Bath Academy of Art.

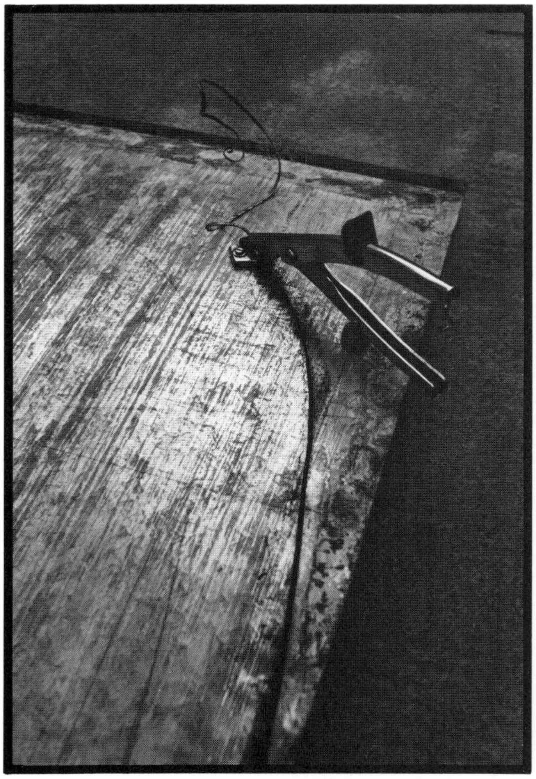

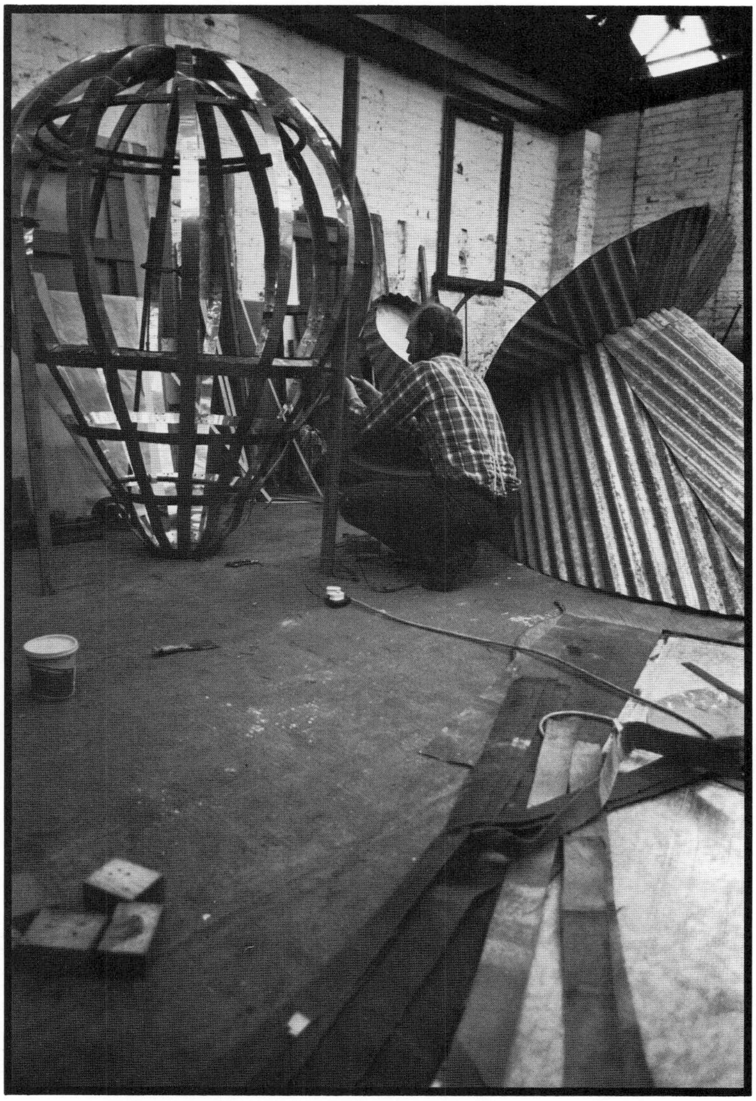

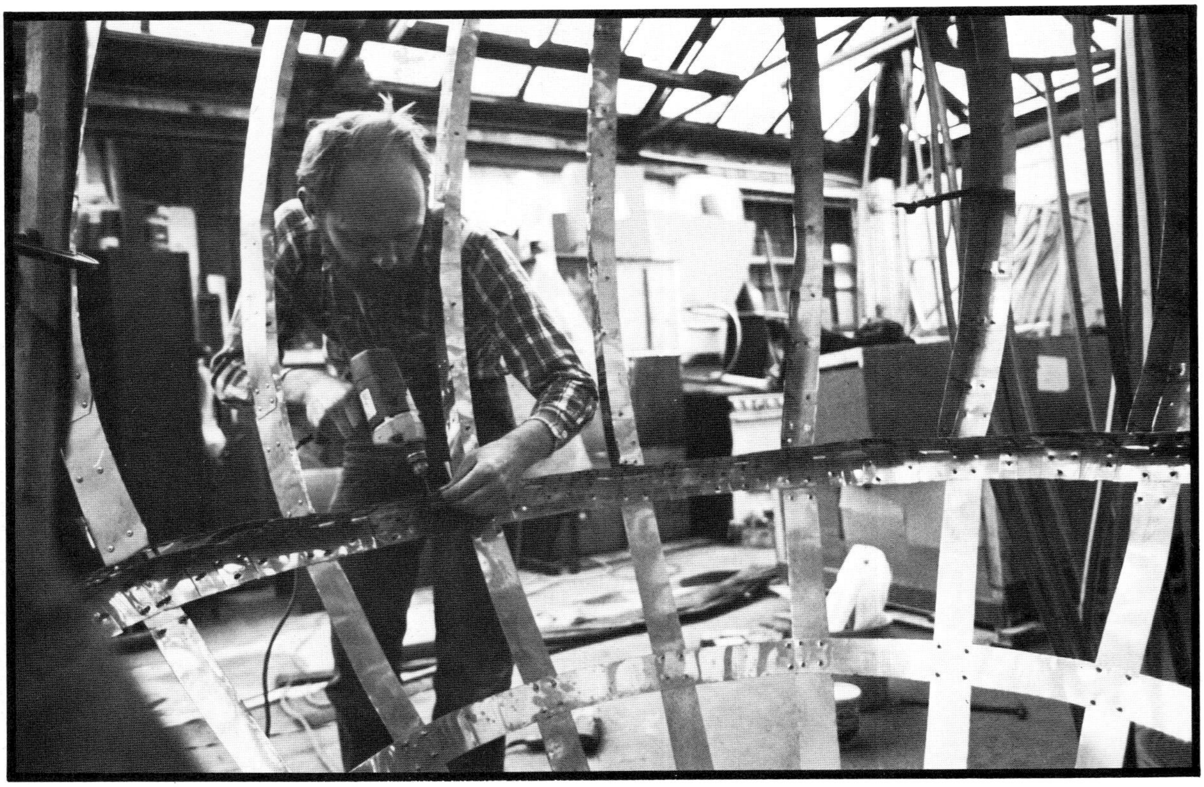

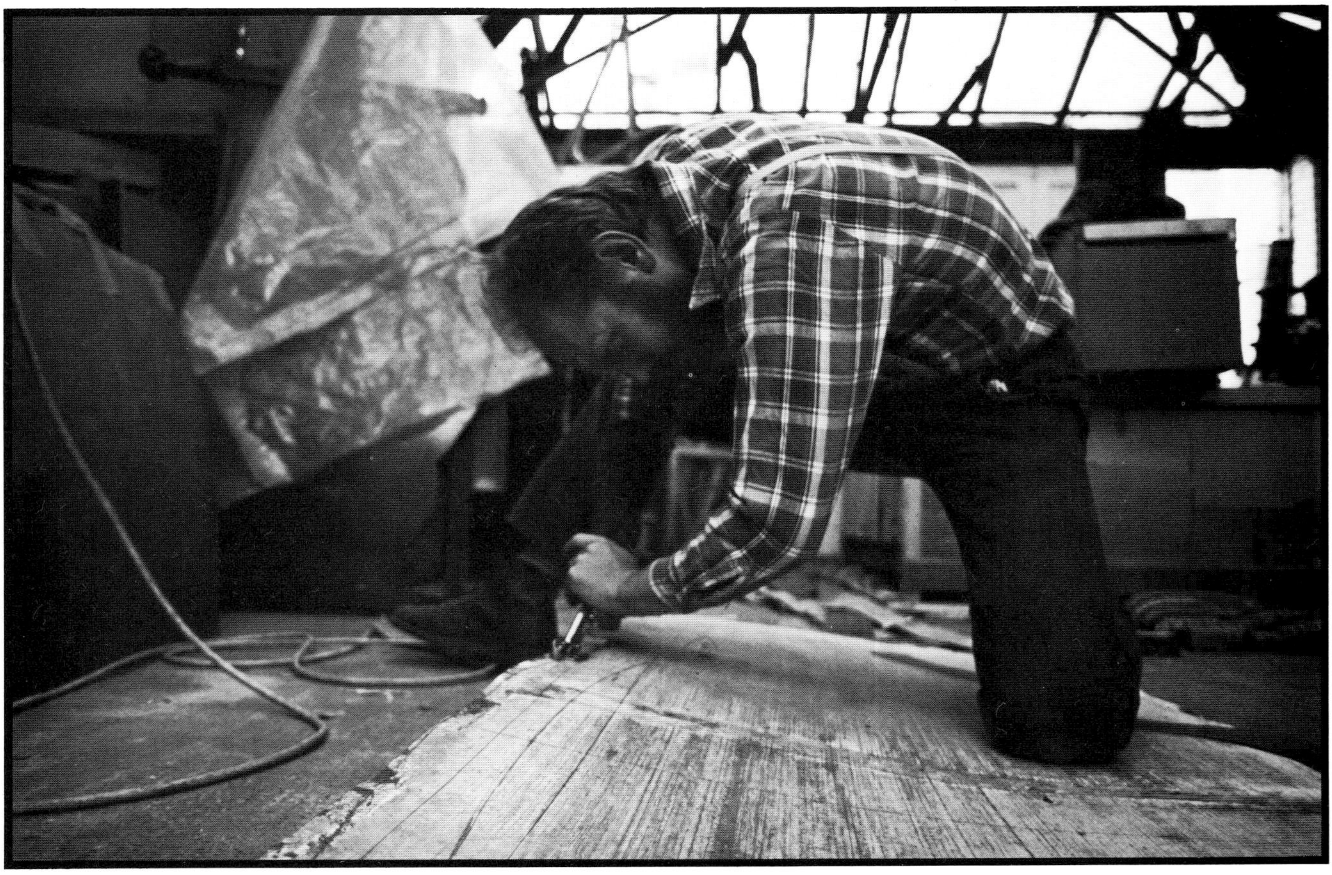

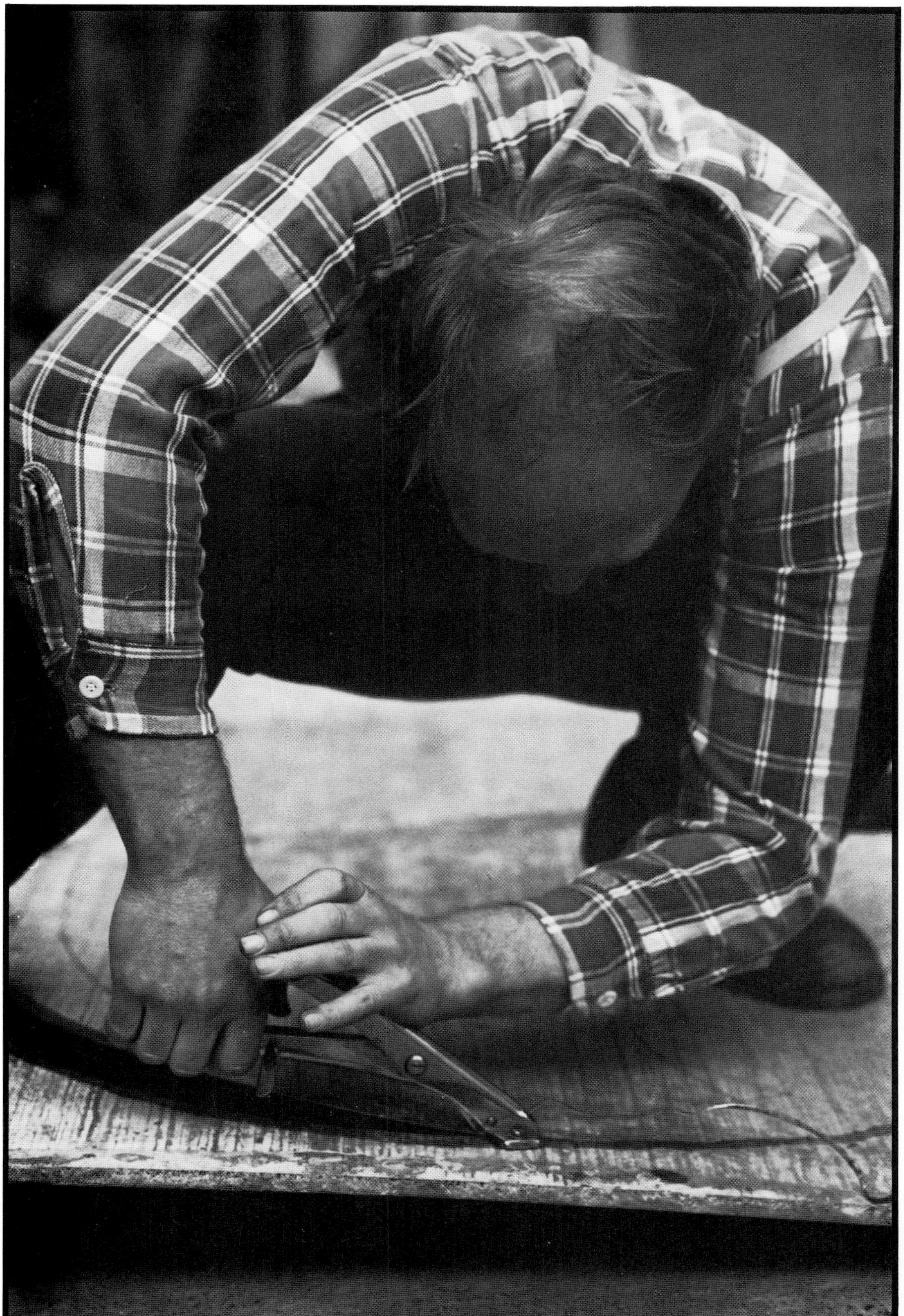

LEE GRANDJEAN

"Ategaf yr her o rywbeth i'w ddweud, i'w adrodd. O gerflunio sy'n wynebu'r byd yn hytrach nag ef ei hun. Gan dderbyn mai rhyddid, mai gobaith cerflunio yw y gall drefnu realiaeth newydd drwy drawsffurfio defnyddiau." Gobeithia Lee Grandjean ymgyrraedd at fath newydd o ystyr a chynnwys, a gweld diwedd ar gerflunio sydd yn dibynnu ar ddiddordeb ffurfiol yn unig. Yr un yw'r gobeithion hyn ag eiddo cerflunwyr eraill sydd wrthi'n ailasesu'r traddodiad ffigurol. Fel hwythau, y mae yntau'n cyfeirio at enghraifft diwylliannau hynafol a rhai y tu allan i Ewrop, ac at ei awydd i rannu gyda hwy " . . . yr uchelgais o droi defnyddiau amrwd yn sylwedd arall â'r gallu i fynegu." Y mae'r ffigurau noeth yn lledorwedd a luniodd rhwng 1979 a 1981 yn ein hatgoffa o ymdriniaeth Henry Moore o'r testun hwnnw. Y mae'r ffurfiau positif a negyddol a greir gan y siapiau a gafniwyd yn wag, â'u canol tebyg i gnewyllyn, a golwg haenog y pren cerfiedig yn tynnu'r gwyliwr i mewn i ganol cyfeiriadau at dirlun a natur organig bywyd. Bydd Lee Grandjean yn archwilio pren fel deunydd a all awgrymu foliwm, a hefyd hyblygrwydd, ac sy'n meddu ar ei wead a'i strwythur mewnol ei hun. Paradocs y cerfluniau hyn yw eu bod yn edrych fel pe baent wedi eu hadeiladu er mai eu cerfio a wnaed; y maent yn adlewyrchu technegau traddodiadol trin coed tra'n ymgysylltu â dulliau mwy diweddar o wneud cerfluniau. Y mae'r cyfeiriad at ddefnydd hanesyddol y ffigur benywaidd yno er mwyn gwneud y cerflun yn haws ei amgyffred gan gyhoedd eang, tra bod ei berthynas â cherfluniau a 'adeiladwyd' yn rhoi iddo ystyr sydd yn hanfodol gyfoes.

"I affirm the challenge of something to say, to tell. Of sculpture facing the world instead of itself. Accepting that the freedom, the hope of sculpture is that it can order a new reality through the transformation of material". Lee Grandjean hopes to achieve a new type of meaning and content in sculpture and to see an end to sculpture which relies only on its formal interest. He shares this aspiration with other sculptors who are reassessing the figurative tradition. Like them he also makes reference to the example of non-European and ancient cultures and to his desire to share with them " . . . the ambition to render raw materials into another expressive substance." The reclining nudes which he was making between about 1979 and 1981 are reminiscent of Henry Moore's treatment of that subject. The positive and negative forms created by the hollowed out shapes, with their kernel like centres, and the layered look of the carved wood involve the viewer in references to landscape and to the organic nature of life. Lee Grandjean explores wood as a material which can suggest volume and also flexibility and which has its own texture and internal structure. The paradox of these sculptures is that they look constructed but they are carved; they reflect traditional techniques of working wood and they relate to more recent methods of making sculpture. The reference to the historical use of the female figure is there in order to make the sculpture more intelligible to a wide public, while the relationship to 'constructed' sculpture gives it an essentially twentieth century meaning.

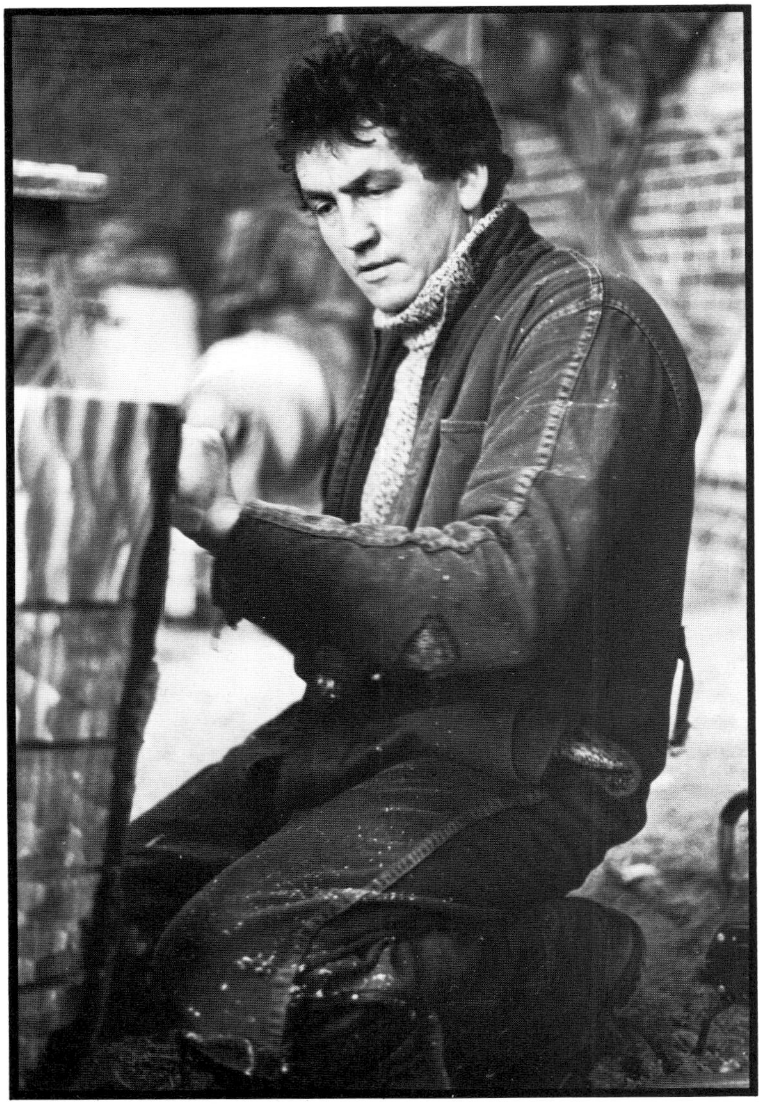

Ceir darnau eraill, wedi eu cerfio o bren neu garreg, sy'n ymestyn y syniad hwn ac yn ehangu deunydd testun cerflunio ffigurol drwy ddefnyddio'r ddelwedd o rieni gyda'u plant. Gall y gweithiau hyn led-awgrymu'r gwrthdaro seicolegol a chymdeithasol a geir yn y berthynas honno. Y mae hyd yn oed yn dynodi'r gwahanol adweithiau i sefyllfaoedd a achosir yng nghanolbwyntiau emosiynol, teimladol a deallusol y corff dynol drwy bwysleisio annibyniaeth gwahanol rannau'r corff. Nodweddir y cerfluniau pen diweddar gan orbwysleisio grymus ffurfiau penodol a'r modd y darluniant bersonoliaeth gref. Y mae'r cerflun anferth, 'Head of Glynn Williams', 1982, a gerfiwyd o garreg Efrog, yn bortread angerddol a chelfydd dros ben. Y mae 'Angry Head', a wnaed ym 1982 o bren elmwydd, yn mynnu ar fodolaeth y goeden fel man cychwyn neu 'ddeunydd crai' y cerflun; fe'i trawsffurfir drwy gafnio rhychau a socedi dramatig yn rhannau o wyneb dynol. Gan fod 'trawsffurfio defnyddiau' yn agwedd hanfodol ar syniad Lee Grandjean o gerflunio, y mae'n hanfodol arddangos y grefft sydd yn rhaid wrthi i fedru cyflawni hyn. Y mae ei ddiddordeb mewn medrau penodol yn ei gysylltu'n amlwg â cherflunwyr eraill y dangosir eu gwaith ym Mharc Margam, ac y mae'n cynnig un modd y gall ei gerfluniau 'wynebu'r byd' a disgwyl cael eu deall gan gynulleidfa eang.

Ganed Lee Grandjean yn Llundain ym 1949, ond bu'n byw yn Rwmania yn fachgen ifanc. Astudiodd ym Mholitechnig Gogledd Ddwyrain Llundain ac yn Ysgol Gelf Caerwynt. Y mae'n ddarlithydd rhan-amser yn Ysgol Gelf

Other pieces which are carved in wood or stone extend this idea and expand the subject matter of figurative sculpture by using the image of parents with their children. These works may hint at the psychological and social conflicts in such relationships. He even indicates the diverse reactions to situations caused in the emotive, sensual and intellectual centres of the human body by his emphasis on the independence of different parts. The recent head sculptures are characterised by the powerful exaggeration of specific forms and by the depiction of strong personality. The massive 'Head of Glynn Williams' of 1982, which is carved in York stone, is an intense and immensely skilful portrait. 'Angry Head', made in 1982 from elmwood, asserts the existence of the tree as its starting point or 'raw material'. This is transformed through gouging out dramatic ridges and sockets into the parts of a human face.
As the 'transformation of material' is an essential aspect of Lee Grandjean's idea of sculpture, the craftsmanship necessary to do this must also be exhibited. The concern with specific skills clearly links him to other sculptors whose work is shown at Margam Park and provides one way in which his sculpture can 'face the world' and expect to be understood by a wide audience.

Lee Grandjean was born in 1949 in London, but lived in Romania as a young boy. He studied at North East London Polytechnic and at Winchester School of Art. He teaches part time at Wimbledon School of Art and lives in rural Norfolk. He has exhibited widely in Britain and has

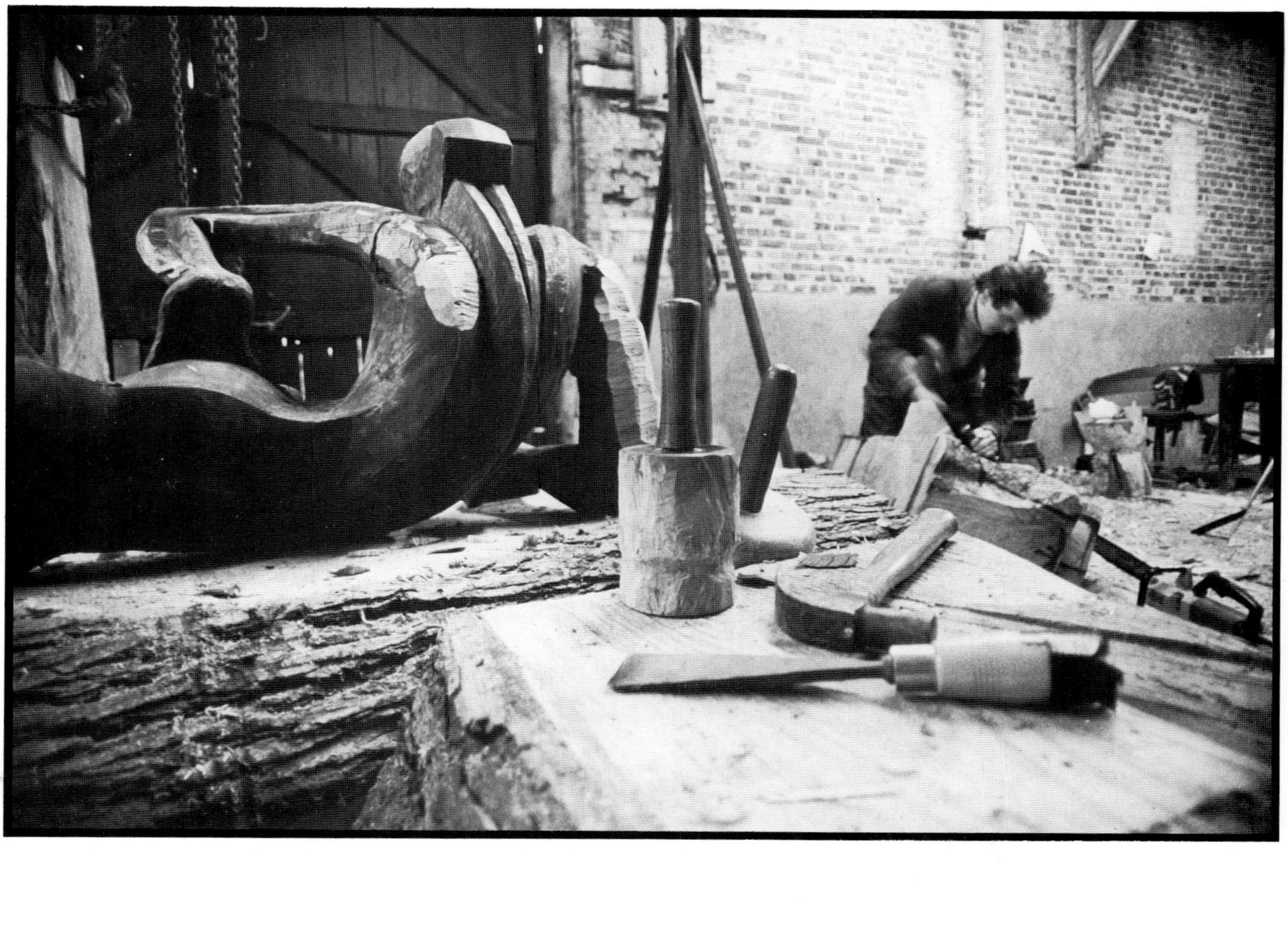

Wimbledon ac y mae'n byw yn y wlad, yn Norfolk. Y mae wedi arddangos yn eang yng ngwledydd Prydain, ac wedi cymryd rhan mewn nifer o arddangosfeydd awyr-agored, gan gynnwys y rheini a gynhelir yn rheolaidd ym Mharc Cannizaro, Wimbledon, ac arddangosodd ddwywaith ym Mharc Cerfluniau Swydd Efrog.

taken part in a number of outdoor exhibitions. These include those held regularly at Cannizaro Park, Wimbledon and twice at the Yorkshire Sculpture Park.

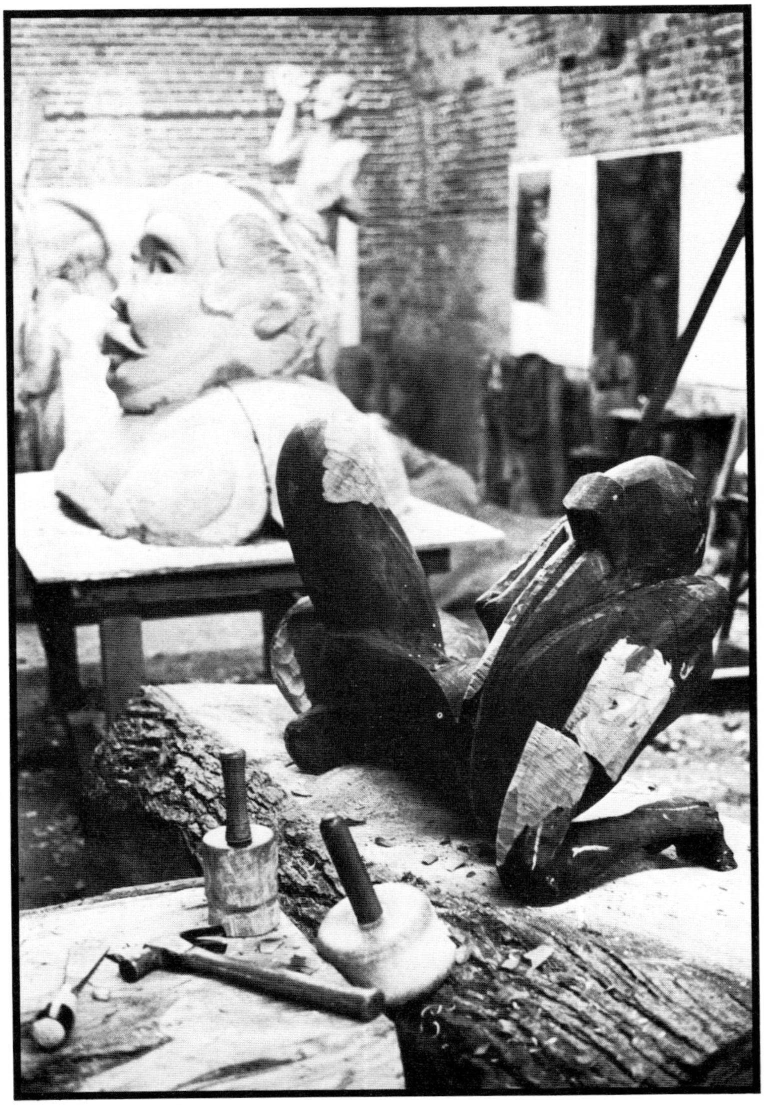

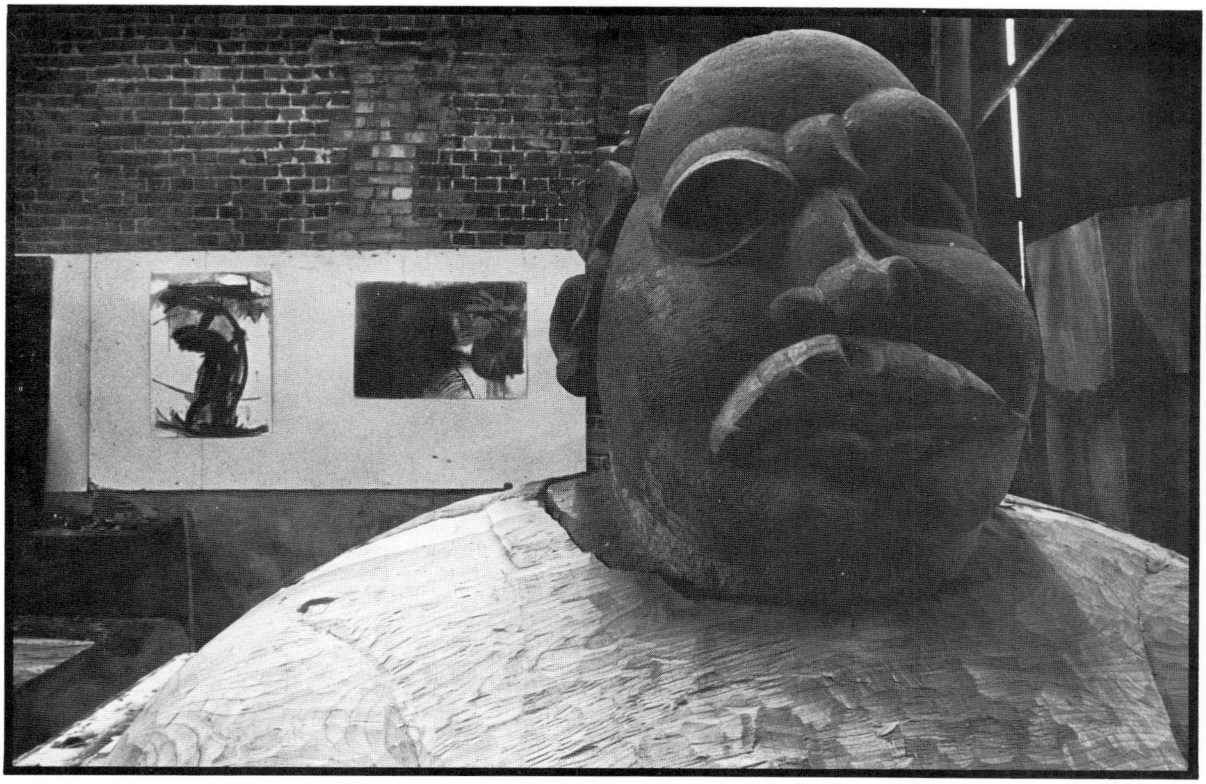

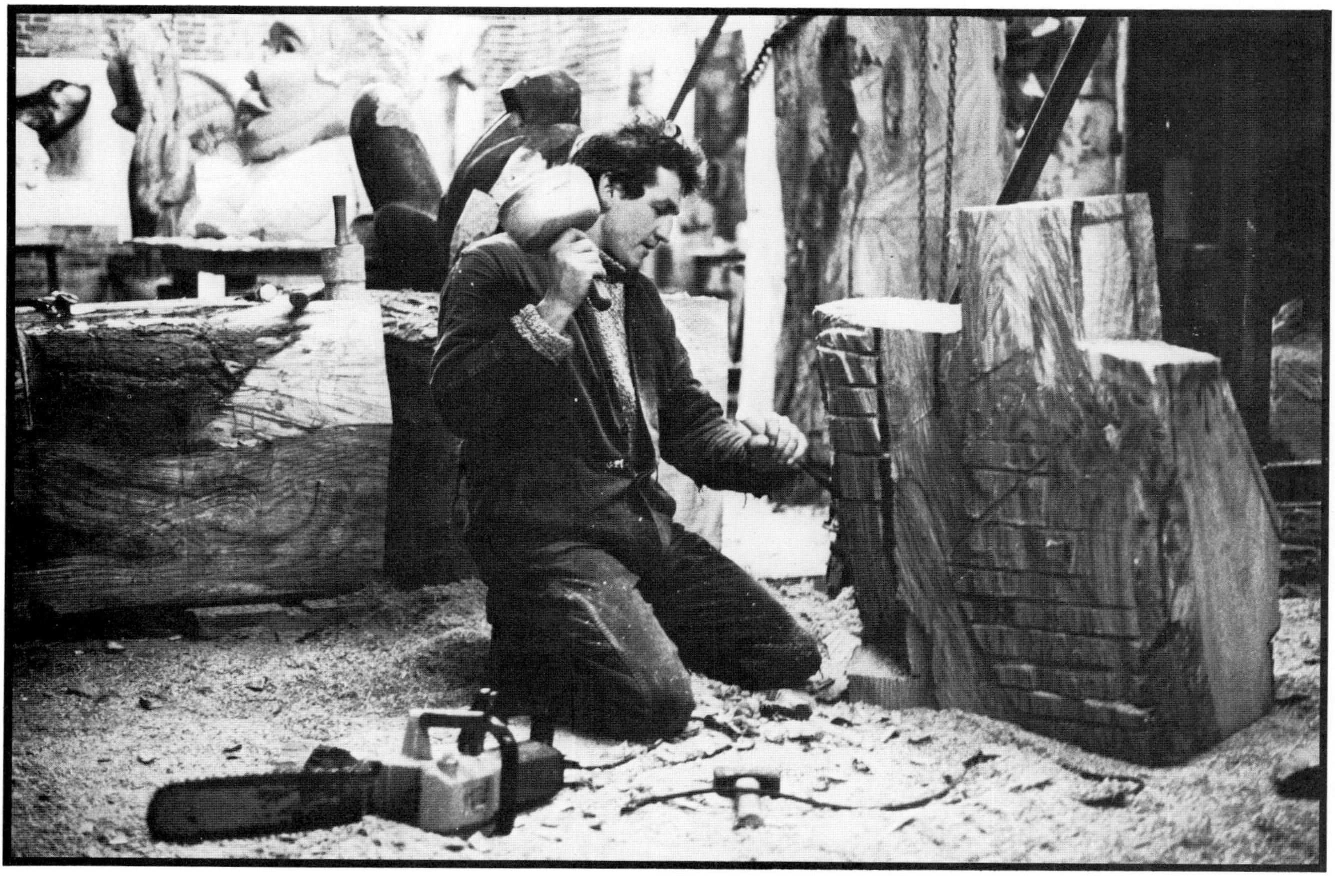

BRIAN FELL

Un o'r prif bethau sy'n ysgogi Brian Fell i wneud cerfluniau yw ei ddiddordeb mewn diwydiant. Dur rhagffurfiedig yw ei ddeunydd, a chred fod ansawdd y deunydd hwnnw yn gorfodi amodau neilltuol ar ei gerfluniau. Dywed, "Yn wahanol i glai, er enghraifft, daw'r dur mewn siapiau ac adrannau penodol o ganlyniad i broses gynhyrchu gaeth . . . Deunydd strwythurol ydyw yn anad dim byd arall, ac nid yw'r offer a'r prosesau a ddefnyddir i'w weithio yn caniatáu llawer o gywreinrwydd techneg. Y mae'r ansawdd wrth-grefft bron yn esgor ar effeithiolrwydd ffurf a chynaniad sydd yn adlais cryfach byth o ddiwydiant. Ei rinweddau fel deunydd yw ei fod yn estynedig ac yn uniadu'n hawdd ac yn gryf . . ." Bu'n gweithio mewn gwaith dur ar ôl derbyn Cymrodoriaeth Artist mewn Diwydiant gan Gymdeithas Gelfyddydau Swydd Efrog ym 1981. Yr oedd hyn yn gyfle iddo i fod mewn awyrgylch anghyfarwydd a dramatig, yng nghanol y deunydd a oedd mor gyfarwydd iddo, a gweld pob cam o'r broses gynhyrchu. Cafodd fod gwylio'r prosesau a'r peiriannau yn ei ysgogi, ond pan âi ati i wneud cerfluniau " . . . yn fynych âi'r syniadau gwreiddiol ar goll yn y gweithgaredd o ddylofi defnyddiau nes bod gan y cerflun ei hunaniaeth neu ei 'deimlad' ei hun."

Er bod cerfluniau Brian Fell yn haniaethol, y maent yn fynych yn awgrymu cysylltiadau â phethau eraill. Byddai'n adeiladu ei weithiau cynnar ar echel fertigol fel arfer, a gellid eu dehongli fel cyfeiriadau at y ffigur dynol. Y mae gweithiau diweddarach yn awgrymu cymhariaeth â pheiriant lle mae gwahanol rannau'r cerflun yn cydgloi mewn perthynas

One of the major motivations that Brian Fell has for making sculpture is his interest in industry. He uses pre-formed steel as his material and believes that its character imposes certain conditions on his sculpture. He says, 'Unlike clay, for example, steel comes in predetermined shapes and sections which have been arrived at through a rigorous manufacturing process . . . It is primarily a structural material, and the tools and processes needed to work it do not allow for great virtuosity of technique. This almost anti-craft quality gives an efficiency of form and articulation which furthers its industrial evocations. Its merits as a medium are in its tensility and ease and power of joining . . ." He worked in a steelworks, after being awarded a Yorkshire Arts Association Artist in Industry Fellowship in 1981. This was an opportunity for him to be in an unfamiliar and dramatic atmosphere and to be surrounded by his familiar material in all stages of its production. He found that he was stimulated by watching the processes and machines, but that when he came to make sculptures " . . . these original notions were often lost in the activity of manipulating materials until the sculpture possessed its own identity or 'feel'!"

Whilst Brian Fell's sculptures are abstract, they frequently suggest associations with other things. Earlier works were usually constructed on a vertical axis and could be read as referring to the human figure. More recent works provoke a mechanical analogy, in which the various parts of the sculpture have a precise and interlocking relationship, rather like the

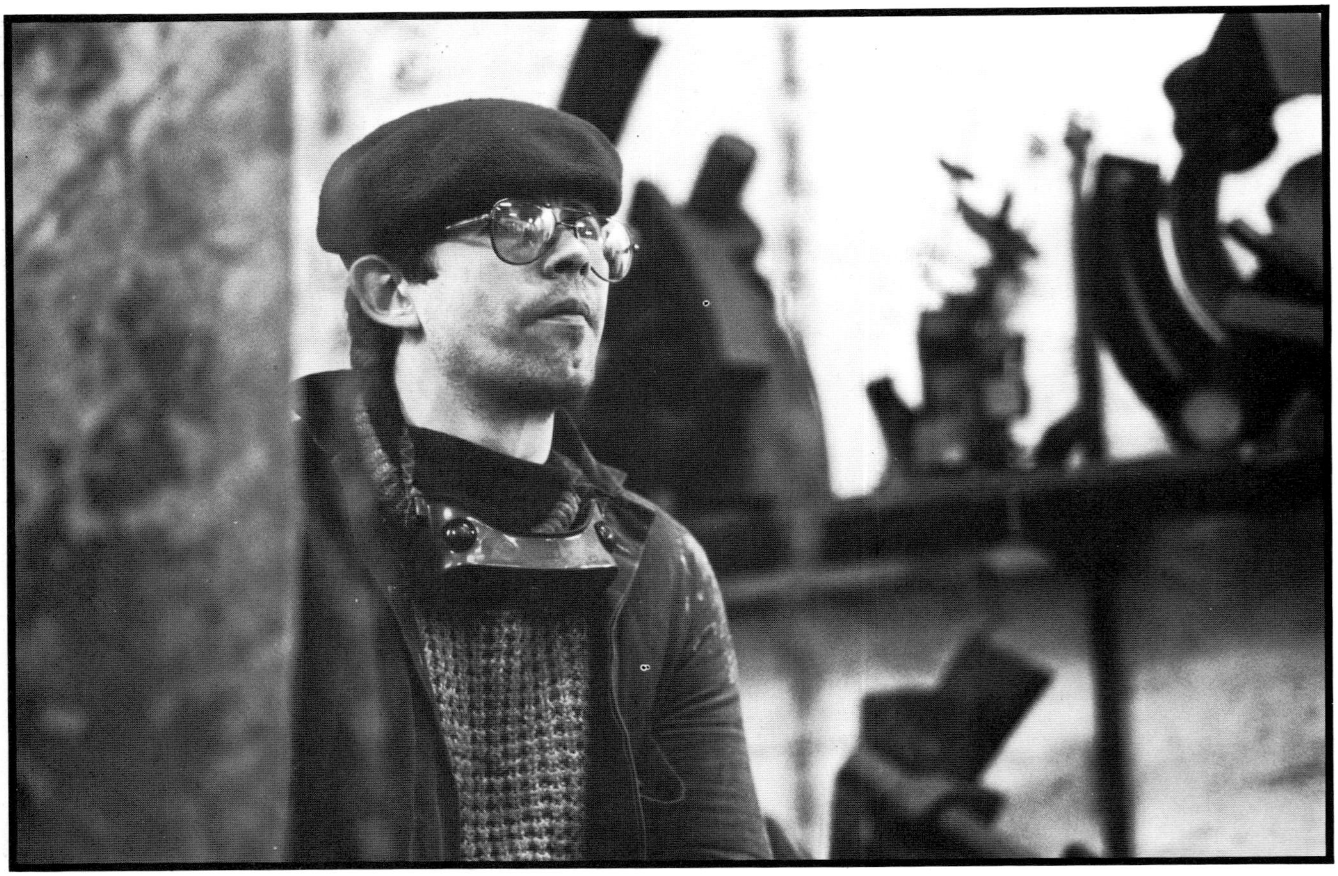

fanwl-gywir â'i gilydd, yn bur debyg i ddarnau symudol peiriant. Y maent yn gryno eu ffurf ac eto'n ddeinamig eu cymeriad. Er bod y broses o ddylofi'r defnyddiau yn rhan hanfodol o ddylunio ei gerfluniau, bydd Brian Fell yn adweithio hefyd i ddelweddau neilltuol a wêl a'i ymateb amrywiol iddynt. Gwnaethpwyd 'Topgallant' yn arbennig ar gyfer Parc Margam a deilliai'n wreiddiol o safle coeden ar yr esgair. Distyllodd ei brofiad o raddfa a safle'r goeden yng nghyd-destun gofod y Parc, a'i strwythur a threfniant ei chrynsythau yn wrthych cwbl newydd, sef hwylbren anferth deg troedfedd o uchder â changhennau neu hwyliau breichiog.

Ganed Brian Fell yn Lerpwl ym 1952. Bu'n fyfyriwr ym Mholitechnig Manceinion rhwng 1975 a 1979 ac yna treuliodd flwyddyn yn Gymrodor mewn Cerflunio yng Ngholeg Celf Cheltenham. Y mae bellach yn ddarlithydd rhan-amser yng Ngholegau Celf Blackpool a Rochdale. Ym 1980 dyfarnwyd iddo un o Brif Wobrau Cymdeithas Gelfyddydau Gogledd Orllewin Lloegr ac ym 1981, derbyniodd Gymrodoriaeth Artist mewn Diwydiant gan Gymdeithas Gelfyddydau Swydd Efrog. Y mae wedi cymryd rhan mewn nifer o arddangosfeydd grŵp, gan gynnwys yr arddangosfa 'New Contemporaries' yn Sefydliad y Celfyddydau Cyfoes yn Llundain ym 1978 ac arddangosfa Academi Manceinion. Ym 1982, gwelwyd gwaith o'i eiddo yn yr arddangosfa 'Sculpture in the Park' yn Oriel y Parc, Cheltenham.

moving parts of a machine. They are compact in form and yet are dynamic in character. Although the process of manipulating the materials is an essential part of designing his sculpture, Brian Fell also reacts to particular images that he sees and the variety of responses he has to them. 'Topgallant' was made especially for Margam Park and it was initially derived from the sight of a tree on the ridge. He distilled his experience of its scale and position in the context of the space of the Park and of its structure and arrangement of masses, into an entirely new object, a towering ten foot high steel mast with cantilevered branches or sails.

Brian Fell was born in Liverpool in 1952. He studied at Manchester Polytechnic between 1975 and 1979 and then spent a year as Fellow in Sculpture in Cheltenham College of Art. He now lectures part-time at Blackpool and Rochdale Colleges of Art. In 1980 he was awarded a Major Award from North West Arts and in 1981 the Yorkshire Arts Association Artists in Industry Fellowship. He has taken part in a number of group exhibitions, including the 'New Contemporaries' exhibition at the Institute of Contemporary Arts, London in 1978 and the Manchester Academy exhibitions. In 1982 he was included in the 'Sculpture in the Park' exhibition at the Park Gallery, Cheltenham.

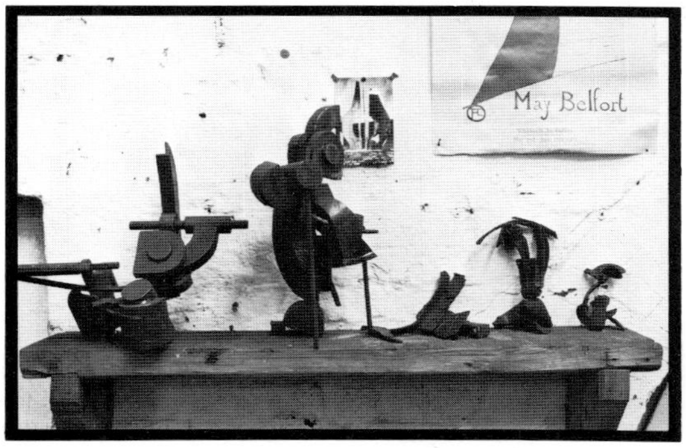

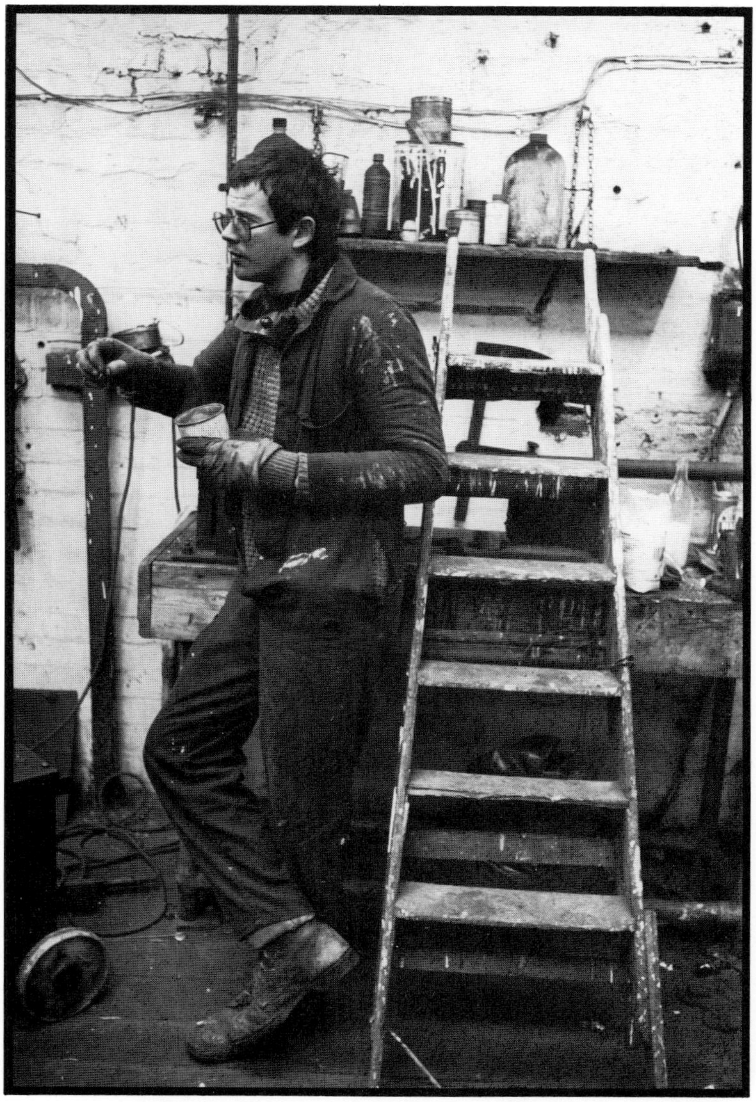

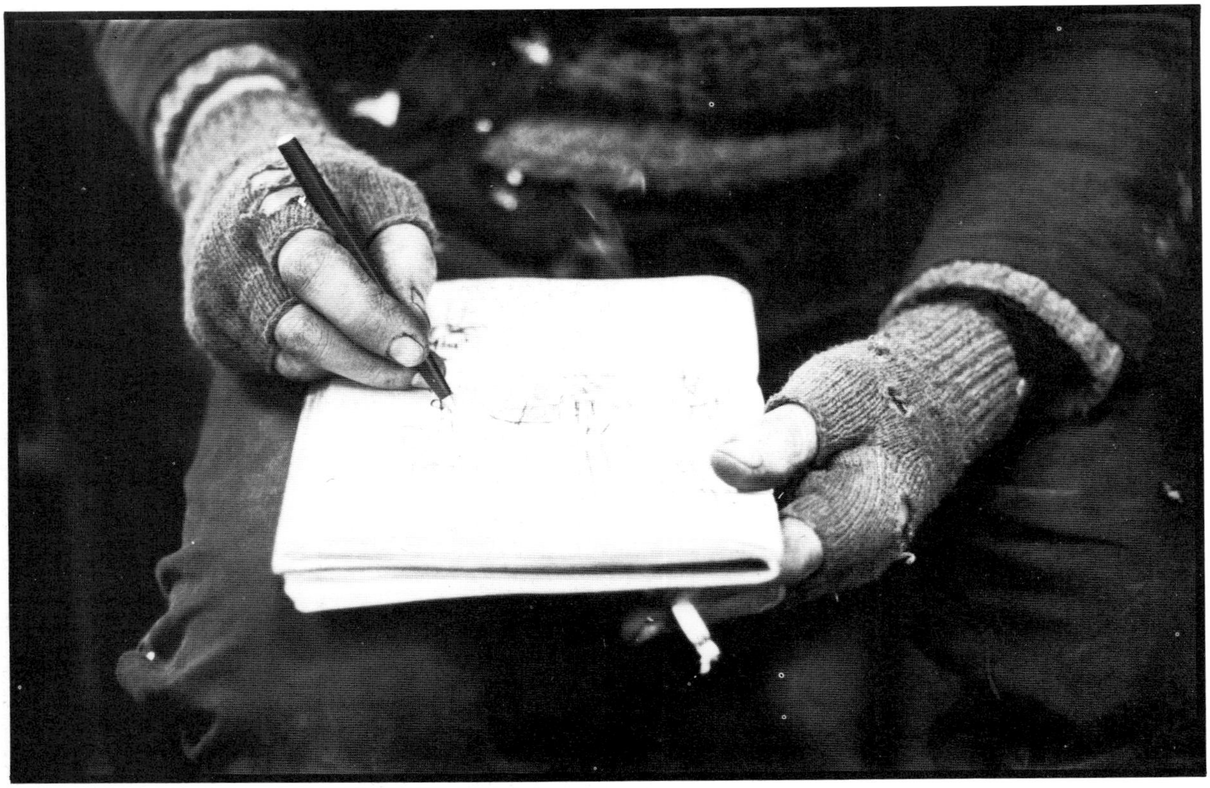

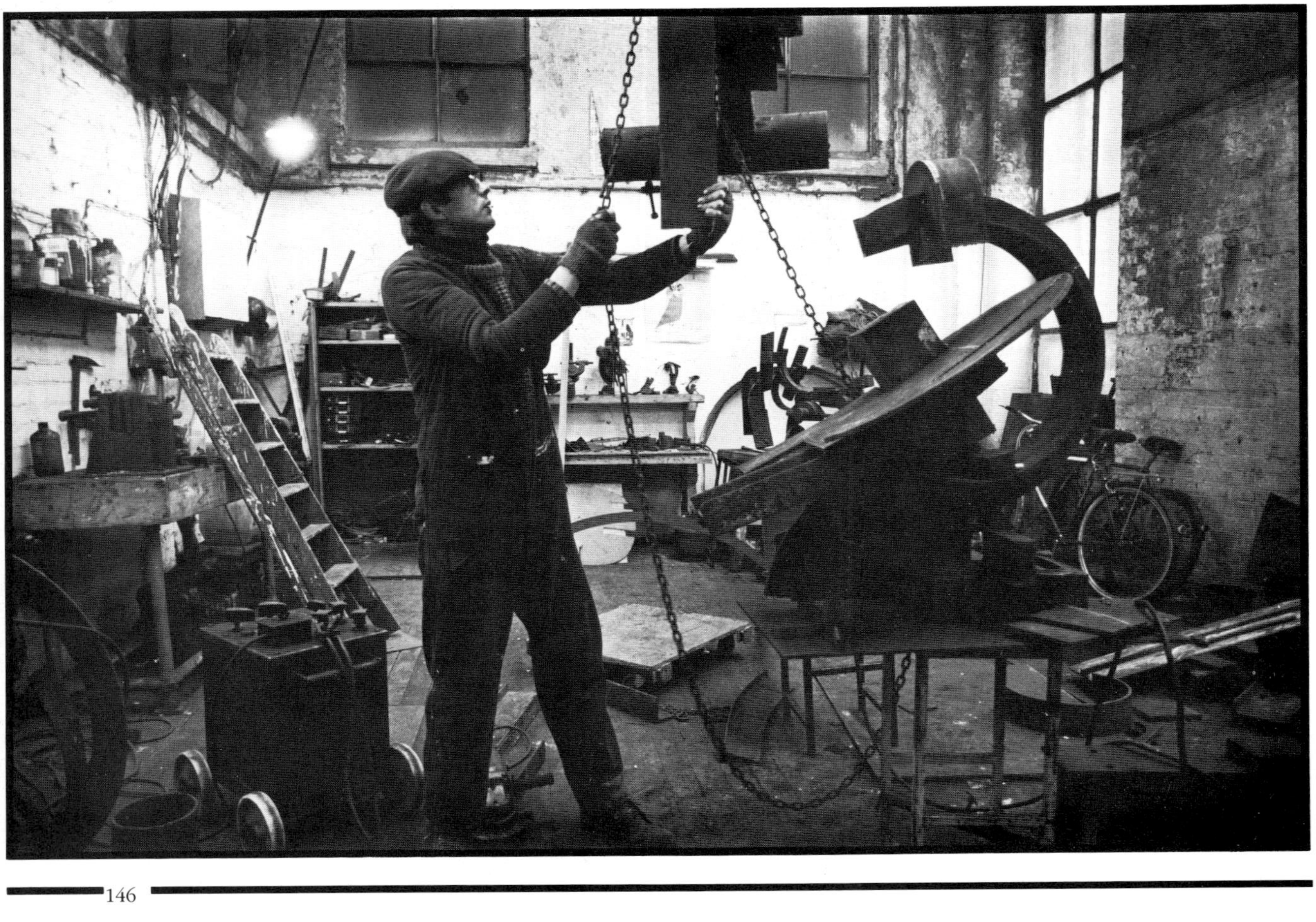

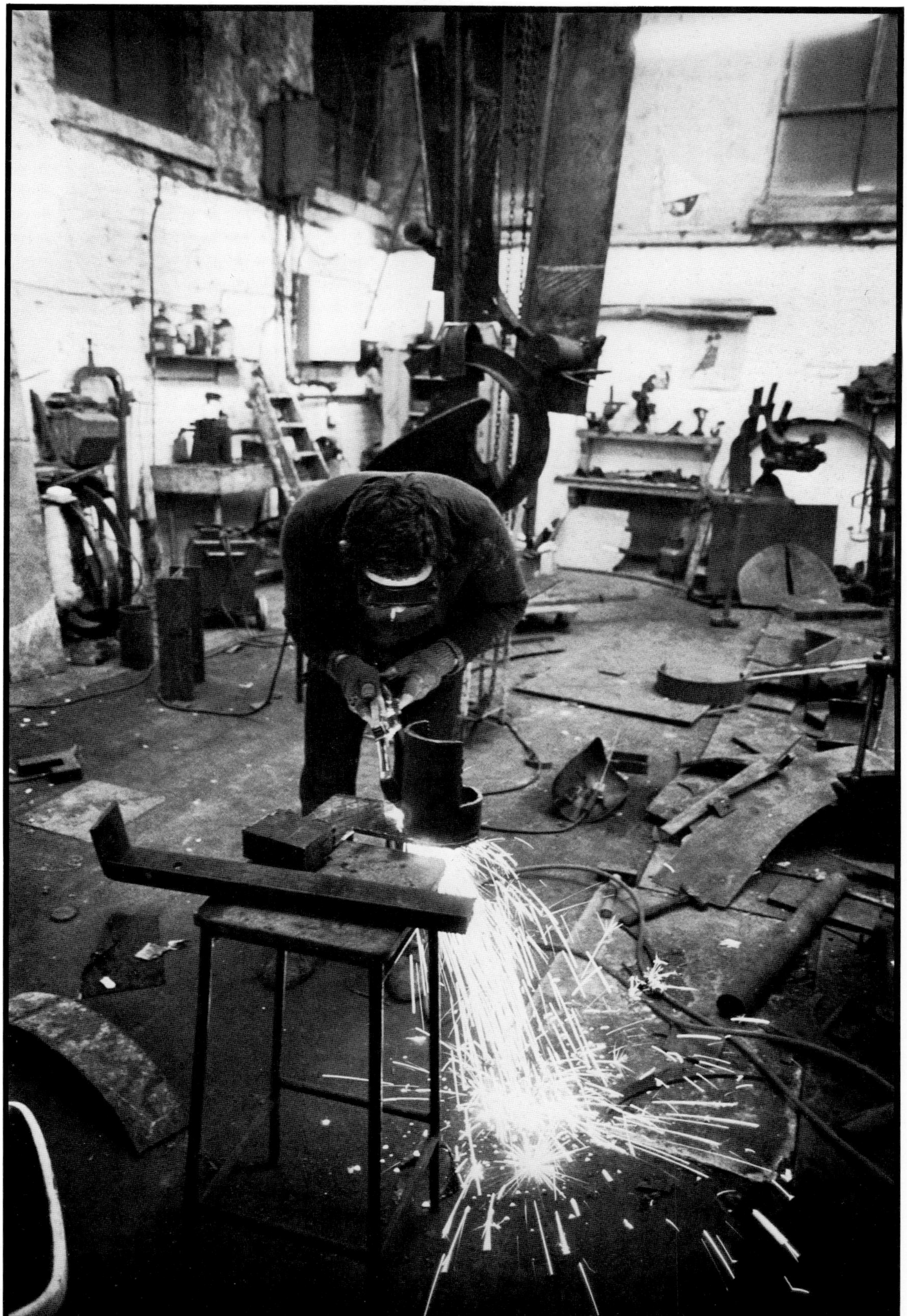

CHRISTINE ANGUS

Y mae cerfiadau carreg tawel Christine Angus yn ein gwahodd i fyfyrio arnynt. Cerflunydd ifanc ydyw, ond y mae eisoes wedi datblygu drwy ddau gyfnod gwahanol yn ei gwaith. Ffurfiau geometrig, tyn eu dyluniad oedd y cerfluniau cynharach, y bwriedid iddynt gan amlaf gael eu gweld fel grŵp lle'r oedd perthynas cyfartaleddau a'r gofod rhwng y darnau yn bwysig. Gwnaed rhai o'r darnau hyn o elfennau sy'n cydgloi, gan awgrymu diddordeb pendant mewn ffurfiau pensaernïol drwy'r syniad o foliwm wedi ei ddarlunio drwy strwythur yn hytrach na chrynswth. Gwelir yn nifer o'r cerfluniau a wnaethpwyd yn 1980/81, fodd bynnag, y duedd newydd yn ei gwaith tuag at ddefnyddio delweddaeth bendant. Yn 'Beads' a 'Four Chalk Forms' y mae natur y darnau carreg a'r modd y'u cynullir mewn grwpiau yn awgrymu gwrthrychau go iawn yn hytrach na siapiau geometrig.

Y mae'r syniad o ddod o hyd i ddelweddau sy'n adleisiau o gerfluniau a phensaernıaeth draddodiadol, ond sydd yn ymwneud hefyd â'i phrofiad hi ei hun, wedi meddiannu Christine Angus yn ystod y ddwy flynedd ddiwethaf. Eglura ei bod "... yn amhosib dal sylwedd delwedd. Y mae gwrthrychau, neu syniadau ynglŷn â'u defnydd, yn gyfarwydd. Bydd gwrthrych allan o'i gyd-destun o fewn delwedd yn newid. Mae ymdriniaeth draddodiadol o ddelwedd yn creu cyfeiriadau at ddelweddau eraill. Gŵyrdroir amser o fewn y ddelwedd." Parhaodd i ddefnyddio ffynonellau pensaernïol yn ei cherfluniau diweddar. Gweithir y garreg nes ei bod yn edrych fel rhan o golofn neu gapan

Christine Angus's quiet, well ordered stone carvings invite reflection as contemplative objects. She is a young sculptor but her work has already developed through two distinct phases. The earlier sculptures were tightly designed geometric forms, often made to be seen as a group, in which relationships of proportion and spacing were important. Some of these pieces were made of interlocking elements which suggested a distinct interest in architectural form, through the idea of volume described by construction rather than by mass. However, several of the sculptures made in 1980/81 already illustrate the shift in her work towards the use of specific imagery. In 'Beads' and 'Four Chalk Forms' the character and grouping of the stone pieces suggest real objects, rather than geometric shapes.

The idea of finding images which have connotations of traditional sculpture and architecture, but which also concern her own experience, has been a preoccupation for Christine Angus during the last two years. She explains that the "... substance of an image is elusive. Objects, or the ideas surrounding their use, are familiar. An object out of context within an image is changed. Traditional treatment of an image creates reference to other images. There is a distortion of time within the image." She continues to use architectural sources for her recent sculptures. The stone is worked until it looks like a part of an ancient pillar or capital, but is never quite the same form that can be attributed to a particular past culture. The shallow relief images and decorative forms which usually

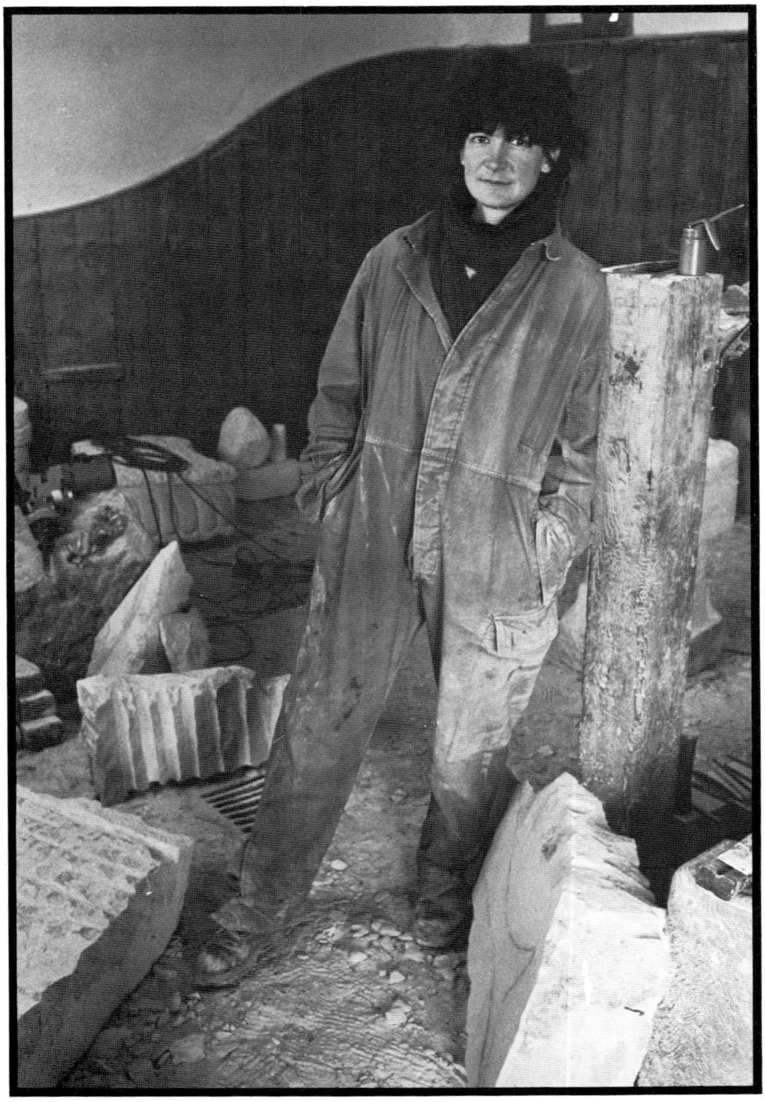

colofn hynafol, ond nid yw'r ffurf byth yn union o fath y gellid ei briodoli i ddiwylliant neilltuol yn y gorffennol. Cynnyrch ei dychymyg a'i dyfais ei hun fel arfer yw'r delweddau cerfwedd bas a'r ffurfiau addurniadol sy'n eu goliwio er bod rhai ohonynt, fel sbiralau agored y gyfres o'r enw 'In Loving Memory', yn ein hatgoffa o'r cyfnod Celtaidd. Wrth drafod ei cherflun 'Remains of a Carving . . .' dywed mai ' . . . ymateb ydyw i eglwysi. Cydbwysir realiaeth gorfforol solet y garreg a realiaeth farddonol a thelynegol sy'n adlewyrchu ei threftadaeth. Y mae'r garreg yn cymathu delweddau heb golli dim o'i hymdeimlad o'i soledrwydd a'i phresenoldeb ei hun." Gall delweddau o adar, defaid, ceirw ac anifeiliaid eraill edrych yn hynafol neu'n gyntefig, ond deilliant mewn gwirionedd o ymateb y cerflunydd i'r byd o'i chwmpas. Wrth gerfio mewn carreg fel hyn, mae'n troedio'r un llwybr â rhai o'i chyfoedion, gan beri i gerflunio fod yn ymwybodol unwaith eto o ffurfiau traddodiadol, ond gan ddefnyddio'r cyfrwng i gyfleu ystyr cyfoes.

Ganed Christine Austin ym 1952 yn Grimsby. Ar ôl gweithio i BMW o 1971 i 1973 aeth i Bolitechnig Brighton i astudio cerflunio. Bu'n gweithio fel cerflunydd hunan-gyflogedig er 1979 ac yn y cyfnod hwnnw arddangosodd yng Ngŵyl Gelfyddydau Basingstoke, a chynnal sioe un-person yng Nghanolfan Ddinesig Southampton. Ym 1982 gwelwyd ei gwaith yn Sioe Haf y Serpentine yn Llundain. Ym 1980 enillodd un o Brif Ysgoloriaethau Cymdeithas Gelfyddydau De Lloegr.

illuminate them, are of her own invention, although some, like the open spirals on the series titled 'In Loving Memory' remind one of the Celtic period. In discussing her sculpture 'Remains of a Carving' she says that it is " . . . a response to churches. The solid physical reality of stone is balanced with a poetic and lyrical reality reflective of its heritage. Stone absorbs images without loss of the sense of its own solidity and presence." Images of birds, sheep, reindeer and other animals may look archaic or primitive, but they actually come from her response to the world around her. In carving her stone in this way she treads a similar path to that of some of her contemporaries, in reawakening sculpture to traditional forms but using it to convey contemporary meaning.

Christine Angus was born in 1953 in Grimsby. Having worked for BMW from 1971 to 1973 she went to Brighton Polytechnic to study sculpture. She has worked as a self-employed sculptor since 1979 during which time she has exhibited at the Basingstoke Arts Festival and held a one-woman show at Southampton Civic Centre. In 1982 her work was seen at the Serpentine Summer Show in London. In 1980 she won a Major Bursary from Southern Arts.

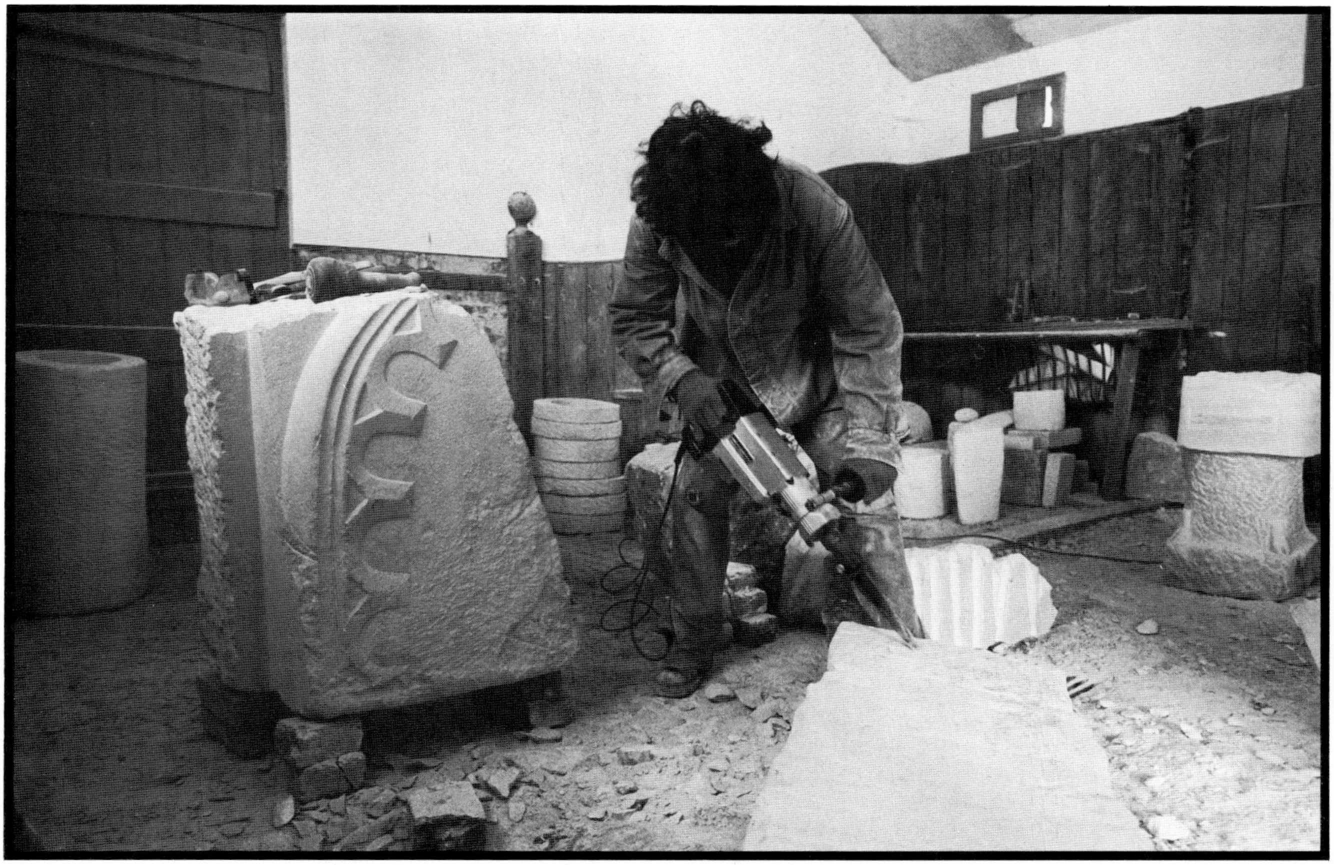

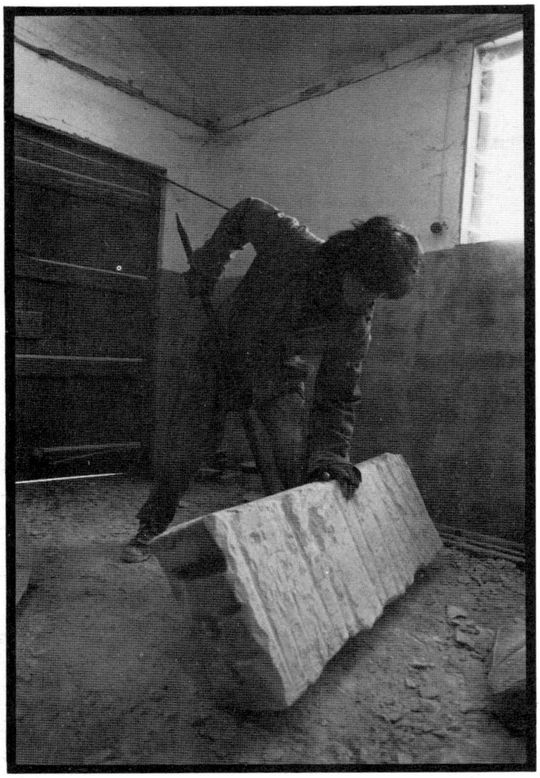

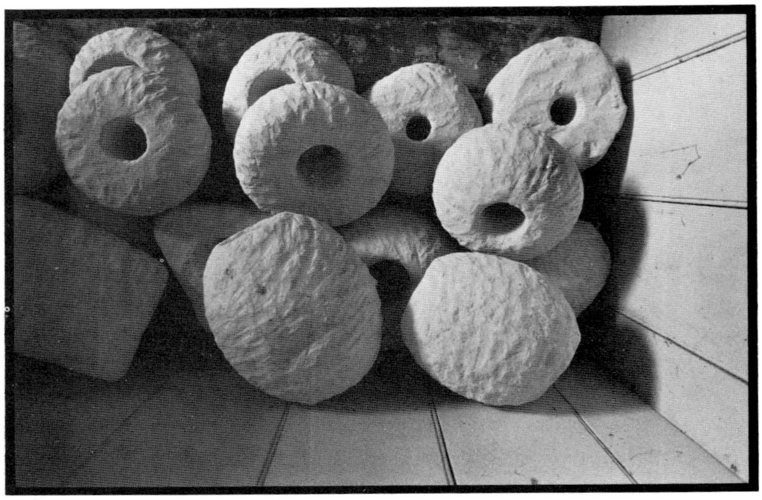

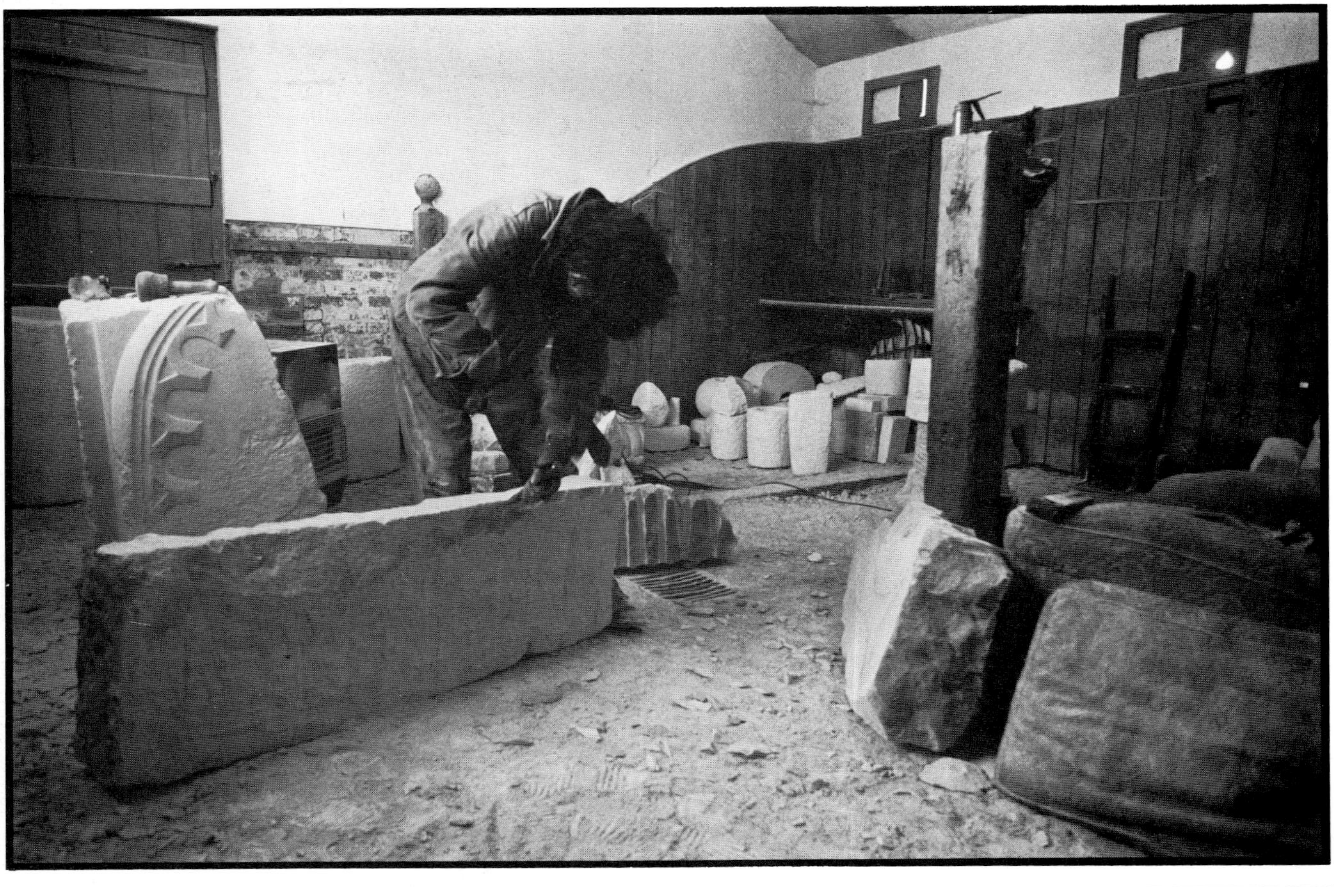

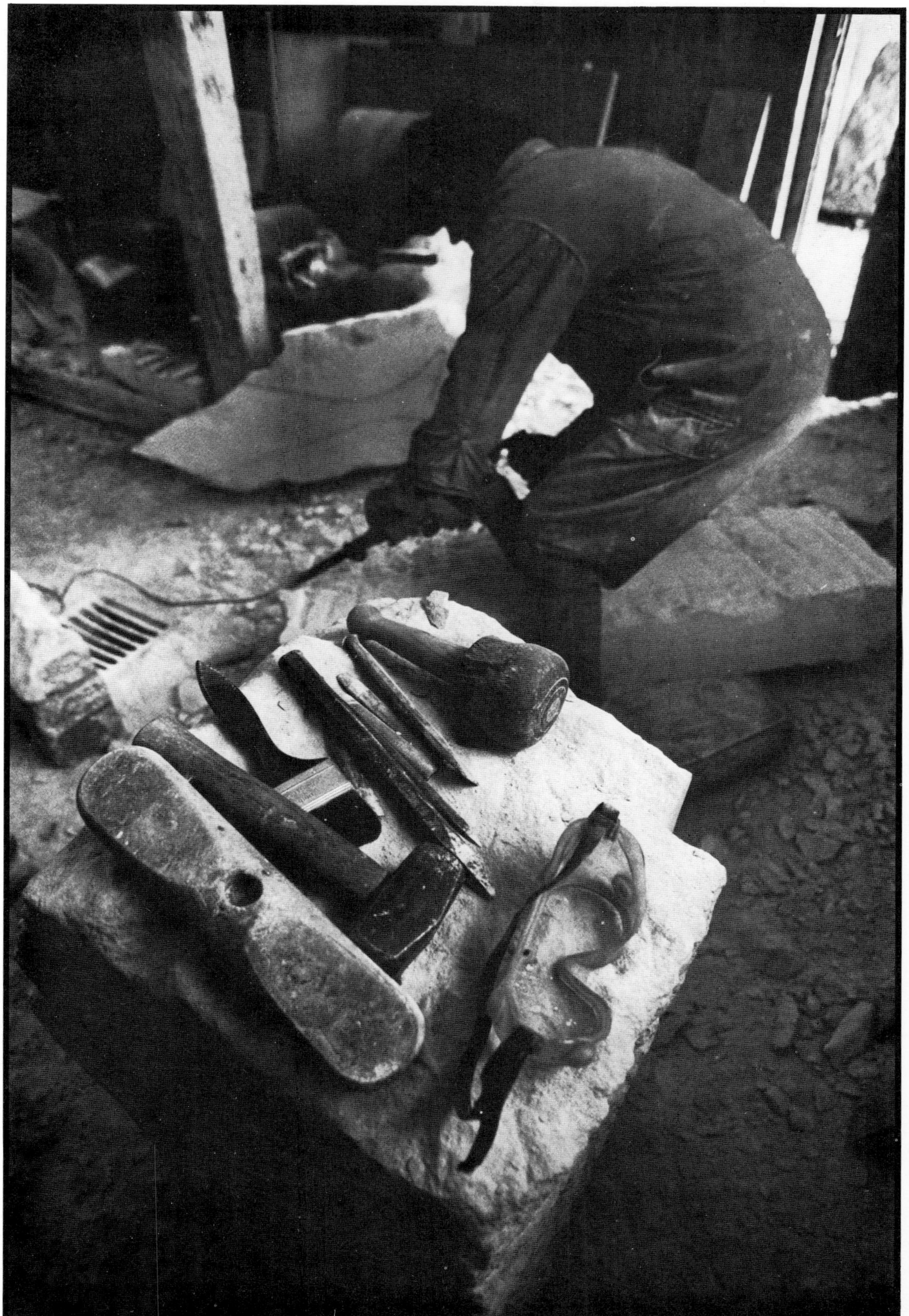

ANDREW FROST

Bydd Andy Frost yn creu byd o wrthrychau deinamig sydd yn fynych yn frawychus braidd. Y mae ei gerfluniau fel peiriannau cymhleth, hyd yn oed yr un a elwir yn 'El Cid Chancing his Arm', sef marchog ar gefn ceffyl. Saif y ceffyl anystwyth, mecanyddol yr olwg ar gert tariannog, ac y mae'r holl strwythur yn edrych fel cyfuniad o injan warchae a Cheffyl Caerdroea. Ychwanegir at ddelweddau sy'n deillio o hen ryfeloedd, megis 'The Catapult' sy'n ymgorffori bwa croes ar dŵr, rai sy'n awgrymu taflegrau a gwrthrychau'r gofod. Dywed, "Esgorir ar y themâu hyn drwy nifer o ddulliau. Gall braslun neu ddarlun bennu teitl neu stori neilltuol a ddarlunir wedyn gan wrthyrch, o bosib. Gall hefyd fod yn ymgais i adfywio diddordebau bachgendod, i ddefnyddio ystrydebau hanesyddol neu i ailddyfeisio gwrthrychau y darfu amdanynt, yn enwedig hen ddyfeisiadau mecanyddol." Nid yw'r cerfluniau hyn byth yn wrthyrchau syml, a rhan o'u hatyniad yw darganfod y cyfeiriadau manwl sydd ynghudd yn eu strwythur. Yn un ohonynt sydd yn edrych fel taflegryn yn ffrwydro, ymddengys cledrau rheilffordd degan fel pe baent yn amgylchynu'r sail ac yn sydyn, sylwir hefyd ar hanner-olwyn haearn bwrw, a "yrrir" gan fraich piston, sydd felly'n cysylltu'r ddelwedd o ynni niwclear a'r ddelwedd o ager. Yn un o'i gerfluniau 'ffon dafl', dichon fod y grid sy'n crogi fel porthcwlis o'i flaen yn dwyn i gof y syniad o gestyll ac olew berw yn cael ei dywallt ar ben yr ymosodwyr anffodus. Y mae'r nifer helaeth o elfennau a gydosodwyd gan Andy Frost ym mhob un o'r cerfluniau hyn yn awgrymu detholiad 'ysbrydoledig' a gallu i sylweddoli sut y gellir gwneud i bob cyfansoddran fecanyddol chwarae rhan newydd

Andy Frost creates a world of dynamic and often rather frightening objects. His sculptures are like complicated machines, even that titled 'El Cid Chancing his Arm', which is a knight on horseback. The stiff, mechanical looking horse stands on an armoured trolley and the whole construction appears to be a cross between a siege engine and the Trojan Horse. Images derived from ancient warfare, such as 'The Catapult', incorporating a crossbow mounted on a tower, are joined by those which suggest missiles and space objects. He says "These themes are arrived at through a number of methods. A sketch or drawing may dictate a particular title or story which may then be illustrated through an object. It may also be an attempt to revive past boyhood interests, exploit historical cliches or to re-invent extinct objects, particularly mechanical devices." These sculptures are never simple objects and a part of their interest lies in discovering the detailed references hidden in their structure. In one which looks like an exploding missile a toy railway track apparently circles the base and one also suddenly notices half a cast iron wheel, 'driven' by a piston arm, thus linking the image of nuclear energy to that of steam. In one of his 'catapult' sculptures a grid like a portcullis hanging across its front may evoke the idea of castles and boiling oil hurled down on unfortunate attackers. The great number of elements which Andy Frost has put together in any of these sculptures suggest an 'inspired' selection and an ability to realise how each mechanical component can be made to play a new role when it leaves the workshop store and becomes part of a work of art.

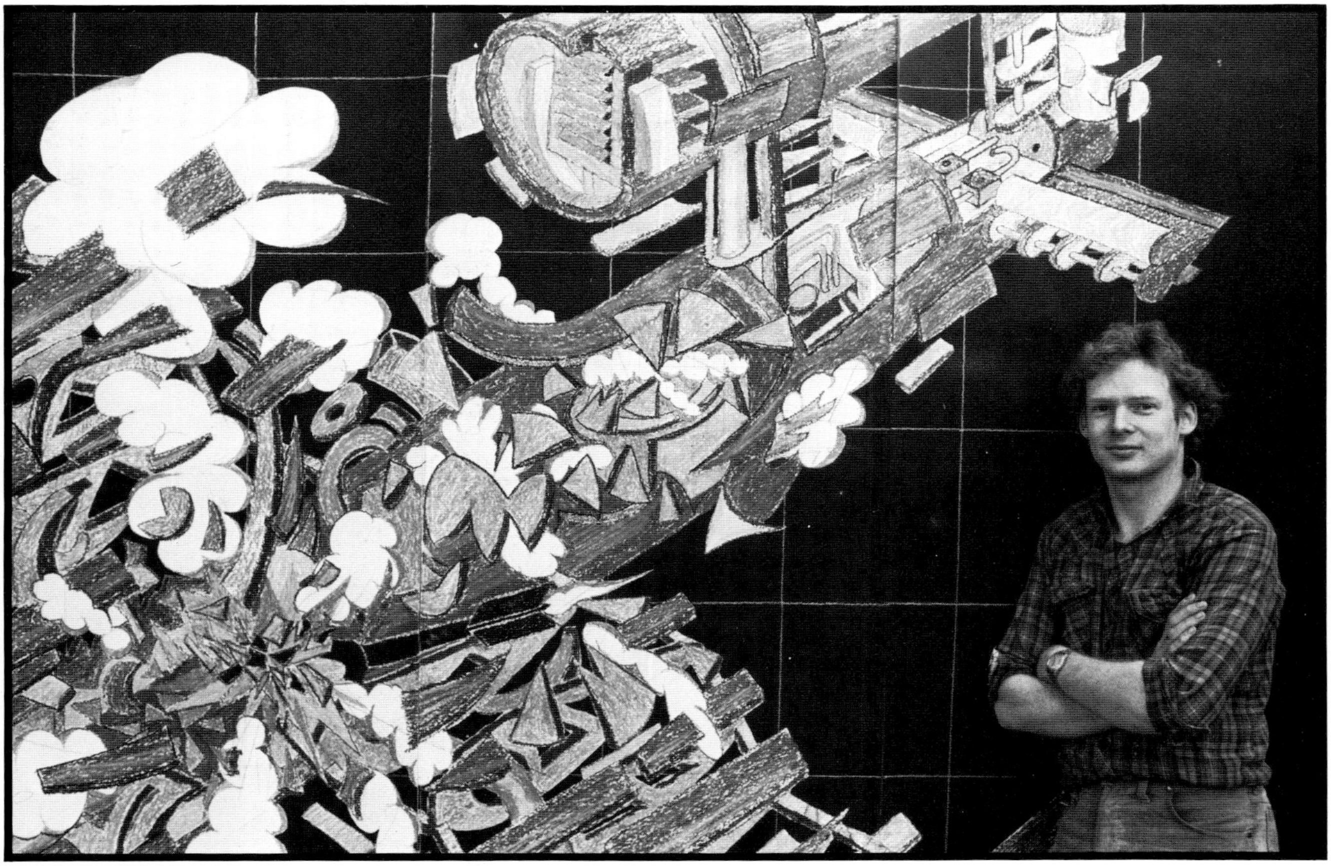

pan edy storfa'r gweithdy i fynd yn rhan o waith celfyddyd.

Y mae'n amlwg mai teganau cawr yw'r cerfluniau hyn, ar un ystyr, ac y mae Andy Frost yn coleddu'r syniad o 'adloniant'. Y mae'r syndod a achosir gan y darnau o'r cerflun sy'n symud yn gwneud ei waith yn llawn hiwmor a hwyl. Y mae a wnelont hefyd, fodd bynnag, ag arddangos 'pwer noeth'. Gall olrhain y diddordeb hwn yn ôl i gerfluniau cynnar lle ymchwiliai i ddulliau o gynnal strwythurau'n gorfforol, megis dulliau o bentyrru, pwyso a chrogi. Gwnaed y cerfluniau hynny mewn amgylchedd wledig, awyr-agored, ac fe'u lluniai fel arfer o garreg, boncyffion a thyfiant. Fel estyniad naturiol i'r syniadau y bu'n eu harchwilio yn y gwaith hwn, dechreuodd gynnwys y ffynonellau pwer a oedd ar gael fel ffordd o gysylltu'r cerfluniau â'u hamgylchedd. Dŵr oedd y ffynhonnell bwer amlycaf yng nghefn gwlad, ac fe'i defnyddiodd mewn amryfal ffyrdd. Mewn cerfluniau a wnaeth o dan do ychydig yn ddiweddarach defnyddiodd oleuni hefyd. Y mae ei ddiddordeb mewn 'pwer' wedi ei arwain i greu'r gweithiau cyfredol, lle mae ffynhonnell y pwer yn un ddychmygol ond yn gallu ailgreu realiaeth yn rymus a weithiau'n arswydus.

Ganed Andy Frost yn Bedford ym 1957. Bu'n fyfyriwr ym Mholitechnig Lanchester yn Coventry, ac astudiodd am radd M.F.A. wedi hynny ym Mhrifysgol Reading. Y mae eisoes wedi ennill nifer o wobrau a threuliodd y flwyddyn 1979-80 yn Rotterdam ar Ysgoloriaeth Frenhinol

There is obviously a sense in which these sculptures are giant toys and Andy Frost embraces the idea of 'entertainment'. The surprises caused by the parts of the sculptures which move make his work humorous and fun. However, they are also about the display of 'raw power'. He traces this interest back to early sculptures in which he investigated methods of physical support for structures, such as methods of stacking, leaning and hanging. These sculptures were made in an outdoor rural setting, and were usually constructed out of stone, logs and vegetation. It was as a natural extension of the ideas explored in these works that he began to include the available sources of power as a means of making the sculptures relate to their environment. Water was the most obvious power source in the countryside and he used it in various ways. In indoor sculptures made a little later, he also exploited light. His interest in 'power' has led him on to create the current works where the source of power is imaginary but it is strongly and sometimes terribly, evocative of reality.

Andy Frost was born in Bedford in 1957. He studied at Lanchester Polytechnic in Coventry and later for an M.F.A. degree at Reading University. He has already won a number of awards and spent the year 1979-80 in Rotterdam on a Royal Netherlands Scholarship and in 1982 visited the U.S.A. on a Boise Travel Scholarship. He is at present the 'Henry Moore Foundation' Fellow in Sculpture at Camberwell School of Arts and Crafts. He has exhibited in a number of galleries in Britain and

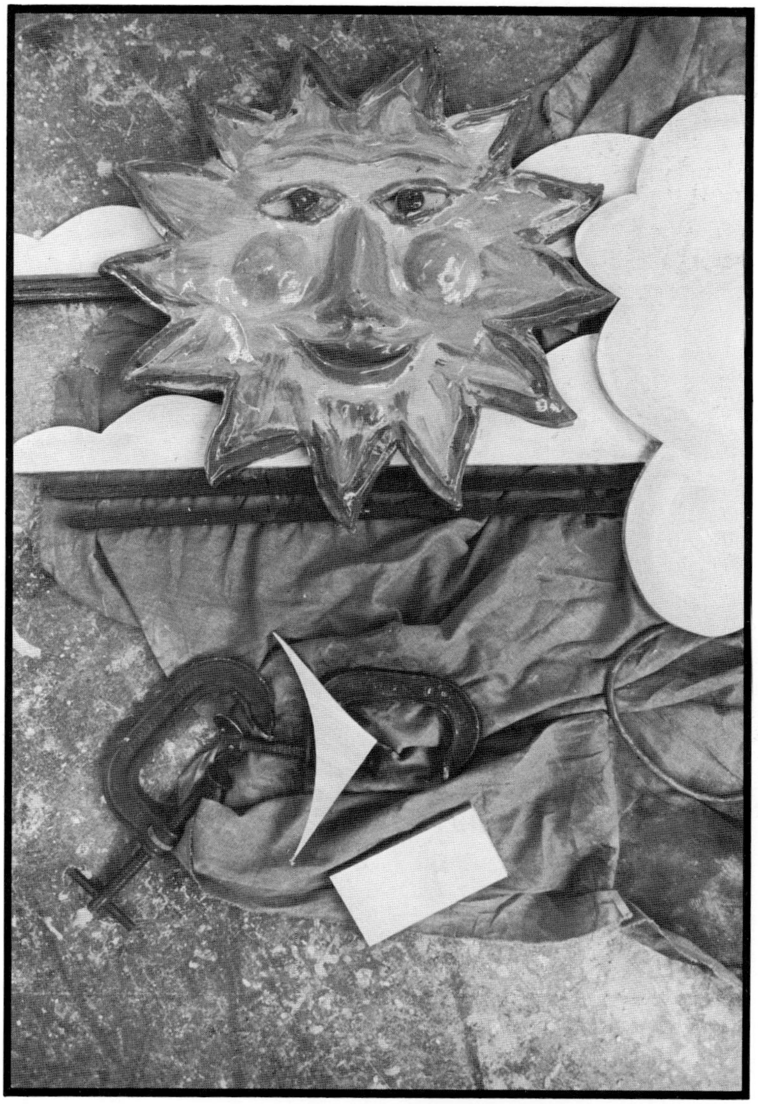

yr Iseldiroedd ac ym 1982 ymwelodd ag U.D.A. ar Ysgoloriaeth Deithio Boise. Ef ar hyn o bryd yw Cymrodor 'Sefydliad Henry Moore' mewn Cerflunio yn Ysgol Gelf a Chrefft Camberwell. Y mae wedi arddangos mewn nifer o orielau yng ngwledydd Prydain, ac fe'i cynhwyswyd ddwywaith yn yr arddangosfa 'New Contemporaries' a gynhaliwyd yn Sefydliad y Celfyddydau Cyfoes yn Llundain. Y mae hefyd wedi arddangos sawl gwaith yn Rotterdam. Bydd gwaith o'i eiddo yn Arddangosfa Agored Whitechapel 1983 hefyd.

has twice been included in the 'New Contemporaries' exhibition held at the Institute of Contemporary Arts in London. He has also exhibited several times in Rotterdam. His work is also included in the 1983 Whitechapel Open Exhibition.

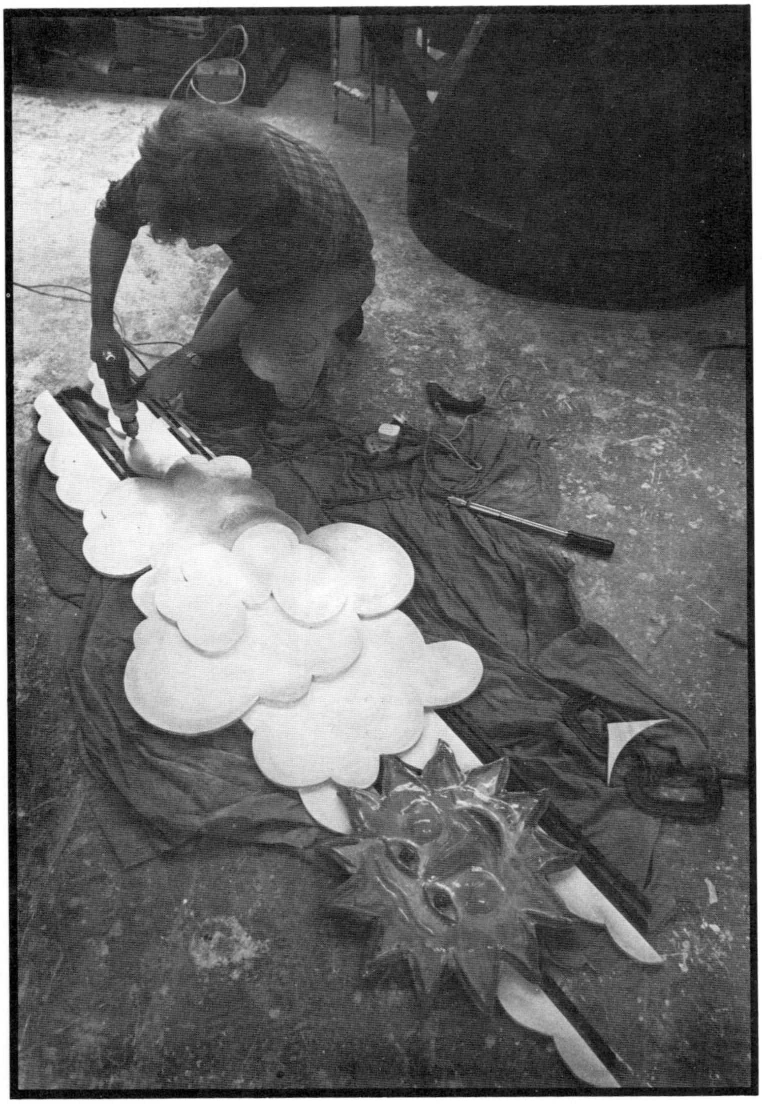

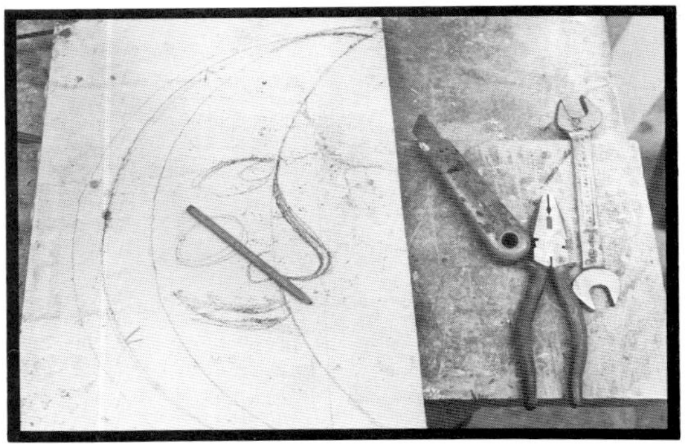

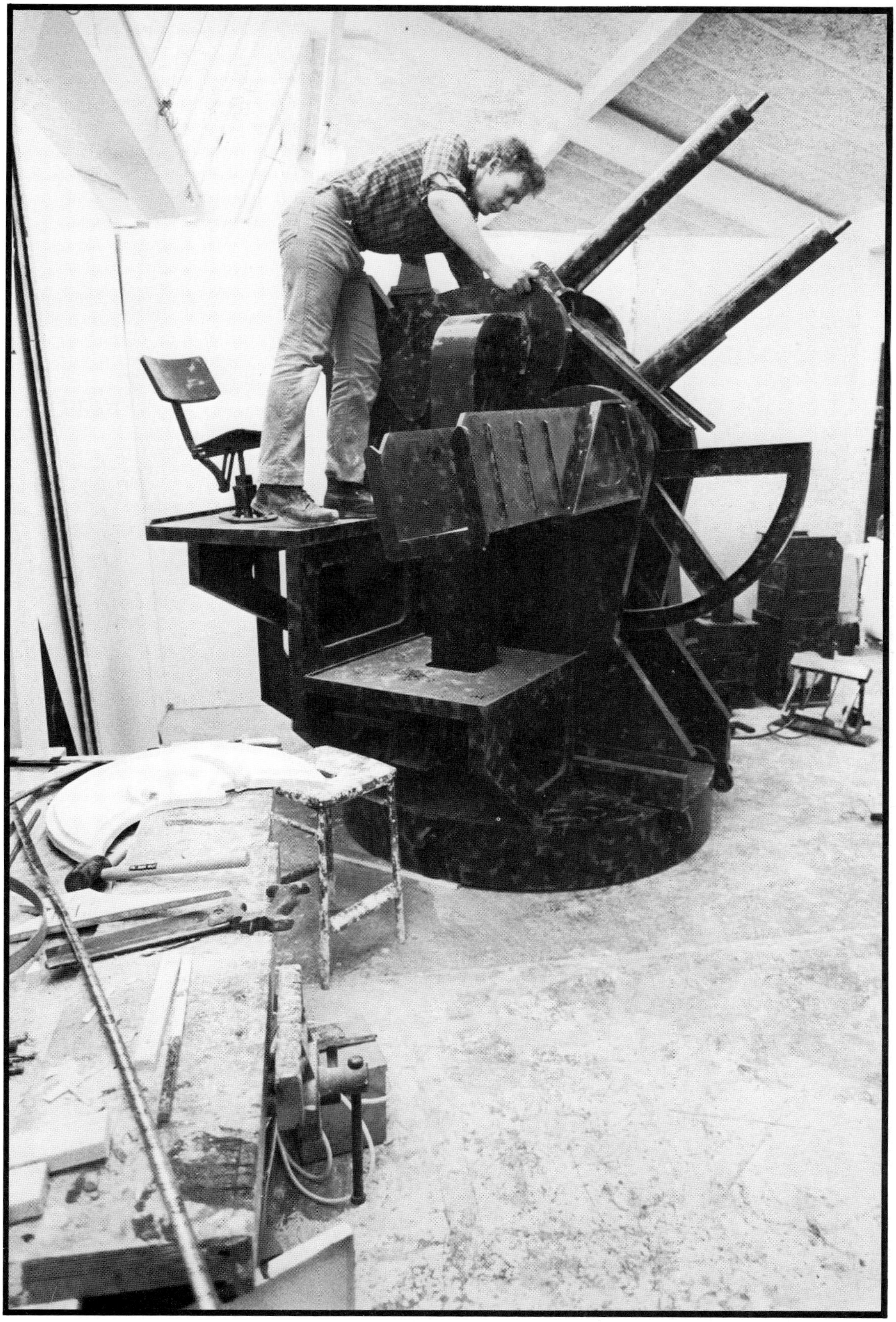

Benthycwyr

Yr Artistiaid
Oriel Bruton Cyfyngedig
Cyngor Celfyddydau Prydain Fawr
Cyngor Celfyddydau Cymru
Y Cyrnol Syr William Crawshay
Tayban Precast Cyf.
Ymddiriedolwyr y diweddar
Fonesig Barbara Hepworth
Mrs Ayrton
Cymdeithas Gelfyddydau De Orllewin Lloegr
Alan Tate, Ysw.
Sefydliad Henry Moore
Oriel Gelf Mappin, Sheffield

Lenders

The Artists
Bruton Gallery Limited
Arts Council of Great Britain
Welsh Arts Council
Col. Sir William Crawshay
Tayban Precast Ltd.
Trustees of the Late
Dame Barbara Hepworth
Mrs Ayrton
South West Arts Association
Alan Tate, Esq.
The Henry Moore Foundation
Mappin Art Gallery, Sheffield